I0840570

جامعه و فرهنگ

دکتر بیژن باران

به فارسی منتشر شد:
راه و رود، مجموعه شعر، آذروش، 1972 تهران
دیوان شرقی، مهراوش، 2007 تهران
چهار فصل، آمازون، 2018
سفر باران، آمازون، 2018
یادها، نقد فیلم و داستان، 2018
فروغ فرخزاد- زندگی و آثار، 2018
مغز و نقد ادبی، 2018
زنان و نقد شعر، 2018
نقد ادبی ترانه و سرود، 2018
زبان و نقد ادبی، 2018

به انگلیسی منتشر شد:
Literary Articles 1986, 2018
Blood Wedding- Saeed Soltanpur 1986, 2018
Western Diwan 1986, 2018
Persian New Poetry, 2018

حق هر گونه اقتباس یا تکثیر از این کتاب برای مولف
محفوظ است. برای اطلاع نشانی ایمیل مولف:
bejanbaran@gmail.com
این کتاب را از آمازون می توان خرید:
https://www.amazon.com/Dr-Sam-Bejan-
Baran/e/B07GD5MSTX/ref=ntt_dp_epwbk_0

ISBN-13: 978-1727189087
ISBN-10: 1727189086

فهرست جامعه و فرهنگ

جشنهای جهانی

در سده 20 برخی جشنها جهانی شدند. این روند در سده 21 تقویت خواهد شد. البته جشهای بومی بجا خواند ماند؛ ولی با گسترش اینترنت انسانها مراسم مشترک بمناسبت کارگر، زن، عشق، پدر، مادر، معلم، پرستار، زمین، پزشگی، سازمان ملل فراگیر می شوند. زمینیان با حفظ جشنهای ملی خود از جمله نوروز- بسوی جشنهای جهانی مانند اول ماه مه برای کارگران، 8 مارس برای زنان، 14 فوریه برای عشاق، 24 اکتبر برای بنیانگزاری سازمان ملل متحد میروند.

نوروز ستایش نوشدن طبیعت در بهار در حال جهانی شدن است. نوروز باستانی برای جویندگان عدالت، حقیقت و آزادی در سراسر جهان گسترده می شود. جشن 3گانه نوروز- یادگار هزاره های دور- با 4شنبه سوری، 7سین، 13بدر- ستایش شادی، زیبایی، مهر می باشد.

بهار در دشت، تپه، پارک، شهر زیبایی زمین را در الوان رنگین کمانی آشکار کرده که در جانوران شور تولید میکند. انسان به نیروی کار و خلاقیت در شهر و روستا تغییرات پدید می آورد. باشد روزی که نوروز، این جشن سکولار ستایش طبیعت و شادی، در تقویم ملل دیگر گنجانده شود.

نوروز نقش زن در خانواده را عمده می کند. اکنون در روز جهانی زن در 8 مارس نقش زن در اجتماع اولویت می یابد. 3گانه نوروز بازی با آتش و قاشقزنی کودکان برای آجیل؛ سفره رنگین با پوشاک نو و نمادهای تندرستی، روشنایی، مهر، زیبایی، سبزی، باروری، شیرینی؛ پیک نیک در طبیعت برای سرور گردهمآیی با موسیقی، رقص، تفریح، خوراک می باشد. زن مظهر زیبایی، مهر، شکیبایی، هوش، بارآوری، تعامل، مدارا، ارتباط، همکاری، عطوفت، تیمار کودکان/ پیران/ جانواران، محیط، صلح- رابط نسلهای گذشته و آینده روی زمین می باشد.

از سده 19 تا سده 20 سکان پویش تاریخ در دست کارگران و جنبشهای رهایبخش ضد استعماری بود. اکنون درفش رهایی انسان بدست زنان برای پالایش جامعه از تبعیض، ستم، فقر، توهین، خشونت، استثمار می باشد. بقول حافظ: ساقیا آمدن عید مبارک بادت. ساقی به نور باده برافروز جام ما/ مطرب بگو که کارجهان شد به نام ما

کوچ آریاییها از شمال خزر

در منطقه بین جنوب جبال اُرال و دریای خزر انسانهای با تمدن آندروئوو- مرحله گذار از عصر حجر به عصر فلزات- زندگی می کردند. آنها از نژاد شمالی/ نوردیک به شیوه شبانی زیسته، در 5 هزار سال پیش با ازدیاد جمعیت و احشام نیاز به زمینهای بیشتر پیدا کردند. در شرایط سخت شمال، زندگی سالانه شبانی 2 بخش داشت: در بهار، تابستان، پاییز پرتحرک؛ در زمستان با سکون طولانی همراه بود.

این 2 گانگی، در تمتع از **می** خنک و ارج به **آتش** گرم تجلی یافته؛ هر دو از اصول پرستشی آریاییهای ساکن نواحی مصب ولگا بودند. آنها بزبان **هندواروپایی** تکلم می کردند؛ مهارت خاصی در اسب سواری و شکار داشتند. اهلی کردن برخی حیوانات منجر به ازدیاد گله ها، نیاز به مراتع وسیعتر شد. این مازاد تولید به افزایش جمعیت کمک کرده؛ با رشد صنعت ذوب مفرغ، ساختن ارابه های اسبی، محرکی برای جستجوی افقهای گرمتر دور شد.

از این زمان ببعد، این اقوام در چند موج بفاصله های زمانی متفاوت، در 3 جهت بسوی دریای آرال در خاور، کوههای قفقاز در جنوب، جلگه لیتوانی در باختر کوچ کردند. آنها زبان و اعتقادات مشترک خود را بسرزمینهای جدید در آسیا، خاور میانه، اروپا آوردند. پس از تسلط بر بومیان، تمدنهای درخشان هند، ایران، یونان را پی افکندند. در کرانه های باختری، منطقه باکو، نفت سیاه قابل اشتعال به سطح زمین نشت کرده؛ آتش غیرهیزمی را امکان پذیر می کرد.

باید توجه داشت که مهاجرت گروهی با احشام شرایط خود را دارد. شورای قبیله به جمعبندی مهاجرت رسیده؛ از بین جوانان راهیابهای کنجکاو، باهوش، ماجراجو را برای یافتن مقصد، تخمین مسافت، راه رسیدن برگزیده؛ برای تفحص و گزارش می فرستند. آغاز مهاجرت در پایان زمستان بوده؛ توش انسانها و علوفه احشام باید تامین بشوند. در مسیر کلی مهاجرت بنا به معیارهای مورد نیاز قبیله ناحیه اسکان گزیده شده؛ اعضاء در این ناحیه نوین رحل اقامت می کنند. ظرف چند نسل، بخاطر رشد جمعیت و احشام، مهاجرت جدید مطرح می شود. مهاجرت گروهی با ییلاق- قشلاق ایلی که روز حرکت، مسافت، مقصد، مسیر مشخصند فرق دارد.

فاصله مصب ولگا تا جنوب دریای آرال حدود 1500 ، دریاچه ارومیه 1000، دریای سیاه- مدیترانه 1500 کیلومتر است.

گروه هندو ایرانی با طی این ۲ مسافت، حدود ۴۵۰۰ سال پیش، خود را به شرق و غرب ایران رساندند. آثار بجامانده از شیوه تولید شبانی و کشاورزی متقدم چیزی جز استخوان، دندان، برخی ابزار سنگی یا فلزی، تنورهای مدفون در تل خاک نمی باشند. در حالی که تمدن شهرنشینی ابنیه های سنگی عظیم از خود بجا می گذارد.

این بجاماندگی فرهنگ را بوضوح در قاره آمریکا با مراکز شهری آزتک و مایان در آمریکای مرکزی، آمریکای جنوبی، زندگی ایلیاتی، قبیله ای سرخپوستان در آمریکای شمالی را می توان دید. از ۱۱ هزار سال پیش قبایل آسیایی از طریق ترعه برینگ بین آلاسکا و آسیا بسوی شرق و جنوب گرم در قاره آمریکا کوچ کردند. از روی آثار بجامانده از آریاییها در آسیای صغیر و آذربایجان می توان سرعت کوچ آنها را بطور متوسط بر ۱ کیلومتر در سال برآورد کرد.

آریاییها در شرق تقسیم شدند. برخی به پنجاب و تمدنهای مرتاضانه موهنجادارو پاکستان، دراویدی و هارپا در دره هند؛ دیگران در پشت جبال هندوکش، تا آبهای گرم دریای جنوب، و دریاچه هامون سیستان رفتند. زبان دراویدی با تجارت بر دستور زبان بلوچ و ایلام اثر گذاشت؛ یا منشائ مشترک داشتند.

در غرب کوهستانی ۳ تمدن حتّی یا اورارتی، کاسی و میتانی را پایه گذاشتند؛ بعدها منجر به پیدایش دولتهای ماد، هخامنش، پارت شدند. تمدن اولی حول و حوش دریاچه وان در شرق ترکیه و تمدن کاسی/ کاشی در کردستان و لرستان را شکوفان کردند. کاشیها در ۱۴۰۰ ق.م مصر را فتح کردند؛ پاره ای از فرهنگ خود را در آنجا بجا گذشتند؛ از جمله پرستش مهر، خورشید، آفتاب و ایزد مرد-با-بالهای-گشاده ناظر بر امور انسانها.

اسکان آریاییها در زاگروس مرکزی، دشتهای شمال و شرق رودهای دیاله و دجله حدود ۱۸۰۰ ق.م منجر به سلطه بر بابل در هزاره های ۱۳، ۱۶، ۱۸ ق.م. شد. سرانجام آنها که در آذربایجان و کردستان بودند با تمدن میتانی در ۱۶۰۰ ق.م. اقوام حرّی شمال سوریه را تحت سلطه درآورده؛ بعدها تا فلسطین را گرفتند. یک موج دیگر آریایی به ارمنستان رسید؛ از گرجستان و تالش حدود ۱۲۰۰ ق.م. به لرستان رسید. اکنون به صف آرایی غیرآریایی در فلات پرداخته می شود. از تمدن میتانی تعالیم مربوط به تربیت اسب در دست است.

از ۱۰۰ هزار سال پیش چند موج انسانی از طریق حبشه بدنبال آفتاب به شرق و شمال کوچ کردند. آنها در اروپا،

آسیا، جزایر اقیانوسیه با شکار و گردآوری خوراک گیاهی، در غارها و کپرهای گلی زندگی می کردند. از 11 هزار سال پیش گروههایی از آسیا از طریق ترعه برینگ آلاسکا به قاره آمریکا رسیدند؛ برخی از آنها به دنبال اعتدال اقلیمی به آمریکای مرکزی، سپس به جنوب سرازیر شدند. در قاره نو بود که بمرور تمدنها مایان، آزتک، ماچوپیچو را ایجاد کردند.

در فلات ایران از 20 هزار سال پیش اخلاف قبایلی که از باختر آمده بودند بقایایی از آنها در دست است. برای نمونه در ساوجبلاغ دیوارهای خانه های مخروب و قبور آنها حفاری شده. اینها بومیان فلات را تشکیل می دادند. در خاور و جنوب گروههایی در کلبه ها و کپرها با گله های احشام خود زندگی می کردند. آنها از نژاد حامی/ کوشیت دراویدیان هند، پیرامون تمدن موهن جادارو، بودند.

آنها مدتها پیش از طریق بلوچستان به فلات ایران رسیده، در شمال بنام تاپورها، ماردها، کادوسها، کاسپیها؛ در غرب بنام خوتی ها، لولوبیها، ایلامیها مراکز تمدنی پدید آوردند. برای نمونه، در شوش، پایتخت ایلام از 3000 تا 600 ق.م.، جدا از آریاییها و سامیان بین النهرین، تمدنی وجود داشت که زبان و خط خود را داشت. ایلامیها/ عیلامیها چندین بار به بابل حمله کرده؛ غنایم جنگی را به شوش آوردند. از جمله منشور حمرابی بود که هیئت حفاری فرانسوی آنرا در قرن 19م یافته؛ اکنون در موزه لوور پاریس است.

ایلامیان برهبری شیلخاک-ین-شوشیناک در 1159 ق.م. پایتخت بابل را فتح کرده؛ مجسمه مردوک، خدای اکبر آنان، را پایین آوردند. روشن است که با این کار منزلت الوهی این بت در نظر پیروان شکسته شد. مردوک که نمی توانست از خودش در برابر فاتحان دفاع کند چگونه پیروان را می توانست حراست کند.

بعدها نبوخدنزار اول، 1126-1103 ق.م. ایلامیها را شکست داده؛ شوش را فتح کرد. سرانجام ایلام در جنگهای 647-646 ق.م. از آشوریان شکست فاحشی خورد؛ کمی بعد ضمیمه کشور مادها و هخامنشیان شد. درگیری نبوخدنزار با عیلام در 596 - 595 ق.م. در تورات، جرمیه 49:34 ذکر شده.

خوزستان نام منطقه مسکونی ایلامیان است که سرزمین خوز یا هوز می باشد. آنها از نژاد سامی عربها مجزایند. در خوزستان نفت سیاه قابل اشتعال به سطح زمین نشت کرده؛ آتش غیرهیزمی را امکان پذیر می کرد؛ نیز با خواباندن شاخه های نی نیزارهای کناره کارون در پارچ آب شکرش آب

را شیرین می کرد. لذا از این منطقه 2 واژه نفت و شکر به جهان به ارث رسید.

رابطه آریاییهای کوچنده چادرنشین گله دار با بومیان اغلب مسالمت آمیز و با تمدنهای سامی بین النهرین عمدتا قهرآلود بود. آنها نامهای آریایی یا خدایان همنام با خدایان هندو ایرانی، سیستم شمارش شبیه سانسکریت، فلزیابی، فلزکاری، اسب داری را در تمدن بومی ایران وارد کردند. از روی اشتراک بسیاری واژه های ودیک در هند، گاتیک در ایران، هلنیک در یونان می توان منشاء مشترک زبانهای هندواروپایی آشکار می شود.

کاسیها جنگجویان و شکارچیان ماهری بودند که در قبورشان، یک جنگجوی مرده را با اسبش دفن می کردند. حیوانات اهلی آریاییها گاو، گوسفند، سگ، بز، خوک، غاز، گاومیش، اسب، خر بودند. این جانواران برای شیر، گوشت، بارکشی نگهداری می شدند. آنها از پوست شیر، ببر، شتر، خرس، روباه، سمور؛ پشم حیوانات اهلی، پوشاک تهیه می کردند.

اسب سوار با دامن و ردا نمی توانست سریع برود؛ لذا شلوار شکل پوشاک دلخواه بود. سکاها که در شمال و شرق دریای خزر زندگی می کردند، نیز شلوار پوش و اسب سوار بودند. آنها پاجامه/ پیژامه، کمربند/ کامبربند را بزبان های بومی و در نتیجه به زبانهای امروزی اروپا وارد کردند. تن پوش مردانه سامیان، یونانیان، رومیان، چینیها دامن زنانه یا ردای بلند بود.

غذایشان غلات، حبوبات، آجیل، سبزیجات، ماهی، پرندگان، فرآورده های دامی بود. آنها شیر را که زود ترش و خراب می شد به انحای مختلف تبدیل به فرآورده های ماست، دوغ، پنیر، کشک می کردند تا بتوانند برای مدتی آنرا بخورند. برای آنها آناتومی جانور شکار شده تا حدی روشن بود. برای نمونه وجود دل/ قلب را می دانستند. کباب گوشت روی آتش و تهیه شیره های گیاهی از مراسم اعتقادی ویژه و کهن آنان بودند.

از آنجا که واژه های مربوط به باغداری و ماهی گیری در بین اقوام هندواروپایی مشترک نیست؛ می توان نتیجه گرفت که آنها این نوع فعالیتها را از بومیان سرزمینهای جدید آموختند. بعبارت دیگر، وجود نامهای مختلف در این موارد نمایانگر آنست که آنان پس از جدایی از هم و مستقل از هم به این 2 حرفه روی آوردند. واژه های آب، اُ، او و گاو، گو، کو در بسیاری زبانهای امروزی از هند تا ایران و اروپا با تلفظهای نزدیک بهم مشترک اند. زبانشناسی

تطبیقی بین زبانهای رایج باستانی به منبع مشترک ملل متکلم این زبانها در شمال دریای خزر اشارت می کند.

آریاییها پس از کوچ، از چادرنشینی، به کلبه نشینی ارتقاء یافتند؛ در کلبه های خود اسباب خانه مانند تخت، میز، صندلی، آلات موسیقی، کوزه های شراب، وسایل طباخی داشتند. سبک هنری آنها رئالیسم بدوی و آثار هنری بومیان ایرانی همجوار سامیان عمدتا فرمالیستی می باشند.

آثار عتیقه کشف شده در گیلان در املش، دیلمان، مارلیک تپه، حسنلو در سواحل خزر- چه از نظر موضوعی و چه از نظر شکلی- قدیمتر از لرستان اند. در آثار گیلان جانوران گراز، گوزن، اسب، گریفین اسطوره ای تحرک رئالیستی بیشتری را نشان می دهند. چنین بنظر می رسد که زحمتکشان گیلانی سازنده این آثار در 3 هزار سال پیش به طبیعت نزدیکتر بودند تا پیشه وران شهرنشین عیلامی همجوار تمدن بین النهرین. همین نتیجه را می توان از نقاشیهای غارهای جنوب فرانسه در 35 هزار سال پیش با آثار کوبیستها و هنر انتزاعی کلان شهری گرفت.

هنر لرستان تحت تاثیر هنر سامی برای بازار دشت دیاله و سکاهای شمالی به فرمالیسم متمایل است. این فرمالیسم از تقارن، تکرار، توازن تقلیل تمام اشکال به یک الگوی ساده، عدم رعایت پرسپکتیو، غلو در ترسیم خطوط عضلات بازو، پا، ریش و مو تشکیل شده است. یک دلیل دیگر تولید انبوه می باشد که جزییات در موضوع را محو و خطوط اصلی را تاکید می کند.

در اینجا محو تمایزات فردی چنان است که در مجسمه ها و نقوش سنگی یک انسان نوعی دیده می شود تا فلان فرد مشخص. این سبک کار فرمالیستی بعدها در آثار مادها و هخامنشیان تکامل پیدا کرد. در این 2 هنر آخری در حاشیه کاری، ساده کردن اشکال حیوانی و گیاهی برای تزیین مکرر بکار رفته است. این حاشیه کاری بنحو احسن در نقوش قالی، گلیم، جاجیم، نمد، پارچه دیده می شود. نقوش پارچه پوشاک از برخی اقلام صدفی، فلزی، سنگی بدست آمده.

کمی به شرح 2 اثر عتیقه هزاره اول ق.م. پرداخته می شود. اثر اول یک پیاله است با صحنه غذاخوری، مشروب، موسیقی یک زوج مرفه از لرستان، قرن 8 و 9 ق.م.. موزه شخصی. بر این پیاله نوازنده هارپ و گارسونی با کوزه شراب با ملاقه ای در آن در 2 طرف نقش قرار دارند. در وسط بر تخت و میز غذایی یک زن با لقمه ای در دست و مرد با جام شرابی در دست مقابل هم روی 2 کوشن مجزا نشسته مشغول تناول اند. پایه میز بشکل سم گاو است. زنان پوشاک بلند تا قوزک پا

با آستین تا ساعد و بدون روسری ولی با نوار بدور پیشانی و یک گل 8پر در انتهای گیسوی بلند خود دارند. ضلع فوقانی تصویر بین 2 خط موازی ل های مکرری برای نشان دادن پرده وجود دارد.

اثر 2 پلاک طلا از زیویه، نزدیک حسنلو، آذربایجان است؛ مربوط به سکاها در ایران ، قرن 7 ق.م.. موزه متروپالیتن نیویورک. این نوار 2 رج، هر رج 6 جانور اساطیری دارد. آیا 12 جانور نماد 12 ماه سال اند؟ در وسط هر 2 رج درخت مقدس قرار دارد. درخت مقدس فوقانی 4 شاخه جانبی با میوه و برگ، یک شاخه مرکزی؛ درخت تحتانی 8 شاخه با میوه و برگ دارد. آیا این درخت مقدس هاومه می باشد؟ پس از 2 جن با کله انسان بر تن اسب بالدار در 2 طرف درخت مقدس قرار دارند. پس از آنها 2 شیر بالدار ، 2 گرفین با سر عقاب و تن شیر بالدار نیمرخ دیده می شوند.

همه اینها به درخت مقدسی چشم دوخته اند. در رج تحتانی 2 جانور آخری 2 آهوی بالدار اند که به پشت نگاه می کنند. شیر شاخدار. بال نماد پرواز و آسمانی بودن این موجودات مرکب است. در میتولوژی یونان سنتوریون جانور مرکب از سر انسان و تن اسب است؛ که حاکی از هوش و تیزپایی اویند. آیا این بوته مقدس هَاومه است که در اوستا بکرات آمده؛ یا درخت طوبی و حوض کوثر اساطیر سامی است؟ دور این 2 رج در ضلع بیرونی ریسمانی از 2 رشته پیچدار حاشیه را تشکیل میدهد که نشان از یک تالار یا محدویت دارد.

نتیجه ها بقرار زیرند: تمدنها، دست آوردهای اقتصادی و فنی بشر، آفرینش آثار هنری و ادبی صرفا معلول اراده افراد خاصی در راس قدرت نبوده اند. تمامی نامداران تاریخ بشر ولو آنکه از قدرت، خلاقیت، استعداد، شرایط مساعد ویژه ای برخوردار بوده باشند به تنهایی مسئول زشتی ها، زیباییها، پیروزیها، ناکامیهای تاریخی نبوده و نیستند. تمدن با انباشت ثروت قدرتمندان در بناهای عظیم برابر گرفته می شود؛ نه زندگی زحمتکشان یک عصر. از جوامع بدوی عشیره ای مانند سرخپوستان آمریکا که از عدالت جمعی برخوردار بودند؛ تمدنی بجا نمانده . ولی از برده داران و فرعونهای مصر با تاراج همسایگان و زحتمکشان بومی، بناهای بزرگی هست که بمثابه تمدن مصر قلمداد می شوند.

منابع. 2018/09/12
http://www.akhbar-rooz.com/article.jsp?essayId=58617
اسکان آریاییها در آذربایجان بزرگ- دکتر بیژن باران
http://archive.mashal.org/content.php?c=helmi&id=0032
8 اسطوره ها و باورها-دکتر بیژن باران

نقش گیلگمش در http://www.vatandar.at/BejanBaran75.htm فرهنگ -دکتر بیژن باران

این جستار نخست در ماهنامه علم و جامعه، ش 47، شهریور 1364 نشر شد. اکنون با کمی ویرایش به روز شده است. در نیمه دهه 80 م در بررسی، پژوهش، مطالعات 5 ساله در دانشگاههای ایندیانا و اوهایو در باره سیر فرهنگ جوامع بشری نتایجی حاصل شدند. این نتایج در این جستار و برخی دیگر، در نشریه پیک پارسی چاپ شدند. در این پژوهش نقش تاثیرات محیط زیست، شرایط اقلیمی، عوامل طبیعی، کارکرد های 100 گانه مغزی در پیدایش باورها، ادیان، اسطوره ها، خرافات، سنن، عادات، آداب، رسوم بشیوه علمی علیت نشان داده می شود.

منظور از شیوه علمی قیاس منطقی، برگشتی Regression، استقراء، استنتاج، برهان خلف، بررسی اقلام تاریخی در موزه های انسانشناسی شهر مکزیکو، پرگامن برلین، لندن، لوور، شیکاگو، لیسبون، مادرید، آتن، واشینگتن، نیویورک، مشاهده میدانی ابنیه های تاریخی، مطالعات علمی در نشریات آمریکایی علمی Scientific American و طبیعت Nature می باشد. مقوله فرهنگ فعلی خاور میانه بصورت تاریخی با گذشته آن و تطبیقی با دیگر مراکز تمدن مانند آزتک، مایان، سرخپوستان قاره آمریکا، مصر، چین، هند، یونان، بین النهرین، فلسطین مقایسه شده.

اسکان آریاییها در آذربایجان بزرگ

در کشورهای کثیر الاقوام با چند زبان رایج میان شهروندان، زبان رسمی در سازمان ملل، زبانهای رسانه های دولتی، تدریس زبانهای اقلیتها، گسترش این زبانها- امور مهمی در سیاست کشورداری اند. زبان ترکی اقلیت در یک کشور با سنت چند هزارساله ادبی فارسی/ دری بررسی می شود. در 4-3 هزار سال پیش خطه بین دریاچه ارال در 200 کیلومتری شرق خزر و دریای سیاه در 500 کیلومتری غرب خزر مراتع آریاییها را تشکیل می داد. طوایف ماد در قسمت غربی و طوایف پارت در بخش شرقی این مراتع دامداری می کردند. هر 2 با خود فلزکاری، اسب سواری، زبان و باورهای مربوط به خورشید، آذرخش، باد، آتش، پیمان را همراه داشته؛ 3 هزار سال پیش به فلات ایران در جنوب آوردند.

در نخستین موج آریاییها به جنوب، پس از گذشتن از کوههای قفقاز، آنها بحول و حوش دریاچه ارومیه رسیده؛ سپس در ارتفاعات زاگرس تا همدان پراکنده شدند. زبان آنها گویشی در میان آریاییهای شمال دریای خزر بود. برخی از قبایل آریایی از شرق دریای خزر بسوی خراسان و ری سرریز شدند. گویش اینها هم شبیه طوایف دیگر آریایی همجوار در شمال خزر بود.

این دو نیازبان مادی در آذربایجان و کردستان و پارتی در خراسان و ساوجبلاغ در شهر همدان/ هنگمتانه بهم رسیدند. شاید زبان التقاطی در همدان نتیجه آمیزش این 2 گویش پارتی شرقی و مادی غربی بوده که 2 طایفه زبان همدیگر را میدانستند. لذا "همه دان" اشاره به دانش 2 گویش می کند. در سوی شرقی جبال البرز هم بومیان ساکن فلات ایران قرار داشتند. در حملات آشوریان از غرب در بین النهرین طوایف ماد به ائتلاف رسیده تا برای دفاع از استراتژی واحدی پیروی کنند.

در سده 7 ق.م این ائتلاف حکومت خونین آشوریان را خاتمه داد. بررسی تاریخ و زبان پارتها در خراسان بزرگ، شرق فلات ایران، در حیطه این جستار نبوده؛ تنها روی تاریخ و زبان مادها در آذربایجان بزرگ، غرب فلات، غور می شود. وجه تسمیه خراسان = خور + آستان یعنی سرزمین خورشید در خاور فلات است. آستان پسوند مکان است؛ مانند خوزستان = جایگاه قوم خوز. ری واژه آریایی بمعنی سرور است که در زبانهای هندواروپایی مشترک است: راج بهندی، روی به فرانسه، رکس به لاتین.

آذربایجان بزرگ. بخشی از آریاییهای بین 2 رود ارال و ولگا، شمال خزر، با طیفی از گویشهای هندو اروپایی بین طوایف خود، در هزاره اول ق.م. به حول و حوش دریاچه ارومیه رسیدند. گویش آنها طیف مادی در ارومیه، کردی در زاگروس، پارسی در شوش را در بر می گرفت. آیا زبان مربوط به منطقه است یا قوم؟ در این جستار هم منطقه و هم قوم برای نامگذاری زبان بکار رفته.

بقایای تاریخی از 3 هزار سال پیش قدسیت آتش را در آذربایجان نشان میدهند. نیز حواشی باکو وجود قیر، نفت سیاه، ماده آتشزا هم را باید در نظر داشت. روشن است که در نیازبان مادی لهجه های گوناگون وجود داشت؛ درست مانند فارسی امروزی با لهجه های تهرانی، شیرازی، آبادانی، اصفهانی، خراسانی. بخاطر بنود تجارت پیشرفته و خط از زبان مادی اثر مکتوب نمی تواند باشد. تنها در کتیبه های هخامنشی، متون یونانی و یهودی یک دوجین واژه مانند آذر، ماد، میترا، شهر بجا مانده که با اصطلاحات و عبارات در تذکره های هزاره گذشته میتوان تکمیل کرد.

ولی گویشهای رایج در حول و حوش دریاچه ارومیه و دره های البرز، گنجینه سترگی در باره زبان مادی باستان اند. گویشهای در حال زوال کوهپایه های البرز در کتب و پایاننامه های دانشگاهی ضبط شده اند. این آثار اکنون در دسترس اند تا در باره گویشهای مادی غرب 3 هزار سال پیش و پارتی شرق 2 هزار سال پیش در کناره جنوبی دریای خزر کنکاش کرد.

در ارومیه زبان مادی دارای 2 طیف تالشی در کرانه های خزر و تاتی در شمال تا باکو بود. در جنوب در هلال دره های البرز تا قزوین و سمنان نیز این 2 طیف گویشی هنوز هم وجود دارند. همزمان بومیان، آمردها، کادوسیها، گوتیها در گیلان و مازندران فرهنگ خود را داشتند. آیا این فرهنگ متعلق به موج کهنتر مهاجران آریایی از مصب ولگا به خزر بود؟ در شرق طیف زبان پارتی از خراسان بزرگ تا ری می رسید. طیف تاتی از آذربایجان شرقی تا اشتهارد بویین صحرا، طالقان، تکلم می شد.
http://www.tatha.fagig.com/zabaneazar2.htm

ورود ترکی. قوم سلجوقلو از ترکان اوغوز سنی در خوارزم نزدیک خجند، حوالی دریاچه ارال، در 1037م رو بجنوب به شهر های ایران و غرب یعنی ترکیه حمله کرد. سپس ترکمنها در پایان سده 15م، یعنی صفویان شیعه قزلباش، از تبریز به روستاهای آذربایجان بزرگ هجوم بردند. رابطه زبان ترکمنی در گنبد قابوس و ترکمن صحرا با تبریزی فعلی چیست؟ زبان ترکی در گرگان گلستان و کهکیلویه فارس هم

تاریخچه، ادبیات، سنن خود را دارد که غور در آن نیاز به فرصتی دیگر دارد.

یکی از شاعران ترکمن فراغی مختومقلی 1205 - 1146 هجری است؛ با این شعر از او: بوگون شاه سن ارتیر گدا بولارسنگ/ ایلده دن گوندن جدا بولارسنگ/ بیرگون جانینگ چیقیپ فدا بولارسنگ/ قازانارسنگ چوخ گناه نی سن فتاح. ترجمه: امروز شاهی، فردا گدایی/ از ایل و زمان جدایی/ عاقبت روزی کشته و فدایی/ خیلی گناهکاری ای فتاح. شاعر قشقایی، ماذون 1246 - 1313 هجری می گوید:

ظلمو نان دستگاهی قوران بی خبر /یقلر بو دستگاه نا تمام بیرگؤن/ عاقبت وئــرر تخم مکافات ثمر/ چکـلر ظالمنان انتقام بیر گؤن. ترجمه با طرف مخاطب ایلخانیان: دستگاه خود را بی خبر و با ظلم بنا نهادی/ ولی روزی این دستگاه، تمام برچیده خواهد شد/ عاقبت تخم مکافات ثمر خواهد داد/ روزی از ظالمان انتقام خواهد گرفت.

لذا زبان آذری غیرترکی از اصفهان، ری، همدان تا آذربایجان تا سده 9م رایج بود. ابن حوقل متوفی 371ه/ 981م نوشت: زبان مردم آذربایجان و بیشتر مردم ارمنستان ایرانی یا الفارسیه است. در سده 15م تغییر مذهب از سنی شافعی به شیعه همراه با تغییر زبان در آذربایجان را صفویان بطور خونین انجام دادند. روشن است زیر تیغ شمشیر عوض کردن مذهب با گفتن اشهد ساده تر از تغییر زبان با هزاران اسم و فعل است. پس از صفویان در سده 15م، خود واژه آذری با معنی آن در زبان مادی به معنی جدید نوعی ترکی خوارزمی بکار رفت.

زبان آذری/ مادی لهجه های گوناگون داشت. مقدسی در احسن التقاسیم تالیف 375 قمری گویشهای حول و حوش اردبیل را با مبالغه 70 نوع نوشته که نشان از لهجه های گوناگون آذری است. زبان آذری بخاطر نیازبان مشترک در شمال خزر همردیف دری، پارتی، ساسانی بوده؛ اشتراک لغات و دستور با آنها داشته ولی ویژگیها، تلفظ، واژه های خود را داشت. پس زبان آذری ادامه زبان مادی تا غلبه صفویان در آذربایجان بزرگ بوده؛ بعد این واژه برای یک زبان غیرآریایی بکار رفته.

با غلبه مغول در 800 سال پیش و تضعیف زبان آذری گویشهای این زبان زوال نیافته؛ بلکه هنوز در دره های سبز کوهها بنام تاتی تکلم می شوند. گویشهای کنونی آذری غیرترکی شامل تاتی از شمال تا جنوب بترتیب زیرند: 1- کرینگان در دیزمار خاوری از بخش ورزقان، شهرستان اهر. 2- کلاسور و خوینه رود از ده های بخش کلیبر، شهرستان اهر. 3- گلینقیه

از ده‌های هرزند، شهرستان مرند. 4- عنبران در بخش نمین، شهرستان اردبیل. 5- بیشتر ده‌های شاهرود خلخال: اسکستان، اسبو، درو، کلور، شال، دیز، کرین، لرد، کهل، طهارم، گلوزان، گیلوان، گندم آباد؛ همچنین کرنق در خورش رستم و کجل. 6- طارم علیا: بیشتر در نوکیان، سیاهرود، کلاسر، هزاررود، جمال‌آباد، باکلور، چرزه، جیش‌آباد. 7- رامند در جنوب و جنوب غربی قزوین: تاکستان، چال و اسفرورین، خیارج، خوزنین، دانسفان، ابراهیم‌آباد، سگزآباد. 8- تالش از الله بخش محله و شاندرمین در جنوب تا تالش در شمال باکو جمهوری آذربایجان.
http://www.tatha.fagig.com/zabaneazar2.htm

شباهت گویش آذری کهن و گویشهای رایج در کوهپایه های البرز زیر لوای اسم جمع طالقان مشهود ند. در این دره ها با چشمه های آب و رودهای فراوان 80 آبادی وجود دارند که هسته زبانی اولیه آن مادی/ آذری بوده؛ که در بده و بستان با همسایگان مازنی، گیل، قزوین، تهران این گویشها با واموازه ها و تلفظهای غیربومی رقیق شده اند.

در زبان مادی آذربایجان = آذر + پات + غان بمعنی محل پناه/ پاس آتش چون دامغان = پناه دام می باشد. ریشه نام آذربایجان یا آتورپاتگان از آتروپاتن، آتروپات، آذرپات یعنی آذرپادگان یا نگهبان آتش است. لقب ساتراپی/ استانداری هخامنشی در این استان آتروپاتن بود. زیرا آذربایجان محل مقدس ترین آتش ایزد افروخته، به نام آذرگشسب بود که در 2 ناحیه قرار داشت: باکو کناره خزر با نشت نفت خام به سطح زمین و شیز مراغه/ تخت سلیمان در آذربایجان غربی. شیز، معرب جیس، را پلوتارک یونانی فراد نوشت. در اسطوره ایرانی شیز یا تخت سلیمان، زادگاه زرتشت، در تقابل با تخت جمشید، مهمتر است. به تخت سلیمان، دانشنامه ویکی فارسی رجوع شود fa.wikipedia.org.

شیز، در کتب 1500 سال پیش شیچ، در شاهنامه چیچست، در اوستا، چئچست آمده. این شهر پایتخت نخستین دولت ایرانی پس از اسکندر در 328 ق.م. بود؛ در 2 هزار سال گذشته نامهای گوناگونی داشته: گنزک، کنزک، گنجک، گنزه، جنزه، گنجه، گزن، گنگ؛ به ارمنی گنزکا یا کادزا، به سریانی گنذزک یا گنزگ، به یونانی گنزکا، گادزاکا، گادزا، به تازی جزن یا جزنق، به مغولی ستوریق گفته اند. روستایی در طالقان بنام جزن با نام این شهر مادی رابطه دارد؛ نیای بیژن جزنی، فدایی نستوه دهه 50 ش، از این روستاست.

با گذشت 3 هزار سال هنوز در برخی روستاهای آذربایجان نوعی مادی رایج است. در هزاره گذشته مورخان، سیاحان، جغرافی نویسان زبان آذربایجانیان را فارسی آذری، فهلوی،

آذربی، آذری فارسی نام داده اند؛ آثار منظومی از این زبان بجا مانده. ادبیات منظوم مادی و بیشتر پارتی در فهلویات مانند باباطاهر عریان از نظر اهمیت پس از ادبیات فارسی با نمونه فردوسی و حافظ است. این اشعار نخست شفاهی بخاطر نبود خط بگویش های فرعی و محلی مردم عادی بود. دو بیتی های عامیانه مازندرانی، گیلانی، کردی، لری و آذری فهلویات اند. توجه شود فهلویات شعر فارسی نیست؛ بلکه گویشی لری مانند باباطاهر، تاتی، یا آذری مانند همام تبریزی نزدیک به فارسی است. http://www.ensafpour.com/article.aspx?id=29

در شاهرود خلخال گویش آذری یا تاتی باستان در مرکز بخش شاهرود، کلور، روستاهای تابعه- هم اکنون گویشورانی داشته؛ اگرچه به ترکی و فارسی آشنایی دارند. اما ارتباط درونی آنها تاتی است. در مناطق وسیعی از استان گیلان تاتی با گویش تالشی تکلم می شود؛ بازمانده زبان آذری باستانی است که 1000 سال پیش در آذربایجان، قزوین، گیلان، شمال مرز فعلی بکار می رفت. دیاکونف 1915-1999 در کتاب تاریخ ماد 1956 تاکید می کند که بقایای زبان مادی در تاتی و تالشی کنونی محفوظ مانده است. باید افزود که یکی ار گویشهای تاتی طالقانی استکه در 80 آبادی کوهپایه های البرز تکلم می شود.

پس از حمله عرب گروهی از مراغه به رودبار الموت کوچیده؛ اکنون مراغیها نامیده شده در 8-7 روستای رودبار ساکن اند. آنها زبان مادی مراغه آذربایجان را حفظ کرده؛ امروز نیز به زبان ایرانی آذری سخن میگویند. حمدالله مستوفی 680 -740 هجری، دین مراغیهای الموت را مزدکی نامیده؛ ولی اصول آنرا توضیح نمی دهد.

در قرون 6 تا 9 هجری زبان ترکی گویش تاتی را تحت فشار قرار داد. ولی بخاطر نبود سواد، خط، مدرسه، وفور فرهنگ شفاهی گویش تاتی رواج داشت. هنوز گویش تاتی در برخی روستاهای آذربایجان، ارمنستان، تاجیکستان، داغستان، گیلان، جمهوری آذربایجان، شاهرود، رودبار، قزوین، تبریز، دهاتی در حتی روسیه با لهجه ی های بومی اندکی گویشور دارد.

ساکنان آذربایجان پیش از ترکی در قرن 15م به گویش باستانی مادی/ آذری سخن میگفته اند. آن گویش که شبیه به زبان ری، همدان، اصفهان بوده تا سده 10م و سده ها پس از آن، زبان غالب آذربایجان بود. بخاطر نداشتن خط، به زبان مادی باستان آثار مکتوب پدید نیآمدند. ولی این زبان آمده از ساکنان شمال دریای خزر در کوچ خود به آذربایجان

و کرانه جنوبی خزر و کوهپایه های البرز حیات خود را تا امروز ادامه داده است.

شباهت های برخی قواعد دستوری مانند ترتیب صفت-موصوف، واژگان در آوا و معنا با زبان انگلیسی، نیازبان هندو اروپایی این 2 را نشان می دهند. واژه های تاتی زیر، برابرهای انگلیسی، معانی فارسی زیر گواهند:
تاتی، انگلیسی، فارسی
ăstăra ، star ، ستاره
but ، boot ، پوتین
daməĵ، damage ، زیان
liv، leaf ، برگ
lelek ، lilac ، بوته لیلاس
kăt ،cut ، زدن مو
mung ، moon ، ماه
ləng، leg ، لنگ
pă، paw، پا
سنگ، سند، سنگ
gow ،cow ، گاو
eow ،eau ، آب
borar، brother، برادر
doxtar، daughter ، دختر
http://tat-ha.blogfa.com/post-35.aspx

احمد کسروی 1355 گویش تاتی را ادامه زبان آذری دانسته که با حمله مغول، سلطه سیاسی، مناسبات اقتصادی ترکان بر آذربایجان از رونق افتاد. این گویش فقط در نقاط دور دره های طالقان، خلخال، قفقاز، گلین قیه با زبان آرین از دهات هرزند تبریز اکنون سخنگو دارد. این زبان با تمام زبانهای آرین شناخته شده تفاوت دارد. اهالی گلین قیه با این زبان بخاطر مراوده با روستاهای ترک و فارس رو به کاهش اند.

کتاب شعر روحی انارجانی تبریزی به زبان آذری باستان نوشته شده. کسروی با بررسی این کتاب تصریح کرد: حتی در قرن 10 هجری در تبریز، پایتخت شاه اسماعیل صفوی، هنوز زبان آذری رایج بود. کسروی 1324-1269 در کتاب آذری یا زبان باستان آذربایجان، نمونه هایی از این زبان و رابطه اش با زبان تاتی را نشان داد. او وجود زبان‌های تاتی و هرزنی در چندین روستای آذربایجان شرقی، اردبیل، نمین، خلخال، کلور، عنبران، پیله رود و میناباد را بقایای آن زبان باستانی می‌داند. پیله بزبان تاتی و مازنی، "بزرگ" معنی می‌دهد.

چند نمونه شعر و شاعر مادی/ آذری‌گو بقرار زیرند: شیخ صفی‌الدین اردبیلی ۷۱۳ - ۶۳۱ هجری، نیای دودمان صفوی، نسل 8م از تبار فیروزشاه زرین‌کلاه ایرانی، مهان کشفی، معالی، یعقوب اردبیلی، تاج‌النساء ماماعصمت سده 9 هجری، شیرین مغربی تبریزی ۷۴۹-۸۰۹ هجری. جمله ها، ابیات، 2بیتی بزبان بومی غیرترکی در تبریز، خلخال، اردبیل در نزهه القلوب حمد الله مستوفی، صفوه الصفای ابن بزاز سده 8 هجری آورده شده .

همام تبریزی ۷۱۴-۶۳۶ هق/ 1214م بگویش تبریزی غیرترکی و دری گوید:
بدیذم چشم مست رفتم اژ دست
کوام و آذر دلی کویا بتی مست
دل ام خود رفت و می‌دانم که روژی
به مهرت هم بشی خوش کیانم اژ دست
به آب زندگی ای خوش عبارت
لوانت لاود جمن دیل و کیان بست
دمی بر عاشق خود مهربان شو
کزی سر مهرورزی کست و نی کست
به عشقات گر "همام" از جان برآیذ
موآژش کان بوان بمرت وارست
کرم خا و ابری بشم بوینی
به بویت خته بام ژاهنام ست.

سفینه تبریزی در شعری به آذری غیر ترکی، خود مستقیما این زبان را زبان تبریزی می‌خواند:
دَچَان چوچرخ نکویت مو ایر رهشه مهر دورش
چو ش دَ کارده شکویت ولَول وذَارد سَر یَوه
پَری بقهر اره میر دون جو پور زون هنرمند
پروکری اَنزوتون منی که آن هزیَوه
اکیژ بحَ ورامرو کی چرخ هانزمَویتی
ژژور منشی چو بخت اهون قدریوه
نه چرخ استه نبوتی نه روزو ورو فوتی
زوم چو واش خللیوه زمم حو بورضی ربوه

بانو باغبان اردبیلی، قرن 8 هجری، برای شیخ صفی الدین اردبیلی سرود:
دیره کین سربه سودای ته گیجی
دیره کین چش چو خونین اسره ریجی
دیره سرباستانه اچ ته دارم
خود نواجی کووربختی چو کیجی
ترجمه: دیربست این سر با سودای تو گیج است
دیربست این چشم اشک خونین می‌ریزد
دیربست سربه آستانه تو دارم
خود نمی‌گویی که بدبخت چه کسی هستی؟

در آذربایجان شعر هزاره گذشته به 3 زبان می باشد:
1-گویش مادی مانند همام تبریزی ۶۳۶ - ۷۱۴ هجری، نمونه:
وهار و ول و دیم یار خوش بی
اوی یاران مه ول بی مه وهاران.
ترجمه: بهار و گل و روی یار خوش هستند.
اما بدون دوست هیچ گل و بهاری نیست.
2-زبان دری/فارسی شمس تبریزی، قرن 7 هجری. نمونه:
دم ده و عشوه ده ای دلبر سیمین بر من
که دمم بی دم تو چون اجل آمد بر من
3-زبان ترکی مانند شهریار 1367- 1285، با نمونه شعرش،
سه تار من:
سیزلاییر احوالیما صبحه قدر تاریم منیم
تکجه تاریم دیر قارا گونلرده غمخواریم منیم.
ترجمه: نالد به حال زار من امشب سه تار من
این مایه ی تسلی شب های تار من.

پس گویش تاتی رایج و لهجه های نزدیک بآن، امروز در بعضی
نقاط آذربایجان و غرب ایران، اردبیل، خلخال، طالقان با
زبان مادی قرابت دارند. صادقی 1357 نیز در رابطه با
زبان مادی می گوید: این زبان در غرب ایران، مناطق نفوذ
مادها، هزاره اول ق.م. رواج داشت. باید با گردآوری
منابع، اصول زبانشناسی، داده های میدانی- رابطه زبان،
گویش، آذری، مادی، تاتی، آرین را بمثابه شاخه های
زبانهای ایرانی غربی تدوین کرد. دستور و فرس تاتی،
مقایسه آن با تالشی، فارسی، انگلیسی را می توان تدوین
کرد. باشیوه سیر قهقرایی Regression از حال به گذشته-
زبان مادی را در لغات، تلفظ، دستور می توان بازسازی
کرد. زبانهای بومیان فلات ایران پیش از آریاییها در
کرانه خزر، کارون، سیستان، عیلام گویا با زبان دراویدیان
هند، تمدن موهنجادارو 2600 سال پیش پاکستان، یا شاید با
تمدن آرتا جیرفت در 5000 سال پیش نسبت داشته باشند.

منابع.12.09.18.
دکتر کامران فلاحی، فریبرز صادقیان-درآمدی بر گویش و
فرهنگ طالقان، 1390، شرکت سهامی انتشار، تهران، 812ص.
رساله روحی انارجانی قرن 11 هجری.
غلامرضا انصاف پور، تاریخ تبار و زبان مردم آذربایجان،
چاپ اول: 1377، انتشارات فکر روز، 198 صفحه.
دانشنامه‌ی ایران و اسلام، احسان یار شاطر، بنگاه ترجمه و
نشر کتاب، چاپ دوم، تهران 1336، ص 61.
دیهیم، تذکره شعرای آذربایجان، 4 جلد.
ایرج افشار، زبان فارسی در آذربایجان.
مجله های آینده و دانشکده ادبیات تبریز.
http://fa.wikipedia.org/

7 امشاسپند- چاکرا- مرتبت- وادی

هفت شهر عشق را عطار گشت. / ما هنوز اندر خم یک کوچه
ایم. - مولانا

خلاصه. در این جستار پیشینه پیدایش و تلخیصی از 4 نظریه
هستی شناسانه در خاور میانه داده می شوند. این 4 نظریه
شامل 7 امشاسپند زرتشتی، 7 چاکرای هندی، 7 مرتبت کیش
مهر، 7 وادی عرفانی می باشند. تبیین اجزای یک نظریه
یعنی نظریه پرداز، خود نظریه، پیروان و نتایج نظریه با
نقدی از آنها خارج از 4چوب این جستار است.

ادراک هستی در این رویکردها در فرهنگ کهن آریایی و ذهن
جمعی شرقی را می توان دید: ا- درک کائنات محیط علیا و
اثر آن در سرنوشت/ زندگی انسان خاکی. 2- درک علل حیات
در خود انسان. 3- درک مرتبت اجتماعی برای نظم جامعه. -4
درک رسیدن از انسان /مبداء به کائنات /مقصد. در این
جستار 4 نمونه از فعل و انفعالات فکری در کانونهای
فرهنگی یعنی شمال غربی هند، شمال شرقی ایران، در ترکیه
و روم یعنی غرب فلات مرکزی ایران با تاریخ مصرف آنها
داده می شوند.

در بررسی این 4 رویکرد به تاریخچه، محل زایش، شرح،
کاربرد، باقیمانده آنها اشاره می شود. تنها چاکراهای
7گانه در زندگی مدرن پیروانی در غرب و شرق دارد.
امشاسپندان در دین پارسی/ زرتشتی در اصول اعتقادی است
که با پیشرفتهای بشر در علوم غیرقابل استنادند. برخی
آداب مرتبت میتراییزم در آیینها و ستایشهای مسیحی بویژه
کاتولیک بازآفرینی شده اند. اقالیم عرفانی هم در اوضاع
مدرن به ثنویت قطب و مخلصان او در مهمانیها، خانقاه
اسلاف، کمک مالی به همت عالی تقلیل یافته اند. کاربرد هر
4 رویکرد، سوای بنمایه اعتقادی اخروی، برای حل مسایل
روزانه هم به پاره ای رفتار بنا به مقتضیات قانون
بورژوایی کاهش یافت. رفتار دخیل، وردخوانی، فدیه
گوسفند، نذری، شبیه خوانی تا پیش از نهادهای مدرن
بیمارستان، تلویزیون، مشاغل نوین، مراکز جمعیت برای
نمایش، اپرا، کنسرت، نمایش گروهی در بنیانگرایان مسیحی
شامل می شود.

مقدمه. از 150 هزار سال پیش، از افریقا چند موج قبایل
نخست نئوندارتال و سپس هوموسپین وارد اروپا و آسیا
شدند. بمرور برخی از آنها در 3 منطقه اروپای جنوبی و
مرکزی، خاور میانه، شرق آسیا اسکان یافتند. دیگران تا
چین، آلاسکا، آمریکای شمالی و جنوبی، جزایر اقیانوسیه به
پیشروی خود ادامه دادند. شاخصه قبایل نخست، کوتاهی قد،

ستبری تن، مچ پا کلفتی بود. در 2010 از روی مواد بین دندانهای آنها در 100 هزار سال پیش در اسراییل گیاهخواری آنها به گوشتخواری آنها افزوده شده. آنها بدلایل قلت تعداد در قبیله، مصرف فردی زیاد غذا، تغییر شرایط اقلیمی جمعیتشان رو به کاهش گذاشت. قبایل هوموسپین بلند قدتر و شاید باهوشتر بودند. برخی از قبایل دوم با قبایل نخست مراودات و مزاوجت داشتند.

قبایل تیره پوست منطقه های حاره و نزدیک باستوا، از 100 هزار سال پیش، از طریق فلسطین و عربستان به بین النهرین، فلات، ماورای کوههای خیبر آمده بودند. اینها اسلاف عبریها، سامیها، حتییها، اکدیها، آشورها، بابلیها، کاسپیها، کاسیها/ لرها، ایلامیها/ خوزیها، بلوچها، دراویدینها، اهالی موهنجادارو اند. آثار تمدن آنها از 4-5 هزار سال پیش در این مناطق بجای مانده اند. آنها زبان و فرهنگ مختص بخود، غارنشینی، ایلیاتی، شبانی، فلاحت، باغداری، سفالگری را داشتند. این فرهنگ بعد از مرحله جمع‌آوری دانه، ساختن ابزار سنگی/ چوبی، شکار/ تله انداختن جانواران بود.

برخی از قبایل هوموسپین که بشمال اروپا رفته بودند در اثر سرما بدنبال طلوع آفتاب به خاور یعنی روسیه روی کردند. آنها در این مناطق سردسیر کم آفتاب پوستشان از سبزه به سفید تغییر کرد. البته لغزش ژنی در تغییرات ظاهری مانند بور و زاغ بودن مو و مردمک چشم هم دلیل دیگریست. در روالی طولانی از ابزار سنگی به مفرغی رسیدند. با افقهای جغرافیایی و زندگی جدید خلاقیت و کنجکاوی آنها منجر به فرهنگی دربرگیرنده زبان، دین، رسومات، پوشاک، خوراک، اهلی کردن جانوران و طیور اقشار و طبقات در توده های کوچی شکل گرفتند.

آریایی ها از 3-4 هزار سال پیش از شمال دریای خزر در 3 رشته به شرق/هند، جنوب/ ایران، غرب/ یونان در چند موج مهاجرت کردند. آنها حامل 3 مهارت بودند: زبان و فرهنگ خود، فلزکاری ارابه اسبی، شلوار اسب سواری و کباب. جاده دراز ابریشم راه تجارت بین هند و چین از طریق فلات ایران تا یونان و روم از 2 هزار سال پیش پدید آمد؛ تا کشف قاره جدید در 1492م همزمان با وفات جامی شاعر، کمی پس از سقوط قسطنطنیه در 1453م، پررونق بود.

کشف قاره های جدید آمریکا و استرالیا، جاده ابریشم را از رونق انداخت. عدم رونق جاده ابریشم، یکی از دلایل افول قدرت سیاسی ایران شد. اگر چه صفویان 1500 – 1722م کوشیدند تا بر نابسامانی گذشته در برابر مهاجمان غربی پرتغالی و انگلیسی فایق آیند. ولی تغییرات ماورای بحار

از کنترل دولتمردان ایرانی خارج بود. آنها باید با تولید کشتی و مواد سوختی آن در دریانوردی از خلیج فارس با نیروهای استعماری رقابت کنند. آنها مانند عثمانیها نتوانستند در عرصه دریا با غرب رقابت کنند. در نهایت هر دو شکست خوردند؛ تقلیل مساحت یافته، مورد چپاول استعمار قرار گرفتند. در قرن 19م روسهای تزاری هم با ارتش مدرن از شمال به فلات تاخت. تا در قرن 20م با ظهور نیروهای قهار آلمانی و انقلاب سرخ شوروی، ایران، هند و ترکیه از استعمار غرب رهیدند. بر بستر مادی جاده ابریشم، نظریات شرقی و غربی با کاتالیست مشترک آریایی بهم آمیختند.
http://www.farsinet.com/iranbibl/chronolg.html

باید توجه داشت که هند در رابطه با چین؛ روم در مراوده با مصر و حبشه در آفریقا بود. پس فرهنگ ایرانی آلیاژی از فرهنگهای 3 قاره آفریقا، اروپا، آسیا شد. از این رو در زبانها و برخی مقولات فرهنگی این 2 قاره پاره ای اشتراکات وجود دارد که به منشاء واحد آنها اشارت دارد. نمونه: سنگ، آسمان، سپهر، ستاره، {خور}شید با س آغاز شده یا داری س/ش می باشند؛ در برخی زبانهای اروپایی هم این اشتراک دیده می شود. نمونه: sand, sky, star, Sun در انگلیسی جرمنیک. شاید رابطه ای بین خور+شید ایرانی و Horus مصری با بال گشاده مانند اهورا وجود داشته باشد. اعتقاد به قدسی بودن اعداد به عهد فیثاغورث در فرهنگ مصر و یونان می رسد. در میان ملل برخی اعداد مانند 1، 2، 3، 7، 13 ، 30/28 دارای رمز و جذبه ویژه می باشند. وحدت با 1، ثنویت با 2، پیروزی با 3 تلاش، عدد 7 هم برای روزهای هفته و مصارف دیگر، 13 با نحسی، 28 یا 30 با گردش ماه یا زمین معنای خاصی برای ایرانیها دارند.

کاسیها/ لرها در 1400 ق.م. با فتح بابل پس از حکومت حمورابی، گذر از فلسطین، مصر را فتح کردند. آنها با فرعون آمنهوتب 4م، ایلامیان، حتییها در ترکیه، آشوریان رابطه دیپلماتیک و نامه نگاری داشتند. هورس خدای سپهر، آفتاب، جنگ بود – مانند مهر در کیش میترایی. تصویر این خدا، سر شاهین با دید تیز و تن انسان دارد. در داستانهای 1001 شب هم، نامها و شاکله های هند و ایرانی دیده می شوند. نمونه: شهرزاد، سندباد، علی بابا. موسیقی تند کولیها هم در این منطقه پهناور ناشی از رفت و آمد بین این فرهنگهاست؛ بویژه از هند به باختر تا رومانی و اسپانیا. این تبادل فرهنگی در ابعاد جغرافیایی از سده های گذشته تا بامروز ادامه دارد. بر این پهنه جغرافیایی نظریه های متعددی در باره پرسشهای عمده بشر در باره کائنات، انسان، جامعه، تاریخ، راه رسیدن به کمال مطلوب پیدا شده، نضج گرفته، سپس متروک شدند.
http://www.motherbedford.com/ANUTimeLine.htm

پیدایش. نظریه های امشاسپندان زرتشتی، چاکرای هندی، مرتبت میترایی، اقلیم عرفانی بطور مختصر در اینجا می آیند. این 3 نظریه ادراک انسان در رابطه با جهان، خود، جامعه، گذار از خود به جهان را تبیین می کنند. نیکی و نحوست اعداد از دیر باز در تمدن بشری وجود داشته. شاید عدد 7 در رابطه با سهولت حفظ 5 تا 7 مقوله در حافظه باشد. یعنی برای بازآوری مقولات در حافظه کوتاه مدت انسان، انبار نیم دو جین مقولات، آسانتر است. ترتیب تقویمی این ادراک در شرق بقرار زیر است.

جهان عینی علیا در ملایک نامیرای آسمانی در دین شفاهی پیشا-زرتشتی از 3 هزار سال پیش در خراسان بزرگ اشاعه داشت. این نظریه تجزیه جهانی افلاک به 7 نیرو است؛ زمانی است که در روی زمین حکومت متمرکز وجود ندارد؛ نیروهای دینی و سیاسی در پراشند. چاکرای هندی نیز همزمان در ادبیات ودا نخست بطور شفاهی و سپس کتبی عرضه شد. در این رویکرد تن انسان به 7 کانون محلی تجزیه می شود. در عرفان فاصله رسیدن از خود به او /آن از 7 مرحله متناظر با مراحل جوانی تا پیری انسان می گذرد. اگرچه اشارات در اوستا به دریایچه ارومیه برای زادگاه زرتشت اند. ولی بجاجت و سختگیری میترایزم در این منطقه عرصه را بر زرتشت تنگ کرده؛ او به شرق یعنی خراسان گریخت. زبان مادی موطنش با زبان پارتی متقدم رایج در خراسان باهم قرابت لهجه ای داشت. این تصادم 2 زبان مادی و پارتی در همدان در کناره های زاگروس بمعنی ساکنانی که هر دو زبان را می دانند دیده می شود.

مغز برای ادراک یک مقوله مرکب، آنرا به مکانی، زمانی، کارکردی تجزیه می کند. نمونه ها: تقسیم کشور به ساتراپها/ ایالات، تجزیه مکانی است. بیان گذار از شور جوانی به کمال پیری، نمونه تجزیه زمانی است. تجزیه زمانی در طول عمر سالک، امکان تحقق رسیدن از یک مبدا/ من/ خود/ جوانی به مقصد/ او/ دیگری /پیری را تبیین می کند. ادراک بشر از نیروهای مختلف آسمانی مانند رعد، برق، باران، خشگ سالی، آفتاب، ماه با نسبت دادن آنها به الهه ها/ ملایک نمونه تجزیه کارکردی است. تجزیه کارکردی هسته نظریه های چند-خدایی در آغاز تمدن مکتوب بشر در مصر، یونان، ایران، هند می باشد. پس از این دوره با ظهور حکومتهای متمرکز وسیع مانند ایران و روم، تک خدایی نضج گرفت.

برخی آثار باستانی، مجموعه عقاید رایج در زمان تحریر آنهایند. این آثار در برگیرنده تخیلات کاتبان /ناسخان، قاریان اصلی، اصحاب پیرو، مروجان بعدی نیز هستند.

جمع‌آوری نظرات رایج شفاهی، درآوردن آنها به یک نظام تقویمی یا مقوله ای، در تاریخ فراوانند. نمونه ها: رویدادهای ایلیاد هومر، آثار رقومی و هندسی منسوب به فیثاغورث، رویدادهای شاهنامه فردوسی، محتوای کتب ودا، گاتها و یسنای زرتشتی، ترانه و مثلهای فارسی صادق هدایت و آذری صمد بهرنگی. در 2500 سال پیش، فیثاغورث یا اصحاب اِخوان دینیش، از منابع مصری و مناسک اورفیوس یونانی، باین اعتقاد رسیدند که جهان با اعداد، هندسه، حد، تبیین پذیر است؛ ریاضت و گیاهخواری منجر به تعالی روح می شوند.

گذار. در اوخر دوره ساسانی سده 6م برخی آثار هندی به زبان آنروز برای دانشگاه جندیشاپور خوزستان ترجمه شده؛ سپس با آثار بیرونی و دیگران از سده 10م ببعد بتازی و فارسی نگاشته شدند. باید توجه داشت که مراوده فکری بوسیله سیاحان، تاجران، مهاجران ازجمله زرتشتی به گجرات پس از استیلای تازیان بر ایران؛ کوچ کولیان از هند به غرب و منجمله ایران براه بود.

البته نظرات بودایی بوسیله مسافران ایرانی به هند و کولیان هندی به خراسان بزرگ بطور کند و کم، ریاضت کشی را در محافل خرده پایی ایران مطرح کرد. مجسمه های بودا در بامیان افغانستان از سده 6م کنار جاده ابریشم، گواه این حرکت فکری به فلات است. در غرب ایران/ کردستان نیز نفوذ افکار فلکی ایلامی از جنوب، میترایی/ مغان از شمال، بابلی/ آشوری، یهودی/ فریسیان، مسیحی/ نصاری/ ناصری از غرب نمونه وار در آثار مانی تبلور یافتند.

ایران. در آثار زرتشتی 3 نظریه است که بسیار ارزنده اند: 1- انسان در پندار، گفتار، کردار تجرید می شود. 2- تغییرات در جهان/ انسان از تضاد نیروهای بد/تاریک و خوب/ نور ناشی می شود. 3- نیروهای کیهانی در 7 امشاسپند انتزاع می یابند. در این جستار 2 نظریه اول کنار گذاشته؛ تنها نظریه آخر تلخیص می شود. 2 تجرید نخست را می توان درباره شخصیت انسان، جامعه شناسی، حرکت تاریخ بکار برد. نظریه 2م بدست اصحاب مکتب افلاطون رسیده؛ اثر عمیقی بر فلسفه آنها و سپس اروپا گذاشت.

یکی از شیوه های رسیدن به کنه فکری به گذشته های دور غور در واژه های بکاررفته اسلاف است. زبانشناسی واژه های اوستا و قیاس آنها با کتاب هندی باستانی ودا بسیار مفید است. واژه مرکب امشاسپند را می توان تجزیه کرد: ا + مشه + سپنته بترتیب بمعنی بی + مرگی + پاک می باشد که منظور از پاک فرشته/ ملایکه است. راستی در جلوی مرداد در تقویم شمسی ایرانی هم ا بمعنی بی گذاشته می شد؛ پس

امرداد بمعنی بیمرگی می شود. این ا در عصر مدرن افتاده؛ اکنون مرداد مصطلح است. یکی دلیل هم گرمای شدید این ماه در فلات مرکزی است که به مرداد یعنی از گرما مردن / هلاک شدن بهتر می آید!

گاهی مقولات زرتشتی بازتاب محیط عینی است؛ گاهی بازتاب کمال مطلوب، مراد، ایده آل ذهنی. نمونه: در گرمای تابستانی مرداد، نه اردیبهشت، نماد بقای گیاهی است. البته این بقای گیاهی با کاریز و جوی درست است؛ ولی در تپه و کویر خشگی و مرگ گیاهان غلبه دارد. نام امشاسپندان بقرار زیر است: هرمز، بهمن، اردیبهشت، شهریور، سپندارمز، خرداد، امرداد. شاید سفره 7 سین نماد امشاسپندان باشد: آیینه برای آسمان جایگاه هرمز، ماهی مربوط به آب برای بهمن، شمع برای نماد آتش اردیبهشت، انسانهای بدور سفره برای نماد خرد شهریور، خاک گلدان سنبل بستر رویش سبزه برای اسفند، تنگ آب برای نماد آبهای خرداد، سبزه برای نماد بیمرگی گیاهان امرداد. نقد این نظریه کارکردی کائنات در این جستار نخواهد آمد.

امشاسپندان هرکدام نام و مسئولیتهایی دارند. از روی این مسئولیتها میتوان دید که آنها در دوره شبانی و آغاز کشاورزی آفریده شده اند. یعنی حدوث آنها در روی زمین/ فلات ایران حدود چند هزار سال پیش بوده؛ نیروهایی هستند که نظرشان معطوف به زمین است ولی در آسمان بسر می برند. آنها مشتمل اند بر 3 نرینه یعنی بهمن، اردیبهشت، شهریور و 3 مادینه یعنی اسفند، خرداد، امرداد. این تقسیمبندی از روی جمعیت یک محله، منطقه، ساتراپ، نیمی مرد نیمی زن، منطقی بنظر می رسد. شاید درآن هزاره های دور هم در جامعه اقلیت ناچیزی بودند که نه حس نرینگی داشتند نه حس مادینگی. این بخاطر هورمون و کدینگ ژنتیک فردی، امروز هم در جامعه وجود دارد. آنها در عالم مینویی اند، نامیرا، نامریی، خردمند، قدسی، رحیم، مهرباند. آنها مومنانف زرتشت، خا را یاورند.

هرمز سرکرده شورای امشاسپندان است؛ نه نر نه ماده است. بهمن سرپرست جانوران و گیاهان است؛ مرجع پندار، گفتار، کردار انسانهاست.
اردیبهشت، نماد راستی، نگهبان آتش، دشمن بدیهاست.

شهریور نماد آرمان شهر، نگهبان سنگها و فلزات است؛ خرد را همراه است.
اسفند برای آشتی، آبادی، شادی؛ نگهبان زمین است.
خرداد نماد رسایی، نگهبان آبها است.
امرداد جاودانگی است؛ نگهبان گیاهان و خوراک است. گیاهان اگرچه با زوال خزانی رنگ عوض می کنند ولی در

25

بهار دوباره به رشد ظاهری خود ادامه می دهند؛ پس نامیرایند.

سرایش و خوانش شعر حاصل کشف و شهود در میان روحانیان جوامع هندو ایرانی و چه بسا هندو اروپایی، امری رایج بود. اگرچه مردم عادی هم شعر و سرود در زندگی جمعی خود بشکل موسیقی و لالایی داشته اند که سینه بسینه به نسل های بعدی رسید. توان سرایش اشعاری شیوا در تبیین جهان هستی، ستایش خدایان، بیان روابط قدسی انگاشته بر گیتی، ویژگی برجسته و کرامت عمده‌ي یک روحانی بوده است. نام اینگونه سرایش باوستایی مانثره Manthra، به سنسکریت مانترا Mantra، در زبان پهلوی مانسر Mansar می‌باشد.

در عصر نبود خط و نوشتار، تنها نحوه‌ي ارائه، ترابري، نقل اندیشه گفتاري باستاني از نسلي به نسل دیگر ترنم شفاهی همراه با موسیقی بوده. این آثار پر از اسطوره ها، پیام ها، تخیلات، مکاشفات، پندهاي دینی، کیهان‌شناسي. سراینده سوره ها مانثرن Manthran و موبد رسمی زئوتر Zaotar نامیده میشدند. این دو گونه روحانی هندو ایرانی بودند که بیش از دیگران با سرایش و قرائت اشعار اشراقی سروکار داشتند. نمونه مدرن شاملو است که هم مانثرن/ سراینده شعر و هم زئوتر/ دکلماتور آن بود. موبدان همیشه مرد بوده؛ مانند دیگر ادیان باستان یهودی و مسیحی. آنها واعظان و آموزگاران الهیات و آیین‌هاي دینی بودند. قاریان ابیاتي شورانگیز براي مخاطبان مشتاق نجوا می کردند. زرتشت خود را یک مانثرن می نامد زیرا او گاهان را سروده است. همو خود را یک زئوتر، قاری پرقدرت، می خواند زیرا اوستا را که سوره های دینی آریایی بود با صدای خوش می خواند (یسن 13/32 و یسن 6/33).

گاتها/ گاهان اثر منظوم -هجایی و باقافیه- زرتشت، دنباله‌رو همان سنت سراینده‌گي روحانیان هندو ایرانی است (بویس **Boyce** 1377، ص 82 و 100؛ 1376، ص 21). منظومه‌ي گاهان اشعار اشراقی زرتشت در پی تعمق و مراقبه بر روي جهان هستي، ماهیت و منشاء آن، چگونگي آفرینش، روابط انسان و جهان با نیروهاي قدسی و مینویست. اشعاري که زرتشت آن‌ها را در خلوت خویش با خداي خود بازگفته؛ با آمیزه‌اي از آرایه‌ها، صور خیال، استعارات ظریف همراه اند. نسخه مانده از این سروده ها مربوط به سده 5م ، تقریبا همسن نسخه خطی انجیل، است. این متن براي تحقق ارتباط قلبی مؤمنان با نیروهاي قدسي امشاسپندان و ایزدان مینویی، فراهم آمده. http://www.avesta.org/
www.azargoshnasp.net/Din/dk/soroodehaaayehzartosht.htm

هند. 4 هزار سال پیش آریایها با ارابه های اسبی وارد هند شده؛ فرهنگ خود را در ادبیات ودا مکتوب کردند. این ارابه ها بر چرخهای فلزدار با طوقه و پره سوار بودند. در این فرهنگ در روز، خورشید چون ارابه چرخی از خاور به باختر می راند؛ در شب، دور افلاک هم در آسمان بدور سر ناظران چون چرخ فلک / فصول می گشت. این فلکها مجموعه ای از ستارگان ند که از بخشی از آسمان به بخش دیگر در طول سال سیاره زمین گردان بدور خورشید در حرکت اند.

در ذهن آریایها، چرخ گردان ارابه استعاره ای برای خورشید پویا شد. این استعاره برای جانشینی چرخ ارابه با تصویر گل مدور نیلوفر آبی یا پیچ، درخت کنار، بر وزنِ غبار lotus ، تصویر شده است. پره های چرخ با گلبرگها نشان داده شده اند. همین استعاری بصری در تخت جمشید هم در نقوش سر یا بن ستونها و هم در نوار حاشیه دیواره پلکانها بکار رفته است. شاید تخت جمشید کار مشترک استادکاران ایرانی، هندی، یونانی باشد. زیرا در 538 ق.م. لشگر ایران شمال هند، تمدن و ابنیه تیکسلا، تپه بیهر، در 5آب پاکستان کنونی را فتح کرد.

در 2700 سال پیش، پس از مرگ بودا، چاکرا ها بخشی از یوگا برای هستن در جهان، نه جدا از جهان، پدید آمدند. کتب نوشته شده در سده های 15-10م در هند پایه ترجمه به انگلیسی در قرن 19م شدند. چاکرا ها با 4، 6، 10، 12، 16، 2 پره یا گلبرگ تصویر شده اند. مجموع گلبرگها 50 پر می شود که ضربدر 20 در سر - بخاطر اعضای مهم آن مانند 14 زوج چشم، گوش، لب، بینی، ابرو، زبان ، فک و 6 غدد چشایی گس، تلخ، شیرین، شور، ترش، خنثی- مساوی 1000 برای چاکرای فوقانی آخر است. این تصاعد، افزایش انرژی را نشان میدهد؛ نیز این افزایش اعداد متناظر با اعمال ساده تحتانی و کارکردهای غامض ذهنی است. انرژی حیات از چاکراها بالا و پایین می رود.
http://givnology.com/chakras.htm

چاکرا. چاکرا به سانسکریت بمعنی چرخ است. تن انسان به 7 خزینه با لوله های متصل باهم تجرید شده. این کانونهای چرخان شبیه چرخهای ارابه گردان است بنام چاکرا. در لوله های اتصال چاکراها، انرژی روحانی بنام کوندالینی kundalini از سطوح علیای ربانی به سفلای تحتانی در گردشند. چاکراها مربوط به صدا، نور، رنگ اند. برای شفا، چاکراها باید تراز و توازن پیدا کنند؛ تا ماهیت آفرینش و هدف حیات درک شود. این درک از حرکت کیمیای زمان ناشی می شود.

در هندویزم و نظام روحی یوگا، مانند جنبش موج جدید New Wave Movement در دهه 80 با موسیقی مخصوصش، هر چاکرا یک گره انرژی در تن انسان است که با رنگ، کارکردهای مشخص، جنبه های از آگاهی، و شاکله های دیگر، متمایز و تداعی می شوند. 7 چاکرا در ستونی از بن فقرات تا فرق سر در یک خط قرار دارند. http://www.crystalinks.com/chakras.html

برای وحدت ذهن و بدن، تنه انسان به 7 کانون انرژی حیات یا فعالیت بخش شده. این کانونها در مغز و ستون فقرات یا سر و میان تنه انسان برای هوشیاری او فعالند. در ادبیات مربوطه، هر کدام از چاکرا ها تعریف شده، سنت آنها در رابطه با الهه های متافیزیکی، جنبه جسمانی، علل مریضی مربوط به آن، رفع این مریضی، و پندهای کاهنی در این باره می آید.

پیش از ورود آریاییها، در 4 هزار سال پیش، بخشی از بومیان هند تمدن دراویدی با سنت ریاضت کشی و یوگا را داشتند. تانترا Tantra بمعنی گستره دانش یکی دیگر از سنن آنها بود. در عرفان و مراقبه هندی گورو guru برابر قطب، مانترا برابر ورد می باشد. با ورود آریاییها سنت تانترا با ودا آمیخته شد. در اوپانیشادها از سده 8 ق.م. ایده نیروی حیات یا پرانا و لوله های حامل آن آمده است. در نسخه های بعدی سده 2م اشاراتی به تانترا و چاکرا شده است.

در ادبیات یوگا، کوندالینی ریزش انرژی اجزای روحانی علیای ربانی به سطوح سفلایی است. این انرژی برابر روح القدس مسیحی، فره ایزدی زرتشتی، هاله نور اسلامی است که باعث آگاهی از ربویت در فرد می شود. در اساطیر هندی، کوندالینی نام دیگر شاکتی، کنیز شیوا، ست. الهه های ثلاثه هند شامل شیوا نابودگر، برهمن آفریدگار، ویشنو نگهدار است. ویشنو تجسم کریشنا، راما، بودا ست.

شیوا، نابودگر دروغ، فساد، تباهی است. شیوا در چاکرای 7م چون هوشیاری ناب و شاکتی در چاکرای اول غیرفعال است. هوشیاری ناب شیوا از فرد بخاطر بیگانگی از انرژی فعال شاکتی یا کوندالینی جداست. آنگاه که انرژی از چاکراها در فرد صعود می کند، شاکتی با شیوا بوحدت می رسد. این وحدت 2 الهه در فرد، منجر به زندگی بیدغدغه فرد می شود. http://www.tantra-kundalini.com/chakras.htm

در هند هم مانند مصر عصر فراعنه و یونان عصر هومر، قلب را مرکز آگاهی می انگاشتند. ضربان قلب تابع هورمونهای درون ریز است؛ حیات هم با ضربان قلب رابطه دارد. شاید این نظام 7گانه نخستین گام بشر برای تجزیه تن انسان به

مظروفهایی با کارکردهای مشخص است. در این نظام، تن به 7 شبکه عصبی یا مظروف و کانون انرژی تقسیم شده که از فرق سر تا نشیمنگاه او بترتیب زیر جای دارند:

1- پایین تنه Mooladhara زیر لگن خاصره محل برائت یا تمیز است. این کانون برای تجربه پاکی، شادی کودکانه، بدون تعصب و محدویت می باشد. برائت انگیزه غرور، موازنه، حس هدف و جهت در زندگی است. این کانون 4 پر یا زیرشبکه دارد. در سطح جسمانی برای خروج مدفوعات تن و فعالیتهای جنسی است. به سانسکریت مولا یعنی ریشه، آذرا یعنی نگهدار است. پس در حالت نشسته، لگن خاصره ریشه ی نگهدار ستون فقرات است.

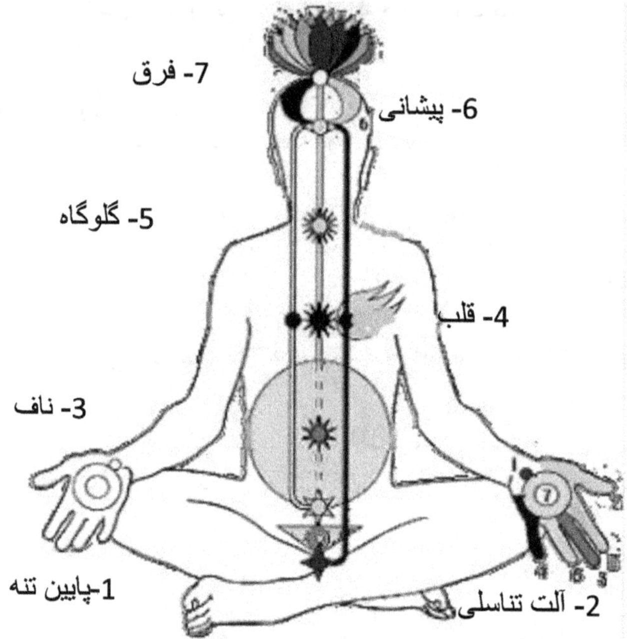

2- آلت تناسلی Swadhisthan این چاکرا کانون آفرینش، التفات، دانش است که فرد را با الهام درونی مرتبط کرده تا از زیبایی دوروبر لذت ببرد. این دانش ناب ذهنی نبوده بلکه درک مستقیم واقعیت است که در کف دست محسوس است. نیز مرکز توجه ثابت و تمرکز است. این چاکرا 6 پر دارد؛ برای آفرینش، اندیشه، فرداگرایی است. نیز مربوط به روز چهارشنبه در هفته، به رنگ زرد، و عنصر آتش است. مسئول جگر، طحال، کبد است. معنی لغوی آن کسی که در آتش میزید است. شاید آتش کنایه از برافروختگی غریزه شهوانی باشد.

3- ناف Manipura برای حس ارضاء و آرامش است. این کانون فرد را صلحجو، سخی، حقانیت خواه، اخلاقی، باتوازن در همه

امور می کند. این چاکرا 10 پر است؛ روی شکم قرار دارد. معنی کلمه گوهر شهر است.

4- قلب Anahath جایگاه روح، خویشتن، نفس، عشق است. این چاکرا 12 پر دارد. عشق شامل همه انواع آن مانند عشق برادرانه، پدرانه، مادرانه، دوستانه، استادانه، همسایگی می باشد.

5- گلوگاه Vishuddhi مرکز دیپلماسی، رابطه با دیگران، مهربانی، تواضع، عدم حسادت است؛ اگر کوندالینی فعال باشد. این چاکرا در گردن است؛ 16 پر دارد برای حفاظت 2 گوش، بینی، فک، لب، زبان، غدد چشایی، گلو، گردن، دندانها. این کانون برای ارتباط با دیگران بوسیله سخنگویی، حرکت دست است.

6- پیشانی Agnya مرکز بخشش و مهربانی است. بخشش نیروی رهایی از محرکات خشم، نفرت، انزجار است. این کانون بین 2 ابرو، ضربدر بصری، قرار دارد با 2 پر چپ و راست. پر راست جایگاه وجدان است. پر چپ برای صیانت نفس است.

7- فرق Sahasrara سر مرکز انتگراسیون چشایی، محرکات، انگیزه، رفتار، کارکردهای خودمختار مانند ضربان قلب و تنفس است. این کانون اصلی آگاهی 1000 پر دارد. معنی این کلمه سانسکریت هزار است که در رابطه با عصبهای مغز است. لیمبیک به لاتین برابر لبه است. سیستم لیمبیک ساختارهای عصبی مرکزی مغزند که در تمام جانوران از جمله پستان داران مشترک است؛ این اشارت به جانوران از مبدا مشترک ماهیان دارد.

http://adishakti.org/subtle_system/chakras.htm

پس در ادبیات ودا خود تنه انسان به 7 کانون تجزیه شده که با شریان هایی بهم پیوند دارند. دراین شبکه بسته مایع انرژی زای کوندالینی در حرکت است. این مدل تجرید تن انسان برای شفای بخشی از امراض کاربرد داشت. این یک تجزیه آغازین محلی تن در مکان است. یعنی تن را در هر لحظه می توان به 7 کانون تقسیم کرد. البته این نظریه هم مانند دیگران به نیروهای اسطوره ای وصل است. ولی در قیاس با نظم امشاسپندی کیهانی مرحله ایلیاتی نظام چاکرا توجه به خود انسان ساکن مرحله کشاورزی با افسانه های دوروبرش است.

مرتبت. در 3 هزار سال پیش، کیش میترا از حول و حوش دریاچه ارومیه برخاسته؛ به روم شرقی/ ترکیه و سپس به روم/ ایتالیا و مستملکاتش تا پذیرش مسیحیت در 380م رایج بود. دراین کیش مرتبت 7گانه که در مناسک مهرابه/ محرابه

های غارمانند 3 تای زیرین حضار غیرفعال بوده؛ 4 تای زبرین شرکت کننده فعال بودند.

این مراتب برای ارتقاء در حلقه های اِخوانی از دون تا فوق بقرار زیرند: 1- کلاغ پیغامبر نماد هوا. 2- عروس نماد آب و سیاره ناهید با چادر/ ستری بسر، سرودخوان. 3- سرباز نماد خاک و سیاره مریخ همراه با نیزه. 4- شیر نماد آتش و سیاره مشتری/ جوپیتر. 5- پارسی نماد داس و ماه منشاء عسل و میوه. 6- ارابه خورشید نماد تازیانه اسب و مشعل. 7- پدر بالاترین مقام در کیش میترایی، نماینده مهر روی زمین، آموزگار دانا، ولی اسرار. کلاه و چوبدست، حلقه و خجره/ ساطور نمادها دیگر اویند.

در این کیش مناسک عضویت در محفل برای کار اجتماعی در آثار موزاییک و متنی اروپا بجا مانده. بررسی آیین میترا از موضوع این جستار خارج است. معمولا در حجاری هر مهرابه صحنه میترا با کلاه نمدی بوقی در حال خنجرزنی به گاو کیهانی، با نمادهای مار، عقرب، سگ، کلاغ، 2قلوی شنگول و منگول/ نکیر و منکر همیشه وجود دارد. اصولا یکی از ادیان آریایی که جلو آیین جدید زرتشتی مقاومت کرد مهرگرایی بود که شقوقی از آن در کردستان بصورت زروانی و در لرستان جنوبی بصورت تقدیریون با افلاک 12گانه زودیاک می باشد. کیش میترا ظرف نیم هزاره پیش از گزینش مسیحیت در اروپا آثار فرهنگی فراوان در دین مسیحیت، بویژه شقه کاتولیک رایج در روم، گذاشت. تولد میترا یا شب یلدا یکی از این تقلیدهای کلیساست.

اقلیم. در عرفان حیات انسان بالغ در طول 50 سال عمر به 7 مرتبت تقسیم شده. این مرحله بندی زمانی است که در طول حیات، سالک از این مراحل می گذرد؛ مانند 7 خوان رستم که اگرچه در مکانهای مختلف اتفاق می افتند ولی سکانس زمانی سریال در آن مراعات شده. در صوفیگری 7 اقلیم، وادی، طبقه برای تزکیه نفس ego وجود دارد. درویش با گذر از این 7 مرحله به پاکی مطلق معراج می کند. این ریاضت کشی شور جوانی را مهار کرده تا روان فرد، با جدایی از جامعه و در محفل خودی با وجود قطب باتجربه تر، آبدیده شود؛ یعنی از غل و غش، دوز وکلک به شفافی و صافی ارتقا یابد.

شاید 7 گام/ دستگاه موسیقی فلات در این تقسیم بندی دخیل بوده اند. مقامات موسیقی در آغاز متناظر با بروج 12 گانه بقرار زیر بودند: راست/ حمل، اصفهان/ ثور، عراق/ جوزا، کوچک/ سرطان، بزرگ/ اسد، حجاز/ سنبله، بوسلیک/ میزان، عشاق/ عقرب، حسینی/ قوس، زنگوله/ جدي، نوا/ دلو، رهاوي/ حوت. در شعر زیربرای تسهیل حفظ کردن مبتدیان نام مقامات جاسازی شده: ز راه راست چو آهنگ میکنی به‌حجاز/ ز

اصفهان گذري جانب عراق انداز. ز نغمه زنگوله در پرده رهاوي/ زن چو بوسليك حسيني صفت برآر آواز. مشو بزرگ ز راه نياز كوچك باش/ ز روي صدق به عشّاق و با نوا پرداز. ولي در سده 20م تعداد آنها به 7 دستگاه زير تقليل يافت: راست پنجگاه، چهار گاه، سه گاه، همايون، نوا، ماهور، شور. هر دستگاه نغماتي بنام گوشه دارد. ضمناً آوازهاي فرعي عبارتند از: دشتي، بيات ترك، افشار، ابوعطا، بيات اصفهان. <u>http://www.hdabir.com/haft/91-music.html</u>

اين 7 اقليم بقرار زيرند: معارفه، ذكر، شكر، اميد، ترس، عبوديت، دعا. كتاب تفسير كبير، مفاتيح الغيب فخر رازی، سده 6 ه.ق. توجه شود كه اين مراحل تنها نامگزاری شده اند. نتايج اشراق و شهود فردی انباشت شدنی نيستند. لذا در 1000 سال آثار تصوف و عرفان به يك سامانه كامل تكامل نيافته. اوج آن با طلوع يك فرد ژنی مانند مولانا تنها در مدت عمرش می باشد. مكاشفه فردی حلاج، سهروردی، و نظريه اشراقی اصحاب آنها بورطه فراموشی در جامعه می گرايند.

در حاليكه در علم و الهيات آثار فردی عالم منجر به انباشت و انتگراسيون نظريه ها برای رسيدن به يك سامانه منسجم، كامل می شود. البته علم و الهيات با دولت عجين بوده؛ پايه مادی شهرسازی و روابط معنوی آنرا تشكيل می دهند. در آثار مربوط به اقليم، محتوای پنداری، گفتاری، كرداری، دوره بندی، شرايط خروج از مرحله ای و ورود به مرحله ديگر خالی اند. گويا قطب/ پير تعيين كننده شرايط فارغ التحصيلی مريدان وادی است. محركه های حيرت/ شگفتی، عشق/ شادی، طلب/ كنجكاوی/ شگفتی، ترس در اين سير و سلوک آمده اند. رك: دكتر بيژن باران، محركات و احساسات در شعر فروغ فرخزاد؛ عرفان در خاور ميانه. <u>http://pendar.forums1.net/forum-f14/topic-t676.htm</u>

مرحله. در عرفان 7 وادی سلوک بقرار زير اند: طلب، عشق، معرفت، استغنا، توحيد، حيرت، فنا. طالب از مرحله اول آغاز كرده تا آخر عمر به مرحله 7م می رسد. اين صفات بر اساس انگيزه ها و محركات فردی اند. از امور اجتماعی، انداز گيری، سنجش، نقد، شك، مشاهدات محيط تهی اند. عطار در منطق الطير آنها را اينگونه نامگذاری می كند؛ سپس هر وادی بشعر شكافته می شود:
گفت ما را هفت وادی در ره است
چون گذشتی هفت وادی، درگه است.
هست وادی طلب آغاز كار
وادی عشق است از آن پس، بی كنار.
پس سيم وادی است آن معرفت
پس چهارم وادی استغنا صفت.
هست پنجم وادی توحيد پاک

پس ششم وادی حیرت صعبناک.
هفتمین، وادی فقر است و فنا
بعد از این روی روش نبود تو را.
در کشش افتی، روش گم گرددت
گر بود یک قطره قلزم گرددت.

نتیجه . پیدایش 4 نظریه مربوط به کائنات، تن انسان، مرتبت اجتماعی، گذار از تن به کائنات ارایه شد. این نظریه ها باید نقد شده؛ با تاریخچه، توضیح نظام، عملکرد اجتماعی، بقایای آن در زمان کنونی ارایه شوند. کلا می توان گفت که آنها بیشتر تخیلات شاعرانه را با مقولات غیرمادی و برخی تجارب حسی نام گذاری کرده؛ بشیوه آمرانه و بدون استدلال ارایه می دهند.

منابع. 2018/09/12

نقش گیلگمش در فرهنگ

هرگاه با خود در جدلید یا می خواهید تصمیمی بگیرید، برای دوراندیشی کافی است واکنش "مار" یعنی مراکز عصبی پایین تر از مغز را هم در نظر داشته باشید. کسانی عاقلند که می گویند: "به نظرم می شود این طور تصمیم گرفت، ولی دلم می خواهد بیشتر در موردش فکر کنم (به اصطلاح با این فکر بخوابم). این اصطلاح از این جهت معنا پیدا می کند که در خواب، خودآگاهی خاموش و غیرفعال می شود؛ این امکان بوجود می آید که با واکنش های "مار" هم آشنا شویم. -کارل گوستاو یونگ

برای حلاجی نقش گیلگمش در فرهنگ جهان می توان نظریه آرکه تیپ کارل یونگ، یعنی یک الگوی رفتاری باستانی در ناخودآگاه گروهی انسانها را بکار برد. لذا بخشی از اسطوره های محلی تبلور این الگوی رفتاری جهانشمول در تم/ موضوع، اپیزود/ رویداد، پرسونا/ شخصیت در روایت اند. نیز هر اسطوره اگر در رابطه مستقیم با فرهنگ همسایه یا بوسیله ناقلان در سفر به نقاط مقصد قرار گیرد؛ می تواند روی فرهنگهای دیگر اثرگذار باشد. در بررسی حماسه گیل گمش آشوری با کاربرد نظریه یونگ در مورد 5 الگوی رفتاری قهرمان، وردست- هر 2 بدیل بکار می روند.

پس کمی در باره این حماسه گفته می شود. سرنوشت این روایت شفاهی و بعد کتبی در 12 لوح گیلگمش شباهت به منشور کوروش داشته؛ هر 2 بخط میخی، مدفون در خرابه های باستانی، متعلق به 2-3 هزار سال پیش، از طریق تورات و انجیل در ادبیات جهان نقش داشته اند. نویسنده هر اثری 3 منبع برای مواد خلاقیت خود دارد: آرکه تیپ ناخودگاه گروهی، خلاقیت/ تخیل نویسنده، منابع شفاهی/ کتبی.

1-در پیدایش گیلگمش آرکه تیپهای جهانشمول نقش بنیانی داشتند. یونگ 5 آرکه تیپ عمده -خویشتن/ فردیت، سایه/ ایگو، زنانگی/ انیما، مردانگی/ انیموس، شخصیت/ پرسونا- را برشمرد. در فولکلور شمارشان افزونتر بوده؛ مثلا یک دست ورق تاروت، گروهی آرکه تیپ را تصویر می کند. 12 تای شان بقرار زیرند: بیگناه، یتیم، قهرمان، وردست، ناجی، شورشی، عاشق، آفریننده، جوک گو/ دلقک، حکیم، جادوگر، سلطه گر.

پس می توان گفت این مقولات در شخصیت رفتاری فرد تبلور می یابند؛ یکی خود را قهرمان، دیگری خود را قلدر، دلقک، دانا، یا ناجی می انگارد. اکثرشان بجز سلطه گر و جادوگر

مثبت بوده؛ ولی آرکه تیپ، اسطوره، استریوتیپ منفی هم وجود دارند. یعنی در یک روایتها چند تا از این آرکه تیپها ارایه شده؛ از اینرو تشابه در ساختار ژرف روایتها پدید می آید. شرایط محیطی و مناسبات اجتماعی مشابه در جوامع اولیه آفریقا و سپس 4 قاره دیگر بن آرکه تیپها می باشند.

یونگ در فرهنگها 3 گونه آرکه تیپ زیر را تشخیص داد: 1- اپیزود/ رویدادی مانند تولد، مرگ، هبوط، ازدواج، عضو گیری. نمونه ها: ورود به جهان سفلای گیلگمش، معراج به آسمان اردا‌ویراف، جستجوی پدر/ مادر مانند زال، هبوط/ سقوط از پاکی مانند خروج آدم و حوا از بهشت/ خانه پدری. 2- پرسوناژ/ شخصیتی مانند مادر، پدر، خدا، ابلیس، حکیم، شیاد، قهرمان از نوع اودیپ، رستم؛ مادر/ پدر مانند مهر/ میترا، مرشد مانند قطب درویشان، راننده، جادوگر، مقصر مانند مادرخوانده سیندرلا، یاغی مانند کاوه. 3- موتیف/ تم/ موضوعی: روایات عضویت گروهی مانند 7 مرتبه تصوف، پل چنوات آخرت، طوفان نوح، خلقت.

گویا اسطوره ها با تشخص یا نسبت دادن خصایل انسانی به اشیاء/ نیروهای نازنده مانند آتش، هوا، آب- بعدها به ایزدان ارتقاء یافتند. با پیدایش سلطنت متمرکز این ایزدان هم بسوی تک ایزدی سوق کردند. گاهی اسطوره با افسانه همراه بوده؛ از جهان آغازین، پیدایش رسوم، نهادها، تابوها می گوید. تعبیر اسطوره ها را یونگ -1873 1961 با آرکه تیپها، بارت در کتاب اسطوره شناسیها، لوی- شتراوس با ساختارهای ثابت ذهنی مانند ثنویت بد/ خوب، شقی/ منصف تشریح کردند. یونگ از تشابه اسطوره ها در فرهنگها نتیجه گرفت: نیروهای روانی ناخودآگاه ذاتی در بشر بنام آرکه تیپها مشترک اند.

حماسه گیلگمش نیمی در باره دوستی، نیمی دیگر در باره مرثیه مرگ، طلب جاودانگی، گذر از خوانهای خطرناک، سفر به زیر گورستان است. در این خوانها او گاونر/ ورزو کیهانی را می کشد تا باران ببارد؛ هیولایی را مثله کرده؛ قلب شرا به خدای خورشید/ شمش/ شمس هدیه می کند. این حماسه 2 نتیجه گیری می کند: پند نکوکاری و خوش زیستی.

پندهای گیلگمش از 4 هزار پیش برای جاودانگی با نام نیک و لذت از زندگی را فردوسی و خیام در 1000 سال پیش تکرار کرده اند. جاودانگی با کار نیک و تکرار نام در اذهان مردم- پند فردوسی بود: به گیتی ممانید جز نام نیک/ هرانکس که خواهد سرانجام نیک. اگر نیک باشی بماندت نام/ به تخت کئی بر بوی شادکام. لذت از زندگی بسیاق

خیام در فرهنگ ایرانی جا افتاده؛ رباعیات ش تشویق به لذت لحظه با شادی می باشند.

دنیا دمدمی است، دو روز دیگر ماها خاک می شویم. چرا سر حرف های پوچ وقتمان را تلف بکنیم؟ چیزی که می ماند همان خوشی است، وقت را باید غنیمت شمرد. باقیش پوچ است و بعد افسوس دارد! صورتک ها -صادق هدایت

گیلگمش با وردستش پس از گذر از خوانها ۴ دانش بدست آورد: راه پرستش خدایان، مرگ محتوم تقدیر بشر، رفتار خوب انسان، خوشی در زندگی. پس از مرگ وردستش، او نمی توانست بپذیرد که گیلگمش تنومند، بامنزلت، ثروتمند باید بمیرد. لذا در لوح ۱۲م به جهان اموات برای جاودانگی رفته؛ ولی قاضی آنجا می شود.

در ۵ هزار سال پیش، سنت شفاهی رایج بین النهرین تضادی را روایت می کرد. این تضاد کوهنشینی با شهریت بود. انکیدو با پوشاک پوستی پشمین و حرکات نخاله نماد کوه نشینی بود. او با آمیزش با یک روسپی شهری به پذیرش مدنیت، آموزش رسوم شهری، دوستی با گیلگمش شهری نایل آمد. قهرمان بدنبال زندگی ابدی با وردستش نیمه میمون- نیمه انسان، در مرحله ماقبل انسان شهری، به جنگل سدر و سپس به زیر زمین/ گور مردگان رفت.

گیلگمش از پدری انسان میرنده و مادری الهه ابدی زاده؛ قهرمانی نیمه-خدا شبه آدمی، اهل اوروک در سومر عراق، شخصیتی تاریخی در قرن ۲۶ ق.م دارای فرزندی بود. او به ساختن دیواری بدور شهر بضد تهاجم خارجی امر کرد. گورش در بستر رود فرات، زیر آب روان، قرار دارد.

در حماسه آشوری آرکه تیپهای ناخودآگاه گروهی آفرینندگان آغازین روایت شفاهی فراوانند: قهرمان، وردست، ناجی، حکیم، سلطه گر. همین آرکه تیپها/ تیپهای عتیق در اساطیر مندرج در اودیسه هومر، شاهنامه فردوسی و شخصیتهای نمایشنامه های شکسپیر متولد می شوند. در زیر کمی در باره نظریات یونگ و کاربرد آنها در حماسه گیل گمش گفته می شود.

دانشمندان علوم انسانی نه تنها موردهای محیط معاصر خود- بلکه اساطیر، کتب دینی، آثار هنری عمدتا یونان و روم در دورها را- برای پژوهش های میدانی روانشناسی بکار می برند. فروید، یونگ، لاکان با کاربرد اصول علمی به کاوش در ادبیات پرداخته؛ چون موارد بالینی، پرونده های مشاوره ای با بیمار، شرح رویاهای در یک اثر ادبی را تحلیل کردند. در اسطوره شخصیتها، اتفاقات، موجودات با

برخی مفاهیم انتزاعی، قدسی، تکرار ناپذیر، ماورای توان فرد ارایه می شوند.

لذا کارکرد اسطوره در جامعه تداوم فرهنگ، ارتباط برای بیان افکار، ردیف کردن رویدادها در محور زمان است. پیدایش و پذیرش اسطوره در یک جماعت باید واشکافی شوند. در پیدایش آن تخیل و شاید برخی عارضه های روحی آفریننده مانند ترس می توانند دخیل باشند. در پذیرش محتوای آن تصویر رویدادها برای مخاطب با تداعی در حل معضلات زندگی بکار رفته؛ از شنیدن آن تفریح کرده، یا به نسل بعدی آنرا می رساند.

یونگ محتوای ناخود آگاه گروهی معاصر را با آرکه تیپ باستان توضیح داد. آرکه تیپ را می توان در اسطوره یعنی کتابت و ضمیر جمعی معاصر واشکافی کرد. در فارسی اسوه برای مقامات دینی و اسطوره برای شخصیت های عرفی بکار می روند. شاید به لسان فروید و یونگ بتوان ثنویت من/ او را با اسوه/ اسطوره، خودآگاه/ ناخودآگاه ربط داد. اگر خودآگاه مجموعه تجربیات و اراده فرد باشد؛ آنگاه ناخودآگاه عمدتا فرهنگ گروهی در حافظه فرد و خلجانهای روحیش خواهد بود. لذا آرکه تیپ محاط بر تجربه فرد در حیاتش است که گاهی فرد خود را با آن همسو می کند.

آرکه تیپ یونگ را در چند رویا میتوان دید: خواب گیلگمش در باره آمدن یک دوست در لوح ۱ و ۵ ، کابوس سقوط از کوه، رعد وبرق، ورزوی وحشی، مرغ طوفان آتشدم در لوح ۲، خواب مرگ گیلگمش یا وردستش در لوح ۷، خواب ورود به زیرزمین گورستان و کشتن شیر در لوح ۹. منشاء رویا از ناخودآگاه است، که بداهه و خود بخود به خودآگاه می آید. توازن مراوده ناخودآگاه و خودآگاه صحت دماغی فرد را تعیین می کند؛ وگرنه روان پریشی ببار می آید. پس سوای تجربیات حسی فرد حافظه عمومی فرهنگ محاط بر فرد هم در رویا دخیل است.

انگیزه ناخودآگاه را فعال می کند؛ ربطها از حافظه حسی بصری مواد مربوط را فعال کرده؛ به حافظه کاری منتقل می کنند. شبکه خلاقیت مواد تصویرها را در حافظه کاری دکوپاژ/ مونتاژ/ کارگردانی کرده؛ مواد مورد نیاز سناریو را در خدمت انگیزه، غریزه، تلنگر/ پلس های ناخودآگاه تنظیم می کند. با حافظه کاری مواد رویا از حافظه بصری کورتکس بالای پس گردن در سکانسی زیر کنترل شبکه خلاقیت پدید می آید. رویا تا ۲۰ دقیقه دیرپایی داشته؛ اگر به حافظه درازمدت منتقل نشود یا برای بازگویی/ مرور ذهنی تکرار نشود، زایل می شود.

در آفرینش یک اثر مانند قصه یا نقاشی در سرزمینی، خلاقیت فردی با ضمیر جمعی فرهنگی ترکیب به می شوند. یونگ بین رویای گروهی ناشی از ناخودآگاه گروهی، یعنی منشاء اسطوره و رویای فردی ناشی از ناخودآگاه فردی تمایز می گذاشت. اولی آرکه تیپ از نوع پایان جهان، اسطوره مانند بیگناهی سیاووش بوده. اگر یک بچه تهرانی و یک بچه هولیوودی روی کاغذ قهرمانی بکشند؛ آنها شبیه هم اند ولی یکی مانند رستم دیگری مانند سوپرمن است. ضمیر جمعی با برخی تصویر/ ایماژ های عمومی مانند قهرمان در حافظه انسانها وجود داشته؛ فرهنگ محلی قالب تبلور آن می شود.

2-انتقال اسطوره از یک نقطه به نقاط دیگر مستلزم رابطه بین آنهاست. این رابطه می تواند روایت شفاهی یا فصلی در کتب برای نقل باشد. رونویسی از گیلگمش در فرهنگی دیگر تمی/ موضوعی، اپیزودیک/ رویدادی، شخصیتها می تواند باشد. چون برخی قسمتهای گیلگمش در تورات، انجیل، کتاب مانی باز تولید شده؛ به تمام 5 قاره ظرف 3 هزار سال گذشته نشت کرده؛ می توان این اثرگذاری را با قیاس آثار ادبی با هم روندیابی کرد. ولی این اثر گذاری را باید با نظریه آرکه تیپ یونگ مرور کرد.

تسلسل مکتوبها، الواح، تورات، انجیل، مانی، مهرابه های میترایی، ادیسه هومر، شاهنامه فردوسی را می توان پی گرفت. باید دید کی این حماسه از خط میخی به خط آشوری معاصر برگردانده شد. حماسه گیلگمش نخست شفاهی به 3 زبان سومری در 2600 ق.م، سپس اکدی و بابلی در 1800 ق.م. با تغییراتی روی الواح گلی 800 ق.م نوشته شد. چندین ورژن/ ویراست به زبانهای اکدی و بابلی بخط میخی، با تغییر زبانها در بازه زمانه 2 هزار سال موجود اند.

در قرن 19م این الواح در کتابخانه نینوا کشف شده؛ به انگلیسی و آلمانی ترجمه شده؛ در نیمه دوم قرن 20م به عربی، فارسی، شاید آشوری معاصر، دیگر زبانهای خاور میانه ترجمه شدند. این اسطوره را می توان از نظر تاریخی، بازتولید مفایهم، گسترش موضوعی با تخیل آفرینندگان جدید در قالبهای گوناگون مداقه کرد: شعر، کتاب، فیلم، ویدیو، نقاشی، مجسمه، ترجمه. الخاص هانیبال 1309-1388 آتلیه ای باین نام در تهران داشت.

قرابتها و مشترکات تم، اپیزود، شخصیتهای حماسه گیلگمش با ادبیات بعد از آن بقرار زیرند: سفر آفرینش، طوفان نوح، آدم و حوا- تورات، انجیل؛ سفر پرخطر اودیسه هومر؛ مهر پرستی در قهرمان/ ایزد مرکزی، کشتن گاو، سفر 7خوان مشکل؛ مانیگری از راه تورات؛ معراج اردویراف در سفر به

دوزخ؛ 7خوان رستم فردوسی در قتل دیو، عبور از جنگل؛ کمدی الهی دانته با سقوط به دوزخ.

مهرپرستی. کشتن گاو و برخی جزییات در کیش میترا و گیلگمش مشترک اند. میترا از اسطوره های ایرانی است که نماد، خورشید، عشق و گرمی در مقابل ظلمت و تاریکی است. سابقه آن به پیش از زرتشت در هزاره اول ق.م بر می گردد. این کیش پیش از دین زرتشتی، با مهاجرین مادهای آریایی در آذربایجان و قفقاز در هزاره اول ق.م. ظهور کرد. در شرایط نوین جغرافیایی و همسایگان، این کیش تغییراتی چون تداعی پیمان بخاطر تجارت برای مهر، کرد. مهر خدای ارابه خورشید با پیمان دوستی و تجارت با اقوام همسایه در آمیخت. این اقوام ساکنان آناتولی ترکیه، شهرهای سامی در عراق و خوزستان، ساکنان جبال زاگروس مانند کاشی، لر، کرد بودند.

کاشیها همسایه غربی ایلامیهای جلگه خوزستان سواحل رود کارون، در 1570 ق.م. بابل را فتح کرده؛ به مصر حمله کرده؛ اهورا با 2بال گشاده، چشم خورشید، وزنه ترازو، مُهر، باورهای خود را به آنجا بردند. مهر پرستی از ترکیه به روم اشاعه یافت؛ از قرن 1 تا 4 ق.م. با 600 مهرابه دین رایج امپراتوری روم بود؛ برخی مناسک آن در مسیحیت کاتولیک بازسازی شد. مهرابه ها از آسیا تا اروپا و آفریقا در غار بنا می شدند.

در هر مهرابه، صحنه روبروی حضار، حجاری میترا پیروز در کشتن ورزو می باشد. در این صحنه نمادهای زیر وجود دارند: سگ، مار، خون برای آبیاری حاصلخیزی زمین، کژدم، بیضه گاو، کلاغ، سکو، خوشه گندم، 2 قلو. 2قلو جوان بنامهای زیر ند: کاتس با مشعل سر به بالا/ برای شب- چون نور نیاز است؛ کاتوپاتس با مشعل سر به پایین/ برای روز- چون روز آفتاب روشنی می دهد. در این حجاری 12 بروج عیلامی، ماه بدر دیده می شوند. برخی نمادها با کهکشانهای همنام در آسمان متناظرند: سگ، مار/ هایدرا، کژدم، گاو، 2قلوی جمینای.

مهر پرستی کتاب مقدس و آثار کتبی نداشته؛ سلسله مراتب 7 مرتبت متناظر با سیارات شمسی از دون تا فوق کلاغ، عروس، سرباز، شیر، پارسی، خورشید sol، پدر و شرایط عضوگیری فقط مردانه داشت. اصول مهرپرستی بقرار زیرند: 1- گاوکشی- آب، شکار، مهر با گاری به آسمان عروج می کند. 2- سفره میهمان که میترا با خورشید sol دست می دهد؛ با هم اعضای گاو را می خورند.

زاد روز مهر در 25 دسامبر نزد رومیان بود که بعد به مسیح نسبت داده شد. روند عضو گیری دارای 7خوان آزمون سرما، گرما، سختی، پاکی، نماز 3گانه روزانه بود. 3- انسان شیر سر یا اهریمن ایستاده مارپیچ، زروان/ کرونوس خدای زمان و فصول.

در بین النهرین اقوام آشور و بابل اسب نداشتند. آریاییهای مادی، پارسی، پارتی از جلگه های شمال دریای خزر اسب و باورهای دینی خود را به جنوب و غرب آوردند. لذا میترا ارابه و اسب داشته؛ رستم با مونسش رخش بفارسی حرف می زند.

برخی تمهای گیلگمش مندرج در تورات/ انجیل در کتب مانی هم دیده می شوند. مانی 274-216م در بابل/ عراق ساسانیان آیینی بر بنیان ثونیت خیر/ شر، نور/ تاریکی، خوب/ بد بنا نهاد. دین او 5 اصل خرد، ذهن، هوش، اندیشه، فهم و آفریشن را در 3 مرحله می دید. این دین از مصر و روم تا ایران و چین نفوذ داشت.

زروان خدای زمان-فضا، سرنوشت در نیمه عهد هخامنشیان در جنوب غربی لرستان/ خوزستان نضج گرفت. این کیش هم مانند مهر پرستی کتاب مقدس نداشته؛ لذا بجز اشارات پراکنده در کتب دیگران با تاخیر زیاد چیزی در دست نیست. اصل 3م مهرپرستی با کیش زروان مشترک است. ولی در نبود متون میترایی، این اشتراک هم کمکی نمی کند.

نکته مهم: ادیان گذشته مانند حال هرکدام نحله هایی در جغرافیا و دوره مشخص داشته اند. لذا مشترکات مهرپرستی، کیش زروان، مانی با مسیحیت را می توان دید - بویژه در ساتراپهای مرزی 2 فرهنگ مجاور هم. تجار مداراگر باهوش ناقل افکار، اعتقادات، رسومات از فرهنگ مبداء به فرهنگ مقصد بوده و هستند.

در خانه های تجار و دوستان محلی مقصد با میهمانیهای نخبگان شهر جوانان با تخیل و خلاقیت قوی، گفتار تاجر سرزمین دور را بخاطر سپرده؛ تغییرات در باورشان گاهی پدید می آید. تاجر در مراجعت برخی باورهای فرهنگ مقصد را به زادگاه خود آورده؛ در میهمانی آنها را با نخبگان دینی و عرفی حاضر در میان می گذارد.

نمونه بازسازی اسطوره در موسیقی از زبان ب رنجبران، آهنگساز ایرانی، اینگونه است. سیاوش وطنش را رها می کند و به توران می رود؛ من احساس او را درک می کردم، چه خود نیز وطنم را ترک کردم. با وجود اینکه قطعه خون سیاوش را خودم نوشتم و بارها اجرا شده ولی همیشه از نظر عاطفی

مرا تحت تاثیر قرار داده. قسمت مرگ سیاوش را به دفعات تکرار کردیم، چه مجبور بودیم آن را کوتاه کنیم، نقال با دفعات آن قسمت را که سیاوش کشته می شود نقالی کردند. من هر بار با روبرو شدن با مرگ سیاوش به شدت متاثر می شدم.

فردوسی سطح نقالی را به سطح ادبی ارتقا داد. قطعه 7خوان نه تنها داستان دلاوری رستم بلکه نماد رشادت ها، انسان دوستی ها و قهرمان ها به مثابه انسان های معمولی نیز هست. در فرهنگ ایرانی نقالی، پرده داری، قصه گویی هنوز هم رایج است.

برای حلاجی نقش گیلگمش در فرهنگ جهان 2 بدیل یکی نظریه آرکه تیپ کارل یونگ، یعنی یک الگوی رفتاری باستانی در ناخودآگاه گروهی انسانها و دیگری رابطه با فرهنگ همسایگان بکار رفتند. باید گفت: اسطوره های محلی تبلور این الگوی رفتاری جهانشمول در تم/ موضوع، اپیزود/ رویداد، پرسونا/ شخصیت در روایت اند.

گیگمش مانند هر اسطوره دیگر در رابطه مستقیم با فرهنگ همسایه و بوسیله ناقلان در سفر به نقاط مقصد رسید؛ روی فرهنگهای دیگر اثرگذار شد. درج مقولاتی از گیلگمش در تورات/ انجیل به جهانی شدن بخشهایی از این حماسه منجر شد. مشابهات کشتن ورزو در این اسطوره و کیش میترا، سفر مخاطره آمیز گیلگمش با 7خوان رستم، تغییر خوابها- در بررسی این حماسه آشوری با کاربرد نظریه یونگ در مورد 5 الگوی رفتاری قهرمان، وردست بکار رفتند.

منابع. 12/09/2018
http://www.asre-nou.net/php/view.php?objnr=25350
ضمیر جمعی در فرهنگ- بیژن باران
http://www.youtube.com/watch?v=S74lcCuuBFs
آرکه تیپهای گیلگمش: قهرمان، وردست، هیولا، حامی.
http://members.core.com/~ascensus/docs/jung1.html
تئوری رویای یونگ.
http://www.bbc.co.uk/persian/arts/2013/02/130209 141
music ranjbaran church music.shtml موسیقی سیاووش

کمتر کسی را می توان شناخت که در مورد افسانه طوفان نوح نخوانده و یا نشنیده باشد پس نیازی به بازگو کردن آن آنچنان که در کتاب دینی مدرسه نوشتند نیست و تنها دلیل ذکر چند نمونه ازآیات قرآن که در زیر آمده بدین منظور است که بسیاری از ما باور نداریم که الله این افسانه را جدی گرفته و حتی آن را یکی از کارهای مهم خود در جهان قرار داده. در این چند سطر نوشته زیر تنها به دنبال آشنا کردن همراهان با نمونه بسیار قدیمی از این داستان

هستیم. در حالی که قهرمان داستان گیلگمش است و نه پیغمبری فرستاده از طرف الله بنام نوح بلکه خود پهلوانی است که دو سوم وجودش خدایی است و یک سوم آن انسانی. اسم حضرت نوح ۴۹ مرتبه در سوره های متفاوت قرآن آمده که برای کاوش دراینباره کافی است به صفحه پارس قرآن مراجعه کرده و نام ایشان را برای ردیابی بنویسید. سوره اسرا آیه ۳ و ۱۷، ابراهیم آیه ۹، آل عمران آیه ۳۳، هود آیه ۲۵ و ۳۲ و ۳۶، احزاب آیه ۷، عنکبوت آیه ۱۴، غافر آیه ۵، مومنون آیه ۲۳، ص آیه ۱۲ و http://www.parsquran.com/ حال به نخستین ترجمه فارسی از داستان گیلگمش که توسط دکتر منشی‌زاده در ۱۳۳۳ انجام شد برویم و یکبار دیگر داستان را بخوانیم اینبار نه با نام نوح پیامبر بلکه گیلگمش. لوح ۱۱ اوت ناپیشتم به او می گوید: گیلگمش می خواهم داستان پنهانی تو را باز کنم و رازی از خدایان را برای تو بگشایم. شوریپک شهری است که تو خود می شناسی - در کنار فرات. خدایان چنین اندیشید ند که طوفانی به پا کنند در مشاوره آنها انا خدای عمق آبها هم نشسته بود و وی تصمیم خدایان را با خانه ی نئی من حکایت کرد: خانه ی نئی، خانه ی نئی دیوار! دیوار! کلبه نئی بشنو! خانه ای از چوب بساز و آن را در کشتی قرار بده، بگذار دارایی برود، زندگی را بجوی، مال را پست بشمار، حیات را دریاب. انواع دانه های گیاهی را در کشتی بیار !پهنا و درازای آن متناسب باشد! کشتی را در همین لحظه بساز. آن را به دریای آب شیرین ببر و بامی بر آن بنا کن همین که سپیده صبح درخشید من همه چیز را آماده کردم به طرف دریای شیرین رفتم و چوب و قیر تهیه دیدم کشتی را طرح ریختم و آن را رسم کردم. در آفتاب بزرگ کشتی تمام شد. هرچه داشتم بار کردم، سیم و زر، دانه های زندگی، زنان و کودکان را خویشاوندان را، چهار پایان بزرگ و کوچک همه را سوار کردم ،صنعتگران از هر حرفه ای را به کشتی بردم. خداوند مرا زمانی معین کرده بود. سر شب ،چون خدایان تاریکی و باران وحشتناک فرو فرستادند به درون کشتی برو و در را ببند. زمان فرارسید. طوفان وزیدن گرفت و آب ها می خروشیدند. آب ها به کوه ها رسیدند، آبها بر مردم ریختند، خدایان خود از طوفان ترسیدند کتاب افسانه گیلگمش را از لینک زیر دانلود کنید http://mihandownload.com/2011/09/

تاویل 7 خوان رستم

خلاصه . کمتر فرهنگی در جهان میتوان یافت که در آن یک شاعر زبان و توان یک قوم را ارتقایی ابدی بخشیده باشد . فردوسی در زبان فارسی نمونه ای تک از ارتقای فرهنگی یک قوم است . او نه تنها زبان را احیا کرد تا جاییکه در قهوه خانه ها ورد زبان مردم شد بلکه غرور ملی، خردگرایی، وجدان انسانی را هم تصعید و تبلیغ کرد: چو ایران نباشد تن من مباد؛ توانا بود هرکه دانا بود؛ میازار موری که دانه کش است . هنجارهای انسانی فردوسی از هزاره پیش تا زمان حال و هزاره های بعد دوام داشته و خواهد داشت.

شخصیت والا، دانش علمی، وجدان انسانی، عواطف عمیق، استعداد شاعری، تخیل قوی، روایت خطی، حافظه پرتوان، نگاه نافذ، مناعت طبع، احترام بهمنوع، صحت دماغی، سلامت فکری، ارج ارزشها، اشاعه دوستی، سدها مقوله مثبت را در 60 هزار بیت فارسی فردوسی میتوان یافت . آیا تاثیر هومر در یونانی، پلوتارخ در رومی/ لاتین، شکسپیر در انگلیسی، گوته در آلمانی، پوشکین در روسی، معری در عربی، تو فو در ماندارین/چینی، باشو در ژاپنی، حالوی در عبری، و دیگران قابل مقایسه با فردوسی در فارسی است؟

فردوسی سوای زبان و ذهن بیهمتای خود شخصیت و وجدان انسانی همپایه پیامبران دارد که ورای منافع آنی محدود است . او غرور ملی را با خصایل انسانی می آمیزد . در این جستار 7 خوان رستم از کتاب شعر فردوسی مداقه شده؛ بعدها با 12 خوان هرکول و 7 مرتبت عرفانی مقایسه میشود . در این آثار نیروهای قهار طبیعت با تخیل و خلاقیت انسان آمیخته، اساطیر و موجودات خارق العاده، شبه-انسان، مخلوطی از چند جانور - نگاشته شدند . یعنی نخست انسان در باره خود، زندگی، مرگ، خواب، سایه، محیط زمینی و آسمانی مانند خورشید، ماه، باران، خشگی ایده هایی را با تخیل و تجربه سرهم میکند.

مقدمه . در ذهن هر جانوری گذشتن از نقطه مبدا به نقطه مقصد می تواند به پاره خطهایی تقطیع گردد . سگها با قطرات شاش خود این تقطیع را علامت گذاری می کنند . انسان هم عبور مکانی یا زمانی را در ذهن خود؛ سپس در اساطیر و فرهنگ تقطیع می کند . عدد 12 مربوط به ماههای سال و 7 روز هفته که ضربدر 52 هفته تعداد روزهای سال را کمابیش بدست می دهد.

هر 3 داستانهای مربوط به رستم، هرکول، عرفان در وجود یک آمر/ سرور/ ولینعمت و اجرای وظیفه یک فرد در قبال او در امری خطیر مشترک اند. سرور سرنوشت سفر را رقم میزند. درچرخه حیات، تقطیع زمانی با صور ماه / خورشید، گذر فصول، مراحل گهواره تا گور، آمد و شد قدرتمندان در ذهن انسانهای فکور اثرگذار اند. اصولن در زندگی ایلیاتی تحرک کودکان، کنجکاوی جوانان، کار سالمندان، پرحرفی/ سکون پیران را میتوان دید.

تقطیع مکانی در سفر، جاده، گذرگاه، کاروانسرا، کیلومتر شمار دیده می شود. در جوانان پرتحرک و قوی تقطیع مکانی مصداق بیشتر دارد. مانند سفر گیل گمش، خوانهای هرکول و رستم. در زندگی شهری تقطیع زمانی با مرتبت عرفانی و مراحل گذر از سفلا به علیا دیده می شود. در سفر مکانی جسارت، قدرت، خلاقیت، مکر- اولویت دارند. اصولن در فرهنگ قومی گذار از خدایان به پیامبران بوسیله پهلوانان اساطیری انجام می شود.

در 7خوان رستم سفر زندگی از کودکی به پیری نماد روایتی یافته که در بعد مسافتی تصویر می شود. دیگر این که کاووس نماد قدرتمداران فردی ضعیف در عقل و عضله است؛ کارها را رستم نماد مردم انجام میدهد. جانواران با حسگرهای تن خود نیروهای طبیعت را بنا به فاصله با مغز خود درک می کنند: از فاصله کم- سر برای بو/ مزه، از فاصله میانی- پوست/ گوش برای دما/ صدا، از فاصله زیاد- چشم برای نور. در انسان 95% اطلاعات محیطی با چشم به مغز می رسند. ساختار ژرفای 7 خوان: تلاش رستم منتج به دیدن یاران او می شود. پس رسیدن به هدف برای دیدن است؛ یعنی پس از یکدوره عمل، تجربه و مشاهده محیط بدست می آید.

هفت خوان رستم در مدتی و منطقه ای مشخص رخ می دهند. ساختار از یک مقدمه در آغاز، به اوج در انتها می رسد. پیمان بین 2 انسان، پدر نماد گذشته و پسر امروزی و نماد آینده، در شرح 7 خوان تاکید می شود. در این روایت جانوران هم نقش دارند. آنها با انسان قرابت دارند - چه در ظاهر و چه از نظر توارث و ساختمان درونی سرم خون که همان آب دریای شور است؛ محلی که آبزیان آغاز حیات در روال تجمع و تمایز منجر به پیدایش ماهیان، خزندگان، جانوران شدند.

این 7 خوان شرح آغاز و انجام سفری با هدفی مشخص است. جانور غریزه کشف خطرش بیشتر از انسان است. انسان در خواب است. این نشان میدهد که داستان در دوره شهرنشینی و رفاه قشری در شهر شکل گرفته. در این مرحله از تمدن، انسان رام کردن جانوران را پشت سر گذاشته. یعنی نخست

انسان در باره خود، زندگی، مرگ، خواب، سایه، محیط زمینی و آسمانی مانند خورشید، ماه، باران، خشکی ایده هایی را با تخیل و تجربه سرهم میکند.

توجه شود غیر از نیاز روزمره زندگی آب، گرمی، نور محرکه کنجکاوی/ شگفتی در روال شناسایی محیط دخیل اند. در 7خوان رستم، سفر زندگی از کودکی به پیری (بعد زمانی) نماد روایتی یافته که در بعد مسافتی تصویر می شود. دیگر این که کاووس نماد قدرتمداران، فردی ضعیف در عقل و عضله است؛ کارها را رستم، نماد اجرایی مردم، انجام میدهد. نماد جانشینی یک شئی برای شئی دیگریست که مشمول روال تداعی، تشبیه یا تبدیل می شود؛ معمولا نماد جسم است. نمونه: پرچم نماد میهن، فرشته چشم بسته ترازو بدست نماد عدالت، عکس تیر در قلب نماد عشق اند. در روانشناسی یک تصویر/ ابژه ناخودآگاه نماد یک اندیشه، احساس، یا محرکه/ تکانه جنسی است. نمونه: صدف نماد واژن در شعر فردوسی مفصل همخوابگی رودابه و رستم. در ریاضیات شیمی، فیزیک، ژنتیک، احتمالات الفبا نماد عناصر طبیعی اند. نمونه:H2O نماد آب، F = ma نماد نیرو = جرم ضربدر شتاب.

خوان اول درگیری 2 جانور است. انسان با اسب اتمام حجت می کند؛ در خوان سوم جانور را شماتت می کند. در خوان دوم تشنگی است؛ جانوری آنها را به آب میرساند. خوان سوم ستیز با اژدهاست؛ اسب به کمک انسان می اید تا هردو اژدها را بکشند. در خوان 4 انسان قدرتمند زن جادوگر را می کشد. زن جادوگر نماد اوراد متافیزیکی است که با نیروی مادی خنجر، جادویش- رازهای رمزی طبیعت با عواقب خسارتبار / قتال مانند آذرخش و زلزله- باطل می شود. شاید جادوگر نماد زن بیوه و بی سرپرست در جامعه باشد که در دل برخی مردان وسوسه جنسی و در دل زنانشان حسادت برمی انگیزد. خوان 5 در باره مالکیت علوفه، چریدن جانور در ملک غیر، نزاع 2 انسان در باره حق مالکیت، رجز خوانی 2 پهلوان، پیمان داد وستد بین 2 طرف می باشد. در خوان 6 داستان اوج می گیرد. انسان با موجود افسانه ای دیگر جنگ میکند. در داستان 7 خوان رستم 3 موجود افسانه ای جادوگر، اژدها، دیو و 3 جانور عادی اسب، شیر، میش- در برابر انسان ظاهر می شوند.

گویا تا دوره ناصرالدین شاه در فلات ایران شیر وجود داشت. هر 2 گروه با انسان خویشاوندی دارند؛ جادوگر با وردخوانی رمز مرموز ناشناخته طبیعت است؛ اژدها/ دیو دارای نماد عضله خطرناک /مخرب طبیعت برای انسان است که موضع متخاصم او برای انسان عقلایی/ خردگرا نیست. البته این نیروی رمز و تخریب طبیعت در انسان بدوی در مرحله بعد به آسمان نزول کرده؛ در جامعه انسانی بعدی به سروری

45

قادر /قهار استحاله مییابد که از طبیعت جدا شده چون نیروی پلیسی پندار، گفتار، کردار انسان را رصد می کند. برای اعمال مطابق احکام اجر/ زجر اعمال خواهد کرد. در جادو ابزار/ واسطه وصل رمز و هویدا شیی / ماده ای است که ناپیدا را به آشکار مرتبط می کند. این ابزار با ورد خوانی همراه است. این روال را امروزه هم در مناسک انسانی میتوان دید.

خون دیو سفید شفای کوری انسانهای دربند است. ولی گرفتن خون دیو نیاز به جسارت و دانش / راهنمایی دارد. در این داستان رسیدن از مبداء به هدف به 7 پاره خط تقطیع شده. هر پاره خط به یک خوان که خطرناک هم هست منتهی میشود. پیمان و منازعه بین انسانها، درگیری بین و با جانوران، جنگ بین جهان واقعیت و متافیزیک دیده می شود. مراتب مراحل بطور فزاینده ای پرخطر می شوند. شجاعت یک انسان باعث آزادی و بینایی انسانهای دیگر میشود. راوی داستان، فردوسی، از فاصله ای معین قهرمان داستان را با محیط محاط بر او توصیف می کند. البته فردوسی استاد روایت با آرایه های ادبی ابزاری، معنایی، آوایی نو می باشد نمونه ابزاری: زوم، نزدیک شدن راوی به موضوع، از آرایه های مورد علاقه فردوسی است: به تاریکی اندر یکی کوه دید. / سراسر شده غار از او ناپدید. در این سطر/ لحظه روایت، فاصله راوی با تم کوتاه شده؛ طوریکه تمام صحنه دید را فرا میگیرد. زاویه دید افقی انسان 135 درجه و عمودی 85 درجه است. هرم دیدگاه راوی از 2 چشم او تا شیی مورد دید او با 2 چشم عمقیابی در فضا را امکان پذیر می کند. رستم با زبان خود/ پارسی با اسب و اهالی مازندران که زبان تاتی دیگری دارند گپ می زند. اصولا رستم زبانهای دیگری هم مانند تورانی/ ترکی میدانسته.

7 خوان. زال از رستم خواست خود را از زابل به مازندران در 1 هفته، برای نجات سپاه ایران از بند دیوان، برساند. رخش، شب و روز تاخت. رستم 2 روزه راه را به یک روز کوتاه کرد. تا رسیدن به مازندران، رستم برای رهایی سپاه خودی از بند دیوان، در 7 روز، از 7 مرحله ي پرخطر عبور کرد. این خطرها گاهی طبیعی مانند خشگی و گاهی جانوری مانند اژدها یند. در این سفر قهرمان از خشگی زابل در حاشیه کویر لوت به سبزی مازندران می رسد. ولی به دریای خزر و آب کبود بیکران نمیرسد. فروسی افعال زمان گذشته ساده را برای روایت خود بکار می برد. در فارسی زمان حال ساده آرکییک بوده و زیاد بکار نرود؛ بجایش زمان حال استمراری بکار می رود. روانشناسی زبان فارسی شاید اینرا بگوید که گذشته گرایی بر دستور زبان هم مسلط است. در زبان انگلیسی زمان حال چون ماضی و مضارع بسیار مصرف (می) شود .

خوان اول: بیشه شیر. این خوان نماد نوزادی و وابستگی نوزاد به ولی/ سرپرست است. پس از راه درازی، رستم به بیشه ای رسید. گوری را برای خوردن شکار و کباب کرد. در کنام شیری به خواب رفت. رخش رها در چرا بود؛ شیری را دید که به طرف رستم می رفت:

سوی رخش رخشان بر آمد دمان.
چو آتش بجوشید رخش، آن زمان.
دو دست اندر آورد و زد بر سرش
همی تیز دندان به پشت اندرش.
همی زد بر آن چاک تا پاره کرد.
ددی را بدان چاره بی چاره کرد.
چو بیدار شد رستم تیز چنگ.
جهان دید بر شیر، تاریک و تنگ.
چنین گفت با رخش کای هوشیار
که گفتت که با شیر کن کارزار؟
اگر تو شدی کشته بر دست اوی
من این ببر و این مغفر جنگ جوی
چگونه کشیدی به مازندران
کمند کیانیّ و گرز گران؟

خوان دوم: بیابان بی آب. این خوان نماد کودکی و همکاری/ بازی با محیط است. رستم و رخش در دشتی سوزان با تشنگی دست به گریبان شدند.

بیفتاد رستم بر آن گرم خاک.
زبان گشته از تشنگی چاک چاک.

ناگهان میشی چابک، سر می رسد. آنها را به چشمه ی آبی سرشار راهنمایی می کند. آنها آب گوارا را نوشیده؛ تن خود را در آن شستشو دادند. سپس رستم به شکار رفت. پس از خوردن کباب به رخش اتمام حجت کرد:

تهمتن به رخش ستیزنده گفت:
" که با کس مکوش و مشو نیز جفت.
اگر دشمن آید؛ سوی من بپوی.
تو با دیو و شیران مشو جنگ جوی."
بخفت و بیاسود و نگشاد لب.
چمان و چران رخش تا نیمه شب.

خوان سوم: جنگ با اژدها. این قسمت نماد جوانی و درگیری با غرایز لدنی و اقتدار در جامعه است. رستم با اژدهایی بزرگ روبرو می شود. اژدها وقتی به سراغ رستم می آید که او خفته است. رخش دو بار رستم را از خواب بیدار می کند. ولی هربار اژدها خود را ناپدید میکند. رستم با عصبانیت به رخش پرخاش می کند:

سرم را همی باز داری ز خواب.
به بیداری من گرفت شتاب.

گر این بار سازی چنین رستخیز.
سرت را ببرّم به شمشیر تیز.

البته رستم بخاطر عصبانیت فراموش کرد که در خوان ۱ به رخش گفت: برای رفتن به مازندران نیاز به رخش دارد. برای بار سوم رستم به خواب می رود. اژدها آشکار می شود. در خون اول رستم اسب را شماتت می کند که با مرگ اسب او نمی تواند به مقصد برسد. در خوان سوم رستم بدخواب شده؛ با عصبانیت اسب را تهدید به قتل می کند. این با شماتت او در خوان اول مغایرت دارد. پس با عارضه محرکه خشم بر رستم گفتارش با حالت طبیعیش مغایر است. فردوسی به جانور تشخص انسان میدهد. این یک آرایه ادبی است تا توصیف موجودات دیگر برای خواننده ملموس باشد. این آرایه از ۳ هزار سال پیش در ادبیات آریایی ودیک، گاتیک و هلنیک مرسوم بود. لذا جانوران با شخصیت انسانی توصیف می شوند. برای بار سوم رستم به خواب می رود. اژدها آشکار می شود. ولی رخش از ترس رستم دم نمی زند؛ بسیار نگران است:

دلش زان شگفتی به دو نیم بود
کش از رستم و اژدها بیم بود.
هم از بهر رستم دلش نارمید
چو باد دمان نزد رستم دوید.
جهان کرد روشن جهان آفرین
که پنهان نکرد اژدها را زمین.
بران تیرگی رستم او را بدید
سبک تیغ تیز از میان برکشید.
بغرید بر سان ابر بهار.
زمین کرد پر آتش کارزار.
برآویخت با او به جنگ اژدها.
نیامد به فرجام هم زو، رها.
بدان سان بیاویخت با پیلتن
تو گفتی به رستم در آمد شکن.
چو زور تن اژدها دید رخش
کز آنسان بر آویخت با تاجبخش.
بمالید گوش و در آمد شگفت.
بکند اژدها را بدان دو کفت. کتف؟
بدرّید چرمش بدان سان که شیر.
بر او خیره شد پهلوان دلیر.
بزد تیغ و انداخت از تن سرش.
فرو ریخت چون رود خون از برش.

خوان چهارم: دیدار زن جادو. این قسمت مواجه با بخش مونث خود است که از کرموزم مادری بارث رسیده. با پیروزی بر بخش زنانه رستم بمرحله مردی میرسد. رستم زن جادو گر را با کمند گرفتار می سازد:

ميانش به خنجر به دو نيم كرد
دل جادوان را پر از بيم كرد .

خوان پنجم: نبرد با اولاد . نماد يك مرد بالغ درجامعه در
تعامل با اعضاى جامعه در اين بخش تبلور مى يابد . در اين
مرحله 3 غريزه گريز /گريبانگيرى / اقناع و بده بستان
ديده مى شود . رستم پس از عبور از جايى تاريك به دشتى
روشن مى رسد . لباسهاى خود را خشك مى كند؛ در بسترى مى
خوابد . مرد دشتبان وقتى رخش را رها در دشت مى بيند با
چوبى به پايش مى زند . رستم عصبانى مى شود گوشهاى او را
مى كشد . دشتبان نالان به سوى پهلوانى به نام اولاد مى
رود؛ ماجرا را شرح مى دهد . اولاد به سراغ رستم مى آيد .
پهلوان به اولاد و يارانش هجوم آورده؛ آنها را تارومار
كرد . با كمندش اولاد را گرفتار مى سازد . رستم با اولاد
شرط كرد اگر راه مازندران را به او نشان دهد از كشتن
اولاد صرف نظر كرده، او را شاه مازندران كند . در اينجا
فردوسى كمى از پايان پيروزمند داستان را آشكار مى كند؛
يعنى وعده حكومت آتى . اولاد مى پذيرد؛ به دنبال رستم راه
مى افتد . راهنمايى او را بر عهده مى گيرد تا به جايگاه
ارژنگ ديو مى رسند .

بدو گفت اولاد: نام تو چيست؟
چه مردى و شاه و پناه تو كيست؟
چنين گفت رستم :كه نام من ابر
اگر ابر باشد به زور هژبر
به گوش تو گر نام من بگذرد
دم وجان و خون و دلت بفسرد .

خوان ششم: جنگ با ارژنگ ديو . در اين مرحله نبرد با خوى
حيوانيت انسان در چيرگى و قدرت او نماد يافته . پيروزى
انسان بر حيوان درون خود . ديو شبيه گوريل با انسان در
شجره تكامل قرابت دارد . ارژنگ ديو، فرمانده ديوان، راه
بر رستم و رخش مى بندد:
چو رستم بديدش بر انگيخت اسب .
بيامد بر وى چو آذر گشسب .
سر و گوش بگرفت و يالش دلير .
سر از تن بكندش بكردار شير .
پر از خون، سر ديو كنده ز تن،
بينداخت زان سو كه بد انجمن .
چو ديوان بديدند كوپال اوى
بدريدشان دل ز چنگال اوى .

رستم به آنها حمله كرده؛ ديوان از مازندران تارومار مى
شوند . در نزديكى مرز، رخش شيهه يى بلند مى كشد . كاووس
صداى او را مى شناسد:

به ایرانیان گفت پس شهریار
که ما را سر آمد بد روزگار.
خروشیدِ رخشم آمد به گوش.
روان و دلم تازه شد زان خروش.
رستم خود را به کاووس و دیگر بندیان نابینا می رساند.
از حال آنها می پرسد.
گرفتش به آغوش کاووس شاه.
ز زالش بپرسید و از رنج راه.

خوان هفتم: جنگ با دیو سفید. زاغی/ برفی albino
موجوداتی هستند که ذرات برنزی پوستی آنها قلیل بوده و
ظاهری سفید دارند. زال هم albino بود. این نماد توفق بر
پدر می باشد که بصورت دیو سفید آمده. این جانشینی
میتواند مربوط به سن باشد که کودک به پیری رسیده یا
مربوط به غریزه اودیپوس رقابت پسر با پدر در تصاحب مادر
در روانشناسی فروید باشد. کاووس شاه جایگاه دیو سفید و
دیگران را به رستم نشان می دهد. به او می گوید درمان
نابینایی ما مغز و خون جگر دیو سفید است که باید در
چشممان بچکانی. مغز و جگر مرکز فرمان و حیات موجود زنده
اند؛ با جدا کردن این 2 بافت از تن جانور مرگش حتمی
است. تهمتن خشمگین بر رخش سوار می شود. دیو سفید در
غاري زندگی می کند. سایر دیوان او را مراقبت می کردند.
رستم به غار تاریك قدم می گذارد. با شمشیر یك دست و
پایش را قطع می کند. با او گلاویز می شود:
چو مژگان بمالید و دیده بشست.
در آن غار تاریك لختی بجست.
به تاریكی اندر یكی كوه دید.
سراسر شده غار از او ناپدید.
به رنگ شبه روي و چون شیر موي
جهان پر ز پهنا و بالاي اوي.
سوي رستم آمد چو كوهي سیاه.
از آهنش ساعد ز آهن كلاه.
تهمتن به نیروي جان آفرین.
بكوشید بسیار با درد و كین.
بزد دست و برداشتش نره شیر.
به گردن بر آورد و افكند زیر.
فرو برد خنجر؛ دلش بر درید.
جگرش از تن تیره بیرون كشید.
همه غار یكسر تن كشته بود.
جهان همچو دریاي خون گشته بود.

رستم پس از غلبه بر دیو سفید خون جگر او را بر چشم
دربندان چكاند. آنها بینا شدند. این مادیگرایی فردوسی
را نشان می دهد؛ او با ورد نابینایی را شفا نمیدهد. سپس
قولی را كه به اولاد داده بود عملي كرد. با نامه ي كاووس

نزد شاه مازندران رهسپار گردید. اما شاه مازندران به
رستم پرخاش کرد. وی به نزد کیکاووس برگشته؛ اظهار کرد؛
چاره یی جز جنگ نیست. چند روز بعد به جنگ شاه مازندران
رفت. او را اسیر کرد به نزد پارسیان آورد. کاووس او را
کشت؛ به پیشنهاد رستم اولاد را بر تخت شاهی مازندران
نشاند.

ز مازندران مهتران را بخواند.
ز اولاد چندی سخن ها براند.
سپرد آن زمان تخت شاهی بدوی.
وز آنجا سوی پارس بنهاد روی.

چند نکته. در خوان 5م، اولاد مردی دهن بین است. او با
اعتماد به مرد دشتبان خودی و سوءظن به غریبه، بدون
دانستن علت نزاع، از کوره در میرود. چون موضوع نزاع
ناچیز است؛ دعوای رستم با اولاد به پیمان / بده و بستان
می انجامد. اولاد راهنمایی تا مقصد را انجام میدهد.
دربرابر، رستم وعده فرمانداری مازندران را باو می دهد؛
بطور تلویحی مرگ شاه مازندران را دربر دارد. در کویر
افق دور را میتوان دید؛ ولی در جنگل و کوهستان رسیدن به
مقصد نیاز به راهنما/ بلد دارد. این نشان میدهد که
فردوسی در نوشتن خوان 5م آینده را در خوان 7م میدانسته.
لذا نوشتن7خوان فی البداهه نبوده. فردوسی پلات/ سلسله
حوادث مشخصی را پیش نویس کرده؛ در4چوب پلات معینی کتابش
را فصل بندی کرد.

چه در زمان اساطیری رستم و چه در 1000 سال پیش در زمان
فردوسی بغل کردن میهمان، نه دست دادن امروزی با او، رسم
بوده. البته در خاور میانه و در اروپای شرقی، تحت تاثیر
عثمانیها، بغل با گونه بوسی همراه است: گرفتش به آغوش
کاووس شاه. سنت بغل و بوس در اروپای غربی بین زوجین
رایج است؛ در تصنیف ایتالیایی mucho **Bessame** در افواه
افتاد. در ورود آمریکاییها در ایران دهه های 30 تا 50
ترانه ای در افواه راه افتاده بود: آی تانکیو وری ماچ/
کمتر بکن منو ماچ. I thank you very much اکنون ضرب
المثل برای صعب بودن رسیدن بهدف به 7 خوان رستم شبیه می
شود؛ یعنی رسیدن بان هدف سخت است.

راوی در زمان رویداد داستان روی موجودات متافیزیکی
اساطیری تمرکز می کند. در روایت، از زندگی آنها، از کجا
آمدنشان، گذشته و آینده انها، روابطشان با زوج و
فرزندان برای ادامه نسل آنها، سلوک و سنن آنها شرحی
داده نمیشود. این موجودات تخیلی چون رویایی ظاهر شده؛
نقشی بازی کرده؛ بعد ناپدید میشوند. رابطه اساطیر با
رویا بوسیله برخی دانشمندان از جمله فروید، لاکان، بارت
مورد مداقه قرار گرفته. برخی جانواران اسطوره ای نزد

ملل مختلف مانند اژدها، سانتور، گریفین، از ترکیب اعضای بدن چند جانور درست شده اند. گفته شده که رویا اسطوره تخیل فرد است؛ اسطوره رویای فرهنگ عموم است.

در خوان 7م کاووس بخاطر محرکه کین/ نفرت/ اشمئزاز، شاه مازندران را کشت. علت اصلی این که چگونه در جنگ با مازندرانیها ببند گرفتار شد روشن نیست. ولی شکست و زندان در مازندران او را پر از محرکه نفرت/ انتقام کرد. اکنون ضرب المثل برای صعب بودن رسیدن بهدف به 7 خوان رستم شبیه می شود؛ یعنی رسیدن بان هدف سخت است.

منابع. 2018/09/12
دکتر جدیدی، کتاب ادبیات، مدرس دانشگاه
http://www.amirparizad.com/index.php?option=com_conte
nt&task=view&id=1429&Itemid=40 پیوند منفصل 09.21.12

عرفان در خاور میانه

خلاصه . در 4 هزار سال گذشته، خاورمیانه میدان قوام فرهنگهای شرق و غرب شد. در این منطقه گسترده از چین و هند تا یونان، روم، مصر، حبشه برای ادراک هستی، رویکردهایی در فرهنگ کهن آریایی و ذهن کل شرقی بشر می توان یافت. 1- درک کائنات محیط علیا و اثر آن در سرنوشت/ زندگی انسان خاکی. 2- درک زندگی/ حیات در خود انسان. 3- درک مرتبت عضوگیری سازمان اجتماعی. 4- درک رسیدن از انسان /مبداء به کائنات /مقصد. 4 نمونه از این رویکردها بترتیب در 7 امشاسپند زرتشتی، 7 چاکرای هندی، 7 مرتبت میتراییزم، 7 وادی تصوف، تبیین شده اند. شاید ساده تر باشد اگر این 4 رویکرد را نظریه های مربوط به جهانشناسی، خودشناسی، جامعه شناسی، گذار/ ارتقا از خود به جهان بیرون/ برین قلمداد کرد.

این نمونه ها، بیانگر ورود عین حسی محیط خارج به ذهن و خرد داخل مغز انسان اند. روال ادراک محیط بوسیله انسان ساکن گستره آسیا و اروپا تا آفریقا، از 4 هزار سال پیش تا عصر اکتشافات 500 سال پیش، را در بر می گیرد. این جستار به فهم مقوله های فرهنگی امروزی در این منطقه مانند درونگرایی، برونگرایی، گذشته گرایی، ثنویت افراط/ تفریط، تخیلات قوی می تواند کمک کند. در تاریخ فرهنگ خاور میانه فرق بین فیلسوف، حکیم، عالم، عارف، صوفی، درویش، قلندر مشخص نیست. مناظره بین قطبهای این شقوق فرعی با الهیون رسمی صفحه رنگینی از تاریخ تکامل فکری خاور میانه است. با این وصف هر کدام از این 7 حرفه باختصار در زیر می آیند.

مقدمه . در استبداد شرقی عرفان یکی از شیرهای اطمینان حاکمیت برای کنترل احساسات فردی و تفاسیر ایده آلیستی روشنفکری است. فرهیختگانی پیدا می شدند که پس از یادگیری الهیات، علوم، ادبیات به مقامهای دیوانی می رسیدند. آنها حرفه هایی را اختیار می کردند که اگر حرص مال و غریزه مقام داشتند ارضاء کنند. گاهی در خدمت امور مذهبی و درباری؛ گاهی هم مستقل به بیان ایده های خود می پرداختند. محافلی تشکیل می دادند؛ آثاری کتابت می کردند. آنها عناصر ناراضی از حاکمیت را بدور خود جمع می کردند. در سفرهایشان یک تشکیلات سراسری پدید می آوردند. شاید تجار و زمینداران باسواد آنها را ترغیب می کردند که ایده هایشان را مکتوب کرده؛ ناسخان را پول داده تا آنها را تکثیر کنند.

در قرون وسطا انسانها به 4 نوع مزاج صفراوی مستعد ادبیات، بلغمی مستعد علوم، دموی مستعد هنر، سوداوی مستعد تخیل گروهبندی می شدند. روشن است که قلیلی از مزاجهای صفراوی و سوداوی به عرفان روی می آوردند؛ تخیلات شورانگیز جوانی شان بوسیله پیران تعدیل می شد. عرفان با ایجاد مرتبت، شکیبایی را به اعضای طریقت تزریق میکند. رویه دیگر عدم تعدیل، ظهور حشیشیون/ اسسینهای قلعه الموت است که ترور دولتمردان مخالف را هدف اجتماعی قرار می دادند.

اکنون هم در نبود عرفان شرقی، نوع القاعده وهابی/ طالبانی تا مرگ انتحاری خود و دیگران جلو می روند. پس مدارای دولتمردان با عرفان قابل فهم است؛ زیرا هم کنجکاوی و هم دوراندایشی شکیبایی را طلب می کرد. فرق بین فیلسوف، عالم، حکیم، صوفی، عارف، درویش، قلندر در خاور میانه زیاد نیست. درویش و قلندر به ظاهر خود اهمیت نداده، شغلی نداشته، با کشکول و تبرزین بین مردم، پیاده گز می کنند، با خواندن اوراد لقمه ای قوت دریافت می کنند. زهد penitent، ترک دنیا، ریاضت هم بین آنها رایج بوده. این تشقیق در موسویت/ یهودیت، مسیحیت/ نصرانی، هندویسم/ بودیسم هم ظرف 2 هزاره سال گذشته پدید آمده.

صوفی و عارف در محافل خودی در شهرهای یک منطقه مریدانی داشته، به مطالعه و ذکر می پردازند. برخی از این حلقه های عرفانی تا امروز هم دورهم نشینی، س-ج بین مریدان و مراد، چله نشینی، مناسک آیینی ویژه را اجرا می کنند. صاحبان این 7 حرفه - فیلسوف، صوفی، عارف، عالم، حکیم، درویش، قلندر- گاهی تضادهای با هرم قدرت سیاسی /مذهبی داشته، در این راه جان خود را از دست می دهند. نمونه: حلاج و سهروردی. درکل این 7 حرفه بمال دنیا اهمیت نداده، به سیر و سیاحت پرداخته، به ذکر و دعا خوانی مشغول اند. آنها عشق و دانش الهی را با مطالعه، مکاشفه، اشراق، تخیل، تقریر، کتابت، سخنرانی، اعانه جمع کردن می آمیزند.

فیلسوف. در خاورمیانه، فلسفه با الهیات آغاز شد. در فلسطین، بین النهرین، خراسان بزرگ، دیگر مناطق، فلسفه نخست شفاهی سپس کتبی بود. آثار روشنفکری در محافل اهل حال ارایه می شدند. فیلسوف، بویژه الهی، مانند استاد دانشگاهی مقامی مدرسی دارد، کتاب می نویسد، با عناصری از دستگاه حاکمه رابطه حسنه دارد. در طول 3 هزار سال گذشته، 2 اردوی عمده در خیل فیلسوفان پدید آمد: اصحاب اشراق که اکثریت بوده اند، پیروان تجربی که تعدادشان کمتر است. نمونه: غزالی از گروه اول، خیام و رازی از گروه دوم. ابن سینا به گروه اول تعلق دارد ولی شیوه او

در طب و علوم، منطقی و تجربی، نه گمانی و شهودی، بود.
گروه اول اغلب در حاکمیت شریک بودند؛ اقلیتی که گاهی
انتقاد هم داشتند. نمونه: امام غزالی و فارابی در 1000
سال پیش.

فیلسوف کسی است که عامترین اصول جهان را بررسی می کند.
این اصول در باره ذات، علل، قوانین مربوط به حقیقت،
دانش، ارزشهاست که براساس استدلال منطقی و نه شیوه های
تجربی قرار دارند. تحلیل فرضیات، اعتقادات را هم در بر
میگیرد. فلسفه در دانشگاه و حوزه تدریس می شود. ریشه
لغوی آن یونانی بوده از 2 واژه فیل = دوستدار و سوف =
دانش آمده. نمونه: فیل در واژه های فیلانتراپی = دوستدار
مردم، فیلهارمونیک = دوستدار موسیقی، فرانکوفیل =
دوستدار فرانسه. برخی فیلسوفان عصر مدرن هم مانند برکلی
و کرگوارد فلسفه را برای دفاع از الهیات می خواستند.
نمونه سوف در واژه های فیلسوف = دوستدار دانش، سوفیس =
دانشگر است.

فلسفه جدید با خردگرایی rationalism و ماده گرایی توام
بوده؛ لذا تا حدودی به علم جدید نزدیک ست. برخی از
فیلسوفها ریاضی دان هم بودند: فیثاغورث، خیام، دکارت،
راسل. برخی به اخلاق/ اتیک پرداختند مانند سقراط؛ برخی
به سیاست، مانند روسو، میل. شعب فلسفه: هستی شناسی،
زیبایی شناسی، معرفت شناسی، منطق، متافیزیک، ذهن/
شناخت، انسان شناسی. انواع فلسفه: تحلیلی، قاره ای،
فمنینیستی، علوم. فلسفه تکیه بر عقل، استدلال، برهان رها
از عواطف میکند. پس فلسفه برهان عقلی است. علم این
برهان را در تجربه عینی بکار میبرد.

حکیم. دارنده حکمت بمعنای دانایی، معرفت، عرفان است؛
بطور تلویحی در برگیرنده حذاقت، تجربه و تخصص در کار
است. خیام، فردوسی، رازی با این لقب در تاریخ ادبیات و
علوم فارسی آمده اند. در لغتنامه دهخدا دانشهای الهی،
مدنی، مشاء/ ارسطو، چشمه، اشراق/ افلاطون، ممووهه/ سفسطه،
نظری، عملی، لاهوتی، یمانیه/ شریعت زیر حکمت آمده اند.

عالم. عالم بمعنای خردمند، دانا، دارنده علم می باشد که
به طبیعی و الهی تقسیم می شود. علوم طبیعی دربرگیرنده
دانش نظری و تجربی در باره طبیعت، شامل علوم انسانی، می
باشد. عالم صاحب دانش غیب، قدس، ملک، روح، مقولات ماورای
الطبیعت را می توان در الهیات قرار داد. عارف اسم عام
است که بدون درنظر گفتن مرتبت بهر سالکی در عرفان اطلاق
می شود. این واژه طی طریق، اشراف پیر مجرب، اقالیم
رسیدن به مقصد را تداعی نمیکند؛ تنها در حلقه و نه در
جامعه است که سالک با مرتبت در نظر گرفته می شود.

ابو نصر فارابی، معلم ثانی پساز سقراط، 260- 344 هجری در احصاء العلوم/ شمارش دانشها، به طبقه بندی علوم عصر خود می پردازد. در 1348 ترجمه به فارسی آن در تهران منتشر شد. این کتاب علوم زمان خود را نام برده، آنها را تعریف کرده، شاخه های هر یک را برشمرده، فایده و موضوع هر کدام را بحث کرده است. این کتاب، با تاثیر بر نویسندگان شرق و غرب در تبویب دانش ها، در 5 فصل زیر است: 1- علم زبان شامل 2بخش الفاظ و قوانین الفاظ بوده؛ هر کدام چند شاخه است. 2- علم منطق شامل تعریف، فایده، تناسب منطق با علوم نحو و عروض بوده؛ استفاده از منطق و انواع آن را در بر می گیرد. در این فصل، مهمترین بخش کتاب با دیدگاه تحلیلی و تقسیم بندی، از انواع قیاس بحث شده است. 3- علوم تعلیمی ریاضیات شامل بر هفت شاخه: حساب و هندسه، مناظر، نجوم، موسیقی، اتقال و حیل /مکانیک. 4- علوم طبیعی و الهی، علوم طبیعی 8 قسم است: سماع طبیعی، سماء و عالم، کون و فساد، آثار علوی در "مرکبات"/ ترکیبات، آثار علوی در "عناصر"، گیاهان، الحیوان، کتاب النفس. علوم الهی 3 بخش است: بحث درباب وجود، مبادی برهین، بحث در آنچه که جسم نیست. 5- علوم مدنی یعنی اخلاق و سیاست؛ علم فقه و کلام. هرکدام در 2 بخش است. تعریف انواع حکومت، تعریف سعادت، شقاوت، سیاست. توجه شود اکنون علم برای دانش تجربی و نظری بکار می رود؛ نه برای متون ناشی از بصیرت، شهود، اشراف. اشراق. http://www.tahoordanesh.com/page.php?pid=9776

عارف Gnostic از واژه یونانی = معرفت آمده. عارف دارای اسرار روحانی esoteric در باره جهان ربانی، بینهایت، ناآفریده است؛ نه جهان محدود، طبیعی، مادی. خیام بطعنه نوشت: "اسرار" جهان را نه تو دانی و نه من. این دانش از طریق اشراق و مکاشفه بدست می آید تا خرد و استدلال. اشراق و مکاشفه با عالم رویا و هپروت، جذبه و مراقبه در مغز رابطه دارند. توجه شود این نوع دانش فردی انباشت پذیر نبوده؛ در مجموع تنها از چند دهه زندگی یک عارف در کتب و موعظه های او در اذهان و حافظه مریدان جمع می شود. نوع کمینه این مراقبه فردی در جوکیان و مرتاضان است که پس از مرگ آنها این تجربه فردی پایان می یابد. حافظ به اشعار شاه نعمت الله ولی 732-832 هجری نظر داشته: آنانکه خاک را بهنظر کیمیا کنند./ آیا بود که گوشه چشمی بما کنند.

دانش مکاشفه ای در طول سدها نمیتواند انباشته شود؛ زیرا از هنجارهای جهانشمول پیروی نمی کند؛ نمیتواند در نسل بعدی عالمان ادامه یابد؛ در مراکز علمی تدریس و تحقیق شود. نمونه: مراقبه های یک مرتاض هندی، مکاشفه

های یک عارف ایرانی، طومارهای یک ربی قبله یهودی را سرهم نمیتوان کرد؛ آنها همگن و جهانشمول نمی باشند؛ قابل انتقال و انباشت نیستند. دانش علمی از عهد فیثاغورث تا زمان حال در حال انباشت و پیچیده تر شدن می باشد. از اهرام ساده مصری تا آسمانخراشهای برج ثابت ایفل و برجهای گردان دوبی و ترانتو تا ایستگاه فضایی بین المللی، تطور و انباشت علوم مهندسی در معماری دیده می شود. دستآوردهای کپلر 1571-1630 و کوپرنیک 1473-1543 به گالیله 1564-1642 و نیوتن 1643-1727 رسیده تا در تخیلات تسایولکوفسکی1857-1935 و ژول ورن 1828-1905 به فضانوردهای ناسا و روسی تکامل می یابند.

پایه عرفان در مغز، شبکه اعتقادی است که با عاطفه نزدیکی دارد؛ از شبکه خرد و استدلال متمایز است. این در پژوهشهای نوین ام آر آی MRI از فعالیت مغزی نتیجه گیری شده. مانند هر جنبش اجتماعی، عرفان هم به شقوق گوناگون بخش شده. این انشعابات در اثر شخصیتها و سلایق مرادها بوده؛ پایه عینی در تاریخ و جامعه ندارند. دز قبَلَه/ کابالا kabbala یهودیت هم مناسکی برای آموزش مواد عرفانی و ریشه های ربانی آنها وجود دارند. نظرات آنها که از سده 11م در غرب تدوین شدند بیشباهت به نظریات نور و تناسخ روح سهروردی نیست. نظرات زرتشتی فرشته/ امشاسپند، روز قیامت /پل چنوات، ثنویت خیر/ شر هم در این عرفان از طریق بابل و فلسطین شاید در فرقه فریسیان یهودی راه یافته؛ در رجعت به بیت المقدس در نظرات ارتودکس یهودی نشت کرد. از این رو در تخطئه فریسیان در تورات و انجیل سطوری نوشته شده .

در مسیحیت نوافلاطونی و هندویسم، عرفان جایگاه تاریخی خود را دارد. عارف بر وحی، نقل، کشف، تزکیه، ادله شرعی، تکیه می کند. عرفان عقل شهودی/ ذوقی بکار میبرد. عقل ذوقی مبهم گویی برای عالم رویا و مراقبه مغزی است. در این عالم شعر و تخیل عناصر عینی با ذهنی درهم آمیخته منجر به خلقت گریفین، اژدها، میناتور، اساطیر، پندارها، نامگذاری ستارگان و کهکشانها از روی این تخیلات می شوند. در تخیلات عرفانی مطلق گرایی و عدم شک جایی برای نوآوری نمی گذارد؛ تنها اینهمانگویی tautology تکرار می شود- البته با خلاقیت شاعرانه. نمونه: نبود نور تاریکی است. نور روشنی است. این 2 جمله از نظر دستوری صحیح اینهمانگویی است که اطلاعات نوینی در برندارند.

صوفی. تصوف روشی از اندیشه و عمل است که باطن آن را عرفان، عبادت، مناجات، زهد، رفق تشکیل میدهد. از قرن7م گروههای پیدا شدند که در دین رسمی خواهان انعطاف در مورد حقوق عامه، آزادی بیان، تجمع بودند. حاکمیت سیاسی/

دینی بیشتر با آنها مدارا می کرد؛ ولی گاهی هم آنها را زندان و اعدام میکرد. پندار صوفی عشق و دانش وحدانیت است. برای رسیدن به آن طریقتهای متفاوتی پیدا شدند. گفتار آنها بر اساس کتب دینی رایج بود با تفاسیری که عواطف مثبت مانند عشق را در برابر منفی مانند تقاص/ خشونت تبلیغ می کردند. کردار آنها هم بیشتر گردهم آیی، سخنرانی، س-ج در جلسه، تدریس، کتابت، سفر، مناظره و چالش زعمای قوم بود. گاهی کرامات، جادو، تردستی، چشمبندی، شعبده معجزه برای برخی از آنان نوشته شده است.

بسته به شرایط سیاسی حاکم، آنها کار علنی یا مخفی می کردند. آنها با ذکر برخی سوره ها با آمال نفسانی مانند شهوت، منزلت، قدرت خود هم مقابله کرده؛ این غرایز را تعدیل یا تبدیل می کردند. البته امتنا در چله نشینی و اعتکاف کار مهمی نیست؛ چون امکان بروز غرایز بهیمی در خلوت تنهایی وجود ندارد. در طول 1500 سال انباشت ادبیات صوفی، اینک کتب فراوانی از انان در دست اند. این کتب ارزش تاریخی و جامعه شناسی ادبی دارند؛ ولی از محتوای فلسفی/ علمی جهانشمول برخوردار نیستند. از نظر علم تجربی امروزی در تاریخچه مقدمه علم قرار می گیرند نه خود علم. برخی شقوق صوفیان احمدیه، ملامتیه، طریقه نام دارند. آثار ادریس شاه در آمریکا برای شناخت تصوف در غرب بکار می رود. تصوف در شیعه و سنّی به وجود آمده؛ تعدادی از سلسله های شیعی، از جمله سلسلة نعمت اللهی و اویسی ـ شاه مقصودی، در بین مهاجران ایرانی و جماعت امریکایی پیروانی دارند.

واژه صوفی ریشه در پشم در تقابل با پنبه دارد که پوشاک آنها بود. مانند مکتب فرانچسکان منشعب از کاتولیکهای روم. آنها بدنبال وحدت وجود بودند. یعنی جدایی انسان پس از هبوط از بهشت را باعث سرگشتگی او دانسته؛ راه برون رفت را در رجعت به خدا میانگاشتند. در حالی که هبوط آدم از بهشت تمثیل ترک خانه پدری بهنگام بلوغ فرد است؛ بخاطر اینکه زمان یکسویه قابل برگشت نیست. مانند هر پدیده اجتماعی اعضای این گروه در طول عمر گاهی خط عوض کرده اند. آنها بزندگی معمولی پرداخته، جزو زعمای دینی شده، مدرس الهیات شده، یا ملحد و قرمطی از آب درآمده اند.

خانم رابعه بصره ای در سده 8م خواهان عشق مطلق به خدا، نه برای پاداش بهشت، بود. فنا یا ذوب فرد در وحدت با خدا تا ایثار جان بوسیله حلاج 224-309 هجری و سهروردی، اعدام 1191م، پیش رفت. حافظ درباره اولی با قرابت سر و "اسرار" میگوید: گفت آن یار کزو گشت سر دار بلند/ جرمش این بود که اسرار هویدا میکرد. عطار و مولانا محتوای

صوفیانه را در شعر بکمال رساندند. تصوف باعث ترویج تهذیب و خطاطی هم شد که در کاشیکاری گنبدها بکار میرفت. صوفی بدنبال معرفت شهودی از طریق تزکیه نفس است. او به سلوک، دریافت عاطفی، شهود اعتماد دارد. خانقاه برخی قطبها برای مریدان مکانی زیارتی است.

برای صوفی نقل اولویت دارد. نقل، گفته های پیشینیان است که در آنها شک جا ندارد. نقل از آتوریته مطلق و تشکیک ناپذیر سرچشمه می گیرد. عادت فرهنگی تکرار حرف گذشتگان بدون تعقل یکی از علل ایستایی خاورمیانه است. در حالیکه در غرب شک در حرف گذشتگان باعث نوآوری شد. عقل از اصول منطق پیروی می کند.   علم تعمیم مشاهدات با روش برهانی است. قلب با ذوق عاطفی حقیقت را بر فرد مکشوف می کند. وحی شهودی از طریق قلب برای هبوط/ فرودآمدن تجلیات ربانی و معرفت لدنی است.   پس با ذکر، نور در قلب پیدا می شود تا به نفس، عقل، روح و دیگر ملکات باطنی فیض رسد. با این نور در قلب، حرام و شبهات بکنار رفته؛ فرد به احوال می رسد.   توجه شود این جملات از نظر دستور زبان صحیح اند ولی آزمون پذیر و متناظر با عین نیستند.
/http://www.kasnazan.com

درویش. آنها با ذکر و سماع در هند، ایران، ترکیه هنوز هم وجود دارند. در مسیحیت برخی طلبگان monk / friar نیز گونه ای از این مناسک را اجرا می کنند. مناسک حلقه اخوان با جذبه، ذکر، رقص، چرخیدن، یا در محفلی محلی یا در سفر، همراه اند.   اسلاف درویشان صوفیان بوده؛ طریقت خود را داشته؛ طالب وحدت با خدایند. شقوق آنها شامل بختاش در بخارا، قونیه در ترکیه است. آنها به روزه، تزکیه، ریاضت اعتقاد دارند. در میان آنها شیخ مقامی والا دارد- برای صعود در مرتبت این نحله فکری. پوشاک سفید آنها در رقص چرخی جمعی جالب است. نی نوازی در میان طریقت نعمت الله ولی و قادری کردستان نقش ویژه ای دارد. موسیقی قدسی تکامل موسیقی رقص سماع است که با حضور پیر اجرا می شود.

نمونه در زمان کنونی: دراویش گنابادی، قادریه، نقش بندی و قطبهایی که برخی در خارج سکنی دارند. تعریف مطلق و صحیح برای همه زمانها برای این 7 اسم وجود ندارد. تعریفها بین نویسندگان و زمانهای گوناگون مختلف اند. در قرن 21م می توان پندار، گفتار، کردار آنها را جمعبندی کرد تا تعریفی تهیه شود. آنها طرفدار امساک، اعتکاف، پرهیز، عبودیت/ بندگی هستند.   واژه های آنها در ادبیات فارسی بسیار کاربرد دارند. رک: آشوری، عرفان و رندی در شعر حافظ، نشر مرکز، 1379، تهران.

59

قلندر. او هم طریق حق طلب کند. قلندر برخلاف درویش موی سر را از ته میزند. او بدنبال سراب در بیابان می رود. هزار نکته باریکتر ز مو اینجاست:/ نه هر که سر بتراشد قلندری داند. باباطاهر و مجنون در ادبیات فارسی الگوی قلندریند. چرخ بزن ای فلك، چرخ بزن هان برقص./ دست مرا هم بگیر، دور بگردان برقص. نمونه شعر امروزین قلندری است. آنها به کرامت و معجزه اعتقاد دارند. شوریدگی، شیفتگی، گریز از مسئولیت اجتماعی در رفتار آنها رابطه با شخصیتشان دارد. صدای دعا و استغاثهٔ مستمندی صدقه جو با صدای یاهو و یاحق آنها آشناست. آنها با ریش انبوه، کلاه مخروطی بسر، ردایی پشمینه بر دوش، تبرزین بر پشت، کشکول بر شانه، تسبیح در دست از شهری به شهر دیگر پیاده گز می کنند.

منابع. ۰۸:۳۷:۰۰ ۲۰۱۸/۰۹/۱۲ ص
http://qalandar.blogfa.com/
http://www.delneshin-shali.com/erfan/5.htm
http://www.encyclopaediaislamica.com/madkhal2.php?sid=3589
http://www.adibaan.com/writers/bezjanbaran/8.html
http://aftab.ir/articles/religion/theosophy/c7c119808
0299 sufism p1.php

عرفان و حکمت را با نظریات مدرن می توان نقد کرد. این بمعنی عدم ارجگذاری به مشاهیر گذشته نیست. بلکه برای جلوگیری از ارایه این نظرات نادرست در جامعه امروزی است. ورنه در تاریخ عرفان و ادبیات از این مشاهیر تجلیل می شود؛ ولی ربطی به علوم رایج فعلی ندارند. عرفان خلاقیت شاعرانه را با کلمات فلسفی الهیات بیان می کند؛ نه علل و روال طبیعی مستقل از ذهن نخبه فکری.

سهروردی و انفجار اولیه. امر وحدت عرفانی، ذهنیت را بر علم قالب کرده که دیگر جایی برای پیشرفت جامعه نمی گذارد- اگرچه عشق عارفان در برابر خشونت قلدران برای تحبیب جامعه مفید بود. ولی بن کنجکاوی و تخیل را در خاور میانه در ۱۰۰۰ سال گذشته سوزاند! البته تفسیر جهان و تصمیمگیری از شرایط مشخص با ثنویت عمل عصب یا حیات کرم روی زمین باید فرق داشته باشد- در جهان غامض ریز و کلان طبیعت و اجتماع امروز. ولی زعیمان قوم در خاور میانه همین ثنویت را در ۳ قوه قضاییه، مجریه، مقننه اعمال کرده تا جاییکه دراویش شیعی صلحجو را به زندان می اندازند.

حکمت اشراق و حکمت مشاء اختلاف و اشتراک دارند که ملا صدرا فاصله این ۲ را کم کرد. سهروردی قرن ۶ هجری عدم پذیرش حد مشاء، عقل در مقابل وحی، شمارش ذات بینهایت را ارایه داد- هم نظر با اعداد ترانس- نهایت در مقابل

مطلقا بینهایت جورج کانتور می باشد. در قرون وسطا خلاقیت و کلام شاعرانه به فلسفه رخنه کرده بود. عارفان از علم و آزمایشات دور شده به بیان جملات درست دستوری، اقتدار در یک حوزه ولی نظر دادن در حوزه دیگر، خلاقیت در ترکیب مقولات حسی یا کلامی داشتند.

نمونه: سهروردی به غلط منشاء موجودات را نور- ذرات فوتون یا امواج الکترومغناطیس جمله بندی کرد. این خلاقیت شاعرانه کلامی بود که ربطی به علم، واقعیت، تجربیات ندارد. در این جمله بندی او می توانست جای نور هوا قرار دهد؛ سهروردی از دریا دور بود؛ ولی می توانست آب را در جمله بگذارد که با سرم خود موجودات قرابت دارد. در قرون وسطا این خلاقیت شاعرانه فلسفه، عرفان، حکمت نام دارد.

بعد موجودات به هستی با منشاء نور تعمیم یافت- نوعی مجاز از جزء به کل شاعرانه بدنبال استعاره تشبیه بصری یا بصیرتی شاعرانه. در قرون وسطا مغز خلاقی پرسشی مطرح می کند؛ خلاقهای دیگر آنرا پاسخی شاعرانه می دهند؛ مفسران و تاریخنویسان این پاسخ اشراقی را بجای علم جا می زنند. روشن است که آنها پاسخ عملی نداشتند؛ ولی نکته در این است که پاسخ شاعرانه آنها در کتب، علمی قلمداد می شود.

مفسران و تاریخ نویسان هم این جملات شاعرانه را با برچسب فلسفه و علم تقلید و تکرار کرده اند. همین خلاقیت شاعرانه را مولانا با بیت زیر نشان می دهد: دل هر ذره را که بشکافی/ آفتابیش درمیان بینی. در این بیت استعاره منظومه شمسی و سیارات را می توان با تئوری هسته پروتون/ نوترون و مدارات الکترون/ سیارات در سده 20م شبیه دانست.

این استعاره مولانا از دیدن شکستن کوزه/ شیشه و شباهت تیله های ثانوی به جسم اولیه می باشد؛ بویژه شیشه بهنگام ظهر آفتابی. ولی بهرجهت استدلال و اثبات در جمله شعری وجود ندارد؛ صرفا خلاقیت ذهنی شاعرانه در کلامی شاعرانه است. شاید کتب ایمانی هم متون پندآمیز شاعرانه باشند که دستور العمل برای پیروان می شوند.

در حالیکه 14 بیلیارد سال پیش آغاز هستی از انفجار بزرگ/ بیگ بنگ با چگالی و دمای بینهایت ماده رخداد. سپس ماده اولیه هستی با مولوکولهایش در گسترش 5-10% در هر هزار سال اند. در مرکز ماده اولیه، چگالی چاله سیاه چنان غلیظ است که نور هم از آن خارج نمی شود. اینشتاین زمان را بدون مکان/ فضا بیمعنی خواند؛ هاوکینگ در باره چگالی ماده و سردشدن آن با نسبیت اینشتاین سخن گفت.

در علم داروین مشاهدات میدانی چندساله در جزایر گالاپاگوس اکوادور را با پژوهشهای چند دهه خود در انگلستان جدول بندی کرده تا رابطه و علت را در تغییرات و تشابهات موجودات پیدا کند. او 2 تز ارایه داد: تمامی شکلهای گیاهی و جانوری امروزی از انواع قدیمی/ ابتدایی تر بجا مانده در فسیلها و رسوبات زمین، تکامل زیستی یافتند؛ این تکامل انتخاب طبیعی ست که در سده 20م با موتاسیون ژنها در 4.55 بیلیارد سال عمر زمین اثبات شد.

عرفان ایرانی

رنج انسان هنرمند- رنجی است که در جستجوی حقیقت گام
بر می دارد. نیما یوشیج
دنیا پر است از انسان‌های خوب. اگر نتوانستی انسان خوب
پیدا کنی تو خود یک انسان خوب باش. ؟

تعامل با مخالفان سیاسی را می توان در تاریخ عرفان و
ادبیات تغزلی 1000ساله فارسی و در برخی مشاهیر سیاسی و
ادبی قرن 20م بررسی کرد. تعامل فرد با جامعه نیاز به
عشق، پیمان، وجدان، فرهنگ دارد. در خاور میانه، مهد
تمدن، این مقولات را می توان پی گرفته؛ سپس در قرن 20م
تبلور مدرن آنها را بررسی کرد. در استبداد شرقی رایج
سوار بر لایه حاکمیت در خاور میانه گاهی در خانقانی ها
عرفان یکی از شیرهای اطمینان حاکمیت برای کنترل احساسات
فردی و تفاسیر ایده آلیستی روشنفکری است. شمس تبریزی در
سده 7 پیش شرایط سخت و خشونت شرقی برای عارف را با زندان
تداعی کرد:
ما
آنیم که زندان را بر خود بوستان گردانیم
چون زندان ما بوستان گردد؛
بنگر که بوستان ما
خود چه باشد!

گاهی عارف زندان و اعدام می شود؛ نمونه حلاج، سهروردی،
درویشان گنابادی کنونی. عرفان با عشق، مهر، پیمان،
عبرت، عدم خشونت پیوند دارد. آن را در محافل غیرعلنی
صوفیان، ادبیات فارسی، رفتار درویشی می توان پی گرفت.
فرهیختگانی پیدا می شدند که پس از یادگیری الهیات،
علوم، ادبیات به مقام های دیوانی با ذات انطباقی می
رسیدند. آنها حرفه هایی را اختیار می کردند تا حرص مال
و غریزه مقام اشان ارضاء شده؛ یا در تعدیل خشونت و رواج
آبادانی بکوشند.

گاهی عارفان در خدمت امور مذهبی و درباری؛ گاهی هم
مستقل به بیان ایده های خود می پرداختند. محافل نیمه
مخفی تشکیل داده؛ مریدانی یافته؛ آثاری کتابت می کردند.
آنها عناصر ناراضی از حاکمیت را بدور خود جمع می کردند.
در سفرهایشان یک تشکیلات سراسری پدید می آوردند. شاید
تجار و زمینداران باسواد آنها را ترغیب می کردند که
ایده هایشان را مکتوب کرده؛ ناسخان را پول داده تا این
کتب را تکثیر کنند.

در قرون وسطا انسانها به 4 مزاج صفراوی مستعد ادبیات، بلغمی مستعد علوم، دموی مستعد هنر، سوداوی مستعد تخیل گروهبندی می شدند. روشن است که قلیلی از مزاجهای صفراوی و سوداوی به عرفان روی می آوردند؛ تخیلات شورانگیز جوانی شان بوسیله پیران تعدیل می شدند. عرفان با ایجاد مرتبت، شکیبایی را به اعضای طریقت تزریق میکند. رویه دیگر عدم تعدیل، ظهور حشیشیون/ اسسینهای قلعه الموت و فداییان اسلام سده 20م است که ترور دولتمردان مخالف را هدف اجتماعی قرار می دادند.

اکنون هم در نبود عرفان شرقی، نوع القاعده وهابی/ طالبانی تا مرگ انتحاری خود و دیگران جلو می رود. پس مدارای دولتمردان با عرفان قابل فهم است؛ زیرا هم کنجکاوی، هم دوراندیشی شکیبایی را طلب می کرد. نیز زهد penitent ، ترک دنیا، ریاضت هم بین آنها رایج بوده. در موسویت/ یهودیت، مسیحیت/ نصرانی، هندویسم/ بودیسم هم ظرف 2 هزار سال گذشته قطبهای متعدد، با فکرهای کتره ای فردی و استعداد ادبی پدید آمدند.

در خاور میانه بین 7 حرفه فیلسوف، عالم، حکیم، صوفی، عارف، درویش، قلندر فرق کتابی زیاد نیست. قطبهای این 7 حرفه گاهی تضادهایی با هرم قدرت سیاسی /مذهبی داشته، در این راه جان خود را از دست می دهند. نمونه: حلاج و سهروردی. درکل این 7 حرفه بمال دنیا اهمیت نداده، به سیر و سیاحت پرداخته، به ذکر و دعا خوانی مشغول اند. آنها عشق و دانش الهی را با مطالعه، مکاشفه، اشراق، تخیل، تقریر، کتابت، سخنرانی، جمع‌آوری اعانه می آمیزند. صوفی و عارف در محافل خودی در شهرهای یک منطقه مریدانی داشته، به مطالعه و ذکر می پردازند. برخی از این حلقه های عرفانی تا امروز هم دورهم نشینی، س-ج بین مریدان و مراد، چله نشینی، مناسک آیینی ویژه را اجرا می کنند. درویش و قلندر به ظاهر خود اهمیت نداده، شغلی نداشته، با کشکول و تبرزین بین مردم، پیاده گز کرده، با خواندن اوراد لقمه ای قوت دریافت می کنند.

عارف از واژه یونانی Gnostic بمعنی معرفت آمده. عارف دارای اسرار الوهی esoteric در باره جهان ربانی، بینهایت، ناآفریده است؛ نه جهان محدود، طبیعی، مادی. خیام بطعنه به عارف گفت: "اسرار" جهان را نه تو دانی و نه من. این دانش از طریق اشراق و مکاشفه فردی بدست می آید تا تجربه و استدلال جهانشمول. اشراق و مکاشفه با عالم رویا و هپروت، جذبه و مراقبه، فکرهای کتره ای در مغز رابطه دارند.

توجه شود این نوع دانش فردی انباشت پذیر نبوده؛ در
مجموع تنها از چند دهه زندگی یک عارف در کتب و موعظه
های او در اذهان و حافظه مریدان جمع می شود. نوع کمینه
این مراقبه فردی در جوکیان و مرتاضان است که پس از مرگ
آنها این تجربه فردی پایان می یابد. حافظ به اشعار شاه
نعمت الله ولی 732-832 ه.ق. نظر داشته: آنانکه خاک را
به نظر کیمیا کنند./ آیا بود که گوشه چشمی بما کنند؟

عامل عمده تعامل پیمان بخاطر تجارت است که در تاریخ و
اساطیر تبیین شده. از 3 هزار سال پیش در تجارت بویژه
معاملات پایاپای و نسیه پیمان نقش عمده دارد. میترا از
اسطوره های ایرانی است که نماد خورشید، عشق، پیمان در
مقابل تاریکی، نفرت، دغلکاری است. این کیش پیش از دین
زرتشتی، با مادهای آریایی مهاجر در آذربایجان و قفقاز
در هزاره اول ق.م. ظهور کرد. شرایط نوین جغرافیایی و
همسایگان، تغییراتی برای مهر چون تداعی پیمان بخاطر
تجارت را در این کیش پدید آوردند. مهر خدای بینا و شنوا
بر ارابه خورشید- مظهر پیمان، دوستی، تجارت با اقوام
همسایه شد. این اقوام ساکن کوههای قفقاز، آناتولی
ترکیه، شهرهای سامی در عراق و خوزستان، ساکنان جبال
زاگروس مانند کاشی، لر، کرد بودند.

کاشیها همسایه غربی ایلامیهای جلگه خوزستان سواحل رود
کارون، در 1570 ق.م. بابل را فتح کرده؛ به مصر حمله
کرده؛ باورهای خود مانند اهورا با 2بال گشاده، چشم
خورشید، وزنه ترازو، مُهر را به آنجا بردند. در بین
النهرین اقوام آشور و بابل اسب نداشتند. از 3-4 هزار
سال پیش، آریاییهای مادی، پارسی، پارتی از جلگه های
شمال دریای خزر اسب و باورهای دینی خود را به جنوب و
غرب آوردند. لذا میترا ارابه و اسب داشته.

مهر پرستی از ترکیه به روم اشاعه یافت. از قرن 1 ق.م.
تا 4 م با 600 مهرابه مکان مناسک دین رایج امپراتوری
روم بود. مهرابه ها از آسیا تا اروپا و آفریقا در غار
بنا می شدند. برخی مناسک آیین مهر در دین مسیح بویژه
کاتولیک بازسازی شدند. زاد روز مهر در 25 دسامبر نزد
رومیان بود که بعد به مسیح نسبت داده شد.

در هر مهرابه، صحنه روبروی حضار، حجاری میترا پیروز در
کشتن ورزو می باشد. در این صحنه نمادهای زیر وجود
دارند: سگ، مار، خون برای آبیاری حاصلخیزی زمین، کژدم،
بیضه گاو، کلاغ، سکو، خوشه گندم، 2 قلو. 2قلو جوان
بنامهای زیر ند: کاتس با مشعل سر به بالا/ برای شب- چون
نور نیاز است؛ کاتوپاتس با مشعل سر به پایین/ برای روز-
چون روز آفتاب روشنی می دهد. در این حجاری 12 بروج

65

عیلامی، ماه بدر دیده می شوند. برخی نمادها با کهکشانهای همنام در آسمان متناظرند: سگ/ کلب، مار/ هایدرا، کژدم، گاو، 2قلوی جمینای.

کیش مهر کتاب مقدس و آثار کتبی نداشت. در این کیش 7 مرتبت متناظر با سیارات شمسی از دون تا فوق کلاغ، عروس، سرباز، شیر، پارسی، خورشید sol، پدر بود. واژه های مغ، مجوس، ماژیک/ مجیک در غرب از بقایای این کیش اند. روند عضوگیری مردانه دارای 7خوان آزمون سرما، گرما، سختی، پاکی، نماز 3گانه روزانه بود. اصول مهرپرستی بقرار زیرند: 1- گاوکشی- آب، شکار، مهر با گاری به آسمان عروج می کند. شاید تبخیر رود و نزول باران بن این نماد باشند. 2- میترا و خورشید با هم دست داده، اعضای گاو را بر سفره میهمانی می خورند. 3- تندیس انسان شیر سر یا اهریمن ایستاده مارپیچ، زروان/ کرونوس خدای زمان و فصول می باشد.

زروان خدای زمان-فضا، سرنوشت در قرن 4ق.م./ نیمه عهد هخامنشیان در جنوب غربی لرستان/ شمال خوزستان نضج گرفت. این کیش هم مانند مهر پرستی کتاب مقدس نداشته؛ لذا بجز اشارات پراکنده در کتب دیگران با تاخیر زیاد چیزی بجا نمانده. اصل 3م مهرپرستی یعنی انسان شیر سر، با تن مارپیچ- نماد بسآمد شبانه روز، فصول، سال- در مفرغ لرستان از هزاره 1 ق.م. با کیش زروان قرابت دارد. ولی در نبود متون میترایی، این قرابت با آثار مفرغ مربوط به دهنه اسب هم کمکی به درک اصول کیش زروان نمی کند.

نکته مهم: ادیان گذشته مانند حال هرکدام نحله هایی در جغرافیا و دوره مشخص داشته اند. لذا مشترکات ادیان زرتشتی، اهورایی، بودایی، مهرپرستی، مغان، مندایی/ صائبی، کیش زروان، مانی با مسیحیت را می توان دید - بویژه در ساتراپهای مرزی 2 فرهنگ مجاور هم. تجار مداراگر هوشمند ناقل افکار، اعتقادات، رسومات از فرهنگ مبداء به فرهنگ مقصد بوده و هستند.

در خانه های تجار و دوستان محلی مقصد با میهمانیهای نخبگان شهر جوانان با تخیل و خلاقیت قوی، گفتار تاجر سر زمین دور را بخاطر سپرده؛ تغییرات در باورشان گاهی پدید می آید. تاجر در مراجعت برخی باورهای فرهنگ مقصد را به زادگاه خود آورده؛ در میهمانی آنها را با نخبگان دینی و عرفی حاضر در میان می گذارد.

پس از نیازهای اولیه انسان مانند غذا، گرمی، مسکن، ایمنی، خواب- بنیان اجتماع بر اساس عواطف بویژه عشق سازنده است. عشق اشکال فراوان دارد: بین زوج، بین ولی و

فرزند، بین اعضای جامعه، به زادگاه، به شوق، هنر، ورزش، حق، ادبیات، شعر، اولیا، میهن، عقیده، مراد، قطب، ثروت، منزلت، قدرت، معرفت. عشق با مهر و پیمان رابطه داشته؛ ریشه لغوی و اجتماعی این 3 واژه بررسی می شود. واژه ی عشق در شعر، ادبیات، عرفان ایرانی جایگاهی بلند دارد. این واژه عربی نبوده؛ ریشه ی هند و اروپایی از هزاره 2ق.م. داشته؛ شجره آن به قرار زیر است.

هر پدیده از تک یاخته تا ستاره از مراحل متمایز چرخه حیات گهواره تا گور یعنی زایش- بلوغ- میرش می گذرد. این مراحل نامساوی در طول زمان، عمدتا تولد، اوج، مرگ پدیده اند. عشق بین 2 انسان هم چرخه عمر خود را دارد. در یک بازه زمانی از آغاز آشنایی 2 مغز به اوج مقاربت تنانه رسیده؛ سپس با جدایی یا مرگ به پایان می رسد.

عارف با عشق در جستجوی عشق می باشد. عشق بمعنی تعامل 2 طرف در ساختن چیزی باهم است. گاهی طرف می تواند تخیلی باشد. در اینجا عشق شامل پندار، گفتار، کردار هر 2 طرف در جهتی مشترک است. البته با جدایی از هم، بازآوری خاطرات یا حتی گفتار در باره طرف، می توان عشق را مانا انگاشت. گاهی عشق 2-سویه بخاطر اولیای طرفین یا رقیب قدرتمند به تراژدی منجر می شود. رمئو و ژولیت شکسپیر، شیرین و فرهاد نظامی نمونه های عالی این گونه رابطه تحت فشار محیط نامساعد اند.

عشق طیف عاطفی مهمی در زندگی فرد در جامعه است. عشق جنسی بین 2 طرف، نوع خاص عشق برای تداوم جامعه است که با میراث قطور ادبیات حافظه جوانان را برای یافتن ایده آلها پر می کند. عاطفه مقابل عشق نفرت است. در جذبه جنسی و درونی، عشق باعث رفتار بیرونی برای زوج یابی می شود. لذا صرف فکر کردن به کسی معنی عشق تعاملی نمی دهد. فکر مفرط به عشق، گاهی منجر به اعتیاد جنسی، دنبال کردن معشوق، ویرش فکری obsession ، عقده روحی می شود.

در سیاست عشق به آرمان خود گاهی با نفرت به دیگری شکل می گیرد. علل نفرت می تواند تعصب، طمع، بیدانشی، تنگ نظری، قلدری، تقاص، تکبر باشد. روشن است که چنگیز از مقاومت نیشابور نفرت یافته؛ مردم و جانوران را سر برید؛ شهر را با آب رودخانه نابود کرد.

در رابطه با همکنشی با محیط و بیان فکرهای کتره ای حافظه- اراده پندار، گفتار، رفتار فرد را کنترل می کند. عواطف شامل احساسها در فکر و محرکه ها در رفتار اند. محرکه های 6 گانه جهانشمول انسان مدرن ترس، خشم، شگفتی، اشمئزاز، غم، شادی نام دارند که در سر و تن فرد واکنش

عضلانی پدید می آورند. احساسها بستگی به محیط و شخصیت فردی دارند؛ مانند غریبی، حسادت، تنهایی، سرخوشی، دهها احساس دیگر. تقاص، انتقام، کینه، غضب، خشم، غیض در جامعه پیشامدرن مدارات مغزی را تعیین کرده اند؛ در جامعه مدرن قانون جایگزین این عواطف شده.

احساس 2 گونه است: مثبت مانند عشق، گرمی، تگری، رنگهای دلپذیر، خنکی، سکسی، جذاب، خوشبو، خوشمزه، شیرین، نسیم، لبخند، مسئولیت، امید، راحتی، امنیت، احترام، آرامی، سرخوشی، شنگی، آرامش، دوستی، نوازش. احساس های منفی هم زیادند؛ مانند رشگ، حسرت، حسادت، آز، حرص. عواطف ناشی از ترشحات هورمونها در غدد متعدد می باشند. وجود وجدان، انسانیت، خرد، منطق، دورنگری هم در معادله خواسته و کردار انسان قرار دارند.

حیدری ملایری درباره ی ریشه ی فارسی واژه ی عشق نوشت: عشق زیباترین واژه ی زبان فارسی است. تا چندی پیش همه آن را عربی می دانسته اند. عشق کلمه فارسی از کلمه ای هندو اروپایی با تلفظی شبیه ایس ais مشتق شده. هم ریشه با واژه نوردیک اِسک با زیر الف، انگلیسی اَسک با زبر الف به معنی خواستن، تمنا، اعلام پیوند زناشویی می باشد.

واژه اوستایی عشق از -iška به معنی خواست، خواهش، میل بوده؛ ریشه در فعل اوستایی ایش بمعنی خواستن، میل داشتن، آرزو/ جستجو کردن دارد. این فعل کوتاه شده از ریشه‌ی هند و اروپایی-ais به معنی خواستن، میل داشتن، جُستن می‌آید. دارای مشتقات زیر است: -aēša خواست، جستجو. Išaiti می‌خواهد، آرزو می‌کند. -išta خواسته، محبوب. -išti آرزو، مقصود.

واژه‌ی iška سپس išk در فارسی میانه به عربی از 2 راه رسید: 1- واژه عشق در عهد ساسانی بر بخش جنوبی شبه جزیره عربستان تسلط داشت؛ به حیره، بحرین، عمان، یمن، حتا حجاز وارد شد. آذرتاش آذرنوش، راه‌های نفوذ فارسی در فرهنگ و زبان تازی، چاپ دانشگاه تهران، ۱۳۵۴. 2-عشق در آغاز دوران اسلامی به عربی وارد شد. لغتنویسان و نویسندگان آن دوره از خاستگاه ایرانی این واژه آگاهی نداشتند.

آنها مفهوم "خواستن و جستجو کردن" را با عربی عَشَق، به معنی چسبیدن، درآمیختند. در عرفان ایرانی مفهوم عشق با جستجو، گشتن پیوند دارد. در 7 مرتبه عرفان منطق‌الطیر عطار جستجوی مرغان در طلب سیمرغ آمده. مولوی نیز عشق را با ریشه‌ی فارسی خواستن، جُستن در این بیت بکار می برد: هفت شهر عشق را عطار گشت /ما هنوز اندر خم یک کوچه ایم.

در عرفان 7 وادی سلوک بقرار زیر اند: طلب، عشق،
معرفت، استغنا، توحید، حیرت، فنا .
http://aryaadib.blogfa.com/post-197.aspx
مهر. میترا در ریگ ودا، اوستا و پارسی میثر، در پهلوی
میتر، در فارسی مهر می‌باشد. میثره در سانسکریت به معنی
دوستی، پروردگار، روشنایی، فروغ، پیوستن، واسطه، میانجی
میان آفریدگار و آفریدگان است. ایزد مهر در اصل بجز
ایزد خورشید بوده؛ اما بعدها آندو را یکی دانستند.
یونانیها مهر را میترس نامیده؛ ذکر کردند: ایرانیان
خورشید را بنام میترس می‌ستایند. پس در قرن 1 ق.م. مهر و
خورشید مترادف بودند. ایزد مهر نگهبان ماه 7م سال، روز
16م ماه است.

میترا در اوستا به معنای پیمان، معاهده، پیوند، بستگی،
کنترات، pact، تعهد بکار رفته؛ فرشته روشنایی، پاسبان
راستی، پیمان است. مهر ایزد همواره بیدار و نیرومند است؛
برای یاری کردن راستگویان و بر انداختن دروغگویان و
پیمان شکنان در تکاپوست. مهر از برای محافظت عهد،
پیمان، میثاق مردم گماشته شده است. پس فرشته فروغ و
روشنایی نیز هست که هیچ چیز از او پوشیده نمی‌ماند.
گاتها -اشتودگات، یسنا 45 بند 5.

در اعتقادات آریایی گذار از مناسبات محسوس قبیلگی به
انتزاعات ماورای حواس و سپس به انسانوارگی شاعرانه می
باشد. مهر هزار گوش و ده هزار چشم برای نگهبانی دارد.
مقر مهر در بالای کوه هرا/ البرز محاط بر سرزمین آریایی
است، جایی که نه روز، نه شب، نه گرم، نه سرد، نه بیمار،
نه کثیف است. این مقر بخشی از کره زمین بوده؛ پس مهر در
همه جا ناظر است؛ با شنیدن آوای دغلشدگان آگاه گشته به
یاری آنان می شتابد.

پیمان. با تلفظ پَ /پ از پهلوی پَثمان، اوستائی پَتی مان
بمعنی پیمودن، اندازه گرفتن آمده؛ مترادف عهد، معاهده،
حلف، میثاق، شرط، قول و قرار، سوگند، ذمه، عقد، وثاق،
سر موضع ایستادن، موثق، الزام، زینهار، ایلاف، بند،
پیمان، رباب، ربابة، ودیع، وصر است. پیمان در اصل قرار
گذاشتن، عهد بستن بر امری است. در عرف عبارت دست دادن
2نفر برای پذیرش انعقاد امری است. فردوسی گوید:
ترا رفت باید بفرمان من. /نباید گذشتن ز پیمان من .
بپیوستگی بر گوا ساختند./ چو زین شرط و پیمان
بپرداختند.
زمین هفت کشور بفرمان تست.
دد و دام و مردم بپیمان تست .
به نیمه شبها دارم با یارم پیمانها. دکتر رقابی

حافظ گوید: اگر رفیق شفیقی درست پیمان باش. /حریف حجره و گرمابه و گلستان باش. با مترادفات امروزی: گرمابه= سونا، حجره = پاتوق، حریف=همراه، گلستان=گردش.

منابع. 2014/04/19
http://asre-
nou.net/php/view print version.php?objnr=30091
بیژن باران، عرفان در شعر سهراب سپهری.

عرفان در سیاست

ممکن است که من منکر چیزی باشم ولی لزومی نمی‌بینم که آن را به لجن بکشم، یا حق اعتقاد به آن را از دیگران سلب کنم ! آلبر کامو / کالیگولا / پری صابری / نشر قطره نروید بر زمین هرگز گیاهی/ که ننوشتست بر برگش دوائی. نظامی.

در خاور میانه با سلطه فرهنگ تقاص قبیلوی تازی و ترک، عشق، مهر، پیمان، پند، عبرت، عرفان، عدم خشونت بین 2 همسایه تضعیف شدند. ولی در محافل عرفانی تداوم یافته؛ در ادبیات تبلیغ شدند. شاعران 2 منبع برای عرفان و عشق مدرن خود داشتند: 1- منابع ادبیات قرون وسطا مانند مولانا و شمس. 2- منابع جدید مبارزان خط سیاسی میانه گاندی، لوتر کینگ، مندلا، سوچی؛ ادبیات تاگور، خلیل جبران، اقبال لاهوری. سپهری و مشیری بدون کاربرد زبان غربی در شعر در شهرگی محدودند.

عاطفه مثبت بخشایش قانونمدارانه را گاندی در آفریقای جنوبی در آغاز سده 20م به روز کرده؛ نطفه این آرمان را در آنجا گذاشت. البته قانون امکان متمم و تغییر را در خود دارد- بهترین نمونه این به روز کردن قانون بنا به تغییرات جامعه، قانون اساسی آمریکا 1776 است. این قانون از دمکراسی بین زبدگان مذکر سفید متمول آغاز شده؛ اکنون آزادی ادیان، سیاهان، زنان، مهاجران، دگرباشان را دربر می گیرد.

خود گاندی با این نوع عرفان مدرن برای استقلال هند از یوغ استعمار انگلیس کوشید- عشق بین هندو و مسلمان، پیمان با تمام شهروندان، مهر به انسان، تعامل با دشمن، عدم خشونت. گاندی، لوتر کینگ، مندلا، سوچی در سیاست خط میانه تغییر اصلاحی را گزیده - نه چپ انقلابی یا راست محافظه کار. آنها در گفتار و کردار مرثیه انسانی را در ابعاد شبه-قاره هند، قاره نو، آفریقا ودیعه کردند.

از قرن 7 ه.ق. مرزبان نامه ترجمه وراوینی در 9 باب، با مقدمه و موخره است. این کتاب از زبان جانوران، بسبک کلیله و دمنه نصرالله منشی، نخست به زبان مازندرانی و سپس ترجمه فارسی نوشته شد. این نوع داستان ها غیرمستقیم بزبان جانواران به اغنیاء و پادشاه زمان اندرز، پند، مدارا، شکیبایی، خشونت پرهیزی، مردمداری توصیه می‌کنند.

ادبیات عرفان انسانگرا شامل عشق به دوستان، پیمان با انسان، مهر با رقیبان، عدم خشونت با دشمن می شد. حافظ گفت: آسایش دو گیتی تفسیر این دو حرف است/ با دوستان مروت با دشمنان مدارا. از هزاره گذشته عرفان با مولوی، عطار، شمس، حلاج به قرن 20م رسید؛ با 3 شاعر زیر به روز شد.

تاگور 1861-1941 شاعر بنگالی صاحب نوبل ادبیات 1913، مولف گیتانجالی/ سرود ستایش بود. او با خلاقیت ذهنی مدرن، تغزلی، بابصیرت، طبیعتگرا، ریاضتی، حساس- شعر زیبا با لایه مفاهیم معنوی ساخت. او جادوگری بود که با کاربرد زبان محاوره در سنت سانسکریت شعر عمیق سرود. در 1878 به انگلیس برای تحصیل حقوق و ادبیات رفت. در 1940 با گاندی برای استقلال هند؛ بضد نظام کاست، استعمار انگلیس همکاری کرد.

او 30 کشور را دیدن کرد؛ 1932 به مجلس شواریملی تهران آمد. او عاشق علم، انسانگرا، جهانگرا بود. او داستان، آموزش، جستار، ترانه را با لحن فردی ولی با محتوای سیاسی نوشت. طرفدار آموزش در انقلاب بود. آثار او را ییتس، پاوند، تامس مور، آینشتاین می خواندند. شعر او مثبت، موزون، تغزلی است. او به موسیقی هم مسلط بود؛ 2230 ترانه نت نویسی کرده؛ نقاشیهای فراوان کرده؛ چندین نمایش نوشت. تاگور گفت: کودک را به آموخته خود محدود نکنید، زیرا او در زمان دیگری زاده شده. عمق دوستی وابسته به مدت آشنایی نیست. عشق ادعای مالکیت ندارد، بلکه رهایی می آورد.

خلیل جبران خلیل 1883-1931 شاعر لبنانی، مقیم نیویورک، صاحب داستان تخیلی پیامبر 1923. سبک تغزلی او در ادبیات عرب انقلاب کرد. اشعارش به عربی و انگلیسی اند. جملات قصار او هم شهرت دارند. او در آبرنگ هم زیردست بود. در زبان انگلیسی جبران از نظر فروش کتب مقام 3م پس از شکسپیر و لائوتسه- شاعر فیلسوف چینی قرن 4 ق.م. ضد اقتدارگرا- را دارد. جبران از عشق جهانی، با تلفیق کلام روحانی و زبان تغزلی، تصوف، وحدت ادیان می گوید.

او رهبر بهایی را در 1911-1912 ملاقات کرد. جبران خود را غیرسیاسی، طرفدار صلح، خواهان خروج عثمانیها از لبنان و سوریه می خواند. خلیل جبران گفت: دوستی همیشه یک مسئولیت شیرین است، نه فرصت. در زندگی 2 جایزه اصلی زیبایی و حقیقت اند، اولی را در قلبی عاشق یافتم و دومی را در دستی سازنده. دیروز خاطره امروز است، و فردا رویای امروز. زندگی بدون عشق مانند درختی است بدون شکوفه و میوه.

اقبال لاهوری 1877-1938 شاعر، فیلسوف، سیاستمدار پیشا-
پاکستانی، مولف کتب شعر اسرار خودی، رموز بیخودی، پیام
معشوق، زبور عجم 1927 است. شعر او عمدتا به فارسی است
نه اردو. کتاب نثر او در باره صوفیگری به گسترش
متافیزیک در ایران، بازسازی اندیشه دینی در اسلام می
پردازد. در انگلیس از 1905 ببعد تحصیلات خود را ادامه
داد. او از مولانا و عطار عشق و عرفان را آموخت؛ با
دراویش صوفی رفت و آمد داشت؛ مقبره او در لاهور است. او
علیه عقب افتادگی و بیعدالتی در منطقه بود. او تمدن
مدرن غرب را فقط در دستاندازی امپریالیزم دیده و نهی می
کرد. اقبال و جناح معمار پیدایش پاکستان با اکثریت
مسلمان بودند. اقبال گفت: ادب پیرایه نادان و داناست.
خوش آنکو با ادب خود را بیاراست. به دریا غلت و با موجش
درآمیز. حیات جاویدان اندر ستیز است.

در شاعران قله قرن 20م فارسی هم رگه های عرفان و عشق را
می توان یافت: اخوان، شاملو، فروغ، سیمین، آزرم،
مختاری، نیما. از شاعران عشق و عرفان می توان سپهری
1307-1359 با نقاشی و شعر، مشیری 1305-1379 با علاقه به
موسیقی و شعر را نام برد. از مشیری از 1334 تا 1384 بیش
از 20 مجموعه شعر نشر شد. برخی کتب او به چاپ 40 م
رسیده که محبوبیت او را نشان می دهد. روی 10-12 شعر او
موسیقی و آواز اجرا شده اند. شعر کوچه او مشهور است:
بی تو، مهتاب شبی باز از آن کوچه گذشتم
همه تن چشم شدم خیره به دنبال تو گشتم
شوق دیدار تو لبریز شد از جام وجودم
شدم آن عاشق دیوانه که بودم!

سپهری در شعر من به مهمانی دنیا رفتم، از برخی 7وادی
طلب، عشق، معرفت، استغنا، توحید، حیرت، فقر/ فنا در
عرفان عطار نام می برد. برخی دیگر را می توان از طریق
محور جانشینی سوسور معرفت با دانش، مذهب شیعه با توحید،
رفتن با طلب، شک با حیرت مترادف کرد:
من به دشت اندوه
من به باغ عرفان
من به ایوان چراغانی دانش رفتم.
رفتم از پله ی مذهب بالا.
تا ته کوچه ی شک،
تا هوای خنک استغنا،
تا شب خیس محبت رفتم.
من به دیدار کسی رفتم در آن سر عشق.
رفتم، رفتم تا زن،
تا چراغ لذت

تا سکوت خواهش
تا صدای پر تنهایی.

در سده 20م گاندی، لوتر کینگ، مندلا، سوچی نمونه های عالی خط سیاسی میانه هستند. آنها تعادلی بین آزادی از استعمار یا آپارتاید با چاشنی عدالت اجتماعی بطئی را زیر لوای قانون مطرح کردند. آنها دشمن را بخشیده؛ با تعامل با او برای قانونمداری، جامعه را از قتل و مصادره مصون داشتند. نوع رهبری خط سیاسی میانه انتخابی، تخصصی، ادواری بوده؛ لذا نسل جوان که در شرایط آزاد جامعه جدید رشد کرده به گزینه مسالمت آمیز انتقال قدرت سیاسی خود رای میدهد. مارتین لوتر کینگ، مصلح مذهبی سیاهان، زنان، اقلیتها در دهه 60 م آمریکاست.

شاید بتوان بسیاری از جنبشهای ناکام سده 20م را هم از نوع میانه غیرخشن انگاشت. در طیف میانه عدم قهر در مبارزات این 3 رهبر برجسته اند: دکتر مصدق، دکتر سوکارنو، دکتر نکرومه. در زیر 4 نمونه از رهبری میانه مدنی موفق می آیند.

گاندی 1869- 1948 ترور شد، نخست در آفریقای جنوبی بعنوان حقوقدان از 1893 تا 1914 سپس در شبه قاره هند با روش عدم تمکین Ahisma بضد استعمار مبارزه کرد. از تاکتیکهای او مارش نمک و نافرمانی مدنی را می توان نام برد. اصول ایمانی او حقیقت، طرق غیرخشن، گیاهخواری، سادگی، تبعیت قانون بودند. در زبانهای هندواروپایی پیشوند ا معنی واژه را منفی می کند. این قاعده را در فارسی امرداد منفی مرداد؛ در انگلیسی amoral ضداخلاقی منفی moral اخلاقی- می توان دید .

گاندی در 1883 با ورود به دوربان آفریقای جنوبی، پس از تحصیل وکیل شد؛ در 1914 با آرمان ساتیاگرها/ مقاومت غیرخشن به هند برگشت. او در آفریقای جنوبی عدالت نژادی را دنبال کرده؛ در هند برای استقلال از انگلستان، نافرمانی مدنی بکار برد. پس از استقلال، هند در کشورهای مشترک المنافع مانند بریتانیا، کانادا، استرالیا، نیجریه ماند. ویتنام هم پس از شکست 1975 آمریکا با آن رابطه حسنه برقرار کرد. مشی گاندی در آغاز حزب کنگره ملی آفریقا در 1912 تاثیر داشت؛ ولی در دهه 60م قهر اولویت پیدا کرد. او باخرده گیری به تورات گفت: تقاص "چشم در برابر چشم" جهان را کور می کند.

گاندی گفت: زندگی من پیام من است. خود تغییری باش که آنرا در جهان می خواهی. من خود را سرباز می دانم، گرچه سرباز صلح. انسانیت اقیانوس است؛ چند قطره ناپاک

اقیانوس را ناپاک نمیکند. عدم خشونت اولین ماده ایمان من و آخرین ماده کیش من است. ضعیف هرگز نمی تواند ببخشد؛ بخشایش خصلت قوی است. انسان حاصل پندارهایش است؛ آنچه می اندیشد، همانا اوست. 7 گناه اجتماعی: سیاست بدون اصول، ثروت بدون کار، لذت بدون وجدان، دانش بدون منش، تجارت بدون اخلاق، علم بدون انسانیت، پرستش بدون ایثار.

دکتر مصدق 1261-1345 / 1882-1966 رهبر ملی شدن سراسری صنعت نفت ایران، نخست وزیر 1330-1332، 3 سال زندان، 10 سال آخر عمر در حصر خانگی در احمدآباد. در 1285 با توشیح فرمان مشروطیت، مجلس شورای ملی 1286 تشکیل شد. در 1287 در سویس با پایان‌نامه ارث در احکام اسلامی دکترای حقوق از دانشگاه نوشاتل گرفت. در 1293 مدرس علوم سیاسی تهران شد. کتب کاپیتولاسیون و ایران، دستور در محاکم حقوقی، شرکتهای سهامی در اروپا، حقوق پارلمانی در ایران و اروپا 1302 را نشر کرد. او مدتها وزیر و وکیل بود؛ مخالف کودتای 1299 بود؛ تا 1319 در حصر خانگی در احمدآباد بود. با سبک کار قانونگرایی گفت: هیچ ملتی، در سایهٔ استبداد به جائی نرسید.

او در دادگاه لاهه شرکت نفت انگلیس/ بی پی را با دانش حقوقی بنفع ایران شکست داد. دکتر قوام نکرومه، مسائل آفریقا، گفت: من از نطق دکتر مصدق در شورای جامعه ی ملل، درس بزرگی گرفتم. حقیقت زندگانی را که خود مختاری و استقلال و آزادی و جواب رد به خارجی هاست، به دست آورید، سایر نعمت های خداوندی که فرع آزادی و آگاهی ست؛ نصیب شما خواهد شد. دکتر احمد سوکارنو، روزنامه اطلاعات، گفت: دکتر مصدق پرچمدار آزادی کشورهای غیر متعهد است. جمال عبدالناصر، دارالهلال مصر، گفت: من شاگرد مکتب ضد استعماری دکتر مصدق هستم.

جملات دکتر مصدق: - نجات وطن عالی‑ترین و بزرگترین قانون است. قانون برای مملکت است نه مملکت برای قانون.- مملکتی که رجال ندارد هیچ چیز ندارد مخالفت من با دیکتاتوری این بود که از خصائص دیکتاتوری یکی اینست که مملکت فاقد رجال و دیکتاتور رجل منحصر به فرد باشد.- اگر از طریق آزادی و دموکراسی نتوانیم کاری بکنیم از طریق اختناق و زور و قلدری برای مردم ناراضی نمی‑توانیم کاری انجام دهیم.- بر فرض که ما با هواخواهان رژیم موافقت کنیم و بگوییم دیکتاتور به مملکت ما خدمت کرد. در مقابل آزادی که از ما سلب نمود چه برای ما کرد؟

ملتی باید عقیده داشته باشد. اگر یک ملتی عقیده نداشته باشد آن ملت کارش زار میشود همه باید سعی کنید که در

جامعه یک عقیده و مسلک و مرامی باشد. -اگر شرایط انتخاب کنندگان و طرز انتخابات صحیح شد آن وقت آنها هر کسی را که انتخاب کنند خوب می شود.- اگر امور اجتماعی خوب نباشد امور انفرادی هم بد می شود پس لازم است که اول هر کس در اصلاح جامعه بکوشد و بعد امور انفرادی را اصلاح نماید.- ما نمایندگان قبل از هر چیز باید به ایران نظر کنیم و منافع عموم را بر منافع شخصی خود ترجیح دهیم.- من با دادن هر امتیاز از نظر اقتصادی و سیاسی مخالفم چون تفکیک مسائل سیاسی از اقتصادی مشکل است.

اگر دنیا وطن همگی است پس این جنگها و آدم کشیها برای چی است؟ و اگر هر ملتی برای خود وطنی است پس چراغی که به خانه روا است به مسجد حرام است.- معتقدم من غیر از حمایت از این مرامی ندارم و نمی خواهم که کارگری به نفع سرمایه دار بیچاره و زبون شود ایراد من به شما این است که مرام را از سیاست تفکیک نمی-نمائید.- آزادی مطبوعات و اجتماعات و حقوق مالکیت و سایر حقوق بشری را مردم می توانند در قانون اساسی بخوانند ولی اگر دولت نخواهد نمی توانند از آنها استفاده ببرند و یا استفاده نمایند.

لوتر کینگ 1929- 1968 ترور شد، مذهبی کنشگر اجتماعی در جنبش حقوق مدنی دهه 60 م آمریکا، صاحب نوبل صلح بود. در مارش عظیم 1963 به واشنگتن او جمله معروف "رویایی در سر دارم" را تکرار کرد. سبک کار سیاسی او نافرمانی مدنی، تبلیغ نظرات مذهبی حقوق بشری در رسانه ها برای پایان دادن به تبعیضات نژادی، جنسی و جنگ هندوچین بود. لوتر کینگ هم ساتیاگرها را بمثابه روش اخلاقی سالم برای آزادی مردم تحت ستم بکار برد.

در سده 18م آمریکا، سنت غیرخشونت Quaker ها برای آزادی بردگان سیاه، با فرستادن مخفیانه آنها از جنوب به شمال، جا افتاد. کینگ این سنت را با مارش علنی سفید و سیاه از جنوب به شمال بازسازی کرد. او دکتر فلسفه از دانشگاه بوستون بود؛ صاحب جایزه صلح نوبل بود. اکنون زادروزش تعطیل همگانی است. گزینه گویی های کینگ:

ما باید شکست محدود را بپذیرم، ولی امید بینهایت را از دست ندهیم. تاریکی تاریکی را نمی راند؛ فقط نور می تواند این را انجام دهد. نفرت نمی تواند نفرت را براند؛ تنها عشق می تواند این را انجام دهد. بخشایش کنش هر از گاهی نبوده؛ رویه همیشگی است. به عشق مصمم شدم؛ زیرا نفرت مانع عظیمی برای من است. پرسش فوری و مدام زندگی این است: "چه کاری برای دیگران انجام می دهی؟" هرگز وسوسه تقاص را نپذیر. تغییر بر چرخهای محتوم نمی آید، بلکه با مبارزه دائم میسر می شود. عشق تنها نیرویی است

که دشمن را به دوست دگرگون می کند. زمانی میرسد که باید موضعی گرفت که نه امن، نه سیاسی، نه محبوب است بلکه وجدانت می گوید درست است. نگذار کسی ترا بحدی پست کند که از او نفرت داشته باشی.

مندلا 2013 -1918 بضد آپارتاید/ تبعیض نژادی آفریقای جنوبی مبارزه کرد. او فعال حزب کنگره ملی آفریقا ANC بوده؛ ثلث عمر خود را در زندان بود. آشتی و رد قهر با دشمن در مصوبه حزب بود؛ مندلا باجرا درآورد. در 1990 از زندان آزاد شد. پس از بقدرت رسیدن، او محدودیت دوره ریاست و نتیجه انتخابات را پذیرفت. بیش از 250 جایزه جهانی شامل نوبل صلح برای انسانیت خود گرفت. او همیشه منقد سیاست خارجی انگلیس و آمریکا بود. کردارش در تقابل با موگابه، رهبر استقلال زیمبابوئه که از 1980 تاکنون در حاکمیتی خشن بوده، در تاریخ ثبت است.

او می توانست به قصاص قبیلگی گراییده؛ در انتقام از سفیدها- قتل، اعدام، تکیه بر مسند دائمی را در نظام غیرآپارتاید نهادینه کند. ولی نکرد؛ چون گاندی بخشید؛ با دزموند توتو دادگاه حقیقت یاب راه انداخت تا فجایع رژیم نژادپرست "ثبت در جریده عالم" شود. مندلا سیاست تعامل با دشمن را در عمل تبلیغ کرد؛ نیز قدرت سیاسی دائم را نپذیرفت تا دولت ادواری باشد- برخلاف موگابه و کاسترو.

چند نگینه از گفتار مندلا: در کشور ما اول زندان باید رفت بعد رییس جمهور شد. هیچ چیز مانند برگشت به مکانی ثابت نیست تا دریابی که تو چقدر تغییر کرده ای. همیشه ناممکن است تا که انجام می شود. آموزش حربه قوی برای تغییر جهان است. شجاعت عدم ترس نبوده؛ بلکه پیروزی بر ترس است. تنفر مانند نوشیدن سمی است که آدم فکر می کند دشمنانش را می کشد. وقتی آب بجوش آمده ابلهانه است که تنور را خاموش کنی {باید آب داغ را بمصرف رساند. این استعاره شاید برای مرحله غیرقابل برگشت انقلابی است که دیگر برای چاره کار دیر شده است}.

آنگ سان سو چی، زاده ۱۹۴۵، دختر ژنرال آنگ سان بود که با استقلال برمه 1948 کشته شد. در دهه 60م برای تحصیل و کار در سازمان ملل بغرب رفت؛ در ۱۹۸۸ به برمه و مادر بیمارش بازگشت. با استعفای ژنرال نه وین وضع کشور آشفته منجر به اعتراضات عموم ۸ اوت ۱۹۸۸ شد. ارتش اعتراضات دموکراسی خواهانه را سرکوب کرد.

رهبری سو چی را نمی توان به عنوان دختر یک قهرمان سیاسی نسبت داد. او عمیقا تحت تاثیر رهبران مدنی در جنبش‌های

غیرخشونت آمیز دکتر لوتر کینگ، گاندی است. این رهبر سیاسی توازن مخالفت با رژیم و عدم خشونت را نگه میدارد. با ممنوعیت اجتماع بیش از 4 نفر و نافرمانی مدنی، او یک تور سخنرانی عمومی را در سراسر کشور برای جلب حمایت از لیگ ملی برای دموکراسی آغاز کرد.

یک بار به هنگام بازگشت از یک سخنرانی در یک گردهمایی در شهری کوچک، سو چی و حامیانش یک باره توسط سربازان محاصره شدند. به آن ها دستور داده شد که از جاده خارج شوند. سو چی به آرامی پاسخ داد که آن ها "در کنار جاده پیاده روی خواهند کرد." سو چی در این مورد می گوید: "فکر من این بود که فرد در این موقعیت مسیرش را تغییر نمی دهد." او با حرکت مستقیم به سوی سربازان منتظر شد تا آن ها بگذارند رد شود. یک سرگرد یک باره ظاهر شده؛ به سربازان دستور داد اسلحه شان را پایین بیاورند. سو چی گفت: میان نگرش مردی مسلح و مردی بدون اسلحه تفاوت عظیمی وجود دارد. وقتی کسی اسلحه در دست ندارد؛ او تلاش بیشتری می کند تا ذهن، اشتیاق و درکش را برای یافتن یک راه حل به کار گیرد.

سو چی با تلاش برای دموکراسی در برمه جوایز بی شمار جهانی گرفته: ساخاروف، صلح نوبل، مدال طلای کنگره. او ۱/۳میلیون دلار جایزه صلح نوبل ۱۹۹۱ را برای مردم برمه در صندوق دارو، بهداشت، آموزش سرمایه گذاری کرد. او جوایزش را به این صندوق ملی هدیه می کند. او گفت:

به عنوان یک بودایی چیزهایی در مورد داک ها [رنج] شنیده بودم... اما تنها در طی سال‌های حصر خانگی بود که به تحقیق در مورد ماهیت شش داک بزرگ پرداختم." تاملات وی پس از رهایی از بازداشت خانگی به این نتیجه گیری می رسد: "اگر رنج بخشی اجتناب ناپذیر از حیات ماست، باید آن را تا حد ممکن با روش‌های عملی و دنیوی رفع کرد." او در انزوا به روش‌های عملی که رنج را می شد در برمه رفع کرد می اندیشید مثل خدمات جامع بهداشتی، برنامه‌های مراقبت از کودکان و خدمات مربوط به قربانیان قاچاق انسان.

اگر من از خوش بینی محتاطانه دفاع می کنم بدین خاطر نیست که به آینده ایمان ندارم بلکه بدین خاطر است که نمی خواهم مشوق ایمان کور باشم. بدون ایمان به آینده، بدون باور به این که ارزش‌های دموکراتیک و حقوق بنیانی انسان نه تنها ضروری بلکه برای جامعه ما ممکن هستند، جنبش ما نمی توانست در این سال‌های مخرب ادامه پیدا کند. برخی از جنگاوران ما در پست خود فرو افتادند، برخی ما را ترک کردند، اما یک هسته وقف شده به هدف، قوی و محکم

باقی ماند. گاهی به سال‌های گذشته نگاه می کنم. از این که بسیاری از افراد تحت نفس گیر ترین شرایط استوار ماندند شگفت زده می شوم. ایمان آن ها به هدف ما کور نیست؛ این ایمان مبتنی است بر ارزیابی روشن از قدرت تحمل خود آن ها و احترام عمیق به آمال و آرزوهای بشر. http://tavaana.org/fa/node/1780

چند مفصل زیر از مهدی خلجی در مصاحبه با جهانبگلو در تغییر سیاسی خشونت‌گریز؛ آرمانی اخلاقی یا راهبردی سیاسی-می باشند: مردم زیادی از پرداختن هزینه‌های بالا برای تغییر ناخرسندند و به کاهش توقعات از حکومت تن می‌دهند. جهانبگلو، نویسنده کتاب دموکراسی در ایران، استاد علوم سیاسی و فلسفه دانشگاه تورنتو، برنده جایزه صلح سازمان ملل متحد است. این نظریه‌پرداز مبارزه‌ی مدنی در ایران، تاریخ پسامشروطه را در پرتو عدم خشونت بررسیده؛ پرسش هایی بنیادی در باره‌ی امکان تغییر سیاسی ایران امروز-بدون کاربرد خشونت- پیش افکنده است.

جهانبگلو این پرسش را پیش می‌کشد که چرا ملتی که این اندازه گذشته‌ی خود را به یاد می‌آورد و گرامی می‌دارد؛ در آن می‌زید، این اندازه انبوهه‌ی خشونتی را تکرار می‌کند که میراث‌دار آن است؟ چرا یادآوری خشونت‌ها به جای آن‌که به پرهیز از بازآفرینی آن‌ها بینجامد، بیشتر خشونت‌زا بوده است؟ به باور او شاید پاسخ این پرسش با این واقعیت در پیوند باشد که خشونت سیاسی امری فطری نیست و حاصل ضعف میان‌نسلی حافظه‌ی تاریخی و فراموشی عمدی است. چگونه می‌توان ارتباط میان حافظه‌ی جمعی خشونت و رفتارهای خشونت‌آمیز در کنش جمعی سیاسی را بازشناخت؟

جنبش اصلاحات و جنبش سبز از منظر بحثی که جهانبگلو پیش می‌کشد هر دو رفتارهای اندیشیده و سنجیده‌ی جامعه‌ی مدنی ایران برای ایجاد تغییر سیاسی از راه‌های مسالمت‌آمیز و خشونت‌گریزانه اند. ریشه‌ها و رشته‌های اقتدارگرایی را در ایران بخشکانند و بگسلند.

کتاب با این کلمات پایان می‌پذیرد: ولی چگونه می‌توان از این چرخه‌ی خشونت رهید و چگونه ایرانیان می‌توانند مسیر خشونت را معکوس کنند و به سوی آینده‌ای فارغ از خشونت و دموکراتیک رهسپار گردند؟ 35 سال اخیر مردم ایران دو تجربه‌ی هولناک و توان‌فرسای خشونت‌بار - انقلاب و جنگ - را از سر گذرانده‌اند. پرسش اصلی آن است که آیا توصیه به پرهیز از خشونت، انگیزه‌ای اخلاقی دارد یا توجیهی سیاسی؟

آیا از خشونت باید به طور مطلق پرهیخت چون «اگر کسی به گونه‌ی راست تو سیلی زد، گونه‌ی چپ خود را به سوی او

گردان تا سیلی زند؟» انجیل متی یا چون هابیل به قابیل گفت «اگر دست خود را به سوی من دراز کنی تا مرا بکشی، من دستم را به سوی تو دراز نمی‌کنم تا تو را بکشم» سوره‌ی مائده؟ در برابر دولت‌های خودکامه‌ی مجهز به ساز و برگ نظامی و امنیتی، جنبش‌های مدنی و سیاسی نباید به خشونت دست ببرند وگرنه مغلوب خواهند شد؟
http://www.radiofarda.com/content/f7-book-review-jahanbagloo-Democracy-i

منابع/.2014/04
Chenoweth, E. & Stephan, M. J. 2011. Why civil resistance works: The strategic logic of nonviolent conflict. New York: Columbia University Press.
Ramin Jahanbegloo, Democracy in Iran, New York, Palgrave, 2013
http://www.radiofarda.com/content/f7-book-review-jahanbagloo-Democracy-i...
تغییر سیاسی خشونت‌گریز؛ آرمانی اخلاقی یا راهبردی سیاسی- مهدی خلجی.
http://en.wikipedia.org/wiki/Gene Sharp
جین شارپ، متولد 1928، هوادار عدم خشونت
http://new-philosophy.ir/?p=421.
خشونت در نظرگاه انتقادی والتر بنیامین
http://tavaana.org/
گزیده‌های از توافق و گذار در آفریقای جنوبی- کورتنه یونگ و یان شاپیرو.

ضمیر جمعی در فرهنگ

ضمیر جمعی مرکز آگاهی تاریخی یک جامعه است که بطور مجازی بر شهروندان محاط می باشد. ضمیر جمعی 2 بخش عمده ناخودآگاه گروهی و مشعر/ مکتوب داشته؛ شامل آرکه تیپ، استریوتیپ، پند می شود. یونگ گفت: ناخودآگاه گروهی مملو از الگوهای رفتاری کهن بوده که در فرهنگ شناور بوده؛ به ذهن فرد داخل می شوند تا او در انطباق با محیط برای پاسخ به مسایل خود بکار برد. استریو تیپ نوعی تعمیم است که در ذهن انسانها برای پیش بینی نوع ناشناس بکار می رود. پند هم اطلاعات کلامی است که از گذشتگان به اخلاف برای ثبات جامعه می رسد.نیز واحد ترابری فرهنگ میم است.

آرکه تیپ یعنی نوع عتیق هم مترادف نوع کهن، الگوی قدیم، اسطوره بکار می رود. چون تبلور آن در فرهنگ اسطوره است؛ از اینرو 2 واژه فوق مترادف هم قرار می گیرند. آرکه تیپ یونگ در بخش حافظه بصری پس کله احتمالا قرار دارد. استریوتیپ شاخصهای ظاهری یک مقوله رایج بین یک گروه است که در حافظه فردی برای تمیز ناشناس قرار دارد. پند کلامی در بخش حافظه زبانی کورتکس در بستر یک فرهنگ و زبان معین انبار می شود. هر 3 مقوله برای حل مسئله نوین برای یک فرد کاربرد دارند.

غیر از آرکه تیپ در ناخودگاه گروهی، در ادبیات و قراردادهای اجتماعی، بین خلاقیت تولیدکنندگان ذهنیات و ارتباط مصرف کنندگان با هم و با آنها، 3 مقوله زیر هم دیده می شوند: تصویر/ ایماژ ناشی از خلاقیت فردی، نماد/ سمبول با اسم عام نتیجه پذیرش جمعی، اسطوره/ میث با اسم خاص حاصل تاریخ مشترک در گروه.

از 100 هزار سال پیش در ناخودگاه گروهی انسان آرکه تیپ الگوی رفتاری آغازین شکل گرفت. در فرهنگ های گوناگون، الگوهای دیگر برای افراد مشخص از آن مشتق می شوند. این الگوها در ادبیات اعصار گوناگون بازتابیده؛ در شخصیتهای نامدار تصویر می شوند. آرکه تیپ در ادبیات یعنی یک شخصیت، داستان، شیئ بر اساس یک شخصیت، داستان، شیئ مشهور می باشد. رل مدل در روانشناسی یونگ الگوی جهانشمول پنداری موجود در ناخودآگاه فرد است که از تجربه حسی انسانیت گذشتگان بارث برده می شود.

آرکه تیپ الگوی اصلی است برای افراد، اشیاء، نظرات مشابه که صرفا از آن مشتق، کپی، همگن، باز ساخته، پروتوتیپ/ نوع آغازین شده. زیرا واقعیات حسی روزمره در

حافظه فیلتر شده؛ بخشهایی در خاطرات می ماند که با خودآگاه گروهی مراوده داشته؛ برای درک این واقعیتات تصعید شده از آرکه تیپها کمک گرفته می شود.

آنها بمعنی اعیان ثابته، انواع کهن اند. ادبیات غرب بویژه یونان، آلمان، انگلیس تکامل انسان را از آغاز تا سده 20م بطور همه جانبه مستند کردند. یونگ بر اساس این ادبیات نظریه زیر را فرموله کرد: انسانهای سترگ کهن با یک یا چند خصلت عمده در ناخودآگاه مشترک انسانهای معاصر نیز بسر می برند. این نظریه تجریدات مبتنی بر انسان برتر، اسطوره ای، آغازین- الگوی رفتاری برای اعضای گروه نیز می تواند باشد. برتر بمعنی محاط بودن است؛ زیرا در حافظه اعضاء حک شده. معمولا یک رهبر، فرزندان او در مسند قدرت، یا فرد خلاق پرتوان- پایه مادی آرکه تیپ می باشد.

یونگ نوشت: با کمی مبالغه میتوان گفت- پرسونا در حقیقت، آن کسی است که یک شخص، آن کس نیست، اما هم خود آن شخص و هم دیگران فکر میکنند که آن شخص، آن کس هست. او 5 آرکه تیپ عمده خویشتن/ فردیت، سایه/ ایگو، زنانگی/ انیما، مردانگی/ انیموس، شخصیت/ پرسونا برشمرد.

شمار آنها در فولکلور افزونتر بوده؛ مثلا یک دست ورق تاروت گروهی از آرکه تیپها را تصویر می کند. 12 تای شان بقرار زیرند: بیگناه، یتیم، قهرمان، ناجی، کنجکاو، شورشی، عاشق، آفریننده، جوک گو/ دلقک، حکیم، جادوگر، سلطه گر. پس می توان گفت این مقولات در شخصیت رفتاری فرد تبلور می یابند؛ یکی خود را قهرمان، دیگری خود را قلدر، دلقک، دانا، یا ناجی می انگارد. اکثرشان بجز سلطه گر و جادوگر مثبت بوده؛ ولی آرکه تیپ، اسطوره، استریوتیپ منفی هم وجود دارند.

یونگ در فرهنگها 3 گونه آرکه تیپ زیر را تشخیص داد: 1- اپیزود/ رویدادی مانند تولد، مرگ، هبوط، ازدواج، عضو گیری. نمونه ها: ورود به جهان سفلا مانند سفر گیلگمش، معراج به آسمان اردا ویراف، جستجوی پدر/ مادر مانند زال، هبوط/ سقوط از پاکی مانند خروج آدم و حوا از بهشت. 2- پرسوناژ/ شخصیتی مانند مادر، پدر، خدا، ابلیس، حکیم، شیاد، قهرمان از نوع اودیپ، رستم؛ مادر/ پدر مانند مهر/ میترا، مرشد مانند قطب درویشان، راننده، جادوگر، مقصر مانند مادرخوانده سیندرلا، یاغی مانند کاوه. 3- موتیف/ تم/ موضوعی: روایات عضویت گروهی مانند 7 مرتبه تصوف، پل چنوات آخرت، طوفان نوح، خلقت.

گویا اسطوره با تشخص یا نسبت دادن خصایل انسانی به اشیاء/ نیروهای نازنده مانند آتش، هوا، آب بعدها به

ایزدان ارتقاء یافت. گاهی اسطوره با افسانه همراه بوده؛ از جهان آغازین، پیدایش رسوم، نهادها، تابوها می گوید. تعبیر اسطوره ها را یونگ 1961-1873 با آرکه تیپها، ر بارت در کتاب اسطوره شناسیها، لوی-شتراوس با ساختارهای ثابت ذهنی مانند ثنویت بد/ خوب، شقی/ منصف تشریح کردند. یونگ از تشابه اسطوره ها در فرهنگها نتیجه گرفت: نیروهای روانی ناخودآگاه ذاتی در بشر بنام آرکه تیپ مشترک اند.

نماد/ سمبول چیزی ایستا برای تداعی معنای یک ایده، روند، عنصر جسمانی می باشد. نمونه ها: نماد قرمز 8ضلعی برای توقف در رانندگی، عدد 3 برای شمردن چند قلم، حرف سی برای کربن است. فروید روی نمادها در خواب و ادبیات تاکید کرد. اکنون هم اسطوره ها در ادبیات تخیلی فانتزی یا جادویی کاربرد دارند. در ادبیات ساختار ژرف شیوه بررسی نوین است که با آرکه تیپ قرابت دارد.

در ادبیات، فولکلور، قصص کودکان 12 آرکه تیپ اسطوره ای که در فرهنگها و اعصار مختلفند، بقرار زیرند:1- تشخص انسانگونه جانواران با برخی خصایل مثبت و منفی: جغد دانا، روباه حیله گر، گرگ درنده. کلیله و دمنه، منطق الطیر عطار، شهر قصه ب مفید، شنگول و منگول، ماهی سیاه کوچولو بهرنگی، 3 خوک کوچولو. 2- بچه پاک، کنجکاو، خلاق که در داستان داناتر می شود. لوبیای سحرآمیز، آلیس در سرزمین عجایب.

3- قهرمان هوشمند، چابک، تراژیک که از خوانهای مشکل گذشته؛ یا شکست می خورد. این آرکه تیپ در ادبیات بوفور آمده که یتیم، رانده از خانه، تحت جادو از خود لیاقت نشان می دهد. گیلگمش، سیاووش، شهرزاد 1001 شب، رستم، امیر ارسلان، هملت، اودیپوس. 4- دلقک با کمبودهای انسانی. ملانصرالدین، بهلول، دون کیشوت. 5- زنی در تنگنا. گاهی مرد با گذشتن از سد معبرها او را نجات می دهد. سیندرلا، زیبای خفته.

6- اهریمن که قهرمان داستان را برای شهرت، ثروت، معرفت اغوا می کند. شیطان، ابلیس، جادوگر. 7- مادر برای پرورش/ پرستاری، زن پدر محیل/ جادوگر، زنی وسوسه گر/ بیوفا- تغییر چهره می دهد. این زن می تواند طبیعت، مام وطن، فرشته نجات، سیندرلا، مادر هملت باشد. 8- سقوط- قهرمان از مقامی عالی پایین می افتد. هبوط آدم و حوا، بهشت گمشده میلتون، مادرخوانده سیاووش. 9- تحلیف. مراسم گذار سفر به مرحله بالاتر. 7 مرتبت عرفان عطار، شاه آرتور در اکسکلیبر.

8- سفر/ جستجو که مراحل زندگی را هم نمادین می کند؛ در پایان شیئی ای بدست می آید. 7خوان رستم، معراج ارداویراف، سفر گیلگمش به زیر زمین/ محل اموات. 9- یاغی- از اصول متعارف جامعه سرپیچی می کند. مزدک، مانی، بهلول، حطه. 10- غیبگو از آینده خبر داشته؛ با رمز از آن سخن می گوید.

10- شیئی طلسمی که صاحب آن قدرت زیاد می یابد. انگشتر در 1001 شب، پر در امیر ارسلان، شنل پرواز سوپرمن، عصای موسی. 11- وظیفه ای باید انجام شود تا پیروزی بدست آید. 7خوان رستم/ هرکول، 7 مرتبت عرفان، کشتن دیو. 12- حکیم دانا، مشاور، خوش نیت. وزیر در امیر ارسلان.

استریوتیپ بمعنی الگوی تقلیل یافته، نوع حک شده در ذهن است که در جامعه در مرحله ای برای شناخت و توصیف دیگران بکار می رود. در فرهنگ سده 20م آمریکایی برخی نژادها برچسب تحقیرآمیز مانند چینکز برای چینی، نیگر برای سیاه، جپ برای ژاپنی، شترسوار برای ساکنان خاور میانه، کامی/ قرمز برای کمونیست وجود داشت. مثلا در هالیوود سده 20م اغلب بزهکاران موسیاه و ناجیان موطلایی بودند. در پایتخت، برچسبهای تحقیرآمیز برای اقوام مرزی و برخی ملل دیگر، در افواه وجود دارند.

استریوتیپ کاربرد یک کارکرد مغز یعنی تعمیم است که با انبار مقوله بندی ها، مغز می تواند پیش بینی و استقراء در باره یک عضو ناشناس مقوله کند. مترادف آن کلیشه، باسمه ای، غلط انداز، ناخالص، تقلبی- در مواردی می تواند باشد.

برای یک قوم سادهسازی شخصیت، ظاهر، طرز عمل فرد می تواند با واقعیت توفیر داشته باشد. استریوتیپ معمولا با تعصب، غرض، تبعیض، نادانی همراه است. در فرهنگ فارسی اشخاص، اقوام/ اتنیک، ملل دیگر بشدت استریوتیپ می شوند. در فرهنگ آش همجوش پایتخت هر کدام از اقوام ایرانی برچسب تحقیرآمیز داشته؛ پایه جوکهای اتنیک قرار می گیرد. ملل دیگر هم استریوتیپ می شوند: آب زیرکاهی انگلیسی، خشونت روسی، نفهمی عرب، بیغیرتی غربی. فرهنگهای دیگر هم جوکهای اتنیک دارند.

چه رابطه ای بین آرکه تیپ و استریوتیپ وجود دارد؟ آیا هر 2 از هزاره های دور آغازی مشترک دارند؛ یا اولی از دوران باستان، دومی مقوله متاخر است؟ این 2 مربوط به داده های حسی به مغزند؛ در حالیکه پند بر اساس توان زبانی است. نصیحت تجربه انطباق با محیط بخاطر غریزه

بقاء در پندگو است. غریزه بقا کمک به مبارزه درازمدت در جامعه می کند.

ولی محیط در گذار است. از اینرو کاربرد نصیحت ناهمزمان با محیط کاربر می شود. سعدی نمونه عالی تز انطباق با محیط برای بقا است. ولی آیا بجز بقا مقولاتی دیگر مانند انسانیت، شجاعت، صداقت در انسانها اثرگذار نیستند؟ گاهی فرد توان کنترل تکانه ها/ تلنگرهای لحظه ای در مقابل سنت، دولت، نیروی سرکوب را از دست می دهد. غریزه بقا در امام حسن را با شجاعت امام حسین و پیدایش ایثار چگونه می توان مقایسه کرد؟

برای نصیحت نیاز به اقتدار و مرجعیت است. محتوای پند برای نظم و پویش اجتماعی می باشد. آیا حکیم دانا پند را برای خودنمایی می دهد؟ آیا گوشنده آنرا ملکه ذهن می کند تا بنوبه خود در موقعیتی مناسب تکرار کند؛ یا خود در زندگی آنرا بکار می بندد؟

هان ای پسر عزیز دلبند/ بشنو ز پدر نصیحتی چند/ می باش به عمر خود سحر خیز/ وز خواب سحرگاهان بپرهیز. این پند را یک مومن، نظامی، کشاورز خلق کرده؛ زیرا وظایف او را به زودپاشدن تحریض می کنند. این پند بطور تلویحی سرشب خوابیدن را هم القاء می کند. البته با پیدایش برق، این پند برای شبکاران روز خواب، شیفت گورکنها، مصداق ندارد.

پند بزرگان برای انطباق فرد با حکومت، بقای فرد در برابر قدرت صاحب نهادهای سرکوب و برای ثبات اجتماعی می باشد. پندگویان ارزشهای متعارف اجتماعی خردگرایی، انسانیت، طبیعتگرایی، صلح طلبی را تبلیغ می کنند. کسانی چون سعدی، لقمان، کنفسیوس، حکیمان تائو را می توان نام برد. آنها تجارب خود و نزدیکان را با ذکاوت چکیده؛ در فرمول کلام برای آموزش در جامعه ارایه می دهند. آیا این فرمولها جهانشمول، خارج از زمان، قابل اجرایند؟

گزینش پندگیران نیز دخیل است. برخی ماجراجو، کنجکاو، شکاک بوده؛ خودآزمایی پیشامدهای کتره ای را با آزمون-خطا می گزینند. این اقلیت کنجکاو عنصر نوآوری در تمدن را پدید آورده؛ ولی عامه مردم به تقلید و تکرار نرمهای اجتماعی می پردازند. دین بمثابه مجموعه احکام/ دگمها، نقش موثری در انطباق توده ها با نرمهای دینی، اطاعت/ تقلید اعضای یک گروه از زعیمی، برنامه مرکزی کنترل جمعیت دارد. در جامعه پیشامدرن تغییر و ارتباط کند بود؛ لذا این دگمها سده ها قابل قبول بودند.

در مرحله مدرنیزم صورت مسئله از "همرنگ جماعت" به فردیت عوض شده؛ لذا در پناه قانون خلاقیت فردی الویت می یابد. اصولا شک، چالش جباریت اقتدارگرا، خرد و برابری برخی عناصر تمدن مدرن اند که زیر تحمیلات زعیم مادام العمر کل امر/ نهی کن پندگو زده؛ حاکمیت ادواری، انتخابی، تخصصی را می خواهند.

جوامع نسبت بهم و هر کدام در طول تاریخ مدرن نرخ گذار متغیر دارند. پند مانده از یک دوره پیشین، میدان کاربردی ضمنی/ تلویحی دارد که ممکن است با وضع کاربردی کاربر منطبق نباشد. روشن است که هر پند شرایط کاربردی خود را دارد. برای نمونه پند در تمدن قبیله ای با پند در مرحله پدرسالاری، کلان-ملاکی، شهرنشینی تفاوتهای دارد؛ ولی برخی جنبه های انسانی تغییرناپذیرند. لذا ثنویت بومی-جهانی در پند هم مصداق دارد؛ مقولاتی مانند مهر، صلح، مرگ، قهر طبیعت از 100 هزار سال پیش در گروههای انسان از آفریقا تا اروپا و آسیا ثابت بوده اند.

باید نقش شبکه های شخصیت مانند تنظیمگرهای گفتار، کردار، منافع، غریزه ها، برنامه ریزی در کورتکس کاربر نصحیت در نظر گرفته شود. خودآزمایی، کنجکاوی، شگفتی، خلاقیت در شبکه کورتکس قرار دارند که تنظیمگرهای پیشانی آنها را با وضع، موقعیت، قدرت همسو یا متباین می کند. واکنش گلسرخی با دفاع از زحمتکشان، جیوردانو با صیانت از علم، گالیله در حمایت از منظومه شمسی بنا بر مدل کوپرنیک- واکنش متباین با قدرت اند. پندها متناظر با مدل اساطیری یونگ، بخشی از فرهنگ، رسومات، آداب قومی را می سازند که فرد در موقعیت ناشناخته این پندهای، یا اصول دینی را سرمشق قرار میدهد.

جوامع فعلی خاور میانه باشتاب عظیم در حال تغییرند. حتی مناسبات سرمایه داری رایج در غرب هم برای خاور میانه تبیین کننده نیستند. از اینرو جنایت، فساد، فحشا، اعتیاد گسترش می یابند. زیرا اینها طرق انطباق با شرایط جدید برای لایه ای از قشرهای معلق، بقول الیوت پوک یا اشتاینبک بیریشه، می باشند. لذا پند یا مصالحه با محیط دور زده می شود.

از اینرو کاربرد نصیحت ناهمزمان/ غیرتاریخی با محیط کاربر می شود. جامعه گذاری شرایط نوین برای کاربر پند ناهمزمان/ اسینکرونوس با شرایط موجود پدید می آورد. در این جا خلاقیت، بقا، منافع، آرمان، اعتقاد دینی کمک به حل مسئله می کنند.

کاربرد پند تابع علت و معلول در زمان است که در نشانه-
دال- مدلول زبانشناسی سوسور و اصولا همه علوم طبیعی و
انسانی دیده می شود. علت در زمان پیشتر از معلول اتفاق
می افتد. پس پند جلوتر از کاربرد آن در جامعه اتفاق می
افتد. در این فاصله جامعه هم ایستا نمانده؛ لذا شرایط
تلویحی محاط بر پند تغییر می کنند. امثال و حکم دهخدا،
نیرنگستان هدایت، کتاب کوچه شاملو برخی منابع برای
حفاری جملات قصار فارسی می باشند. آیا پند جهانشمول است؛
آنچه که در یک اقلیم مصداق دارد با دیگر نقاط جهان هم
سازگار است؟

گفت‌آورد گاهی غیر تاریخی، نامتناظر با شرایط جدید
اجتماعی است؛ خلاقیت برخی طنز و ایهام را به پند می
افزاید. وایلد یا سعدی آرایه های بلاغت مانند جناس، غلو،
مجاز، استعاره، طنز را هم بکار می بردند. این جاست که
پند از فرمول جهانشمول علوم طبیعی جدا شده؛ زیرا با
بلاغت/ ایهام هم قاطی می شود. تازه خود پندگو شرایط خاص
بقای خود را دارد.

وایلد مدتها در دادگاه با اشراف لندن کش و قوس داشت.
وایلد عنصر طنز را هم در بیانش بضد اشراف/ لردها همیشه
گنجانده. پرسش: چگونه طنز را در جمله قصار وایلد از
حقیقت مطلق جهانشمول یا نسبی انگلیس/ لندن سده 19م می
توان تفکیک کرد؟ بخشی از آثار هدایت مانند داش آکل
شیرازی انطباق/ تضاد فرد با فرهنگ سنتی در شرایط تغییر
سریع جامعه را منوط به داوری خود هدایت می کند.

البته کاربرد پند به ساختار پروگرمینگ حافظه فرهنگی
کاربر بستگی دارد. کاربر معمولی مشد علی با خلاقیت و
توان ضعیف حل مسئله با وایلد که خلاقیت ادبی، هنری،
تیزبینی اجتماعی دارد توفیر دارد. لذا آموزش از پند هم
مشروط به شرایط دماغی کاربر می شود. در بیت زیر سعدی با
اشاره تلویحی به قدرتهای قهار، مرض، پیری- خود را مقابل
قدرت مصون کرده: ضعیفان را مکن بر دل گزندی/ که در مانی
به جور زورمندی. سعدی هم 30 سال از زادگاهش در مهاجرت/
تبعید بود.

نکته مهم اینست که منبع این جملات قصار در اینترنت دیگر
بومی و باستانی نبوده؛ بلکه جهانی و تعقلی هم می باشند.
شاید در یک روند چند دهه ای با شبکه های مجازی مانند
فیسبوک، کاربران به یک افق جهانی انسانی گرایش یابند که
پند از هر زبان به زبانهای دیگر ارایه می شود.

در نهایت گزنیه گویی در جملات اتو شده با کمترین شمار
کلمات در امساک زمانی و شتاب خلاصه گویی به زبانی غنی از

نظر اطلاعات ارایه خواهد شد. البته درج پند در شبکه اجتماعی فیسبوک به کنجکاوی، پرسجوی گوگلی، وسعت و دقت اطلاعات هم منجر می شود. لذا آرکه تیپها، اسطوره ها، نمادها با اینترنت ابعاد جهانی گرفته؛ اشکال مدرن می گیرند.

فیسبوک با 800 میلیون کاربر در جهان به زیرشبکه های موضوعی تقسیم شده؛ نیز کاربران هم در حلقه های فراوان مورد علاقه دوستیابی می کنند. لذا فیسبوک برای سهیم کردن دیگران، رفع تنهایی، یافتن همفکر، ایجاد تشکلات مجازی مفید می باشد. نیز محل ارایه پند با تصویری مناسب، چکیده گویی، جمله قصار، نصیحت، تیزر، تراکت، نظر، خبر می باشد. در یوتیوب فیلم و موسیقی مربوط به اساطیر در هر زمان، هر جا، برای همه کس ارایه می شوند.

بیان نظرات به شفافی، دانستن در باره خود و دیگران می انجامد. روشن است که این جملات از گذشته بوده؛ زاییده مغزهای متفکر جهان بوده؛ برخی بجز دادن اطلاع، شیوه تفحص و نقد را هم می آموزند. بویژه جملات دانشمندان از تبار اینشتاین، راسل، هاکینگ- آیا همان توان تغییر در حوزه علم را در حوزه اجتماع پیاده خواهند کرد؟ آیا این مارش جهانی برای هماهنگی افراد بیک اجماع بین المللی برای تخفیف بی عدالتی، حفظ محیط زیست، ترویج زیبایی، تقلیل خشونت، دسترسی به اطلاعات علمی، طبی، جوی، غذایی، هنری، سفری خواهد بود؟

هویت فرد در اجتماع با همرنگی او با یک قشر، گروه، قوم بروز می کند. این همرنگی شامل پوشاک، آرایش، زبان، باور، آداب می باشد. در مرحله پیشامدرن همرنگی تام تمام اعضاء با گروه و عدم تخطی از خصایل گروه مطالبه می شد. در جامعه مدرن فردیت در تمام ابعاد شک، پوشاک، حقوق مدنی سفر، رای، گزینش، آمیزش بنا به قانون مد نظر است.

گاهی قدرت سوءتفاهم در جامعه پیش می آورد. جوانان برای تبلور فردیت در جامعه مدرن پوشاک تکنمایی می گزینند؛ قدرت آنرا تخطی از نوامیس سنتی می خواند. نمونه: عربستان، ایران، افغانستان. لذا همرنگی ناخواسته، اجباری، تحمیلی برای شهروندان- نامطلوب، توجیه ناپذیر، ناهماهنگ با مدرنیت جهانی است.

رنگین کمان ظاهر مانند پوشاک و باطن مانند اعتقاد تبلور اجتماعی پلورالیسم/ کثرت گرایی می باشد. پس ناهمرنگی خصلت جامعه مدرن بوده؛ حق انتقاد، شک به دگمهای گذشته، گزینش، حق انتشار آثار ادبی و هنری- مشکلی برای سازمان یافتگی اجتماعی مدرن نمی باشند. در مدرنیزم نه تنها

انسانها- بدون تبعیضات جنسی، سنی، عقیدتی- بلکه جانوران
و محیط زیستی هم حقوق بقا پیدا می کنند.

منابع . 12/09/2018
http://englit.org/eiland shared/critical/mythicons.htm

اسطوره ها و باورها

مقدمه. اسطوره تاریخی است افسانه ای یا افسانه ای است تاریخی در باره مناسبات بشر اولیه با یکدیگر و با طبیعت که از طریق روایت شفاهی به نسلهای متاخر منتقل شده است. به این ترتیب اسطوره بخشی از فرهنگ باستانی یک ملت است که در دوره های خاصی از حیات تاریخی اش ساخته / پرداخته شده است. اهمیت اساطیر، سوای زیبایی تخیلی آنها، در اثراتی است که در تعیین پندار و کردار افراد جامعه ای که بدان تعلق دارند می گذارد. آفرینش و روایت اساطیر در بازه ای از هزاره های بعدی ادامه داشته؛ نیز آنها تحت لوای عناوین دیگری بسته بندی میشوند. نمونه ها: خبر دیدار سیاحان کرات دیگر از زمین در سده 20م، ادبیات/ فیلمهای تخیلی/ فانتزی، خانه های جنی مثلن در اسکاتلند، هری پاتر در بریتانیا، پیتر پان در آمریکا، احضار ارواح مردگان در جهان امروزی.

اسطوره را باید نه تنها چون داستانی درخود مطالعه کرد؛ بلکه باید آنرا از نظر تاریخی، شناخت شناسی، روانشناسی، جامعه شناسی با دیگر اساطیر مقایسه کرد. باید تطور/ دگردیسی هر اسطوره را در مسیر تکاملی جامعه مولدش تبیین کرد. هر اسطوره را باید از 3 زاویه کارکردی، زمانی، مکانی بررسی کرد. کارکردی شامل اجزای تشکیل دهنده درونی یا محیط مولد آن می شود. در زمانی، باید دید که بسر اسطوره چه آمده؛ آیا بخشی از آن در دینی بازسازی شده؛ آیا در دیگر هنرها مانند سفالگری، شعر، نقاشی، نمایش/ پرده داری، آداب و رسوم رایج استحاله پیدا کرده. آیا در رفتار مردم منطقه بجا مانده. نمونه ها: دخیل بر درختی کهن بستن در تهران و برخی نقاط دیگر اروپای مدیترانه ای، وجود امامزاده های بیشمار برای استراحت مسافران. اسطوره همیشه ناحیه ای بوده؛ در بازه های بعد به جغرافیایی گسترده تر یک منطقه وسیع کثیر الملل تعمیم داده می شود. جمع‌آوری اساطیر خاور ایران در کتاب فردوسی و تعمیم آن به سراسر فلات ایران نیز نیاز به غور دارد. در حالیکه اسطوره های میترایی، زروانی، ایلامی، مادی/ کردی در کتابش دیده نمی شوند. یا در 2 کتاب هومر اساطیر شرق اروپا بنام جزایر یونان آورده شده اند. این اساطیر گاهی دارای ورودی/ خروجی به فرهنگهای مجاور نیز می باشند.

در سده 20م بررسی اساطیر بصورت کلان در جامعه مولدشان و قیاس آنها با دیگر جوامع دیده می شود. در سده 21م بررسی اساطیر بطور ریز یعنی در مغز آفریننده و پذیرنده

اساطیر با آزمونهای علمی گروهی در کودکان و fMRI در میانسالان انجام شده. عارضه های روحی، ارثی، اختلالات ذهنی نیز در خالقان اساطیر دیده می شوند. در ادبیات مدرن گوگول، ادگار الن پو نمونه های مستندند از تاثیر حالت نامتعادل روحی ادیبان بر آثارشان. شبکه های عصب در کورتکس مغز برای وجدان، شخصیت، اعتقادات، زبان، خرد/منطق، محرکات، احساسات، خلاقیت، ایمان و دیگر کارکرد های مغزی از طریق تصویرسازی رایانه ای و آزمونهای کلامی ردیابی شده اند. تکامل حیات تک یاخته ای به آبزیان دوکی با سرم همگن آب دریا، خزندگان با غرایز بدوی، پستانداران با محرکات عاطفی، انسان با زبان و انبوه ژنهای 3 بیلیون سالی روی زمین، ظرف 3 بیلیارد سال گذشته، در 2 سده پیشین تبیین شده. سیر این تکامل را میتوان ظرف چند سال با آزمایشات، سونوگرافی sonography تصویری در پیدایش نطفه در تخمدان، غوطه وری و رشد جنین در محفظه مایع دار رحم، پیدایش مو، انسانما رصد کرد؛ سپس شاهد خزیدن بی پا در یک سال نخست نوزاد، 4 دستوپایی بعدی، 2پایی و تکلم او دید. پس داستان تکامل 3 بیلیون سالی حیات در رشد 3 ساله نوزاد چکیده شده؛ چون هالوگرمی hologram سریع در برابر اولیایش ظاهر می شود. اینجاست که فرهنگ از بیرون از مغز کودک به ایجاد شبکه های عصب کورتکس می پردازد. بخش عمده پر کردن یاخته های مغز کودک با زمینه های توارثی اکتسابی اند. ایجاد سیمکشی سخت و شبکه های حاصله را می توان از طریق آزمایشات روی کودکان و fMRI فعالیت مغزی میانسالان بررسی کرد. مقاله بسیار ارزنده ای جدیدن در یک سایت ایرانی بفارسی نشر یافته. در این جا رئوس مربوط به توان تخیل و باور در کودکان باجمال از این مقاله آورده میشوند. تمام نقل قولها با قلم کوچکتر 10 تاهوما در زیر از مقاله آخر در لیست منابع با کمی ویرایش آمده. در این مقاله، مایکل بروکس Michael Brooks چه خود و چه با نقل قول از بلوم Bloom، بارات Barratt، بویر Boyer، کلمن Kelemen، پتروویچ Petrovich نوشت:

انسان‌ها داری گرایش طبیعی برای باورهای دینی هستند، به ویژه طی دوره‌ی سختی‌ها و گرفتاری‌های بزرگ. مغزهای ما به سهولت برایمان جهانی پندارین از ارواح، خدایان و هیولاها می‌سازند. هرقدر ما احساس ناامنی بیشتری داشته باشیم، مقاومت در برابر کشش این جهان فراطبیعی برایمان دشوارتر است.. دین نوعی انطباق و سازگاری تکاملی است که باعث گردیده تا احتمال بقای انسان‌ها افزایش یافته؛ آنها ژنهای خود را به نسلهای بعدی منتقل کنند. در چنین نگرشی باورهای دینی مشترک میان انسان‌ها به اجداد ما کمک کرده است تا موفق به ایجاد گروه‌هایی شوند که اعضایش کاملاً به یکدیگر نزدیک و وفادار بوده؛ در عملیات شکار، جستجوی

خوراک و نگهداری از کودکان با هم همکاری نزدیک داشته باشند تا به این ترتیب بتوانند با گروه‌های دیگر غیرخودی به رقابت بپردازند؛ از آنها پیشی گیرند. این نظریه نیاز به پژوهش بیشتر دارد؛ زیرا در دید گلوبال/ فراقومی/ ورای منطقه همین اعتقادات منجر به خونریزیها و خرابیهای فراوان شده.

کودکان در سرتاسر جهان دارای قوه‌ی پذیرندگی بسیار شدید و ذاتی برای باور به .. {ماورای طبیعت} هستند که علت آن نیز شیوه‌ی کارکرد ذهن {غیرعلمی/ بدوی} آنها است. این توان پذیرندگی کودکی و بلوغ آنها همچنان در سرتاسر عمر انسان به تثبیت کردن شیوه‌ی تفکر شهودی intuitive خود ادامه می‌دهد.. مغزهای ما دارای نظام‌های شناختاری جداگانه برای درآویختن با چیزهای زنده ـ چیزهای دارای ذهن یا حداقل دارای اراده و اختیار ـ و چیزهای غیرجاندار هستند. نوزادان پنج ماهه می‌توانند چیزهای بی جان را از انسان‌ها تمیز دهند. هنگامی که به آنها جعبه‌ای نشان داده می‌شود که بعد از کمی حرکت متوقف شده؛ دوباره به حرکت ادامه می‌دهد، باعث شگفتنی آنها می‌شود. اما چنانچه انسانی به همان شیوه حرکت و توقف کند موجب تعجب آنها نمی‌شود. برای نوزادان اشیاء زیر سلطه‌ی قوانین فیزیک هستند؛ در مسیری قابل پیش بینی حرکت می‌کنند، اما انسان‌ها دارای مقاصد و اهداف خود هستند؛ به نحوی حرکت می‌کنند که خود می‌خواهند.

دو نظام {ذهن و ماده} از هم مستقل هستند؛ در ما دو نوع دیدگاه در باره‌ی جهان به جای گذارده اند: یکی از آنها به ذهن‌ها می‌پردازد؛ دیگری به جنبه‌های مادی / فیزیکی جهان. ما به طور کاملاً طبیعی این را می‌پذیریم که شما می‌توانید در رویا، یا به کمک جفت ستاره‌ای خود، یا با نوعی جادو بدن خود را ترک کنید. این {2 نظام ذهنی و مادی در مغز} نگرش‌های جهانشمولی هستند. {از اینرو در تمام فرهنگها این ثنویت ذهنی و مادی در ایده آلیزم و علم تجلی کرده.} نشانه‌های بسیاری وجود دارد که اندیشیدن در باره‌ی ذهن‌های بدون بدن منشأ طبیعی دارند. مردم به سهولت با دیگرانی که وجود خارجی ندارند نوعی دوستی ایجاد می‌کنند: تقریباً نیمی از کودکان ۴ ساله برای خودشان یک دوست خیالی دارند. افراد بالغ اغلب با خویشان متوفی خود یا با شخصیت‌ها و دوستهای [جنسی] تخیلی نوعی رابطه برقرار کرده؛ آن را همچنان حفظ می‌کنند.

باور انسان به بعضی شکل‌های زندگی جدا از آنچه در بدن {است طبیعی بوده}.. آموزش و تحصیلات و تجربیات به ما می‌آموزند که آن را نادیده بگیریم، اما این اندیشه همچنان در ما باقی می‌ماند.. از اینجا تا مجسم کردن

ارواح، اجداد متوفی و البته خدایان فاصله‌ی کوتاهی باقی
مانده است.. مردم انتظار دارند که ذهن خدایانشان بسیار
شبیه به ذهن خود آنها کار کند. {پس این اعتقادات} از
همان نظام عقلی و مغزی برخاسته است که ما انسان‌ها را
قادر به فکر کردن در باره‌ی کسانی که غایب‌اند یا وجود
خارجی ندارند می‌سازند.. ذهن انسان یک ویژگی اساسی دیگر
نیز دارد: پنداری بیش از حد رشد کرده برای دیدن علت و
معلول که ما را وا می دارد به هر جایی که می‌نگریم
منظوری و نیتی مشاهده کنیم؛ حتی جایی که چنین چیزی به
هیچ وجه وجود ندارد.. وقتی خش خش شاخه‌ها را می‌شنوید،
این را فرض میگیرید که کسی یا چیزی در آنجاست.

کودکانی که فقط ۳ سال سن داشتند به سهولت منظور و نیت
را به اشیاء بی جان نسبت می‌دادند.. کودکان ۷ و ۸ ساله
در باره‌ی اشیاء بی جان و حیوانات مورد پرسش قرار
گرفتند. بیشتر آنها بر این تصور بودند که آنها برای
مقاصد بخصوصی بوجود آمده‌اند. صخره‌های نوک تیز برای این
آفریده شده بودند تا حیوانات خود را با آنها بخارانند.
پرندگان برای ایجاد صداهای زیبا بوجود آمده بودند.
رودخانه‌ها برای آنکه قایق‌ها بتوانند در آنها حرکت
کنند.. به باور کودکان چیزهایی مانند کوه و ابر برای
مقصودهای بخصوصی بوجود آمده‌اند؛ آنهم در حالی که به هیچ
وجه حاضر نبودند اتفاقی بودن آنها را بپذیرند.. در
آزمایشی مشابه .. از کودکان پیش دبستانی در باره‌ی منشأ
چیزهای طبیعی مانند گیاهان و حیوانات پرسش‌هایی شد.
احتمال پاسخ کودکستانیها دال بر اینکه تمامی آنها را خدا
و نه انسان آفریده هفت بار بیشتر است. این پیش داوری‌های
شناختاری .. چنان قدرتمند هستند که کودکان به طور
خودانگیخته گرایش به ابداع مفهوم خدا و آنهم بدون دخالت
بزرگترهای خود دارند.

محتوا. اسطوره ها بیشتر در باره جنگ خدایان، افسانه
آفرنیش، قهرمانان باستانی، زندگی پس از مرگ، آغاز
جشنها، تضاد بد و خوب، و موجودات تخیلی در رابطه با
انسان اند. آنچه که افسانه را از اسطوره متمایز می
نماید، امکان کاربرد اسطوره در کتابها و روایات مذهبی
است. اجزای ترکیبی اساطیر، روایات مربوط به انتساب
خدایان به نیروهای ناشناخته طبیعت مانند زلزله، حوادث
بزرگ طبیعی و تاریخی- اجتماعی، برخوردهای قهرمانان و
زنده پنداشتن اشیای محیطی می باشند. به عقیده باجلان
فرخی، در سلسله مقالات خود بنام "اساطیر و واقعیت"، این
روایات کوششی در جهت توجیه حرکت اجسام سماوی، تشریح
رویدادهای بزرگ اجتماعی (چون پیدایش/ فروپاشی دودمانهای
پادشاهی) و تاثیر انسان بر محیط خود است. در دوران
اولیه شناخت انسان باستانی از جهان، شرایط مادی-اجتماعی

خود را بر طبیعت تعمیم میداد؛ چون عضو قبیله ای اجزای جهان را زنده و مشمول تقسیم کار اجتماعی خود قلمداد میکرد. هینلز در کتاب شناخت اساطیر ایران می نویسد:"هیچ میتولوژی یا مذهب کشوری را نمی توان جدا از بستر تاریخی آن فهمید.. در اساطیر دقت تاریخی روایتها مهم نمی باشد.. اینها بطور رمزآلودی درک انسان را در باره هستی نشان داده؛ قدرت او را در زندگی اجتماعی از طریق خواندن اوراد و پرستش موجودات غیرواقعی بروز میدهند. از طریق اساطیر و پرستش است که وجود و حضور مقدسات تضمین می شود. مثلا اسطوره آفرینش، بیشتر درک تخیلی/محلی انسان اولیه را از جهان، خودش و خدایش نشان میدهد؛ زیرا زمان تدوین روایت بیلیونها سال پس از پیدایش حیات در سیاره زمین بوده. دیگر این که نظام رسمی جامعه، قدرت نهایی خود را در نظرات اسطوره ای عیان می کند تا از این طریق رفتار اجتماعی و اعتقادات انسانها را کنترل کند."

این اساطیر خود را در شرایط نوین اجتماعی هر ملتی دوباره زنده کرده تا جاییکه در سده 21م هم هنوز شناخت عوام از جهان و خویش براساس جهانبینی اسطوره ای می باشد. دلایل بقای اسطوره را باید نخست در ثابت ماندن بسیاری از اشکال کهن زندگی مانند معیشت سخت و ناتوانی در برابر امراض؛ سپس در عدم عدالت اجتماعی دید. علت دیگر طرق آموزشی می باشد که هنوز هم میراث اسطوره ای را در هنرهای امروزی با زیبایی و افسون افسانه ای و رویا آلود گذشته بازسازی می کنند. این امر از داستانهای کودکان که سرشار از پریان، جنها، غولان، فرشتگان، دیوان، شیاطین و نیروهای سحرآمیز است آغاز می شود؛ تداوم دارد تا حضور در معابد برای پرستش موجودات و بتهای اسطوره ای، سوگند خوردن، نفرین و آق کردن، پذیرش محرمات، طلسم و دخیل بستن، سرکتاب باز کردن، فدیه و نذری دادن، زیارت معابد و قبور متبرک، پذیرش جادو، فال، دعا، استخاره، قربانی 4پایان، طالع بینی از بروج/ اسطرلاب..

تاریخ. اقوام سامی حدود 5 هزار سال پیش از مصر به فلسطین، سواحل مدیترانه، آسیای صغیر و بین النهرین کوچ کردند. البته بومیان از 10 ها هزار سال پیش از راه اروپای جنوبی به خاور میانه پیشروی کرده بودند. تغییرات زبانی سامیها کمتر از آریاییها بود- شاید بدلیل عدم پراکندگی نسبی آنها. زبانهای آنها عمدتا عربی، عبری، حبشی، مالتی، یمنی، آشوری می باشد. برخی زبانهای مرده چون بابلی، اکدی، آرامی که در سده 5 ق.م. منشاء زبان عربی قرار گرفت، جزو این گروه زبانی اند. قبیله هاییکه در نواحی بین النهرین اسکان گزیدند دولتشهرهای بابل - از 3 هزار سال تا 538 ق.م. که بوسیله کوروش هخامنشی فتح شد- و آشور- از 1800 تا 606 ق.م. که بوسیله مادهای

آریایی فتح شد- را بنیان گذاشتند. در مصر، تمدن ممفیس
از 7 هزار سال پیش آغاز شد؛ در 1400 ق.م.   بوسیله
کاسیهای آریایی/ کردها فتح شد. شاید بین خدای مصری هور
و خور{شید} آریایی رابطه ای باشد.

در این مناطق، بعد از مرگ فرمانروایان، حاکم جدید برای
حل مشکلات از طریق تفال با مردگان مشورت میکرد. این عمل
تعمیم زندگی قبیله ای و مشورت با ریش/ گیس سفیدان قبیله
بود؛ با این فرض که سن مردگان برگزیده از سن پیران قوم
بیشتر است پس دانش و تجربه آنها نیز بیشتر است. بتدریج
این مردگان بلندپایه به خدایان بیمرگ تبدیل شدند؛ نمونه
اسطوره گیل گمش است. پس از اختراع خط میخی در 4-5 هزار
سال پیش که نخست میان اکدیان، سپس در آشور، بابل و
ایلام/ایران مرسوم شد؛ بمرور اساطیر این ملل در کتیبه
ها، الواح گلی /سنگی و مُهرهای شخصی/ تجاری نبشته شدند.
از این نبشته ها چنین برمی اید که کاربرد خط در رابطه
با تدوین آثار هنری- مذهبی نبوده؛ بلکه در رابطه با ثبت
مالکیت، امور تجاری و آثار سیاسی مانند بیانیه های
فاتحان در تملک کشورهای مفتوحه بوده است.

علل. هر اسطوره ای بطریقی با دوره ای خاص از حیات یک
ملت، محل زندگی، کیفیت معیشت، ارتباط با دیگر ملل و
تحرک آن ارتباط دارد. لذا از عناصر هر اسطوره می توان
دوره آفریده شدن آنرا بازشناخت.نمونه: هنگامیکه انسان
با کشاورزی آشنا شد، آفرینش انسان را در منشائ نباتی
دید. زمانیکه در عصر مفرغ با سفالگری و سیستم آب رسانی
از طریق سد و چاه آشنا شد، منشائ انسان را از خاک
دانسته؛ اسطوره طغیان محلی آب و توفان بزرگ را آفرید.
وقتی که ارابه چرخداز را ساخت، خورشید و ماه را گردونه-
سوار انگاشت. در این دوره است که عروسکهای گلی استعاره
ای برای خلقت انسان در اسطوره های عبری شد. در
دولتشهرهای فوق الذکر بود که در دوره کشورگشایی و آوردن
ملل مختلف زیر سیطره یک دولت مرکزی تکخدایی، با دستگاه
حکومتی خراج/مالیات/حسابرسی شبیه بیک امپراتوری زمینی،
برای تبلیغ عبودیت عوام رواج یافت.   نمونه: در اسطوره
بابلی-آشوری آمده است که "انسان برای **خدمت** به خدایان
آفریده شده و بره خدا نام گرفت." در این شهرها کاهن-شاه
قدرتمند با دیوانیان مطیع و اردوی بیشمار بردگان با
زندگی بدتر از جانوران اهلی، ظاهر شد.

تجمع وسیع بردگان در این مراکز شهری و زندگی رقت بار
آنها منجر به عصیان، آگاهی و سازماندهی برضد نیروهای
جبار حاکمه گردید. مبارزه بردگان، طغیان بضد کاهن-شاهان
را امکان بخشید؛ در این مقطع بود که اعتقادات به دو
حکومت زمینی و آسمانی تجزیه شدند. در اسطوره های این

زمان عصیان ملتها برهبری مصلحین با رسالت برای یک حکومت ابدی آسمانی بر ضد طاغوتهای فانی تجلی می یابد. تبیین این تجربه را می توان در این اسطوره مصری دید که می گوید: "از آن زمان ببعد قلمرو فرمانروایی رع، خدای اکبر، آسمان است و نه در زمین."

با ابداع خط الفبایی، خط و "سواد" که مختص کاهنان و نجبای قدرتمند بود، در نظر عوام نیروی جادویی پیدا کرد. کلام مندرج در الواح، کتیبه ها، سفالینه ها، پاپیروس و چوب نشان از طلسم برای تسلط بر طبیعت و صیانت نفس پیدا کرد که نزد عوام به دعانویسی و طومارنویسی بضد نظرزدگی منجر شد. باجلان فرخی می نویسد: "در اسطوره ممفیس مصری خدایی بنام تپاچ جهان را با اندیشیدن به چیزها می آفریند؛ بدین معنا که اندیشه به کلام و کلام به ماده مبدل می شود تا اشیائ طبیعی آفریده شوند. سپس به **استراحت** می پردازد." این داستان تجرید اندیشه/ فرمان فرعون به مادیت انجام این فرمان می باشد. بهررو راوی داستان در زمان واقعی هنوز خلق نشده بود! این اسطوره، با مقایسه با روایت "سفر تکوین تورات، از تسلط فرعون بر مصر و ایجاد نظم و وحدت از طریق فرامین (کلام) او سخن می گوید. قدرت این شاهان باعث شد که عدم تغییر سرنوشت عوام بصورت اسطوره مصری زیر تجلی کند: "شای، یعنی آنچه مقدر است، خدای سرنوشت نیک و پاسدار فرشتگانی است که با تولد هر نوزاد بمحافظت او گمارده می شوند. شای تعیین کننده طول عمر و کیفیت مرگ هر فرد، گاهی راقم سرنوشت بد نیز، هست." او را شهر مشکنت (خدا-بانوی زایش و تعیین کننده سرنوشت انسانها بهنگام تولد) می دانستند؛ از اینجهت خدای تولد و قضاوت بعد از رگ نی هست. همزمان، این نظریه نضج گرفت که هر چیز یک نام حقیقی دارد؛ با دانستن آن می توان آن چیز را بفرمان خود در آورد. این را می شود در این اسطوره مصری دید: ایزیس جادوگر بزرگ برآن بود تا با دانستن اسم اعظم به برترین قدرت جادویی دست یابد.

اگرچه اساطیر مصر بخاطر شرایط مرحله ی اجتماعی مشابه با سومر و اکد رابطه دارند، ولی ناهماننديهای اقلیمی و تفاوت گردش رود نیل شامل 2 قسمت سری علیا (افریقایی) و سفلی (مدیترانه ای) با دجله و فرات موازی سبب پیدایش اساطیر دیگری در بین النهرین گشته است. جنگهای حور و ست انعکاس نبردهای مصر علیا و سفلی است که تاثیر عوامل 3 گانه سیاسی، معیشتی و آیینی را در اسطوره نشان میدهد. با اختراع سفالگری عامل معیشتی را در این اسطوره می توان دید. خدایی بنام خنوم انسان را از لجن کناره نیل بر چرخ کوزه گری خود ساخت. در حالی که در مصر شاه بهنگام زنده بودن همانا خدای حور است؛ پس از مرگ سرور مردگان بوده؛ روحش به غرب کوچ می کند. در اینجا افول

خورشید، نماد جهان مردگان و تاریکی است؛ برگزیدگان آسمان شاهان ند که گاهی پس از مرگ بمقام خدایی می رسند.

اساطیر سومزی مانند آفرینش، توفان بزرگ، سفر مردگان، بهشت، کشاورزی مندرج در گیل گمش در اعتقادات بابلی-آشوری با تفاوتهایی که ناشی از تحول زندگی و رویدادهای تاریخی چون تثبیت سلطه سیاسی اقوام غالب است بازتولید شده اند. تاجاییکه با گذشت زمان، با تاثیر از واقعیتهای زندگی و نیروی خیال کمال یافتند. نمونه: اسطوره توفان بزرگ سومری، به روایت بابلی-آشوری؛ سپس بروایت هیتایی و سرانجام توفان نوح عبری تکامل می یابد. جرج اسمیت در 1876 با ترجمه الواح بابلی-آشوری نینوا (متغلق به موزه بریتانیای لندن) در مورد آفرینش این نتیجه را گرفت: اسطوره آفرینش عبری ماخوذ از الواح اول و هفتم می باشد. هم در اسطوره سومری و هم در اسطوره بابلی- آشوری توفان بزرگ بترتیب بصورت عناد خدایان با انسان، ایجاد توفان، ساختن کشتی بوسیله مرد پرهیزگاری، نهادن جفتی از همه موجودات درشت بچشم آ در این کشتی، چندین شبانه روز باران و سیل، سیر به ارتفاعات با نجات از تباهی کشتی توصیف شده است. این اسطوره تصویر مبهمی از گذشته های دور (بارانهای سیل آسا، طغیان رودها و دریا در پایان دوره چهارم زمین شناسی)، امید به بقای انسان در مقابله با قدرتهای قهار طبیعی می باشد. بهرجهت این سیل محلی بوده ربطی به 4 قاره اروپا، آفریقا، آمریکا و اقیانوسیه ندارد. معمولن در اساطیر اسم خاص (شخص یا جانور) اسم نوع (نژاد) می شود. نمونه: "مار" تبدیل به تمام مارها می شود که بخاطر حرکات مشکوک، خزیدن به انزوا، نیش و پوست اندازی سالانه جاودانه و افسونگر قلمداد می شود. اسطوره آداپای بابلی که در الواح کتابخانه آشور بانیپال (626- 668 ق.م.) بجای مانده، شبیه نمونه مصری متعلق به 1400 ق.م. از تل العمران است: "آدم" اساطیر عبری همان "آداپا" است. خدای دانایی، آبها و زمین، آداپا را به هیات انسان-پرنده با عمر جاودانی آفرید تا با خدایان همانند باشد. از یک عمل خلاف او، خدا خشمگین شده؛ می خواهد او را میرا کند. اگرچه از خوردن نان و آبی (گندم یا سیب در اسطوره عبری) که برای خستگان راه فراهم می کنند، دوری می جوید، ولی سرانجام از عدن/ بهشت اخراج می شود؛ زندگی جاودانی را از از دست می دهد. این اسطوره استعاره بلوغ فرزند، جدایی از اولیایش، زندگی مستقل بعدی برای تشکیل خانواده خود نیز است.

نتیجه. اسطوره هم مانند هر پدیده زنده مشمول تغییر و تحول بوده؛ سرچشمه مادی - زمینی داشته؛ زیبایش مرهون قوه تخیل و رویای انسانی می باشد. آن قسمت از اساطیر که در مذاهب نیامده اند، افسانه نامیده می شوند؛ بصورت

ادبیات یک ملت بجا می مانند. نمونه: ایلیاد و اودیسه هومر.

در جریان رشد جوامع انسانی، نظرات اسطوره ای به عقاید مذهبی با 2 عنصر ادراکی-فلسفی و اخلاقی-اجتماعی تبدیل می شوند. سپس عنصر اول مبداء علوم طبیعی قرار گرفته؛ در تکوین شهریت تدقیق می یابد. عامل دوم در عین حال اعتقادات و اعمال انسانها را تحت کنترل می گیرد. این اساطیر بیشتر در رابطه بشر اولیه با طبیعت و اجتماع بوده که نسبت مستقیم با شرایط اقلیمی، معیشتی و آیینی او داشته؛ در کتب اعتقادی بصورت مبارزه انسانها با نیروهای ناشناخته طبیعت، از جمله نفس اماره و عملکردهای ارثی مغزی، حوادث بزرگ طبیعی، تاریخی-اجتماعی، برخورد های مصلحین اجتماعی، بیانیه های حکام جابر بازسازی شده اند. در دوره های کشورگشایی و آوردن ملل مختلف تحت تسلط، با تمرکز شهرها و رشد کشاورزی/ صنعت، بهبود وضع معیشت، در خاور میانه تک خدایی در تشابه با امپراتوری بوجود آمد. سیستمی از سلسله مراتب اجرایی و جزا با الگوی این- دنیایی برای آخرت، تدوین و پذیرفته شد.

تمام "طایفه خدایان" بطور افسانه ای با مقیاس با جامعه عشیره ای توصیف می شوند. آنها خود را با زیورآلات طلایی مانا می آرایند، سوار ارابه های اسبی می شوند، منزل مسکونی دارند. آنان بر ضد دیوان و شیاطین مانند ساکنین یک منطقه بضد مهاجمین در نبردند. آنها شاهان با عظمت و دارای ذات ملکوتی مخصوص خویشند. "تقسیم کار" در بین خدایان وجود داشته؛ هر خدا مسئول وجهی از نیروهای طبیعی، یا تجریدی از آن، است. آنها همچون اعضای یک طایفه همدیگر را کمک میکنند. چون طبیعت یک جهان واحد و کل منظم است، خدایان هم بمثابه یک کل منظم کار می کنند. در اساطیر سرور مبداء هستی، غیرمادی، و روحدار بوده؛ نقشه کائنات و برنامه روزانه کار را در سرداشته، بازوی اجرایی و واسطه با انسانها دارد؛ صاحب مکانیزم تغییرات جهان با خصوصیات انسانگونگی اندیشیدن، تکلم، دیدن، محرکات، استراحت بخاطر ترمیم افت توان در روال کار می باشد. تکلم محلی بوده؛ زیرا زبان واحد جهانی مانند انگلیسی را دربر نمی گیرد.

جنبه دیگر از اساطیر مسئله هویت یافتن فرد در اجتماع می باشد. با پذیرش اعتقادات جمعی، فرد از انزوای خود خارج شده؛ در مراسم گروهی پرستش موجودات ماورای طبیعت، بیک هویت اجتماعی همگن دست می یابد. اعتقادات کمک به تحکیم اخلاق گروهی برای حاکمان کرده؛ ثبات شرایط موجود جامعه را تضمین میکنند. همچنین اعتقادات اسطوره ای 2 قدرت اعتقادی و دولتی را پشتوانه دارند، رشد نظرات علمی را

بشدت تعدیل می کنند. در سده 21م در لایه بیرونی مغز انسان شبکه ای یافت شده که اعتقادات را بصورت سیمکشی سخت/ اتصال ثابت عصبها با **fMRI** اف ام آر آی نشان میدهد. انسان بجای فعال کردن شبکه کورتیکال خرد/منطق گرایش به کاربرد شبکه اعتقادی دارد؛ فعال شدن این شبکه مغز را اتصال کوتاه می کند تا فرد از پذیرش دلیل، برهان، منطق، فاکت، حقیقت رویگردان شده آنها را بلوکه و طرد کند. در این وضع عواطف و محرکات فرد هم برانگخته می شوند؛ فرد را بسوی نابخردی، ترک عقل سلیم، رفتار خطرناک سوق می دهند.

یادداشت. این جستار نخست در مجله پر بسردبیری مرحوم محمود گودرزی، ش 4، سال 1، اوایل دهه 80، سده گذشته، در واشنگتن با حروف چینی رایج بچاپ رسید. در قرون وسطا، کاتبان با قلم، دوات و کاغذ می نگاشتند؛ اگر غلطی در نویسش می کردند آنرا زیر سبیلی رد می کردند. چون نمی شد مرکب را از کاغذ زدود. البته آنها تجربه ممتد و مهارت در ناسخ بودن داشتند. گاهی فرزند ناسخ متن را بلند و شمرده می خواند؛ پدر آنرا می نوشت. از اینرو از یک مقاله/ شعر نسخه های متفاوتی بجا مانده. در صنعت چاپ با اعلان اغلاط و برنامه تغییرات به چاپهای بعدی موکول می شد. با ورود رایانه و نسخه نرم از یک مقاله امکان تغییر در متن ساختاری شد. از اینرو دانشنامه ویکی wiki پیشرفته تر از بریتانیکا/ ایرانیکاست. زیرا متن ویکی روزانه از طرف نویسندگان و خوانندگان در سراسر جهان تدقیق می شود. درحالیکه متن در دانشنامه های کاغذی/سخت در تقابل با الکترونیک/ نرم در زمان محبوس است. اکنون این جستار با کمی پیرایش و آوردن فرازهایی از مقاله نویس انگلیسی، بروکس، با تحریر رایانه ای که در بطن خود تغییر را ساختاری کرده ارایه می شود. دیگر اینکه در نشریات کاغذی /سخت جستارها روی میز ناشر انباشته شده، کارگران آنها را حروف چینی دستی / رایانه ای میکنند؛ این روال سری/تسلسلی و کند است. در نشریات اینترنتی نویسندگان جستارهای خود را با صفحه کلیدرایانه ای تحریر کرده به پایگاه شبکه جهانی برای نشر میفرستند؛ این پروسه موازی و سریع است. تصویرهای جستار اصلی از متن فعلی بریده شده اند.

توجه شود که در این جستار دانش سده 20م در مورد شبکه های کورتیکال حافظه فرد با خواص ثابت ژنی و اکتسابی محیطی شامل تغذیه از قلم افتاده اند. در آثار سده گذشته، فرهنگ که اسطوره بخشی از آنست بطور کلان macro در سطح "انسان" نوعی و قبیله طبقه بندی می شد. گاهی از رابطه فرد با فرهنگ قوم گفتگو می شد. ولی فرد تجریدی بیش نبود. در سده 18م تاریخ جوامع تبیین شد. در سده

19م صفارایی طبقات/ اقشار جامعه در مناسبات تولیدی تعریف شدند. در سده 20م فرد در جامعه مطرح شد. در سده 21م عملکردهای مغزی ارایه میشوند: باورها، وجدان، شخصیت، فرهنگ، محرکه های جهانشمول خشم / شادی/ شگفتی/ ترس، احساسها. با fMRI حتی گرایش پیشرو/ ارتجاعی اجتماعی در شبکه های لایه بیرونی مغز نقشه بندی شده اند. اکنون میتوان فرد را با بیشاز 100 کارکرد مغزی بطور ریز micro مساوی دانسته که در مراحل زندگیش تکامل می یابد. مغز او با عوامل ارثی و اکتسابی چه نرمال و چه با اختلالات روحی/شخصیتی نقشه بندی می شود. پس اکنون میسر شده که جامعه، تاریخ، فرهنگ در تمام تجلیات و مقوله بندیهایش مانند قدرت، ستم، قتل، غارت، استبداد، شکنجه، تخیل، استعداد، حیرت، عاطفه، وجدان، خرد، و هزاران مقوله فردی/ اجتماعی دیگر تبیین گردد. این تبیینات گاهی تجربی/آزمونی اند گاهی مکاشفه ای/ اشراقی. ولی در چند دهه آتی بخشهای غیر تجربی آنها تدقیق خواهد شد. در فرهنگ گذشته ساعت روز با سربلند کردن برای دیدن آفتاب و ستارگان تعیین می شد. در فرهنگ امروزی با سرپایین داشتن و دیدن ساعت روی رایانه جیبی/ تلفن همراه/ ساعت مچی وقت دانسته می شود.

منابع.

اساطیر هند، از ورونیکا ایونس، ترجمه باجلان فرخی، انتشارات اساطیر، چاپ اول 1373.
اساطیر مصر، از ورونیکا ایونس، ترجمه باجلان فرخی، انتشارت اساطیر، چاپ اول 1375.
رسالة در تاریخ ادیان، از میر چاالیاده، ترجمه جلال ستاری، انتشارات سروش 1373.
اسطوره های ایرانی، از وستا سرخوش کوتیس، ترجمه عباس مخبر، نشر مرکز، چاپ اول 1373.
شناخت اساطیر ایران از جان هینلز، ترجمه ژاله آموزگار و احمد تفضلی، نشر آوشیق، 1373.
پژوهشی در اساطیر ایران، مهرداد بهار، انتشارات آگاه، 1375.
http://www.iran-emrooz.net/index.php?/think/more/17767
مایکل بروکس. Michael Brooks
http://www.newscientist.com

سپاس. نویسنده از آقای علی طباطبایی برای برگردان و نشر جستارهای شناختاری مایکل بروکس و جامعه شناسی ادام کیرش کمال امتنان را دارد.

تطور موسیقی ایرانی

موسیقی بمثابه یکی از اشکال هنری نمی تواند از تاثیر شرایط اجتماعی یک قوم برکنار بماند؛ همراه تکامل جامعه موسیقی هم - چه در سازها و چه در محتوا- تغییر می کند. این امر را می شود در بررسی تاریخچه موسیقی ایرانی بوضوح دید.

تاریخچه. موسیقی حوالی بین النهرین، در ۶ هزار سال پیش در بستر تمدنهای کهن سامی رشد یافت. کم کم به صورت مجلسی و کتبی درآمد. در مجموعه الواح گلی پیدا شده در این منطقه، قراردادهایی با خوانندگان و موسیقی دانان برای خواندن زبور و مزامیر در پرستشگاههای سومر بدست آمده است.

در الواح بابلی آمده است که خوانندگان با نوازندگان نی لبک، فلوت، طبل و دایره زنگی همراهی می شدند. مالم در کتاب موسیقی نواحی اقیانوس آرام، خاور نزدیک و آسیا نی، تشتک، چنگ و تنبک یافته شده در حفاریهای جنوب خوزستان را متعلق به ۴۵۰۰ سال پیش می داند.

موسیقی مجلسی و کتبی اقوام سامی با موسیقی رزمی و پر تحرک اقوام آرایی درهم آمیخت. اقوام آریایی از طریق خراسان و قفقاز در ۴ هزار سال پیش در چند موج به فلات ایران آمدند؛ سپس مراکز شهری بومی و سامی را تسخیر کردند. کاسیها در ۱۴۰۰ ق.م. مصر را گرفتند؛ مادها در ۸۰۰ ق.م. سلطه خشن آشوریان را در هم کوبیدند. در پاییز ۵۳۹ ق.م. کوروش بابل را فتح کرد.

بر اثر جنگهای ایران با بابل، مصر، یونان، روم موسیقیهای این ملل متقابلا برهم اثر گذاشتند. در حمله تازیان به ایران اگرچه اسناد ادبی، علمی، هنری نابود شدند؛ ولی سنن شفاهی بازمانده بعدها، بزبان عربی کتابت و بازتولید شدند. در این آثار از باربد، نکیسا - موسیقیدانان درباری قرن ۶م نام برده شده؛ نیز بر سنگها و جامهای فلزی بدست آمده تصاویر آلات موسیقی این دوره منقوش اند.

اصولا منابع باستانشناسی ایران فقط کاخهای سنگی و آثار فلزی حکام ایران را نشان می دهد. از بقایای زندگی توده های زحمتکش قدیم و آلات موسیقی آنان چیزی بجای نمانده است. ولی باسفر به مناطق روستایی و ایلی که ظرف ۱۵۰۰ سال بعد تغییر چندانی نکرده اند؛ می توان بازتاب ریشه

گذشته های هزاره ای را در موسیقی فعلی شان یافت. این موسیقی در مراسم عروسی و جشنها برای شادی و پایکوبی دسته جمعی اهالی اثر شگرفی دارد. جدایی طبیعی مناطق موجب پیدایش لهجه های متفاوت و موسیقی محلی متمایز گردید.

اسلام. حمله تازیان به ایران در قرن 7م، فعل و انفعال عظیم اجتماعی را موجب شد. بگفته مهری برکشلی در کتاب شرح ردیف موسیقی ایران اعراب برای ایرانیان اسلام، شعر و خط مقتبس از عبری را آوردند؛ ایرانیان هم سلطنت موروثی، علوم و موسیقی را برای آنها داشتند.

موسیقی ایرانی نخست به مدینه، مقر خلفای راشدین در 661-632 م؛ سپس به دمشق مقر خلفای اموی 661-750 و بعد به بغداد پایتخت خلفای عباسی از 750 تا 1258 م وارد شد. شعر و خط عربی هم در مقابل به ری، خراسان، اصفهان، آذربایجان؛ بعد هم به هند و خاور رسوخ کرد. وجود امرای نسبتا مستقل محلی در فلات ایران، زیر چتر خلافت مذهبی، شرایط نسبی آزادی را برای رشد علم و هنر در این دوره ایجاد کرد.

از واژه موسیقی، صناعة یا هنر در قرآن یاد نشده؛ از منع آنها هم گفتگویی نیست. حتی جان ریپکا در کتاب تاریخ ادبیات ایران می نویسد: در احادیث نبوی آمده که در عروسی پیغمبر با خدیجه و نیز در عروسی فاطمه با علی موسیقی نواخته شد.

بطور کلی در اسلام موسیقی در ادای آهنگین اذان، مناجات، مرثیه، روضه، تلاوت قرآن یا تجوید؛ نیز در تمرینات رزمی و جنگی وجود داشت. بعلاوی موسیقی بزمی قبایل عرب که برای پایکوبی و سرور بود خود بعدها شور ویژه ای به موسیقی اسپاینایی و آمریکای جنوبی با تداخل موسیقی آفریقای شمالی بخشید.

با تثبیت خلافت اسلامی، بسط تجارت، پیدایش حکام مستقل در کردستان، آذربایجان، خراسان، طبرستان، گرگان، عراق یعنی بخش مرکزی فلات ایران، فرهنگهای این اقوام با فرهنگهای هندی، عربی، ترکی، تاتاری، چینی امتزاج نوینی پیدا کردند. زبان سراسری واحد در سطح روشنفکران و دربار باعث ترجمه و کتابت علوم مختلف عصر منجمله موسیقی شد.

در این دوره ایرانیانی چون ابراهیم موصلی 742-805 م آهنگساز و نوازنده دوره برمکیان، ابونصر فارابی 872-950 م نویسنده آثاری چون المدخل الی صناعة الموسیقی، کلام فی الموسیقا، صناعة علم الموسیقی، موسیقی الکبیر و احصاء

الایقاع، ابوالفرج اصفهانی 897-967م، صاحب کتاب الاغانی، ابن سینا 980-1038م، صفی الدین ارموی 1217-1296م نویسنده 3 اثر الادوار فی حل الاوتار، الشرفیه منی نسبت القالیقیه، والایقاع، تئوری موسیقی را بنحو بارزی ارتقاء دادند.

ارموی در زندان درگذشت؛ برای کتابت موسیقی الفبای عربی را بکار برد. در موسیقی انگلیسی هم نتهای گام با الفبای انگلیسی C D E F G A B برای نتهای سی لا سل فا می ر دو بکار می روند. ارموی با تصنیف گامی مبتنی بر 17 فاصله، موسوم به گام صفی الدین، یکی از گامهای موسیقی کنونی ایران را پایه گذاشت.

قطب الدین کازرونی 1237-1310م در کتاب درة التاج لفرة الدباج فصل مشروحی در باره موسیقی دارد. عبدالقادر مراغی 1360-1436م معاصر تیمور 3 کتاب مقاصد الالحان، کتر الالحان، جامع الالحان را نوشت. در اشعار رودکی، فردوسی، نظامی، حافظ، مولوی، خیام نام بسیاری آهنگها و همچنین سازهایی چون چنگ، کوس، دهل، جام، سنج، تنبک، نقاره، دف آمده است.

بگفته مالم آثار فارابی منتجه درخشانی از برخورد نظرات ایرانی، عربی، یونانی در باره موسیقی است. این آثار بعنوان یکی از بنیانهای تئوریک موسیقی شناخته شده؛ در قرون وسطی در دانشگاههای پاریس، سالامانکای اسپانیا، بغداد تدریس می شده اند. بسیاری مینیاتورهای ایرانی صحنه های موسیقی را تصویر می کنند.

اشاعه موسیقی ایرانی در بین ملل دیگر را بطور مشخص می توان در 3 واقعه زیر دید. موسیقی دان ایرانی زریاب در اثر حسادت اسحاق، فرزند ابراهیم موصلی، به تبعید محکوم شد. زریاب به شمال افریقا و از آنجا به اندولس اسپانیا رفت. در آنجا بود که پدر موسیقی اندولسی یا عرب-اسپانیایی لقب گرفت. شاید 3تار را در آنجا به گیتار تکامل داد. در موج متواریان به هند، پس از حمله مغول، شاعر ایرانی الاصل امیرخسرو دهلوی 1253-1324م موسیقی ایرانی را به دربار هند برد. مهاجرت مولوی به قونیه در سده 12م به اشاعه موسیقی، رقص، سماع، ذکر درویشی صوفیان ایرانی در آناتولی عثمانی منجر شد که هنوز هم برای سیاحان امروزی اجرا می شود.

پس از حمله مغول تا آغاز سده 20م موسیقی ایرانی نیز مانند جامعه ایرانی در ایستایی ایلخانی قرار گرفت. مردم در مراسم شادی و عزای خود موسیقی ساده خود را سینه به سینه از نسلی به نسل دیگر انتقال دادند. پس از انقلاب

مشروطیت برخی هنرمندان به جمع آوری آهنگها، رقصها، تصنیفهای محلی پرداخته؛ آهنگسازان و نوازندگان تحصیل کرده با شیوه اروپایی به ضبط و گسترش موسیقی ایرانی پرداختند.

سازها. در ایران آلات موسیقی را که در موسیقی بزمی شامگاهی و رزمی پگاهی برای سوک، سور، جشنها، تشریفات، تهییج بکار می برند؛ می توان به 3 دسته عمده تقسیم کرد:
1-ضربی: دف، دایره، طبل، دهل، سنج، نقاره، ضرب.
2-بادی: نی، نی لبک چوپانی، سرنا، شیپور، نفیر ساخته شده از شاخ حیوان.
3-زهی: کمانچه، تار، رباب، چنگ، سنتور، تنبور، 3تار. سنتور سلف سازهای اروپایی سیمبالوم و پیانو و ساز چینی یانک چن ین می باشد. این ساز از 72 سیم 4تایی روی ذوزنقه چوبی تو خالی تشکیل شده که با 2چکشک چوبی نواخته می شود. آلات موسیقی غربی مانند گیتار، پیانو، ویالون، آکوردیون، جاز، ابوآ، ترمپت، قره نی، ویلونسل، سازهای بادی-مسی در پی آمیزش با غرب بمرور وارد ارکسترهای ایرانی شدند.

انواع موسیقی. موسیقی که در فلات ایران نواخته می شود عمدتا از موسیقی اقوام گوناگون فارس، ارمنی، لری، کردی، عربی، بلوچی، گیلکی، ترکی، ترکمنی، بندری؛ از نظر تاریخی از هندی، چینی، تاتاری، یهودی، یونانی، رومی اثراتی در خود دارد. این اثرات یا در دربار با امتزاج یا بین مردم از پایین با گوشیدن نوازندگان از هم، درهم تنیده اند. موسیقی ایرانی کنونی از 3 جزئ مرتبط باهم تشکیل شده است: سنتی، محلی، علمی.

سنتی. این نوع موسیقی مخصوص محافل خصوصی و مراسم درباری بوده است. در ابتدا از سده 6م تا حمله مغول چون رسمی و مجاز بود، رشد سریعی کرد؛ سپس به فترت افتاد. از روی تاریخ نوشته شده می توان گفت که ظرف این دوره موسیقی سنتی به 3 شاخه تکامل یافت: مجلسی، عرفانی، رزمی. سپس ظرف 800 سال بعد تکرار شد؛ تا جنگ ایران و روس که نیاز به تغییر جامعه و آوردن فرهنگ مدرن در شهرها پدید آمد.

موسیقی سنتی مجلسی، در 7 دستگاه اصلی: شور، 3گاه، 4گاه، همایون، نوا، راست، ماهور شبیه گام مازور غربی؛ 4 دستگاه ابوعطا، دشتی، بیات ترک / زند، افشاری مشتق از شور و دستگاه بیات اصفهان مشتق از همایون گروه بندی می شوند. کسانی 5 دستگاه مشتقی را 5 آواز می نامند.

در هر دستگاه تعداد زیادی ملودی یا گوشه مانند بیداد، خاوران، آشور، 4پاره، دلکش، شکسته، زابل، غزال، چکاوک،

سپهر، حزین، خزان وجود دارد. رویهمرفته 250 گوشه هست که هرکدام به یک یا چند دستگاه مربوطند. اجرای هر دستگاه فی البداهه، ترکیبی از چند گوشه مطابق حال آنی نوازنده، آغاز می شود. دستگاه در این مرحله آغاز، بدون ضرب با یک درآمد یا گوشه مقدمه حالت دستگاه غالب و محتوای ملودیک را اعلام می کند. پایان هر گوشه با یک فرود است که یادآور درآمد می باشد. بدین ترتیب نوازنده یک قطعه موسیقی ایرانی را هربار یک گونه اجرا می کند.

موسیقی سنتی عربی در قرن 8م در دربار خلفا از روی موسیقی ایرانی و بومی نضج گرفت. در اینجا بجای دستگاه از مقام استفاده می شود. در حال که موسیقی سنتی ایرانی گرایش به نداشتن ریتم دارد، در تئوری موسیقی بخشی در باره اوزان یا ضربها وجود دارد که آنها را بعربی ایقاعات می نامند. در موسیقی عربی نزدیک 30 جور ایقاعات متفاوت وجود داردکه هر کدام کمتر از 16 ضرب است.

ایقاع یا ضرب برای موسیقی حکم عروض را برای شعر دارد. همانگونه که بحور شعر از ارکان عروضی افاعیل ساخته شده، ادوار موسیقی نیز از ازمنه ایقاعی مانند سبب، وتد، فاصله تشکیل شده اند. در آواز خوانی ایرانی تئوری وزن بر اساس سیستم قرون وسطایی و تئوری شعر عربی می باشد.

موسیقی سنتی ایران که آرامش بخش و عاری از هیجان است دارای خصوصیات زیر می باشد: آزادی بمعنای نداشتن رتیم و بدیهه پردازی نوازنده، تعادل بمعنای قرینه سازی و تکرار، نوآنس، نرمش، حرکت از بم به زیر، نظام داخلی یا ردیف، حال یا پیام سمانتیک/ روحی، استیک/ زیبایی شناسیک، وابستگی به شعر تزیینی، تکنوازی، فواصل، سرانجام ختام. آواز در موسیقی ایرانی ریتمیک با وزن آزاد تحت تاثیر تعزیه اجرا می شود. لذا با قواعد نت نویسی اروپایی میزان بندی نمی شود. گوشه ها تابع نظام عاطفی هستند که در حافظه نوازنده در یک "ردیف" با ریتم مخصوص و نظم دقیقی گرد می آیند.

موسیقی سنتی عرفانی. این نوع موسیقی بر اثر تکامل موسیقی مذهبی بر اساس ترنم قرآن، ذکر و اوراد پدید آمد. در ایران صوفیان بهنگام ستایش احدیت برای رسیدن به حال این نوع موسیقی را بکار برده؛ در شعر فارسی بنام سماع آمده است. فقها بشدت با آن مخالف بودند.

پورجوادی در سلطان طریقت- سوانح زندگی و شرح آثار خواجه احمد غزالی می نویسد: "استفاده علمی از موسیقی توسط مسلمانان بطور حتم از روی آگاهی عمیق از تاثیرات گوناگون آن بر روان آدمی بود... فارابی و ابن سینا از

این علم بعنوان ابزاری برای روان درمانی استفاده می
کردند. صوفیه آنرا بعنوان وسیله ای برای رها کردن روح
از بندهای جسمانیت بکار می بردند.. نواختن آلات موسیقی
در خانقاهها، زاویه ها، یا حتی مسجدها توسط صوفیان؛
آواز خواندن، رقصیدن، چرخیدن، دست افشاندن، خرقه دریدن،
نعره زدن ایشان و شور حالی که در این مجالس بآنان دست
می داده بهیچوجه با خشگی و بیذوقی فقهای قشری سازگار
نبوده است." چنانکه مشتاق اصفهانی، صوفی عارف و موسیقی
دان، را شهید کردند.

موسیقی سنتی رزمی. این موسیقی با ریتم خاص خود در
زورخانه ها و میدانهای مشق برای همآهنگی ورزشکاران؛ در
رژه ها و تمرینهای نظامی برای تاثیر سمعی و ابهت؛ در
میدانهای جنگ برای تهییج لشگریان و ترساندن دشمن بکار
می رفت. در زورخانه، نقالی، قهوه خانه، پرده داری،
معمولا نگینه هایی از شاهنامه در 4گاه با ضرب همراهی می
شدند.

گارد "جان نثاری" سلاطین عثمانی دارای یک دسته نوازنده 9
نفره بود. این دسته 2 طبل، 2 شیپور، سنج، نقاره، سورنا،
دهل و نوعی ناقوس داشت. مارش کنونی تکامل این موسیقی می
باشد. بعقیده مالم بسیاری از آثار بنام موسیقی قرن 18م
از آهنگسازانی چون موزارت و بتهوفن ملهم از موسیقی جان
نثاری می باشد.

موسیقی محلی.   با الهام از زندگی پر تحرک روستایی و
ایلی این نوع موسیقی کاملا دنیوی و غیر مذهبی/ لاییک است
که از چرخه زندگی و رخدادهای بومی یک منطقه نشات می
گیرد. بخش بسیار لطیفی از آن شامل لالاییها و ترانه های
تغزلی می باشد که آرام و دل انگیز است. بخش دیگر آن
برای رقصهای گروهی زن، مرد و کودک بصورت صف یا حلقه می
باشد که از ضرب پرتحرک و تند برخوردار است. ترانه ها با
لهجه محلی و سرشار از اندیشه های پویا و مثبت در باره
کار، عشق، زندگی اندکه از نظر اجتماعی رُک و قوی اند.

این موسیقی با رقص و ترانه خود در جشنهایی چون سده،
نوروز، عروسیها روستاییان را گرد هم می آورد. عروسیهای
قدیم 7 شبانه روز طول می کشید. خوانندگان، نوازندگان،
پایکوبان با دستمال یا چوب در دست تحرک و شادی جمعی را
دامن می زنند. سازهایشان سرنا، تنبور، نی، دهل، داریه،
کمانچه، نقاره، در این اواخر ویلون، آکوردیون، فلوت هم
افزوده شده.

در موسیقی سنتی محلی آهنگها با سازهای زهی و بادی؛ ریتم
بوسیله سازهای ضربی اجرا می شود. این موسیقی از طریق

رابطه استاد-شاگردی از نسلی به نسل دیگر انتقال می
یابد؛ هنرمند آنرا باید بخاطر بسپارد.

خلقهای فارس، آذری، گیلانی، ترکمنی، خراسانی، شیرازی،
کرد، عرب، بلوچ، ارمنی، یهودی، آسوری، لر؛ ایلات قشقایی،
بختیاری، افشار، ترکمن هر کدام ترانه های محلی خود را
دارند. پاره ای از ترانه های محلی در مجموعه هایی چون
نیرنگستان هدایت، ترانه های محلی و ترانه های روستایی
کوهی کرمانی گردآوری شده اند. در سال ۱۳۴۵ کانون
فولکلور ملی ایران برای تهیه آرشیو و ضبط موسیقی محلی
تشکیل شد.

موسیقی علمی با رشد مبارزات اجتماعی و تاثیر غرب در
ایران در قرن ۲۰م جای خود را باز کرد؛ تغییراتی را در
موسیقی ایران موجب شد. آشنایی با نت نویسی، سازهای
غربی، ارکستراسیون رسمی، تئوری موسیقی علمی، هنرستان
موسیقی، وسایل ضبط صدا منجر به ۲ مکتب عمده موسیقی علمی
ایرانی و موسیقی غربی شدند.

موسیقی علمی ایرانی در روند تکاملی خود به اشکال نوینی
مانند سرود، تصنیف، ترانه دست یافت. هر کدام در
اجتماعات مختص به خود اجرا می شوند. موسیقی غربی در
محیط ایرانی به شاخه های کلاسیک، جاز، پاپ، رپ تکامل
یافتند. موسیقی در فیلم هم بکار میرود. لذا بنا به
موضوع فیلم نوع موسیقی مربوطه گزیده می شود. دیگر اینکه
جامعه خود به بخش غربگرا و گذشته گرا تقسیم شده؛ هر
کدام از این ۲ بخش موسیقی علاقمندان خود را دارد.

نخستین کسی که بنیان موسیقی علمی را گذاشت علینقی وزیری
بود. او تار ایرانی و موسیقی غربی را بخوبی می شناخت.
یک سال پس از بازگشت از اروپا در ۱۳۰۱ مدرسه عالی
موسیقی را تاسیس کرد. او پیش درآمد، تصنیف، رنگ را به
موسیقی سنتی افزود. پیش درآمد سرآغاز و رنگ یک ختام ۶/۸
تند و ضربی می باشد. هر دو مشتق از دستگاه اصلی یک قطعه
موسیقی اند. این آغاز و ختام در دستگاه اصلی و ثابت
بود. در حالیکه پاساژهای خود قطعه می تواند در
دستگاههای دیگر باشند.

وزیری ارکستراسیون، چند صدایی و هارمونی را به موسیقی
تک صدایی ایرانی افزود. او بدیهه پردازی و تکرار یک نت
بدون ریتم در آواز را کنار گذاشت. او با ابداع کرون،
ربع پرده از بمل بیشتر، و سوری، ربع پرده از دیز کمتر،
نت نویسی فارسی را پایه ریزی کرد. شاگردان او ابوالحسن
صبا، حسین سنجری، سلیمان سپانلو، موسی معروفی، جواد
معروفی، عبدالعلی وزیری، روح اله خالقی بودند. صبا،

تهرانی، صفوت، مسعودیه، فرصت، برکشلی با ثبت نوآوری های وزیری به تبیین و تکامل آنها پرداختند.

تاسیس رادیو در 1317 و تلویزیون در 1335 به استاندارد کردن و اشاعه موسیقی ایرانی و جاز کمک شایانی کردند. اولین اپرای ایرانی بنام زال و رودابه ثمین باغچه بان با افتتاح تالار رودکی در1345 اجرا شد. برنامه گلهای جاویدان در تلویزیون ایران ارایه موسیقی ایرانی را در جایگرفتن نوازندگان، خواننده، پوشاک مجریان استاندارد کرد. اجرای موسیقی ایرانی توسط گروه های ایرانی در منطقه و جهان کمک به ارایه موسیقی ایرانی کرد.

موسیقی علمی ایرانی. در فاصله جنگهای جهانی اول و دوم، با نضج پایه های تئوریک موسیقی در ایران، هنرمندان بفرم عامه پسند تصنیف، سرود، ترانه دست یافتند. عارف و شیدا، پیشگامان تصنیف سازی بودند. تصنیف نوعی شعر دارای وزن عروضی و ایقاعی متناظر با الحان و مقامات موسیقی، نغمات زیر و بم ساز و آواز جفت و دمساز بود.

تکامل موسیقی رزمی و تلفیق آن با موسیقی علمی منجر به پیدایش سرود شد. سرود بیانگر آرمان و حرکت یک گروه می باشد. نخستین سرود ملی را مولر فرانسوی در 1895 نوشت؛ در پاریس برای ناصرالدین شاه اجرا کرد. بیژن ترقی شعر آنرا با مطلع "نام جاوید وطن/ صبح امید وطن" در قرن 20م نوشت و اجرا کرد. ولی سرود "ای ایران ای مرز پر گوهر/ ای خاکت سرچشمه هنر/ دور از تو بد اندیشه ی بدان/ پاینده مانی تو جاودان" از 1323 بین ایرانیان درون مرزی و برون مرزی طنین انداز است. مصنف آن روح الله خالقی با الهام از نغمه های بختیاری در آواز دشتی و شعر حسین گل گلاب است؛ در موقعیکه ایران را متفقین اشغال کرده بودند اجرا شد.

از سرودهای بین المللی انترناسیونال است که اوژن پوتیه در 1870 کمون پاریس نوشته؛ اجرا شد. لاهوتی و شاملو شعر آنرا در 2 ورژن نوشته اند که در مجامع ایرانیان عدالت خواه بطور گروهی خوانده می شود. شعر لاهوتی آغازش این است: برخیز ای داغ لعنت خورده دنیای فقر و بندگی/ جوشیده خاطر ما را برده به جنگ مرگ و زندگی/ باید از ریشه براندازیم کهنه جهان جور و بند/ وآنگه نوین جهانی سازیم هیچ بودگان هرچیز گردند.

سرانجام تلفیق موسیقی محلی و ارکستراسیون غربی منجر به پیدایش ترانه شد که در محافل ایرانی از محبوبیت بسیار برخوردار است. گاهی یک ترانه ایرانی، مانند مستم مستم،

راه به دیار غرب می گشاید. ادی گورمه در دهه 50 این ترانه را بشکل راک اند رول اجرا کرد. محبوبترین ترانه مرا ببوس، پس از کودتای تابستانی 32 ، می باشد که هنوز در محافل ایرانی خوانده می شود. آغاز آن این گونه است: مرا ببوس مرا ببوس/ برای آخرین بار /ترا خدانگهدار /که میروم بسوی سرنوشت/ بهار ما گذشته/ گذشته ها گذشته.. گلنراقی آنرا در 1335 خواند؛ شعرش از دکتر حیدر رقابی و آهنگسازش مجید وفادار است.

موسیقی علمی غربی. پس از جنگ جهانی 2م، با افزایش و نفوذ رادیو، گرامافون، کنسرت، موسیقی غربی در ایران بشدت نفوذ کرد. از این زمان است که تمهای ایرانی با تکنیک غربی در قطعاتی ارایه شدند که شباهت به موسیقی کلاسیک، جاز، پاپ و رپ غربی دارند. هنرمندان ایرانی ملهم از آثاری همچون شهرزاد کرساکوف، رقص شمشیر خاچاطوریان، شور و کرد افشاری فکرت امیروف به آفرینش آثار کلاسیک پرداختند. در میان آهنگسازان می توان از حنانه، استوار، امین الله حسین، رهبری، باغچه بان، رنجبران نام برد.

در هنرستان موسیقی که پشت کافه شهرداری بود نوجوانان مستعد بجای دبستان و دبیرستان موسیقی علمی می آموختند. از استادان ویلوین لویجی و ویولونسل خودسیف را باید نام برد. در ضمن کنسرتهای موسیقی کلاسیک غربی هم در این جا برگزار می شد که آثار چایکوفسکی، بتهوفن، شوپن، موتزارت، باخ بوسیله نوازندگان طراز اول جهان اجرا می شدند.

در موسیقی جاز و پاپ هنرمندان ایرانی گاهی موسیقی محلی و حتی موسیقی سنتی را با اصول علمی تنظیم کرده؛ با اشعاری متاثر از ترانه های لالایی، شعر نو، مثنوی آهنگهای زیبایی پدید آورده اند. ویگن، فرامرز اصلانی، فرهاد نمونه های برجسته اند. فرهاد ترانه جمعه، ساخته منفرد زاده، را بسبک نوین خواند: داره از ابر سیاه خون میچکه/ جمعه ها خون جای بارون میچکه/ نفسم در نمیاد/ جمعه ها سر نمیاد. ایرج جنتی عطایی هم ترانه های اجتماعی فراوان نوشته که بوسیله خوانندگانی چون فرهاد اجرا شده اند.

در 2 نوع موسیقی جاز و پاپ ارکستراسیون و آلات موسیقی غربی جنبه غالب دارند. رپ نوع نوین در آهنگهای ایرانی پس از 1370 است که شعر آن بر اساس بحر طویل با مضمون اجتماعی اختلاف طبقاتی، ریاکاری، دعواهای خیابانی می باشد. بحرطویل با قالب عروضی و تکرار نامحدود یک رکن وزن سالم مانند فاعلاتن ساخته می شود. خوانندگان گاهی زیرزمینی اند؛ گاهی هم البوم آثار خود را علنی تکثیر و توزیع می کنند. حسین نامجو، رضا عطاران، یاسر خوانندگان

این نوع نوین اند. گاهی رپ را با آلات ایرانی مانند عود،
تمبک، نی، دف، قانون نیز می نوازند.

با اینترنت جهانی اکنون غالب آثار موسیقی بر روی
سرورهای 24 ساعته برای بارگذاری یا خرید آماده اند.
گاهی موسیقی با ویدیو تلفیق شده، کلیپ پدید می اید؛ در
یوتیوب فراوان می توان یافت. نیز رسانه های ماهواره ای
هم در پخش جهانی موسیقی نقش بسزایی دارند. گاهی در
پیامگیرهای تلفنی و تلفن دستی نیز این آهنگها بکار می
روند. انبار کردن آهنگ از نت نویسی روی کاغذ، صفحه های
گرمافون، نوار مایلار مغناطیسی، نوار کاست به پرونده
رایانه ای با فرمت استاندارد ام پی 3 رسیده که می توان
یک آهنگ را الکترونیکی بسراسر جهان ترابری کرد.

منابع. 9/5/2010
این جستار نخستین بار در مجله پر، شماره 2، سال 1، بهمن
1364 نشر شد. سپس با ویرایش مختصر به روز شد.

دیـن ایـرانیـان پیـش از زرتـشت

آذربـانـی نـام دیـن آریـایـیهای سـاکـن ایـران بـود. مـانـند هر دیـن دیـگری از 2 بـخش **اعتقـاد** بـه مـوجـودات مـاوراءالطبیـعی و **پرستش** ایـن مـوجـودات تشـکیل مـی شـد. ایـن را مـی تـوان از پاسـاژهـایـی در مـنابـع زیـر استنـتاج کرد:

-ریـگودا، کتـاب مقـدس 3هزار سـاله هنـدویـزم از پنجاب در 10 مـانـدالا/ فصل از اعصار مختـلف است. فصل 5 بـا 87 سرود در بـاره آسـورا/ آهـورا/ ایـزدان آگـنی، ایـندرا، 2قـلوی میـترا- وارونـا مربـوط بـه خورشیـد-آسمـان است. واژه اسب/ اشوَ مکرر آمـده.

- اوسـتا، کتـاب مقـدس 3هزار سـاله زرتشتیـان بـا فصلهای گاتـا از زرتشت، یسنا، یشتهـا، ویسپـرد، دنکرد است. نسخـه ای از قرن 9م در مومبـای در دست است. اوستا مشتـق از ابسـتگ بمعنـی ستایش در 21 نَسَک بعربـی نسخ یا کتـاب است.
-آثـار عتیقـه، پراکنـده در مـوزه هـای جهـان.
-ریـشه هـای لغـوی برخـی نـامها در زبـانهای هنـدوایـرانـی.
-کتب و کتیبـه ها، تـواریخ هرودوت، اساطیـر ارمنی، الـواح آشوری و بـابلـی.
-سنگنبشتـه ها و مهرهـای فلات ایـران.
-کتب خطـی در هند و کتـابخانـه هـای قدیـمی.
-پژوهشهـای تـاریخنویـسان غربـی.
-کلیپهـای سمعـی-بصری در ایـنترنت.

اگرچه منشائ مشترک آریـایـیها در مصب ولگا، بـاعث اشتراک عنـاصری در دیـن آریـایـیهای شرق و غرب ایـران مـی بـاشد؛ ولـی کوچ آنهـا بـه منـاطق جدیـد، بـا شرایـط اقلیـمی و زیـستی متـفاوت، آمیـزش بـا بـومیـان و سـامیـان همسـایه غربـی فلات بـاعث تغییـراتـی در ایـن عنـاصر گردیـدند. برای نمونـه در کوههـای قفقـاز بـا تـراکم بیـشتر جمعیت و مـراودات پاپـای- نقـش خورشیـد، پیـمان، سلحشوری عمـده تـر شد. در خراسان بزرگ بـا جلگه هـای گستـرده و جمعیت پراکنـده- وارستگی، ریـاضت، خرافـات الـویت پیـدا کردنـد.

دیـگر ایـن که چون آریـایـیها در چند مـوج، بفاصله زمانـی مختـلف بـه فلات ایـران رسیـدند؛ فرهنگ دست اول کوچیـان جدیـد بـا فرهنگ آریـایـیهای "ایـرانیـزه شده" سـاکـن، آمیـزش پیـدا مـی کـرد. ایـن تـعامـل گـاهـی منجر بـه طرد نظرات مهاجران جدیـد یا انعطـاف در نظرات اسکان یـافتگان شده؛ منجر بـه نظرات التـقاطی مـی شد.

ایـن را بـوضوح در عدم تجانس سیـستمـاتیک نظرات در اوستا مـی تـوان دیـد. نیـز راهبـان حول و حوش هرمهـای قدرت بـا شامـان

های همراه موج جدید مهاجران در پیرامون قدرت در تضاد می افتند. این گونه چشم هم چشمی، چشم نداشتن برای دیدن دیگری، زیر چشمی پاییدن رقیبان را می توان بهنگام ظهور عیسی در فلسطین، نیز در حلقه های خودی و غیرخودی ولایت فقیه و امارت طالبان دید.

اعتقاد حکم یا فرضی را حقیقت انگاشتن است. در دیاگرم ون می توان سطح مشترک تقاطع ۲ دایره باور و حقیقت را دانش نامید. یعنی وقتی باوری حقیقت دارد دانش است. ایقان یا اعتماد به یک فرد یا یک نظر نیز باور یا اعتقاد بوده؛ اگر این باور حقیقت داشته باشد، دانش است. باور ساده ترین شکل تبیین ذهنی برای اندیشیدن ارادی نه فکرهای کتره ای است.

باور نیاز به یک سوژه معتقد و یک ابژه اعتقادی داشته؛ ۲ نوع اصلی و فرعی دارد. باور می تواند اعتماد به یک فرد واقعی یا به ادعای موجودی نامریی باشد. نمونه برای این ۲ باور: فلانی توان انجام آن کار دارد. بچه باور به پریان دارد. مثلا حافظ و سعدی باور به انسان را در تجربه زندگی خود تحکیم کردند. یک نوع باور کاذب هم هست؛ این باور واقعی نیست. گاهی در تیمارستان مجنونی خود را ناپلئون می انگارد. مغز انسان سالم به باور و حقیقت ذخیره در حافظه اش در آزمایش تصویر رایانه ای fMRI یک نوع برخورد می کند.   ال آر بیکر ۴ رویکرد برای باور تلخیص کرده :
-عقل سلیم برای فهم باور صحیح.
-عقل سلیم برای فهم باور یکه کاملا صحیح نمی باشد.
-عقل سلیم برای باور یکه کاملا نادرست بوده؛ علم آنرا نفی می کند.
-عقل سلیم برای فهم باور کاملا نادرست.

شکل گیری باور، رابطه باور با رفتار، جایگاه باور در مغز، پافشاری بر باور تا پای مرگ با ساختار مغزی و محیط رشد او رابطه دارند. باورها و نوع زبان دور و بر کودک در او درونی می شوند. لذا اعتقادات دینی از محیط به فرد سرریز می کنند. در نوجوانی نظرات یک رهبر با ابهت/کاریزماتیک در باور فرد می گنجد. باور پدید آمده در تکرار یک رفتار مانند مناسک کیشی تحکیم می یابد. این را آگهیهای تجارتی با ارایه تصویری مکرر بکار می برند. لطمه مغزی باور را تغییر می دهد. در بحث و جدل فرد از انبارکهای اطلاعاتی در مغز خود، مرکز منطق در کورتکس مغز چپ، مرکز باور در مغز با عصبهای ربط به عواطف مدد می گیرد. لذا محتوای باور ارثی نبوده؛ فرهنگی و محیطی است؛ ولی مدارات عصب مغز برای پرشدن از باور اولیای نوازد تاحدودی ارثی اند.

با ورود به افقهای نوین و گرم فلات، آمیزش با همسایگان، نسل نوین در شرایط نوین پیدا شدند. تغییرات جوی و خاکی چون زلزله؛ اعتقادات در بازه زمانی طولانی را رقیق کرده - عناصری از دست می روند؛ عناصری افزوده می شوند. فرقه های مذهبی منافق، بنیادگرا، پیشرو؛ دین را به اشتقاق می کشانند. حلقه های مراد-مریدی؛ تجارب، کنجکاوی، خلاقیت برخی از افراد؛ تمرکز ثروت در راس قدرت؛ خواست توزیع ثروت در پیرامون؛ مناقشات اقتصادی و سیاسی را به حیطه مذهب وارد می کنند.

جهان بینی آریاییها، با شرایط آغازین، اسطوره ای بود. نظرات آنها در باره طبیعت و اجتماع آمیخته با اوهام و رویا بوده؛ بعدها به 2 جهان بینی مذهبی ماورای الطبیعی و علمی مادی تجزیه شد. جهانبینی مادی در مهندسی شهرسازی، تسلیحات، آبیاری، عطاری برای مداوای بیماران جسمی، روحی، فکری تکامل یافت. نظرات ایده آلیستی هم متناظر با رشد فرهنگی جامعه شاخه و برگ های جدید یافته؛ پیچیده تر و تخصصیتر شدند. اصولا در اساطیر زمان، مکان، فرد بخصوص تجرید می شوند.

در اسطوره های آریایی، نیروهای طبیعی و اجسام سماوی تشخص/ انسانوارگی گرفته؛ تبدیل به موجوداتی نامریی، نیرومند، موازی و کنترلچی انسانها می شوند. کسانی که این روایتها را برای دیگران می گفتند در نوعی جذبه، مراقبه، رویا فرورفته؛ لذا روایتها تسلسل زمانی نداشته بلکه بصورت کلایدوسکوپیک یعنی جزییات پراکنده یا رئوس حوادث آمیخته با تعبیر خواب می باشند.

علیت یکی از این انگیزه ها بود تا مبداء یک پدیده، علل شکل گیری، ختام آن توضیح داده شوند. در تکرار روایتهای تخیلی و تجربی بدوی بود که نامهای شخصیتها نخست بصورت اسم عام سپس در روالی طولانی با تحریف در تلفظ به اسمهای خاص تبدیل شدند. یاما به جم، گاومرد به کیومرث، مهر به میترا تبدیل شدند تا عصر کتابت فرا رسید؛ ورژنهای محلی در مناطق مختلف کتبی شدند. میترا ایزد خورشید، پیمان، جنگ بود.

از نظر طبیعی در آن زمان، انسانها جهان اطراف خود را مقدس بمعنی مذهبی می پنداشتند. آنها کوهها، رودها، دریاهای اطرافشان را کیهانی و مطلق می انگاشتند. شاید این یکی از نتایج کارکرد مغزی عادت باشد که جهانشان را کل جهان می انگاشتند. وقتی به مناطق جدید مهاجرت می کردند، مشخصات جغرافیایی جدید هم همان تداعی گذشته را می گرفتند. نیز یاد، خواب، گپ در باره اسلافشان به پرستش

و تصعید آنها از جهان مادون خاکی به جهان ماورای آسمانی با تغییرات جوی منجر شدند.

زندگی ایلیاتی زمین را مانند باران ملک تقسیم نشده مُشاع مراتع و جماعتی دانسته؛ در مالکیت فردی قرار نمی دهد. این مفهوم تا حدودی بخاطر عدم تراکم جمعیت نسبت به مساحت چراگاهی و استنتاج از عدم مالکیت بر باران، آسمان، خورشید، رودخانه، سبزه، درخت، چشمه، کوه، برف، باد، پرندگان، دریا، هوا می باشد. با انباشت تملکات و ثروت، این نظر عدم مالکیت بر اقلام غیرمنقول تغییر پیدا می کند. با پیدایش نظامیان نخست برای شکار، دفاع از دهات، تهاجم به همسایگان؛ سپس برای حراست املاک ثروتمندان، این قشر اجیر نضج می گیرد.

نظام مقدسات آنها بر اساس تقسیم طبیعت به بخشهای مجزا و مراکز کنترل این نیروها با خصوصیات انسانوارگی در یک نظام عشیرتی پیشاپدرسالاری بود. لذا جشنهایشان مربوط به طبیعت شبانی در سده، مهرگان، آبان، 4شنبه سوری، 7سین، 13بدر است؛ نه مراسم پرستش زعیم مذکر قبیله سامیان. مرموزی قدرت مرکزی سیاسی-نظامی که در چشم عوام ناپیدا و دور بود؛ همان تداعی قدرتهای ناپیدا و دور ماوراء طبیعت می شد. روابط این مراکز کنترل یا رب النوعها بصورت طایفه خدایان در مقیاس کیهانی با جامعه عشیره ای توصیف یا مفهوم می شدند. خدایان خود را با زیور آلات زرین می آراستند؛ سوار ارابه های اسبی می شدند؛ منزل مسکونی و معشوق داشتند.

نیروهای مخرب طبیعت مانند زلزله، سیل، طوفان، خشگسالی، امراض واگیری، مرگ در دیوها و نیروهای شرور اهریمنی تجسم می یافتند. مقابله انسانها با این نیروها مانند مبارزه ساکنان فلات با مهاجمان خارجی فاتح بود - عبودیت تام. خدایان بعنوان مظاهر نیروهای مختلف همچون اعضای یک طایفه همدیگر را کمک می کردند. زیرا طبیعت یک مجموعه واحد و کل منظم در برابر خانوار فرد جلوه می کرد. در این اساطیر خدا غیرمادی، روحانی، مبداء هستی بود؛ همچون شاه در کاخی ناپیدا و دور. او برای خلقت طرح، برای کار روزانه خود برنامه داشته؛ واجد مکانیزم لازم برای پیاده کردن آن با خصوصیات انسانوارگی اندیشیدن، تکلم، دیدن، داوری، استراحت بود.

آنان طرح قالی، آداب، رسوم را از گذشتگان نامریی دریافت کرده؛ بکار برده یا مراعات می کردند. این برنامه نانوشته را به خدا تعمیم می دادند. همه روایتها در باره خدایان بر اساس پندار و گفتار قرار داشتند. در این روایتها نیروی عضلانی، غذای سوختی، انجام مقیاس کارکردی

مشخص نمی شدند. خود طرح مطرح نمی شد که از کجا و کدام تجربه صحتمند آمده. امور مربوط به ایجاد و کنترل مخلوقات طرفة العین، فی البداهه، خلق الساعه، آمرانه بودند- تمام مانند جادو بی زمان، بی ماده، بی مکان برای انبار نقشه و مواد خلقت از طریق ورد در کلام تجلی می یافتند.

در زندگی اجتماعی آریاییهای عشیره ای، راستی بسیار تعیین کننده بود. زیرا دروغ بین 2 نفر باعث درگیری 2 عشیره و خونریزی متعدد ثانوی در شکل قصاص، کین خواهی، جنگ، انتقام می شد. بنابراین تاثیر و عملکرد راستی خارج از فرد بوده؛ دربرگیرنده تمام عشیره می شد. بویژه اگر بعد معلوم می شد که دروغی در کار بوده؛ خونریزی با تحریک عواطف برای هیچ و پوچ بقای عشیره را بخطر می انداخت. تضعیف عشیره هزیمت و گاهی انهدام خانوار و احشام را ببار می آورد. لذا سوگند، پیمان، راستی جلوه هایی از یکی از خدایان مانند مهر/ میترا می باشند.

پرستش در مراسم با ابزار موسیقی، سرودها توام بود. مکان ها گوناگون بودند: میدان، خانه، معبد، عروسی، عزا، نماز، جشنها، مهرگان، یلدا، سده، سوری، نوروز، 13بدر در باغ. در مراسم پرستش و سوگند، آریاییها نوشابه ای بنام سُمَه یا هاومَه را می نوشیدند. از اینروست که هنوز در فارسی امروز برای سوگند فعل "خوردن" کمکی بکار می رود. هاومه نام یک گیاه نبوده بلکه نوشابه زرد رنگی بود که از کوبیدن ساقه گیاهی کوهی در هاون، مخلوط کردن آن با عسل، ذخیره در کوزه بدست می آمد.

در روند تهیه، ذخیره اکسیر هاومه در کوزه ها پروسه تخمیر تشدید شده؛ در آن کمی الکل شکل می گرفت. مغ روحانی ای بود که در مناسک مکرر این نوشابه را به پیروان میداد. این رسم در شقوق مسیحی مانند کاتولیزم و یهود ارتودکسی بهنگام مراسم دینی امروزه با شراب سرخ هم رایج است. بهنگام نوشیدن، آن اکسیر با شیر تازه مخلوط می شد. هاون از ریشه هاومه می باشد؛ در آغاز قلوه سنگی با سطحی مقعر با تو رفتگی و سنگی برای ساییدن بود؛ سپس استوانه فلزی با دسته شد.

این نوشابه نیروبخش روح و جسم انگاشته می شد که موجب بهبودی، تندرستی، طول عمر، پیروزی بر دشمن، ثروتمند شدن، ترساندن دزدان، قاتلان، روباهان می شد؛ سر را گرم می کرد، سکرآور و نشاط بخش بود. روباه برای نوزاد، طیور اهلی مرغ، خروس، غاز، جوجه ها قتال بود. هاومه در میان توده ها بسیار محبوبیت داشته تا جاییکه زرتشت و مُغ هم نتوانستند آنرا از ضمیر فرهنگی آریاییها بیرون کنند.

آریاییها پس از رسیدن به تاکستانهای شرق و غرب فلات در خراسان و گرجستان شهد انگور را برای تهیه شبیه این نوشابه بکار بردند. هاومه از رواج افتاد. رنگ سبز قوره بهنگام رسیدن سرخ یا زرد می شود؛ لذا 2 رنگ شراب آتشین و سفید پدید می آیند. در جلگه دیاله در عراق آشوریان و بابلیان گیاه جو را تخمیر کرده؛ آبجو را در 4 هزار سال پیش برای نوش تهیه می کردند. چنانکه واژه هاومه در سیر تکاملی 2 هزار ساله خود به هاوم یا خُم و مه یا می دگرگون شد- این از نظر ریشه یابی زبانی.

در گویشهای مادی غرب بمرکز مراغه، پارسی جنوب بمرکز شیراز و پارتی شرق بمرکز ساوجبلاغ/ ری گرایش به استحاله حروف "ب، م" به "و، ن" چه در تکلم فردی و چه در تغییر زمانی بوفور وجود دارد. برای نمونه: بره - وَرَه یا بهرام - وهرام، نرو - مرو یا نکن - مکن. از نظر معنایی هم آتش بصورت روشنی و نور در ادبیات پس از قرن 7م تجلی کرد که به نور آسمانی و سپس هاله بدور ماه استحاله یافت. ماه آیینه ایست که نور خورشید را به زمین درون جو کرویش باز می تاباند. تیغه نور منعکس از ماه با جو زمین مقطعی دایره ای داشته؛ این دایره هاله نامیده می شود. سپس پدیده آسمانی هاله بدور کله قدیسان معصوم نسبت داده شد.

در اینجا چند نمونه از اشعار فارسی هزاره گذشته با تاکید بر آذر، آتش، خم، می، مغ می آیند. این اشعار بقای اعتقادات آریایی از 4 هزار سال پیش را نشان می دهند. خاقانی: گفتی به **مغان** رو و به **می** بنشین/ کاین **آتش** غم جز آب ننشاند. فردوسی: به زیر اندر آورد برج بره/ جهان چون **می زرد** شد یکسره. برج بره یکی از بروج فلکی 12گانه زودیاک است. دور فلک 12 برج حمل/ قوچ/ بره/ فروردین، ثور/ گاو/ اردیبهشت، جوزا/ 2قلو/ خرداد، سرطان/ خرچنگ/ تیر، اسد/ شیر/ مرداد، سنبله/ خوشه/ شهریور، میزان/ ترازو/ مهر، عقرب/ کژدم/ آبان، قوس/ کمانگیر/ آذر، جدی/ بز/ دی، دلو/ آب/ بهمن، حوت/ ماهی/ اسفند.

مولوی: **خم می** هرجا که می جوشد مل است/ شاخ گل هرجا که میروید گل است. مسعود سعد: ای ماه رسید ماه **آذر**/ برخیز و بده **می** چو **آذر**. توجه به 2 ایهام ماه برای 2 مفهوم معشوق و سیاره در گردش بدور زمین؛ آذر نام ماه تقویمی و بمعنای آتش است. حافظ: نگویمت که همه ساله **می** پرستی کن./ سه ماه **می** خور و نه ماه پارسا می باش./ من که از **آتش** دل چون **خم می** در جوشم./ مهر بر لب زده خون می خورم و خاموشم./ ساقی به **نور** باده برافروز جام ما!/ مطرب بزن که کار جهان شد بکام ما!/ ما در **پیاله** عکس رخ یار دیده ایم./ ای بیخبر ز لذت **شرب** مدام ما.

اصول اعتقادی آذربانیان عبارت بود از تقسیم جهان به 3 بخش که هر کدام با آتش ویژه خود بودند: آسمان با خورشید، جو با برق، زمین با آتش. در صف خدایان ودیک و آریایی متقدم در فلات ایزد خورشید وآرونا، برق ایندرا، آتش میترا نام داشتند. بر هر کدام از این 3 نیرو سروران ماوراءالطبیعی بنام آسورا/ اهورا فرمان می راندند. آسوراها با دیوان پیروان دروغ در نبردی ابدی هستند. توجه شود که از عصر اساطیری تا جهان مدرن مقوله 2گانگی ساده "یا این یا آن" در طرز فکر بشر غالب است. تنها در عصر مدرن این ایقان خیر-شر به جهان سایه روشن، شک، چندگانه تبدیل می شود.

آذربانان در مراسم پرستش این سروران، گاوی را قربانی می کردند. آنرا در آتش مقدس کباب کرده؛ با نوشابه گوارای سکرآور، هاومه می خوردند. سهم سروران آسمانی را هم کنار می گذاشتند. شبانه گوشتخواران حوالی مانند روباه، کفتار، گرگ و در پگاه کرکس، لاشخور آنرا می خوردند.

آتش هم برای مصرف خانگی طباخی، بهداشت، گرما، روشنایی؛ هم بمثابه دورکننده تاریکی و ارواح خبیث – چه عشایر شبیخون زن چه دسته جانوران گرسنه- کاربرد داشت. رعد و برق آسمان نیز پیش درآمد باران و نوعی دیگر از آتش بود. بعلاوه گرما و نور خورشید هم بمثابه آتش آسمانی قلمداد می شد.

لذا آتش هم در آسمان، هم در جو، هم روی زمین وجود داشت؛ بنابراین یک رکن اعتقادی همیشه حاضر و قدسی دین آذربانی بود. نگهداری آتش از فرایض مهم دینی بود؛ این خود محاسن مادی، در نبود چخماق، در بر داشت. آذربانان خود بمعنی و کاست/ گروه نگهدارنده آتش بودند؛ که البته تخصص در روایتهای شفاهی، توزیع هاومه، مراسم تدفین، تولد، عروسی را هم داشتند. روایتهای آنها با پرسشهای مستعمین کنجکاو یا مسئله دار شاخه و برگهای جدید می یافتند.

هر 3 نوع آتش یک چرخه 3 فازی مشترک دارند: آغاز، اوج، پایان. خورشید در طلوع، ظهر، افول در رفتار روزانه کار، خواب، تغذیه انسانها اثر می گذاشت. برق و آتش هم این 3 فاز را دارند. بویژه گاهی بر شاجار خشگ حریق تولید می گردد. جنگ دارای آغاز/علل – خونریزی- پایان مخاصمه بود. پیمان برای نظارت فوقانی بر ائتلاف و معاهده در جلوگیری از جنگ بین 2 گروه مقابل بود. با 2 نیروی مقابل نیاز به یک راس محاط بر آنها چون 3 راس یک مثلث وجود داشت.

http://www.cais-soas.com/articles/mythology articles.htm

منابع. 2018/09/12
عرفان   archive.mashal.org/content.php?c=shehr&id=0165
در خاور میانه- دکتر بیژن باران
- دکتر بیژن باران
7 امشاسپند-چاکرا-مرتبت- دکتر بیژن باران
http://archive.mashal.org/content.php?c=helmi&id=0032
8 اسطوره ها و باورها- دکتر بیژن باران
http://www.vatandar.at/BejanBaran115.htm
اسکان آریاییها در آذربایجان بزرگ - دکتر بیژن باران
http://www.britannica.com/EBchecked/topic/37468/Aryan
منشای مشترک آریایی در شمال دریای خزر، کوچ 3 موج این قبایل به فلات شامل مادها، پارتها، پارسها می باشد. بقایای زندگی، باورها، فرهنگ آنها بخشی از انسانشناسی و تاریخ اند. آنها 3 تمدن مشخص با بومیان و همسایگان فلات ایران را ایجاد کردند. بومیان فلات از 10 هزار سال پیش ساکن ساوجبلاغ، شهر سوخته، کرانه های خزر، عیلام بودند. دیگر اینکه بنا به یک پژوهش انگلیسی فقط 40% ژن ایرانیان و قفقازیها اشتراک در ژن آریایی دارد. ولی نتیجه گیری نژادپرستانه از این قاکتهای عتیقجات، تاریخ، زبان- سیاسی و غیرانسانی است که برخی دارند. کل نژاد انسان از آفریقا و از طریق حبشه و سومالی در 100 هزار سال پیش در 2 موج نئوندرتال و هومو سپین/ انسان هوشمند به اروپا، آسیا، سپس 11 هزار سال پیش به آمریکا و اقیانوسیه کوچ کردند. لذا انسانهای امروز منشا مشترک در آفریقا دارند.

رهبر حزب شورای ملی نیروهای دموکراتیک، حزب مخالف دولت جمهوری آذربایجان، گفته است که سرنوشتی مشابه رئیس جمهوری مخلوع اوکراین در انتظار دولت و رهبران کنونی این کشور است. آقای حسنلی در فیسبوک خود نوشته است: سرنوشتی که در انتظار حزب حاکم آذربایجان است از سرنوشت حزب حاکم اوکراین بدتر و عاقبت مقامات فاسد آذربایجان از مقامات سابق اوکراین سخت تر خواهد بود.
http://www.bbc.co.uk/persian/world/2014/02/140228_120_ukraine_crimea.shtml

علل عدم شکوفانی اقتصادی خاورمیانه

در سده 20م خاور میانه نتوانست همچون اروپای سده 18م به انکشاف طبیعی سرمایه داری برسد. منظور از اروپا، نه دول استعماری اروپای غربی، بلکه کشورهای دیگر مانند مناطق اسکاندیناوی و بالکان می باشد. زیرا کشورهای استعماری از قماش انگلیس و فرانسه با دست اندازی به 3 قاره دیگر، تولید صنعتی خود را بسط دادند. عدم رشد سرمایه داری طبیعی خاور میانه با حاکمیت خودکامگی مادام العمری منجر به پیدایش بنیانگرایی و قبضه قدرت سیاسی دین و دولت شد.

روشن است که این تلفیق ناکارآمد است زیرا دولتمردان آن از تخصص مدرن بی بهره بوده؛ با خلاقیت فردی و احادیث هزارساله بداهه کاری نامنطبق بر عینیات می کنند. در سده 20م در جوار روال تدریجی شکست اقتصادی، اسلامگرایی با تلفیق گزینشی برخی اصول دین با قبضه قدرت دولت سرمایه داری شکل گرفت. حضور استعمار در منطقه باعث تشدید 2 روند شکست شکوفانی اقتصادی و نضج اسلامگرایی یعنی ادغام دین و دولت شد. نمونه ها کامل تلفیق گزینشی را می توان در عربستان سلفی، افغانستان طالبان، ایران ولایی دید.

عدم شکوفانی اقتصادی خاور میانه عمدتا 4 علت دارد: 1- غلبه شریعت بر مناسبات سرمایه داری. 2- سنت خودکامگی و استبداد. 3- حضور استعمار. 4- سیاستهای نامطلوب آمریکا. در ژاپن، تایوان، آلمان، ترکیه، کره جنوبی 2 عامل آخری تاثیری بر شکوفانی اقتصاد سرمایه داری نداشتند. لذا در خاورمیانه باید شریعت و استبداد بررسی شوند.

1-در خاور میانه امر دین هنوز خصوصی نشده؛ سلیقه زعمای امت، بر کلیه حیطه های انسانی حاکم است. دین مذکر، اول از همه، نیمی از جمعیت یعنی زنان را کنار می گذارد؛ قدرت اقتصادی جامعه را نیمه می کند؛ سپس غیرخودیها را از حاکمیت بیرون می گذارد؛ در نهایت یک حکومت اقلیت متکی به امنیتیها می سازد؛ ولی آنرا بنام کل امت جا می زند. آپارتید جنسیتی، قومی، عقیدتی را مخفی می کند. در حالیکه یکی از خصیصه های مدرنیزم فردیت با تبلور جنسیت، قومیت، عقیده است.

میتوان نقش دین را در ضدیت با فردیت در قتل دختر 17 ساله پاکستانی "بیشاز حد غربزده" بدست مادر و پدر متعصبش در لندن در 2003 دید. آنها در دادگاه مزورانه دروغ گفته؛ منکر این قتل شده؛ ولی خواهر مقتول پس از 7 سال سکوت، بر خفه کردن دختر بوسیله پدر و مادر گواهی

داد. این اولیاء خرد و مهر انسانی در مقابل باورهای سنن فرهنگی خود را کنار گذاشته؛ فرزند خود را بقتل رساندند. در دادگاه جبوبانه قتل را انکار کرده؛ حبس ابد گرفتند. این سفاکی در جانوران هم وجود نداشته؛ این نوع افراد متحجر در قدرت فتوای قتل دیگران را صادر می کنند. این فرهنگ در قدرت همان می کند که طالبان و ولایت در مورد منقدان می کنند. http://www.bbc.co.uk/

2-روشن است که اسلامگرایی حتی با قبضه قدرت سیاسی هم، از پس رقابت با عصر مدرن بر نمی آید؛ پس از مدتی به خودکامگی مادام العمری رهبر مذکر منجر می شود که حتی همکیشان رقیب خود را هم از هرم حاکمیت طرد می کند. این شکست سیاسی- اقتصادی را در سلطه طالبان در افغانستان و اختلال در پیشرفت اقتصادی در ایران ولایی می توان دید

نبود سازمانهای طبقاتی شهری مدرن بمثابه بنیان دولت- خودکامگی در حکومت دائم العمری سلطنتی، جمهوری، دینی را ببار می آورد. برنامه های شکوفانی اقتصادی- چه سرمایه داری خصوصی، چه راه رشد غیرسرمایه داری/ سرمایه داری دولتی- در خاور میانه سده 20م بشکست انجامیدند. منظور از شکوفانی اقتصادی گسترش طبقات متوسط و کارگر است؛ نه تمرکز فاسدانه سرمایه داری وابسته در دست 1000 فامیل. این گسترش هم کمُی- یعنی افزایش احاد این طبقات؛ هم کیفی- یعنی رسیدن به زندگی مدرن رایج در جهان- می باشد.

3-استعمار ارزش اضافی بومی را به خارج از منطقه انتقال می دهد. مبارزه مردم بضد استعمار در جنبش تنباکو 1880 و ملی شدن صنعت نفت 1329ش، 2 نمونه از واکنش مردم ایران بضد استعمار اند. مبارزات رهایبخش الجزیره بضد حضور فرانسه، یمن بضد حضور انگلیس، ناصر در ملی کردن ترعه سوئز- نمونه های دیگرند.

فساد و ظلم در ندید گرفتن قانون شبیه اند. اولی حرص و غارت و دومی قدرت نمایی بهیمی در جامعه و زندان می باشد. خودکامگی وابسته به استعمار همراه سرکوب اعتراضات مردم، سانسور کتب و رسانه ها، فساد اقتصادی حاکمیت، بسط سازمان جهنمی امنیتی، ضعف جامعه شناسی روشنفکران راست حافظ وضع موجود در مبارزه ایده الوژیک با مذهب، نبود متخصصان کشاورزی داخلی، دولت فربه ناکارآمد، عدم انباشت ارزش اضافی، عدم رقابت سرمایه داران می باشد.

شکست شکوفانی اقتصادی سرمایه داری وابسته در خاور میانه، را هم در مدل شوروی سرمایه داری دولتی با فروپاشی در 1989، هم در سقوط پیدرپی خودکامه ها در 30 سال گذشته می توان دید. مدل حکومتی شوروی تکیه نه بر

حزب بلکه بر امنیتیها و گاهی نظامیها داشت. رشد اقتصادی نیاز به رقابت سرمایه و امنیت بازار دارد که در خاور میانه بسیار ضعیف اند. مصر، سوریه، لیبی، عراق در مرحله ای هم مدل هم در مدار شوروی بودند؛ سپس از آن جدا شدند. ترکیه، عربستان، اردن، پاکستان در مدار آمریکا بوده؛ ولی به اقتصاد شکوفان سرمایه داری بجز ترکیه نرسیدند.

در خاور میانه کنونی غرب نقشی 2 گانه دارد: ثبات بازار منابع کانی و گسترش طبقه متوسط برای فروش محصولات و فرهنگ خود. غرب شامل حکومت و مردم می شود. حکومت در خدمت سرمایه های ملی بوده؛ مردم، برخی با وجدان و انسانیت برای تقلیل رنج دیگران، می کوشند.

4-سیاست خارجی آمریکا نتیجه رقابت 2 جناح اقتصادی بضد نفوذ اردوگاه در جهان و اکنون تروریزم می باشد. این جناح تا دهه 80م بودجه تسلیحات بضد اردوگاه، سپس برای کمک به تحکیم کمربند سبز بضد شوروی، اکنون برای مبارزه با بنیانگرایان مسلمان را افزایش داد. در خاور میانه یک جناح برای جنگ با اسلامگرایان بودجه پنتاگون را افزایش می دهد؛ دیگری برای تلفیقی از ثبات سیاسی، حقوق بشر، ضددیکتاتوری از سومالی تا پاکستان می کوشد. در دهه 50ش در برخی کشورهای همجوار شوروی، تز کمر بند سبز برزینسکی، روند اسلامگرایی را سرعت بخشید.

در دهه 40ش در ایران اصلاحات ارضی، بنا بتوصیه آمریکا، بمثابه عامل عینی روند اسلامگرایی را تسریع کرد. شکست اصلاحات ارضی علاوه بر شکست شکوفانی اقتصادی و بحران بازار نفت اواخر دهه 50ش اجرای تز کمر بند سبز برزینسکی در تفاهم تلویحی با جناح غالب شیعی انقلاب، روند انقلاب را بضد سکولارهای راست و چپ شتاب و خشونت بخشید.

اصلاحات ارضی بهمن 41 ایران روند اسلامگرایی را تسریع و تعمیق کرد. اصلاحات ارضی، هجوم دهقانان به حاشیه شهرها، تز کمربند سبز، مماشات حاکمیت با مذهب، ترویج کتب و تشکیلات مذهبی، کنترل رسانه ها، سرکوب سکولارها و چپها- عوامل نضج ذهنیت و عینیت جمهوری اسلامی در ایران اند.

سیاست خارجی آمریکا مانند جنگ سرد، تز کمربند سبز، توصیه اصلاحات ارضی در برخی کشورها- در خدمت منافع بخشی از حاکمیتش است. پس از ج ج 2، آمریکا در 3 قاره آفریقا، آسیا، آمریکای لاتین و منطقه خاورمیانه حضور خود را گسترده و ژرفمند کرد. این حضور باید با ایجاد 737 پایگاههای نظامی و فروش تسلیحات تکمیل شده؛ با حمله نظامی، کودتا، سابوتاژ/ تخریب، تحریم، تغییر حکومت در زیر آمده:

121

چین 1945-1946، سوریه 1949، کره 1950-1953، ایران 1953، گواتمالا 1954، تبت 1955 تا دهه 70م، اندونزی 1958، کوبا 1959، کنگو 1960-1963، دومینیکن 1961، ویتنام 1961-1975، برزیل 1964، کنگوی بلژیک 1964، گواتمالا 1964، لائوس 1965-1966، پرو 1965، یونان 1967، گواتمالا 1967-1969، کامبوج 1969-1970، شیلی 1970-1973، آرژانتین 1976، ترکیه 1980، لهستان 1980-1981، السالوادور 1981-1992، نیکاراگوئه 1981-1990، کامبوج 1980-1995، آنگولا 1980، لبنان 1982-1984، گرانادا 1983-1984، فیلیپین 1986، لیبی 1986، ایران 1987-1988، لیبی 1989، پاناما 1989-1990، عراق 1991، کویت 1991، سومالی 1992-1996، بوسنیا 1995، ایران 1998، سودان 1998، افغانستان 1998، یوگسلاوی/ صربستان 1999، افغانستان 2001، عراق 2002-2003، سومالی 2006-2007، ایران 2005 تا کنون، لیبی 2011، سوریه 2012.

چالمرز جانسون 1931-2010 استاد بازنشسته ی علوم سیاسی دانشگاه کالیفرنیا- برکلی، رئیس دانشکده مطالعات چین و ژاپن، رزمنده جنگ کره، مشاور سیا در 1967-1962 بود. او در 2 کتاب تالمات امپراتوری: نظامیگری، مخفیگری، پایان جمهوریت و قصاص: ایام آخر جمهوری آمریکا، درباره ی کمک آمریکا به رشد طالبان و القاعده نوشت:

تاکنون این طور پذیرفته شده که شوروی با اشغال عمدی افغانستان در شب کریسمس 1979 آمریکا را تحریک کرد. رابرت گیتس رئیس پیشین سیا در کتاب منتشر 1996 از سایه ها From the Shadows نوشت: سرویس های اطلاعاتی آمریکا کمک های خود به مجاهدین افغان را 6 ماه پیش از اشغال افغانستان بدست شوروی، نه پس از آن، آغاز کردند. در ژانویه 1998 برژینسکی، مشاور امنیت ملی کارتر، رئیس جمهور، در یک مصاحبه با خبرنگار نوول ابزرواتور فرانسه اظهارات گیتس را تائید کرد. http://www.globalresearch.ca/

برژینسکی گفت: بنا بروایت رسمی تاریخ کمکهای سیا به مجاهدین در 1980 پس از اشغال ارتش شوروی در افغانستان بود. ولی حقیقت که تاکنون پنهان مانده، با آن گزاره متفاوت است. سوم ژوییه 1979 پرزیدنت کارتر نخستین فرمان را امضا کرد تا کمک های مخفیانه به مخالفین رژیم طرفدار شوروی در کابل برسد. در همان روز من یادداشتی برای پرزیدنت فرستادم. در آن توضیح دادم که به عقیده ی من این کار به دخالت نظامی شوروی منجر خواهد شد.

خبرنگار از برژینسکی پرسید که آیا او به هر شکلی از آنچه که کرده اند متأسف است؟ برژینسکی پاسخ داد: چه تأسفی؟ آن عملیات محرمانه یک ایده ی عالی بود که روسها

را به تله ی افغانستان انداخت؛ حالا تو می خواهی من متاسف باشم؟ در روزی که نیروهای شوروی رسما از مرزهای افغانستان گذشتند، من به پرزیدنت کارتر نوشتم که "اینک ما فرصت دادن ویتنام به روسها را داریم.

خبرنگار نول ابزرواتور پرسید: حالا شما متاسف نیستید که از بنیادگرایان مسلمان حمایت کردید که آنها هم سلاح و مشاوره به تروریست های آینده دادند؟ برژینسکی: چه چیزی در تاریخ جهان مهمتر است؟ طالبان یا سقوط امپراتوری شوروی؟ چند تا مسلمان تحریک شده یا آزادی اروپای مرکزی و پایان جنگ سرد؟

گرچه فروپاشی شوروی بیشتر به عقب افتادگی اقتصادی و انسانیت گورباچف مدیون است تا پارتیزان های افغانستان. برژینسکی مطمئنا به پیدایش "چند تا مسلمان تحریک شده" کمک کرد؛ ولی نتایج آن در اتلاف تریلیون دلار و آوارگی و کشتار میلیونها انسان تاکنون نیز ادامه دارد.

اول از قماش رابرت گیتس، دیک چینی، دونالد رامسفلد، کاندولیزا رایس، پل وولفوویتز، ریچارد آرمیتاژ و کالین پاول - همه در کشته شدن 1/8 میلیون افغانی، 2/6 میلیون آواره بی خانمان و 10 میلیون مین منفجر نشده که نتیجه ی تصمیم آنها بوده مسئولیت دارند. این مسئولیت برای دریافت منزلت و ثروت در تخریب حیات دیگران است. تاریخ قدرتمندان تبلیغ قدرت است. مکنامارا، وزیر دفاع آمریکا در دوره جانسون، پس از سالها قتل و تخریب در هندوچین، در کتاب خاطرات اش، حضور ارتش مهاجم را با یک کلمه "اشتباه" می نامد. همین http://news.gooya.com/ .

5-از دهه 1970 با رشد سرمایه جهانی به گلوبالیزاسیون، تولید، بازار، فنآوری در سرمایه سرمایه داری جهانی را متحول کردند. برخی کشورها مانند تایوان، سنگاپور، امارات، قطر، کویت، ترکیه از دسترسی به آبهای آزاد جان برای ایجاد بندرهای بازرگانی، سرمایه مالی، گسترش بانکها اقتصاد خود را رشد دادند. برخی منابع نفت و گاز هم دارند. ولی ایران با ساحل طولانی بر آبهای آزاد دریای عمان و اقیانوس هند نتوانست بازرگانی خود را گسترش دهد. البته هند، چین، ویتنام، تایلند، مالزی مجاورت با آبهای آزاد را با آنرا به دارایی با بازرگانی بحری بدل کردند. در ایران ضعف دیگر نبود سیاحان جهانی بود. همه این کشورها سواحل خود را به کشتیهای تجاری و سیاحان جهانی باز کرده؛ اقتصاد را جهشی با 4-5% رشد سالانه دادند.

استعمار در خاور میانه

مهمترین عامل بیرونی در 100 سال گذشته خاورمیانه استعمار با 2 نقش تضعیف سرمایه داری ملی و گسترش مدرنیزم است. استعمار اجزای متضاد خود را در منطقه دارد- عمده ترین روسیه، انگلیس، آمریکا، بطور ثانوی آلمان، فرانسه، دیگران. رشد ناموزون اقتصاد جهان از سده 16م حضور استعمار را در 3 قاره آمریکا، اقیانوسیه، آسیا، افریقا و جنگهای بین دول پیشرفته برای دستاندازی به متصرفات دیگران را در جهان دامن زد.

وجود استعمار بخشی از فرهنگ مدرن است که شهرسازی، بهداشت، آموزش، پرورش، وسایل زندگی، ورزش، تفریح، هنر، فروشگاه، بنادر، گردشگری، باستانشناسی در خاورمیانه به روز می کند. در عین حال ارزش اضافی، انباشت سرمایه بومی اتفاق نیافتاده؛ طبقات متوسط رشدی نباتی دارند. ولی ارگانهای سرکوب از اشاعه مدرنیته جلوگیری می کنند. در نبود استعمار در یک کشور، ارتجاع ایده الوژیک جایگزین شده؛ لذا دمکراسی، حقوق اقلیت، آزادی اجتماعی، وجود نهادی های صنفی، حزبی، کسب هم پدید نمی آید. در حالیکه با وجود استعمار در ترکیه، کره جنوبی، تایوان - این امور و احزاب چپ وجود دارند.

تاثیر استعمار در خاورمیانه بمثابه عامل کند کننده شکوفانی سرمایه داری و عامل ارتقای فرهنگ مدرن بررسی می شود. نفوذ استعمار با فساد بخشی از حاکمیت، خروج مواد سوختی، ارزش اضافی، فروش تسلیحات گرانبها، مداخله در برنامه های اقتصادی بنفع شرکتیهای خارجی، قرضهای گرانسود بانکی، به دولت منجر به عدم انباشت سرمایه در کشور شده؛ اکثریت جامعه را در فقر مزمن نگه می دارد. ورشکستگی خرده پاها و وامهای نواستعماری را در یونان می توان در استیصال مردم و تظاهرات خیابانی روزمره دید.

گستره تاریخی، جغرافیایی، مقوله ای/ کاتگوری با تمرکز/ فوکوس روی ایران بررسی می شوند. در ایران ورای شکست شکوفانی اقتصادی سرمایه داری فراگیر خاورمیانه، اصلاحات ارضی بتوصیه آمریکا، تز کمر بند سبز برزینسکی هم قوز بالا قوز شده؛ جمهوری ولایت فقیه را جبری کرد. پس عامل عمده انقلاب 57 شکست اصلاحات ارضی، عوامل ثانوی شکست شکوفانی سرمایه داری مختلط وابسته و اعمال تز برزینسکی ارزیابی می شوند.

جهاز دریایی برخی دول غربی در قرن 16م به اقیانوسها
رفته؛ 3 قاره آفریقا، آمریکا، اقیانوسیه را کشف کرده؛
منطقه هایی را برای مراوده محصولات کشاورزی ضمیمه کردند.
این دول عمدتا انگلیس، فرانسه، اسپانیا، پرتغال، هلند،
روسیه، ژاپن بودند.

استعمار در برگیرنده استقرار، بهرهکشی، تداوم،
دستاندازی، ضمیمه کردن کولونی/ مستعمره می باشد. کشور
متروپل صاحب ساختار اجتماعی، حکومت، اقتصاد مستعمره
شده؛ از سالهای 1500م این روند آغاز شد. در روند
دستاندازی به سرحدات جدید، رقیبان به جنگهای استعماری
افتاده؛ سپس در جنگهای رهیابخش بومیان گرفتار شدند. در
این روند کارگران کشورهای متروپل هم با اعتصابات خود
عرصه را بر استعمار تنگ کرده؛ برخی از آنها بنا به
عوامل درونی انکشاف سرمایه به مرحل امپریالیزم رسیدند.

به تدریج کمپانی های فراملی و شرکت های سهامی غربی
بودند که جای تجار افغانی، هندی و عرب را در بازرگانی
خارجی ایران اشغال کردند. آنها اجازه هیچ حرکت مستقلی
را به ایرانیان-که از سوی حکومت نیز پشتیبانی نمی شدند-
نمی دادند.

رسانه ها با گزارش جستجوگرانه فساد حاکمیت را آفتابی می
کنند. زیرا چون غیرقانونی یعنی دزدی است ماند ثروت
اندوزی مافیایی می باشد. ولی از اینهم پیچیده تر است؛
زیرا پیشوا غارت ثروت ملی را با عنوانهای تبلیغی پرژه
های بزرگ کشور انجام می دهد. درصدی از معاملات معاملات
خارجی را در حساب بانکی در سوییس، انگلیس، آمریکا- یک
نمونه در زیر می آید. مصاحبه انصاری با سربی در مردم تی
وی. البته همین را می توان در باره مارکوس فیلیپین،
مبارک مصر، بن علی تونس دنبال کرد. انصاری- سربی: غارت
مالی عهد شاه.
http://www.youtube.com/watch?v=YqzsXL1WYAo&feature=share

بزرگترین استعمار امپراتوری انگلیس بود که در قرن 19م
آفتاب از پهنه آن غروب نمیکرد. استعمار عمدتا در قاره
های جدید همراه با مهاجرت و اسکان شهروندان متروپل در
مستعمرات بود. نوع دیگر در خاور میانه عمدتا مناسبات
استعماری یعنی کنترل صادرات، واردات، قراردادهای
انحصاری، بهره برداری از معادن، وامهای گران سود، نفوذ
در دولتمردان بومی بود.

استعمار شکلی از سرمایه برای استثمار و مبادله اجتماعی
در توسعه ناموزون، وابستگی، فقر مزمن بین کشور متروپل و
جهان سوم می باشد. در مستعمرات متوسط طول عمر نصف متوسط

آن در کشور متروپل بود. در دهه 40م در هند متوسط عمر 32 سال بود. صدور سرمایه به مستعمرات، مواد خام از مستعمره بیرون کشیده می شد؛ ارزش اضافی و انباشت سرمایه خارج می شد. البته پس از استقلال، حاکمیت بومی هم مانند استعمار بر طبقات محروم ستم می کند.

مستعمرات انگلیس در 1914م بیش از 40 کشور بود از جمله: هند، کانادا، مصر، نیجریه، عمان. مستعمرات فرانسه الجزیره، مراکش، تونس، هندوچین، گستره های در آمریکا، آفریقا، اقیانوسیه بود. پرتغال موزامبیک، آنگولا مناطقی در قاره های دیگر، آلمان و هلند هم مناطقی در آفریقا صاحب بودند. در برده داری در نهایت 11 میلیون سیاه، از آفریقا به قاره های جدید برای بیگاری برده شدند. چند 10 میلیون نوکران هندی و چینی در خدمت استعمارگران بحساب نیامده اند. استعمار امراض آبله، مالاریا، تب زرد، سفلیس را هم به مستعمرات برزیل و مکزیک برد؛ ملیونها نفر از بومیان در سده های 17 و 18 نابود شدند.

نومستعمره پس از ج ج 2 پدید آمد که دربرگیرنده تعرفه های و تجارت نامه های استعماری و قرارداد تجارت آزاد آمریکا که مفاد آن بنفع دول استعماری بود. استعمار پیشرآمد امپریالیزم در سده 20م بود. بمرور نماینده های انحصاری و فروشگاههای اجناس غربی در شهرهای خاور میانه در مقابل بازار سنتی قد علم کرده؛ با روابط نزدیک با دولتمردان عرصه را برای بورژوازی ملی از نوع پارچه های کازرونی، کارگاههای اصفهان، مصنوعات تبریز تنگ کردند.

در دهه 40 و 50ش صنایع مونتاژ در کرج و نواحی دیگر کارگاههای کوچک صنعتی را تارومار کردند. لذا بورژوازی کمپرادور شکل گرفت که با دولت وابسته به غرب به بازار سنتی منطقه فشار آورد. برخی از تجار بازار با خمس و زکات به قشر آخوند رابطه بازار و دین را تعمیق بخشیدند. ولی جوانان قشر بازار بورژوازی هم با تحصیلات دانشگاهی و فرهنگ شیعی به پیدایش سازمانهای مخفی، بخاطر ساواک سفاک، و در نهایت چریکی کمک کردند.

رژیم در بازه زمانی 57-32ش با رهنمود سیاست خارجی آمریکا در 3 جهت حرکت می کرد: 1- قلع و قمع سازمانهای سکولار ملی و چپ. 2-کمک مالی ساواک به حسینیه ها و وعاظ گردآورنده جوانان. 3-فرمان انقلاب سفید، اصلاحات ارضی، گسترش بانکهای استقراضی در روستا. عامل اول خلاء سیاسی بهنگام بحران حاکمیت را پدید آورد. جز کنفدراسیون دانشجویان خارج علنی و غیرقانونی نیروی سیاسی متشکل مدنی وجود نداشت. خود رژیم هم کادرهای فرهنگی از قماش

نهاوندی، نیکخواه، لاشایی را از این سازمان با تطمیع و شکنجه عضوگیری می کرد.

مراوده با غرب از قرن 17م عهد صفویان با پرتغال، فرانسه، انگلیس، روسیه، عثمانی، هند آغاز شد. تجار اصفهان، تبریز، مشهد، تهران، بوشهر توانستند حیطه کالایی خود را با برخی فراورده های غربی افزایش دهند. یهودیان، ارمنیان، آشوریان، زرتشتیان بخاطر چندزبانی بودنشان نقش مهمی ایفا کردند. فرآورده های خارجی مسئله نمایندگی انحصاری، سفیران، مستشرقین، سیاحان، ابنیه تاریخی، تاریخ ادبیات/ حکام، روابط شبه-سیاسی را در حاکمیت ایران مطرح کردند.

این تجار با دولتمردان مناسبات کسبی، دوستی، خانوادگی، فرهنگی/ ترجمه قراردادها پیدا کردند. برخی تجار با بانکهای خارجی، وسایل ترابری/ کشتی، بیمه محمولات سروکارشان افتاد. چندی بعد تجار با واردات ابزار کارگاهی، کارخانه ای، اجزا/ مرمت، دستور المعملها تخصصی شده؛ یک بخش به صنایع چاپ، شیشه، نساجی، رنگهای شیمیایی برای قالی، ادوات کشاورزی، نجاری، دوزندگی روی آوردند. یک بخش انحصار نمایندگی و فروشگاه سازی جنب بازار را راه اندازی کردند.

دولت هم 2 مدل برای درگیری با این تجار در پیش داشت. یکی با کنترل منابع کانی، کمرگ، امنیت ترابری؛ دیگری بمثابه یک سرمایه دار کلان بخشهای تولید صنعتی را تصاحب کند. مدل دوم با استبداد شرقی سازگارتر بود؛ بویژه با انقلاب اکتبر در مالکیت دولتی با فرض مدیران صالح و سالم - این نظر قوی تر شد. لذا بخش عمده تولیدات صنعتی از دست سرمایه داران خصوصی خارج شد.

برخی دول غربی سرمایه داری با کشف قاره های جدید به مرحله استعمار رسیدند. لذا مراودات تجاری با آسیا با برخی طمعهای 2گانه دولتی-تجاری استعماری درهم آمیخت. برای استعمار بدیل ساخت و پاخت با دولتمردان بومی منفعت بیشتری برای تجارت داشت تا از طریق رقابت. برای دولتمردان هم این رابطه نافع بود زیر مقام، منزلت، گاهی درصد واسطه گی برای آنها جذاب بودند.

از رابطه ایران و پرتغال می توان واموازه های نارنج و لیمو که به اروپا رفته به ارنج و لیمون تبدیل شدند؛ برای نارنج هم اسم پرتغال در ایران جا افتاد. توپ مروارید صادق هدایت بجامانده از توپخانه پرتغال و دخیل بستن زنان در ایران را می توان نام برد. در موزه مهمات

لیسبون، توپخانه قرون 17 و 18 پرتغال، همان که در خلیج فارس بکار میرفت، می توان دید.

پسا استعماری پیآمدهای استعمار را در مستعمرات تجرید می کند. ادوارد سعید گفت که آثار بالزاک، بودلر، لوترامون تخیلات برتری فرهنگی غربی را دامن زدند. امه سزر، فرانس فانون، سپیواک به شرقیگرایی/ اوریانتالیزم 1978 ادوارد سعید، گفتمان ندید گرفتن مقام مادون subaltern شرقیان در آثار هگل، کانت و تاکید این 2 روی تمدن غرب را افزودند.

در قرن 20م برخی کشورهای استعماری به بالاترین مرحله سرمایه داری، امپریالیزم با 5 خصیصه زیر رسیدند. هیلفردینگ- سرمایه مالی 1910 ؛ هوبسن امپریالیزم 1916، امپریالزم و اقتصاد جهان بوخارین 1915، لنین در امپریالیزم بمثابه بالا ترین مرحله سرمایه داری 1916 گفت: قرن بیستم نقطه تحولی است که در آن سرمایداری قدیم بسرمایداری نوین و سیادت سرمایه بطورکلی بسیادت سرمایه مالی تبدیل میشود. رئوس کتاب آخری بقرار زیرند:

1 - تمرکز تولید و انحصارها
2 - بانک ها و نقش نوین آن ها
3 - سرمایه ی مالی و الیگارشی مالی
4 - صدور سرمایه
5 - تقسیم جهان بین اتحادیه های سرمایه داران
6 - تقسیم جهان بین دول معظم
7 - امپریالیزم به مثابه مرحله ی خاصی از سرمایه داری
8 - طفیلی گری و گندیدگی سرمایه داری
9 - انتقاد از امپریالیزم
10- مقام تاریخی امپریالیزم

در 100 سال گذشته امپریالیزم و جهان سرمایه داری مرحله های نوینی را طی کرده اند. ج ج 1 و 2، انقلابات روسیه، چین، ویتنام، فاشیزم، ناتزیسم، جنگهای رهایبخش الجزیره، آسیا، آفریقا، آمریکای لاتن، بحران سهام دهه 30م آمریکا، بحرانهای ادواری پس از آن، طغیانهای کارگران اروپایی، پیدایش غولهای صنعتی آلمان، ژاپن، چین، برزیل، کره جنوبی، آفریقای جنوبی، هند، اتحادیه اروپا، پیدایش فن آوری دیجیتال ماهواره ای، تلفن همراه، انترنت، پلاستیک، بانکها، بیمه، بورس غربی- عوامل تاثیر گذارند.

جنگ جهانی اول 1914-1918 غاصبانه، غارتگرانه بود. هر 2 طرف برای تقسیم جهان، مستعمرات، مناطق نفوذ سرمایه مالی جنگ کردند. پس از آن، سرمایه ها نه در وجه صادرات بلکه به صورت وام های دراز مدت یا کمک های بلاعوض به کشورهای پیرامونی داده شدند. بیشتر این وامها با کارشناسان و

مازاد تولید کشور استعماری بسته بندی شدند. سازمان بین المللی پول، صندوق جهانی پول، بانک جهانی، USAID، بانک مرکزی اروپا در سده 21م وام به کشورهای دیگر می دهند.

منابع. 12/09/18
http://en.wikipedia.org/wiki/Colonialism
سیف، احمد ،۱۳۸۷، قرن گمشده، چاپ اول، تهران، نشر نی.
کسروی، احمد ۱۳۷۸، تاریخ مشروطه ایران، چاپ نوزدهم، تهران، انتشارات امیرکبیر.
عیسوی، چارلز ۱۳۸۷، تاریخ اقتصادی ایران، ترجمه یعقوب آژند؛ چاپ سوم، تهران، نشر گستره.
آفاری، ژانت ۱۳۸۵، انقلاب مشروطه ایران، ترجمه رضا رضایی، چاپ سوم، تهران، نشر بیستون.
انباشت   http://mehreganmag.com/contents/mehregan10/
سرمایه و انقلاب مشروطه در ایران، فریبرز مسعودی
http://www.iran-emrooz.net/index.php/politic/more/36218/

یادداشتهای زیر از منابع فوق نقل شده؛ تا مداقه شوند. {اقتصاد امروز ایران در مقیاس ملی و بین‌المللی مورد تحلیل و ارزیابی قرار دهیم، اقتصاد ایران از معضلاتی نمایان همچون نرخ بیکاری بالا و جمعیتی حدود سه میلیون نفر بیکار، فقر دو دهك جمعیتی و توزیع نابرابر درآمد، آسیب‌های اجتماعی فراوان و رشد اقتصادی ناموزون با ظرفیت و شرایط و وضعیت و موقعیت ایران، روبروست. تازه این‌ها در شرایطی است که در سال‌های اخیر وضعیت درآمدی کشور از ناحیهء صدور نفت و گاز روبه‌بهبود و افزایش بوده است.

فقر به کفر می‌انجامد» و یا «از هر دری که فقر وارد شود، از در دیگر ایمان می‌رود.» متاسفانه از روزگاری که درآمد نفت اصلی‌ترین منبع درآمدي دولت و بودجه را در ایران تشکیل داده است، دولت‌ها در پاسخ به نیاز شغلي موجود خود وارد عمل شده‌اند و با مداخلهء هرچه بیشتر در فعالیت‌های اقتصادی متکفل پاسخگویی به آن شده‌اند که نتیجهء عملی آن گسترش حجم و بدنهء دولت و به ویژه بخش دیوانسالاري آن بوده است به گونه‌اي که کمتر دولتي را در دنیا می‌توان یافت که به لحاظ عده و عده هماننددولت ایران باشد!

انباشت سرمایه موتور اقتصاد یک کشور است. به هر میزانی که دولت و ملت هر کشوري منابعي را به سرمایه گذاری تخصیص دهند به همان میزان نیز از رشد اقتصادي، ایجاد اشتغال، رفع فقر بهره‌مند خواهند شد. اگر منابع داخلي کفایت ندهد تا حد امکان منابع خارجی را براي انباشت سرمایه می توان بکار برد. در ادبیات اقتصادي براي اندازه‌گیري انباشت سرمایه در کشورها از نسبت سرمایه

گذاري به توليد استفاده مي‌كنند. با تحقيقات اقتصادي اين نسبت بايد براي ايران 35- 40 % باشد. در حالي است كه عملكرد اقتصاد كشور از 76 تا 84 نسبتي حدود 24 - 29 % دارد.}

ماركس سرمايه داری را نه به مثابه جمع و تركيب ساده سرمايه خصوصی بلكه به منزله بازتاب كل سرمايه اجتماعی در نظر می گيرد. ماركس در كاپيتال ج3، فصل ۲۳: نوشت: در نتيجه تكامل نهايی توليد سرمايه داری يک مرحله انتقالی لازم به سوی بازتوليد سرمايه اموال توليد كنندگان است، اما نه به مثابه اموال خصوصی توليد كنندگان منفرد، بلكه به مثابه اموال توليد كنندگان مشترک. بررسی بخشی از نظريات در مورد امپرياليسم، بُحُ سوداگر.

ماركس به خوبی نظام سرمايه داری را شناخته؛ در كاپيتال اين نظام را مورد بررسی قرار داد. او در كاپيتال به تركيب ارگانيک سرمايه، گرايش مداوم سرمايه به كسب سود بيشتر اشاره كرد؛ صدور سرمايه از كشوری به كشور ديگر را در همين راستا ديد، اما او با اشاره به اينكه با بالا رفتن تركيب ارگانيک سرمايه نرخ سود مداوم روبه كاهش دارد به بحرانهای ادواری و ساختاری نظام سرمايه داری كه در نتيجه كاهش نرخ سود به وجود می آيند نيز اشاره كرد. صدور سرمايه از كشوری به كشور ديگر گرچه ممكن است در كوتاه مدت به عنوان يک آلترناتيو برای نجات سرمايه داری از بحرانهای ادواری و ساختاری كارساز باشد اما با جهانی شدن سرمايه و اشباع بازار بين المللی اين آلترناتيو كارآمدی خود را از دست می دهد.

ماركس و انگلس استعمارگری را مرحله ضروری از تاريخ می دانند و عليرغم محكوم كردن استعمار آن را ضرورتی گريزناپذير برای عبور دادن جوامع از مراحل پيشاسرمايه داری می دانستند. در روزنامه نيويورک ديلی تريبون، ماركس نوشت: من با نظر كسانی كه به عصر طلايی هندوستان معتقد بودند سهيم نيستم اما نمی توان شک كرد كه صدماتی را كه انگليسيها به هندوستان وارد كردند بی نهايت از آنچه تاكنون هندوستان متحمل شده متفاوت است. در اينجا تجاوزكاران انگليسی بودند كه دوكهای دستی و چرخهای ريسندگی هندی را ويران كردند؛ ماشين آلات پيشرفته را جايگزين آن كردند. كتاب فوق.

اين حقيقت دارد كه محرک انگلستان در ايجاد انقلاب اجتماعی در هند شوم ترين منافع را تشكيل می داد. در اجرای آن سفيهانه كوشيد، اما مسئله اين نيست، مسئله اين است كه آيا بشريت می تواند سرنوشت خود را بدون انقلاب بنيادی در وضع اجتماعی آسيا به سرانجام برساند؟ اگرنه

جنایت انگلستان هرچه که باشد آن کشور به مسابه وسیله
ناآگاه تاریخ انقلاب را در هند به جلو برده است، همان
جا. (نیویورک دیلی تریبون) مارکس و انگلس از زمره اولین
کسانی بودند که در زمینه امپریالیسم سخن گفتند و نظریات
دقیقی را در این زمینه مطرح نمودند که پایه ی نظریات
لنین و دیگر مارکسیستهای ارتدوکس شد.

رزا لوکزامبورگ گفت: امپریالیزم بیان سیاسی انباشت
سرمایه است. در مبارزه رقابت آمیز برای بدست آوردن آن
چه هنوز از مناطق غیر سرمایه داری باقی مانده است. او
امپریالیزم را یک مرحله تاریخی از سرمایه داری و پایان
آن انگاشته؛ آنرا فرایند به مسیر تمدن کشاندن مناطق عقب
مانده جهان نامید. گفت: سرمایه داری با تولید افراطی
کالاهای مصرفی که در بازار سرمایه داری جذب نمی شوند در
نتیجه حرکت سرمایه داری در دیگر کشورها خشونت جنگ و
انقلاب را سبب می شود. بنظر او مسئله عمده تولید سرمایه
داری مسئله بازار است؛ انگیزه هر سرمایه داری در سرمایه
گذاری کسب سود بیشتر است.

امپریالیزم را مرحله ضروری و اجتناب ناپذیر نظام سرمایه
داری نامید؛ آن را نسبت به سرمایه داری مترقی تر خواند.
این نظر با مارکس، انگلس، لنین، برخی مارکسیستهای
ارتدوکس مشترک است. لنین امپریالیزم را مرحله نهایی
انحصاری و انتقالی نظام سرمایه داری می نامد که در آن
انحصار جای رقابت آزاد را می گیرد و سرمایه مالی جای
سرمایه صنعتی را می نشیند. لنین به تمرکز تولید در دست
عده ای معدود و پیدایش انحصارها اشاره کرد. او معتقد
است که این تمرکز ثروت موجب پیدایش اقلیت انگل و مفت
خور خواهد شد. این اقلیت از طریق سود خود زندگی می
گذرانند کسانی مانند سفته بازان، صاحبان املاک. او می
گوید از ترکیب سرمایه صنعتی و مالی الیگارشی مالی شکل
می گیرد. لنین به صدور سرمایه متمایز از صدور کالا اشاره
دارد که در مرحله امپریالیزم رایج است. او می نویسد یکی
از کیفیتهای اصلی امپریالیزم آن است که تکامل سرمایه
داری را در عقب افتاده ترین کشورها تسریع کرده. در
نتیجه مبارزه علیه ستم ملی را گسترش می دهد.

{لنین به تقسیم جهان بین انحصارهای سرمایه داری بین
المللی اشاره دارد. او ویژگی ها را برای امپریالیزم
برمی شمارد. ۱_ سرمایه داری انحصاری ۲_ سرمایه داری
انگلی و رو به انحطاط و ۳_ سرمایه داری در حال مرگ. او
روبنای سیاسی امپریالیزم را روبنای ارتجاع سیاسی
دمکراسی منطبق با رقابت آزاد و ارتجاع سیاسی مطابق با
انحصار قلمداد می کند که در آن سرمایه مالی برای سلطه
می کوشد نه آزادی. همچنین می نویسد امپریالیزم به طور

کلی یعنی نفی دمکراسی و نه تنها یکی از انواع دمکراسی بلکه هرنوع از دمکراسی یعنی خودمختاری ملی.}

http://www.kargaran-iran.com/Maqale/2009/10/post_1351.html

مارکس گفت: تکامل تولید مادی پایهٔ هر زندگی اجتماعی و بنابراین مبنای هر تاریخ واقعی است. تولید نخستین شرط وجودی انسان است. تولید برای انسان نیازهای زیست را فراهم کرده و حتی خود انسان را خلق کرده است. به کمک کار بود که انسان توانست خود را از سایر حیوانات متمایز کند. یکی از تمایزات اساسی میان انسان و حیوان در این است که حیوانات از محصولات آمادهٔ طبیعت استفاده می کنند در حالیکه انسان با آغاز تولید وسائل زندگیش نه تنها تمایز خویش را از حیوانات آغاز می کند، بلکه بطور مستقیم زندگی مادی خود را نیز تولید می کند. تولید بوسیلهٔ دو عامل توصیف می گردد یکی پروسه یا روند کار و دومی مناسبات تولیدی. پروسهٔ کار روندی است که در جریان آن انسان به تغییر شکل طبیعت می پردازد تا نیازمندی های خود را برآورده سازد. مارکس در کتاب خود سرمایه می نویسد: در مرحلهٔ نخست، کار عبارت از پروسه ای است بین انسان و طبیعت، پروسه ای که طی آن انسان فعالیت خویش را واسطهٔ تبادل مواد بین خود و طبیعت قرار می دهد، آن را منظم می کند و تحت نظارت می گیرد. انسان خود در برابر مواد طبیعت مانند یک نیرویی طبیعی قرار می گیرد. آن را منظم می کند و تحت نظارت می گیرد. انسان خود در برابر مواد طبیعت مانند یک نیروی طبیعی قرار دارد. وی قوای طبیعی ای را در کالبد خود دارد، باورها، پاها، سر و دستش را به حرکت در می آورد تا مواد طبیعی را به صورتی که برای زندگی او قابل استفاده باشد، تحت اختیار در آورد. در حالیکه وی با این حرکت روی طبیعت خارج از خود تاثیر می گذارد و آن را دگرگون می سازد، در عین حال طبیعت ویژهٔ خویش را نیز تغییر می دهد. وی به استعداد هائی که در نهاد این طبیعت خفته است، تکامل می بخشد و بازی نیروهای آن را تحت تسلط خویش در می آورد.

مارکس کار عبارت از پروسه ای است بین انسان و طبیعت، پروسه ای که طی آن انسان فعالیت خویش را واسطهٔ تبادل مواد بین خود و طبیعت قرار می دهد، آن را منظم می کند و تحت نظارت می گیرد.

کار انسان را آفرید و دست هم انسان را آفرید ..این سخن بزرگ انگلس هست تفسیر و تاویل آن میان اکثر متفکرین و فلاسفه تغریبن یکیست و تفکر رابط بین انسان و کار و طبیعت است و عمل پایان تفکر و ذهن انسان و پزا تیک هست و این پروسه همیشه ادامه داشته و دارد.

{اغلب چنین تصور شده است که مارکس معتقد بود رسوخ استعماری سرمایه داری در مناطق حاشیه ای جهان، بعنوان یک نیروی مترقی ناب عمل کرده و به توسعه اقتصادی و اجتماعی آن کشورها- همسو با خطوطی که کشورهای مرکزی نظام جهانی سرمایه داری در آن پیشگام بوده اند، منجر خواهد شد. در این تردیدی نیست که مارکس به این نتیجه رسید که فرماسیون های اجتماعی در بخش های مشخصی از جهان اشکال راکد به خود گرفته و توسعه بیشتر را مسدود می کنند-یکی از نتایج اصلی مفهوم «شیوه تولید آسیایی» او1.

بنابراین، رسوخ بیرونی سرمایه داری در چنان کشورهایی به در هم شکستن این رکود کمک کرده و پیش شرط های مادی لازم برای یک توسعه گسترده تر را فراهم می کند. گرچه این تم به دفعات در بحث های اولیه او در باره «عقب ماندگی» اقتصادی و اجتماعی مطرح می شود، اما مارکس از آن طریق تاریخ هولناک استثمار سرمایه داری در این جوامع و یا ضرورت قیام اجتماعی جمعیت های بومی را کم اهمیت جلوه نداد. 2

برعکس، مارکس- با قوه خلاقه دیالکتیکی همیشگی خود- نه تنها استعمار را از نقطه نظر آنهایی که از آن آسیب دیدند محکوم نمود، بلکه همچنین براساس «منطق مکار» هگل استدلال نمود که رسوخ سرمایه داری پیش شرط های مادی عریانی را فراهم می کند که در صورت همراه شدن با انقلاب اجتماعی، راه را برای پیشرفت تاریخی باز می کنند- پیشرفتی که به نظر او می تواند اشکال پیچیده تر و متنوع تری از پیشرفت در اروپا بخود بگیرد.

مارکس در سالهای بعد، از روزهای تشکیل انترناسیونال اول و نگارش «سرمایه» در دهه 1860 تا پایان عمر خود- بمراتب کمتر از گذشته اعتقاد داشت که منطق مکار هگلی- که می گوید نیروهای عینی آزاد شده بدست استعمار در واقع پیش شرط های مادی برای توسعه ملت های تحت استعمار را فراهم می کند- در اینمورد اصلأ منطقی است. در عوض، او هر چه بیشتر نسبت به نقش استثمار بین المللی در ایجاد رابطه وابستگی ساختاری دائمی ملت های فقیر به ملت های ثروتمند- و تاثیرات این بر انترناسیونالیسم طبقه کارگر- پرداخت. او مشاهده کرد که ایرلند ارزش اضافه خود را- که عمدتاً از تولید کشاورزی ناشی می شد- به انگلستان می فرستد و در آنجا از آن برای گسترش تولید صنعتی استفاده می شود. علاوه براین، او در سال 1881 (در سومین پیش نویس نامه خود به « به ورا زاسولیچ» به این نتیجه رسیده بود که در ارتباط با هند «سرکوب مالکیت اشتراکی بر زمین، چیزی بغیر از یک اقدام خرابکارانه انگلیسی نیست که جمعیت بومی را نه به جلو بلکه به عقب می راند.

گرچه تصرفات استعماری بریتانیا در هند رشته های جامعه کهنه را سست کرد، و توسعه تاریخی سریع را ممکن نمود، اما همچنین جمعیت هند را در شرایط استثمار فوق العاده قرار داد. از اینرو، مارکس در نامه ای که در فوریه 1881 نوشت، وضعیت بزرگترین مستملک استعماری بریتانیا را چنین توصیف کرد:

«در هند، پیامدهای جدی، اگر نه بطور گسترده، در انتظار دولت بریتانیا است. آنچه انگلیسی ها از آنها [هندی ها] سالانه به شکل اجاره، درآمد از راه آهن غیرقابل استفاده برای هندوها، مزایا برای نظامیان و کارمندان غیر نظامی، برای جنگ افغانستان و دیگر جنگ ها و غیره و غیره می گیرند- آنچه که آنها از هندوها بطور یکطرفه و کاملاً متمایز از آنچه که سالانه در داخل هند بخود اختصاص می دهند- صحبت فقط از ارزش کالاهایی است که هندی ها بلاعوض و سالانه به انگلستان می فرستادند- بالغ بر مجموع درآمد 60 میلیون کارگر کشاورزی و صنعتی هند می شود! این یک روند خون کشی کینه توزانه است! سالهای قحطی یکی بعد از دیگری و در ابعادی که تاکنون در اروپا سابقه نداشته است، تکرار می شوند!»

اذعان به اینکه در سرمایه داری، اشکال افراطی استثمار در قلب نظام بین المللی قرار دارد، (در تحلیل های تحول یافته تر مارکس) به اولین شرط انترناسیونالیسم اصیل مبدل شد- بحثی که او بویژه در ارتباط با ایرلند بکار گرفت. او در اطلاعیه «شورای عمومی انترناسیونال» اعلام کرد «انگلستان در حال حاضر تکرار آنچه را که در یک مقیاس عظیم در رم باستان اتفاق افتاد، می بیند. ملتی که دیگران را برده می کند زنجیرهای خود را از یاد می برد.»3 او در آوریل همانسال در نامه ای نوشت، درواقع، برای کارگران انگلیسی «رهایی ملی ایرلند موضوع عدالت انتزاعی یا احساسات انسانی نبوده، بلکه اولین شرط رهایی اجتماعی خود آنهاست.» از ارزش کالاهایی است که هندی ها بلاعوض و سالانه به انگلستان می فرستادند- بالغ بر مجموع درآمد 60 میلیون کارگر کشاورزی و صنعتی هند می شود! مارکس.

مارکس در مقدمه جلد اول «سرمایه» اعلام کرد «همانطور که در قرن هجدهم، جنگ استقلال آمریکا زنگ خطر را برای طبقه متوسط اروپا به صدا در آورد، در قرن نوزدهم، جنگ داخلی آمریکا زنگ خطر را برای طبقه کارگر اروپا به صدا در آورد.» تغییر در نظرات دهه 1860 مارکس پیرامون استعمار ، به سمت تحلیلی که بر شرایطی تاکید می کرد که متعاقباً به «توسعۀ توسعه نیافتگی» معروف شدند، مشروحاً در تحلیل

های پیشین مستند شده- گرچه هنوز در نوشتار ها به آنها توجه نمی شود. نگاه کنید به «ناسیونالیسم و سوسیالیسم» نوشته «هوراس ب. دیویس» (انتشارات مانتلی ریویو، نیویورک، 1967)، صفحات 59 تا 73؛ «مارکس و توسعه نیافتکی» نوشته «کنزو مهری»، مانتلی ریویو، جلد 30، شماره 11(آوریل 1979) مارکس در ستایش کارگران بریتانیا بخاطر موضع قهرمانانه شان، همسو با نظرات خود آبراهام لینکلن بود، که بلافاصله بعد از صدور اعلامیه آزادی بردگان در ژانویه 1863، نامه تشکر آمیزی به کارگران منجستر- بخاطر راه پیمایی شان در حمایت از آرمان شمالی ها نوشته بود. لینکلن در نامه 19 ژانویه 1863 خود نوشت: «من مصائبی را که کارگران در منجستر، و در تمام اروپا، در بطن بحران متحمل شده اند را می دانم و بایت آنها عمیقاً متاسفم.} http://kanoonevokala.persianblog.ir/page/11

زمینه های عینی انقلاب 1285ش مشروطه:۱- خزانه خالی دولت. ۲- گسترش اقتصاد کالایی. 3- سلب مالکیت از دهقانان/ خصوصی سازی بدوی- انباشت سرمایه در ایران.

امروز بندگان همایون سوار شدند... گوشت در تهران کمیاب است، نان گران هیچ کس در فکر مردم نیست. خداوند وجود پادشاه ما را از تیر نفرین مردم محفوظ دارد. صاحب دیوان با هشتاد سال عمر که همه ی این عمر را غلط زندگی کرده است و قابل هیچ خدمت و ماموریتی نیست، هشتاد هزار تومان داد، حاکم کرمان شد، رکن الدوله را گفتند صد و پنجاه هزار توامن داد، حاکم فارس شد، حکومت گیلان هم در حراج و مزایده است تا چه شود. فریبرز مسعودی شنبه ۹ رمضان ۱۳۱۱ هجری قمری - روزنامه خاطرات اعتماد السلطنه- وزیر انطباعات در اواخر دوره ناصری 1275-1210ش.

انقلاب مشروطه ایران حاصل پیچیدگی‌های دورانی بغرنج، پیچیده و آبستن دگردیسی‌های خونبار جهانی است که مهر و نشان آن را بر تارک خود حمل می‌کرد. انقلابی همانند دیگر انقلاب‌های خونبار در کشورهای پیرامونی مصر، هند، چین، مکزیک و ترکیه که در چنبره تعارض‌ها، تضادها و بغرنجی‌های بیرونی و درونی از جمله رخنه امپریالیسم، مسئله ارضی، قومی و طبقاتی و فشارهای سنگین و خرد کننده برای نوسازی اقتصادی طبق الگوهای سرمایه‌دارانه و تعارض‌های دینی، آزادی‌های اجتماعی و فردی، قانون و استبداد به نفس نفس افتاده بود. حضور همزمان عناصر اجتماعی، اقتصادی، سیاسی و فرهنگی موجب حضور همزمان بازیگران بسیاری شده بود که گاه همساز و گاه متعارض و حتی در تضاد با یکدیگر هر یک به انقلاب مشروطه دل بسته بودند. بازیگرانی متشکل از تجار، پیشه‌وران، تولید کنندگان صنایع خرد روستایی وصنایع دستی خرده مالکان و پیشه‌وران شهری و روستایی

ورشکسته در اثر نفوذ اقتصاد سرمایه‌داری غرب و تغییر فاز اقتصادی کشور از اقتصاد معیشتی به اقتصاد کالایی و تولیدکنندگان صنایع دستی که از هستی ساقط شده و به دامن لمپن پرولتاریای حاشیه شهرها پرت شده بودند و رعیت‌های جاکن شده از روستاها و ماموران دولتی و روشنفکران و افراد تحصیل کرده‌ای که برخی خواهان برقراری سرمایه‌داری بدون درد و حرمان و خانه خرابی بودند و دسته دیگر خواهان دور زدن فرماسیون اقتصاد سرمایه داری و برقراری جمهوری شورایی ایران بودند.

انقلابی های مشروطه خواه به همین نسبت گونه گونی در پایگاه طبقاتی و قومی و جنسیتی دارای ایدئولوژی های گوناگون و گاه ضد و نقیضی بودند که حتی برخی در طول انقلاب مشروطه تغییر مشی و ایدئولوژی نیز داده و به صف مخالف می پیوستند و رنگین کمانی از خواسته ها و آرزوها از اخراج بیگانگان و امپریالیست ها گرفته تا برچیدن بساط استبداد و برقراری قانون را داشتند. من در این مختصر بدون این که وارد خواسته های رنگارنگ انقلابی ها بشوم تنها به مهم ترین ویژگی هایی اقتصادی و زیربنایی که زمینه های انقلاب مشروطه را فراهم آورد خواهم پرداخت. ضمن این که منکر تاثیر نواع ایدئولوژی های شرکت کنندگان از اجتماعیون عامیون گرفته تا طرفداران سرمایه داری غربی و طرف داران مشروطه سلطنتی و حکومت قانون به سبک غربی و قانون شرع نیز نمی شوم. اما به نظر می رسد آن چه که در گام نخست یا در مشروطه اول همه انقلابی ها را به یکدیگر پیوند می داد- خارج از نیرنگ و ترفند- یک خواسته و آن هم برقراری قانون و طرد استبداد بود.

زمینه های عینی انقلاب مشروطه
۱)خالی شده خزانه دولت- انقلاب مشروطه ایران پاسخ مردمی بود به حاکمیت پیر و فرتوت ایران که در زیر بختک سهمگین فقر و استبدادِ دم افزون دست و پا می‌زدند. حکومتی که طی سال‌های طولانی در زیر ضربه های سهمگین و پیاپی انحصارهای مالی و صنعتی دولت‌های سرمایه داری پیشرفته غرب که هر یک برای چنگ اندازی به سهم دیگری در هر نقطه ولو دور افتاده ترین نقطه جهان به جان یکدیگر افتاده و قربانیان را از یکدیگر می دریدند، از نفس افتاده بود. جنگ‌های پیاپی با دولت های امپریالیستی روس و انگلیس ضمن تحمیل شکست های خفت بار به کشور و کندن تکه هایی از پیکره میهن، باعث خالی شدن خزانه دولت به دلیل تامین هزینه های سنگین قشون کشی و تهیه اسب و علیق و اسلحه و مهمات نیروهای نظامی قرون وسطایی ایران از یک سو و پرداخت غرامت های سنگین به دولت های متجاوز از دیگر سو شده بود. دست و دلبازی حکام مستبد و زورگوی قاجار که در برابر خودی پلنگ و دربرابر دشمن گربه بودند در دادن

انواع امتیازهای خانمان سوز به بیگانگان و ضعف نظارت بر دریافت مالیات و عوارض و تغییرهای ماهوی در جریان تجارت باعث افلاس و ورشکستگی دولت در اثر کاهش شدید درآمدها و عوارض مالیاتی شده بود. نفوذ اقتصاد سرمایه داری امپریالیستی باعث فقر و گرسنگی و بیکاری و کوچ هزاران تن از نیروی کار از کشور گردید. از دست دادن هزاران تن نیروی کار فعال و جوان صنعتگر ضربه سهمگین دیگری بود بر پیکر اقتصاد کشور.

۲)گسترش اقتصاد کالایی و سلب مالکیت از دهقانان (خصوصی سازی بدوی[۱]) گسترش تجارت خارجی ایران با دول امپریالیستی در دهه های پایانی ۱۸۰۰ میلادی و رسیدن آن به چند برابر گذشته قاعدتا می‌بایستی به سود دولت و باعث بهبود و رونق اقتصاد کشور شود. اما نه تنها این گونه نشد بلکه داد و ستد با دولت‌های امپریالیستی عمدتا برای خرید و فروش کالاهای استعماری و مواد اولیه مورد نیاز آن دولت‌ها بود. در واقع در برش زمانی شکست ایران از کمپانی هند شرقی- به گفته مارکس- در جنگ هرات، موجب پرتاب شدن ایران به بازارهای جهانی و گره خوردن اقتصاد نیمه جان و قرون وسطایی کشور با اقتصاد امپریالیستی گردید. رشد و گسترش تجارت ایران با غرب علیرغم تسلط فئودالیسم، شرایط عینی را برای گسترش بازار داخلی، عمومی و ملی سرعت بخشید ولی چون منجر به رونق تولید برای صدور مواد اولیه مورد نیاز صنایع غربی گردید موجب خانه خرابی میلیون ها روستایی از یک سو و ورشکستگی تولید کنندگان صنایع دستی و روستایی ایران از سوی دیگر شد که تا آن زمان عمده تولیدات صنعتی ایران را تشکیل می‌دادند. در اثر داد و ستد ایران با کشورهای سرمایه داری کشاورزی ایران به سوی تولید کالاهایی برای فروش در بازارهای جهانی پیش رفت.
[۱] این اصطلاح را دکتر احمد سیف به کار برد.

تولید ابریشم و پیله در شمال - در این برهه به علت تغییر سیاست های استعماری - تعطیل و ورشکسته شد و کشت تنباکو، تریاک، پنبه و کنف برای مصرف صنایع کشورهای سرمایه داری امپریالیستی شدت گرفت. پولی که به این شکل وارد بخش کشاورزی ایران شد نه تنها موجب بهبود اوضاع اقتصادی رعیت نشد بلکه به جیب مالکان و تجاری که اکثرا به تازگی و برای سودآوری کشاورزی به آن جذب شده بود سرازیر شد. از دیگر سو هجوم انبوه صنایع تولیدی سرمایه دارانه به کشور ضربه های کاری به صنایع دستی و صنایع روستایی و پیشه وران شهری وارد کرد و به این ترتیب هزاران روستایی، پیشه‌ور، تولیدکننده صنایع دستی ورشکسته و مفلس به شهرها کوچیده؛ همراه بسیاری پیشه وران شهری و برخی تولید کنندگان صنایع خرده کالایی که در اثر رقابت

نابرابر با کالاهای غربی ورشکست شده بودند یا به دامن لمپن پرولتاریا در غلطیدند و یا به خارج کوچ کردند.

روند نابودی صنایع مختص به صنایع روستایی و دستی نبود بلکه صنایعی که به کوشش سرمایه داران ایرانی در گوشه کنار کشور تاسیس شده بود اعم از تولید منسوجات، پارچه ابریشمی، کفش، بلور و قند و شکر و کبریت در اثر رقابت غدارانه صنایع امپریالیستی ورشکست شده و صاحبان سرمایه اگر ورشکست و مفلس نمی شدند رو به تجارت با غرب و تولید محصول برای صنایع غربی آورده و بدین شکل نخستین تنیدگی سرمایه داری ایران با استعمار و امپریالیسم انجام شد. روند در هم تنیدگی اقتصاد ایران با بازار امپریالیستی جهانی با فقیر سازی دهقانان، انهدام مولدین خرده پا و توسعه مناسبات بازاری و پولی در کشور و تخصصی شدن تولیدات کشاورزی در مناطق گوناگون کشاورزی و روستایی انجام شد. (ص ۶۵ تاریخ اقتصادی ایران)

در این برش زمانی دولت که به پول نقد به جای محصول نیاز داشت ضعیف و ناتوان برای جمعاوری مالیات ناچار متکی به خان های فئودال و گردنکشان روستایی شده و برای دریافت مالیات نقدی شروع به منصب فروشی کرد. به این روش دولت در واقع هر درآمد هر منطقه را به مزایده گذاشته تا هرکس که مبلغ بیشتری پرداخت کرد آن منصب و منطقه ای را که بر آن سوار بود از آن خود کند. اما مستبدی که به این سان منصب را به چنگ آورده بود بدون توجه به نیاز کشاورزان به سرمایه گذاری هر چند اندک برای استمرار بهره کشی مالیات را بالا برده و فشار را برگرده رعیت بیشتر کرد. اما این همه ماجرا نبود زیرا با این جابه جایی قدرت از مستبد اعظم به مستبد محلی حق و حقوقی هم که تا آن موقع بر اساس نظام فئودالی برای رعیت و دهقان و ایلیاتی وجود داشت به تدریج ترک برداشت. زیرا مستبد محلی که به هیچ مقام و منصبی پاسخگو نبود برای بالا بردن درآمد خود- که پایه های لرزانی هم داشت- از هیچ فشاری فروگذار نمی کرد. این درست که تا پیش از این دهقان و رعیت به زمین وابسته نبود ولی در سیستم اخیر مستبد اعظم اگر خریداری می یافت یک ده را با رعیت آن می فروخت. یا حق ایل بر سر چراگاه نادیده گرفته می شد و مستبد محلی آن را به شخص یا طایفه دیگری واگذار می کرد.

از سوی دیگر با واگذاری دریافت مالیات به حکام محلی و دریافت مالیات نقدی توسط حکومت مرکزی از مستبدان محلی مناسبات کشاورزی تغییر زیر پوستی دیگری را هم تجربه کرد و آن رخنه مبادله کالایی و گسترش ارزش پول در روستاها بود که به تدریج وارد مناسبات فئودالی می شد. رعیت و کشاورز با این تجربه نو ناچار شد برای تهیه بذر و کود و

سایر اقلام مورد نیاز از جایی یا شخصی وام بگیرد.
ناتوانی در بازپرداخت وام باعث واگذاری یا فروش زمین یا
به بیانی دیگر سلب مالکیت از روستایی و باز شدن پای
سرمایه گذار شهری- اعم از تاجر یا نزول خوار به مناسبات
ارضی شد. رونق خرید و فروش زمین کشاورزی به دلیل نفوذ
تجار و نزول خواران و فشار و تنگدستی دولت مرکزی،
ناصرالدین شاه را بر آن داشت که شیوه واگذاری املاک خالصه
را که تا آن زمان به صورت اجاره داری بود تغییر داده و
فرمان بدهد تا همه املاک خالصه به جای اجاره سالانه به
فروش برسند. به دستور او همه زمین های خالصه به جز
منطقه تهران فروخته شده و مالکیت آن ها انتقال یافت و
به این شکل نخستین خصوصی سازی- به گفته احمد سیف خصوصی
سازی بدوی- در ایران روی داد.

اما کشاورزی ایران به جز تغییر در شیوه تولید کشاورزی و
نظام سهم بری و مالکیت دهقانی تحول دیگری را هم تجربه
کرد. در اثر نفوذ استعمار و جهد آنان برای تامین نیاز
صنایع و تولیدهای صنعتی این کشورها مواد و محصول های
کشاورزی کشت شده به سود صنایع کشورهای استعماری تغییر
یافته و محصول هایی نه برای مصرف داخلی بلکه برای تامین
نیازهای صنایع خارجی کشت شد. همچنین آن دسته از سرمایه
داران و تجاری ایرانی که به کارهای مالی و صرافی روی
آورده بودند و یا تجاری که در کشاورزی خرید و فروش
محصول های تجاری امپریالیستی را انجام می دادند خواسته
یا ناخواسته زمینه های پیوند بازارهای ملی(هر چند
بسیار ضعیف و شکل نایافته) و داخلی ایران را به
بازارهای جهانی پیوند می دادند. این گروه که تحت تاثیر
اهداف و بازارهای امپریالیستی قرار داشتند کشاورزی را
به سوی تولید محصولات برای صدور سوق می دادند.(تاریخ
اقتصادی ایران ص۶۷) البته بودند تجار و سرمایه داران
ایرانی که روحیه میهن دوستانه داشته و در تضاد با منافع
غرب حرکت می کردند. برخی از این تجار به تاسیس کارخانه
هایی برای تولید محصولات مورد نیاز مردم همت گماشتند که
همان گونه که اشاره رفت در اثر رقابت های امپریالیست ها
ورشکست شدند. این گروه پیشنهادهایی به شاه ایران برای
کاهش فشارهای امپریالیستی دادند که در اثر دشمنی کین
توزانه فئودال های مرتجع داخلی و فشارهای غرب به باز
ننشست. از جمله پیشنهاد حاج محمد حسن امین الضرب که سرمایه
ای در حدود ۲۵ میلیون تومان و صرافی او شعبه هایی در
سویس، روسیه، فرانسه و انگلیس داشت به دولت تاسیس یک
بانک با سرمایه مشترک صرافی ها و دولت بود.(تاریخ
اقتصادی ایران ص ۶۴ یا ۶۵ یا ۶۶)

از دیگر اقدام های محمد حسن امین الضرب تشکیل مجلس وکلای
تجار بود. حاج محمد حسن امین الضرب و همتایانش خواهان

تشکیل محکمه و بانک تجاری در پایتخت برای مقابله با سوء استفاده های بانک شاهی شدند و به همت او و یارانش یک اتحادیه تجاری به نام مجلس وکلای ایران در تهران تشکیل شد که خیلی زود دامنه فعالیت آن گسترش یافته و در شهرهای اصفهان، قم، زنجان، قزوین، کرمان، کرمانشاه، ساری، کردستان، خراسان، بندر لنگه، ارومیه، خوی، تبریز، بندرعباس شعبه زده و در میان بازرگانان ایرانی در بغداد و استانبول شعبه دایر کرد. (انقلاب مشروطه ایرانی ص۵۲) ولی این مجلس هم راه به جایی نبرد زیرا در اواخر دوره ناصرالدین شاه و مظفرالدین شاه به تدریج کمپانی های فراملی و شرکت های سهامی غربی بودند که جای تجار افغانی، هندی و عرب را در بازرگانی خارجی ایران اشغال کرده بودند و اجازه هیچ حرکت مستقلی را به ایرانیان – که از سوی حکومت نیز پشتیبانی نمی شدند– نمی دادند.

۳)زمینه های عینی انقلاب مشروطه– خصوصی سازی کشاورزی و تغییر شیوه تولید از شیوه معیشتی به تولید کالایی و رواج پول در معامله ها نه تنها باعث برافتادن فئودالیسم سخت جان و دیرپای ایرانی نشد بلکه در کنار آن زمینه های پدیداری نوعی سرمایه داری تجاری وابسته به سرمایه داری غربی را فراهم آورد. تغییر در شیوه تولید کالایی هیچ نکته مثبتی برای ایران نداشت و موجب بدبختی و خانه خرابی بیشتر توده مردم روستایی و شهری گشته راه را برای غارت هر چه بیشتر توده مردم هموار ساخت.

زیرا با نفوذ مناسبات سرمایه دارانه در اقتصاد و در هم تنیدگی اقتصاد ایران با بازارهای امپریالیستی:
الف) تولید کشاورزی نه برای مصرف داخلی که به سود تامین نیازهای صنایع امپریالیستی تغییر یافت.
ب) تولید محصولات صادراتی کشاورزی موجب رواج مبادله پولی در اقتصاد کشاورزی گردید
پ) رواج پول باعث نفوذ تجار و نزول خوارها به روستاها و درنتیجه رانده شدن رعیت از صحنه اقتصاد تولیدی روستا شد
ت) ورود صنایع مرغوب غربی و رقابت نابرابر آن با صنایع سنتی موجب ورشکستگی و نابودی صنایع دستی و خانگی ایران در شهرها و روستاها شد.
ث) صنایع نوپای ایران را سرمایه داران ملی در ایران پایه گذاشته؛ در اثر رقابت مکارانه صنایع امپریالیستی نابود شدند. سرمایه داران مفلس ورشکست شدند
ج) مصرف برخی محصولات در بازار رواج یافت که ریشه در بازار امپریالیست داشت مانند واردات قند و شکر از روسیه
چ) خروج پول و ثروت چه به صورت غرامت جنگی، یا هزینه های قشون کشی و مالیات ها و درآمدهایی که از طریق تسلط بر گمرکات و انحصار واردات و صادرات و کشتی رانی و ماهیگیری و تلگراف و تلفن به زیان خزانه دولت نصیب

بیگانگان شده بود و کوچ هزارن تن نیروی کار فعال و صنعتگر به خارج از سرزمین اصلی را به دنبال داشت، همراه با دگرگونی در تولید کشاورزی انباشت سرمایه را به شدت کاهش داده و شرایط عینی انقلاب مشروطه را به وجود آورد.

بخش چهارم استقلال ایران و بلوک شرق و غرب-کاظم علمداری: در دهه 1960 دو فرصت برای ایران فراهم شد که هر دو عقیم ماند. 1-اصلاحات سیاسی و اجتماعی که دولت کندی به شاه تحمیل کرده بود. 2-نضج گرفتن اقتصاد نوپای صنعتی. برخی از نیروهای سیاسی، از جمله جبهه ملی، با تشخیص درست این شرایط، رویکرد درستی در پیش گرفتند و با شعار "اصلاحات آری، دیکتاتوری نه" به استقبال آن رفتند، ولی شاه دیکتاتوری را کنار نگذاشته؛ قربانی این ویژگی خود شد.

در رابطه با اصلاحات ارضی، زنده یاد مهندس عزت‌الله سحابی نیز آنچه بیژن جزنی نوشته است، یعنی دفاع از اصلاحات ارضی، را تأئید می‌کند. ایشان می‌نویسند: «درآن زمان مهندس بازرگان با اصلاحات ارضی که از سوی امینی آغاز شده بود، مخالف بود و معتقد بود که مسأله اصلی ایران، مسأله ارضی نیست بلکه مسأله استبداد است و تا این مسأله حل نشود هیچ مسأله دیگری حل نخواهد شد ولی آقای طالقانی تا حدودی موافق بود. ما جوان‌ها نیز همه موافق انجام اصلاحات ارضی بودیم. در درون جبهه ملی هم وضع بدین شکل بود. اللهیار صالح، کشاورز صدر و نصرت‌الله امینی، با اصلاحات ارضی مخالف بودند ولی اعضای جوان و به ویژه افرادی که گرایش سوسیالیستی داشتند، ازجمله خلیل ملکی موافق اجرای آن بودند. به هر صورت از سوی نهضت آزادی، اصلاحات ارضی هیچگاه مورد مخالت صریح قرار نگرفت و هیچ وقت به امینی از این نظر که چرا اصلاحات ارضی را انجام می‌دهد ایراد گرفته نشد.» خاطرات مهندس عزت‌الله سحابی (از دوران کودکی تا انقلاب ۵۷)، نیم قرن خاطره و تجربه، ج. اول، چ ۳، تهران: نشر فرهنگ صبا) (برای اطلاع از نظر بیژن جزنی در مورد اصلاحات ارضی شاه به بخش سوم سلسله مقالات نگارنده «آیا ایران بار دیگر عقب می‌ماند؟» مراجعه کنید.)

نقش روحانیت در کودتا علیه دکتر مصدق، به منابع معتبر تاریخدانان، نه شیمی‌دانان مانند آقای سهیمی، از جمله کتاب‌های فخرالدین عظیمی، و کتاب استفن کینزر نویسنده کتاب همه مردان شاه، و به نقد کتاب عظیمی من مراجعه کنید. http://www.iran-emrooz.net/index.php/politic/more/49732 لنین حق خود-مختاری ملل را تاکید کرد.

تفویض قدرت سیاسی

کودتا قبضه قدرت از بالا با سلطه عامل ذهنی و قیام رسیدن به قدرت از پایین یا غلبه عامل عینی در مقطعی در تاریخ جامعه رخ می دهد. در این مقطع جناحهای حاکمیت در آچمزند که یکی پیش دستی کرده؛ با قهر قدرت را تصاحب می کند. یا در سطح بخشی از توده های جانشان بلب رسیده دل به دریا میزنند با عمال دولت دست به یقه می شوند. با مطالعه تاریخ جهان، می توان دید: نرخ پیروزی کودتا بیشتر از پیروزی قیام است. ولی هر ۲ در روال آتی جا خالی کرده؛ قدرت سیاسی را به رقبای تازه نفس می دهد. عامل ذهنی آرمانها و سلایق رهبری در قدرت و عامل عینی وضع معیشت مردم در جامعه است.

انقلاب. قیام ملی خیزش بخشی از مردم است که گاهی منجربه قبضه قدرت سیاسی می شود. در تاریخ این نوع خیزشهای اجتماعی رخ داده: بردگان به رهبری اسپارتاکوس در روم، قیام مزدک بضد اشرافیت ساسانی، قیام ستارخان در روال جنبش مشروطیت، قیام زاپاتا در مکزیک. اغلب این قیامها چون جان آنها به لبشان رسیده به مبارزه سریع بضد امال حاکم بر می خیزند. معمولن این قیامها خودجوش، محلی، مقطعی بوده؛ اگرهم پیروز شوند، پس از مدتی در اختلافات رهبری ساقط می شوند.

کودتا قبضه قدرت سیاسی با قهر چه در پروسه اجرا و چه پس از انجام بوسله جناحی از حاکمیت تمام خواه بضد بقیه با تکیه بر بخشی از ارتش است. کودتا می تواند موفق یا ناموفق باشد. در خاور میانه بخاطر وجود منافع غرب کودتای نظامی معمولن با کمک غرب انجام می شود. زود پس از کودتا به قلع و قمع مخالفان با قتل در خیابان، اعدام در زندانها، و قرار دادهای یکسویه بنفع غرب و اختناق سیاسی پس از آن اینها بارزه های کودتاست. نمونه ها نشان میدهد که تمام این عناصر بویژه دست اجنبی، قیام نظامیان، قتل مخالفان، کنترل رسانه ها، اختناق سیاسی، همسو شدن با منافع سیاسی کشور خارجی در سیاست خارجی. نمونه های کودتا: ۱۹۵۳ ایران، گواتمالا، اندونزی، ترکیه، پاکستان، یونان، اسپانیا پس از جنگ داخلی ۱۹۳۶- ۱۹۳۹، دیگر کشورهای جهان سوم در آفریقا لومومبا در کنگو ؟۱۹۶، آسیا در تایلند ؟؟۱۹ و آمریکای لاتین در شیلی ؟؟۱۹۷۴.

کودتا میتواند بدون دست خارجی بوسیله جناحی از حاکمیت بضد بقیه باشد. نمونه تاریخی: باند استالین در دهه ۳۰ که مخالفین خود را عامل اجنبی آلمان، انگلیس، آمریکا و

ضد انقلاب به گولاگهای سیبریه تا 20 میلیون انسان تلف شد. این نوع کودتا پس از فروپاشی اتحاد شوروی بیشتر شده: اروگوئه آخرین آنهاست. کودتاهای پیدرپی در سوریه، عراق، افغانستان، گرانادا، ترکیه، پاکستان، مصر، لبنان؟ در ایران در 20 خرداد 60 کودتایی بضد ریس جمهور وقت، دیگری در 12 خرداد 88 اتفاق افتاد. میتوان خصیصه های کودتا را در این 2 هم دید: قتل مخالفان، کنترل رسانه ها، تحت فشار دیپلماتیک/ تحریم جهانی قرار گرفتن، اختناق سیاسی. اغلب در کشورهای پیشامدرن تفویض قدرت سیاسی با قهر همراه است. جناح فاتح سران مغلوب را بمحاکمه، نمایشهای رسانه ای، اعدام، توبه وامیدارد.

کودتا میتواند بضد نیروهای بالنده در جامعه باشد. نمونه اندونزی، یونان، شیلی که رژیم جدید حاکمیت قبلی را توبیخ یا زندان می کند. ولی با نیروهای بالنده برخوردی خونین و حیوانی می کند. فرانکو در اسپانیا، پینوشه در شیلی، سوهارتو در اندونزی، سرهنگان/ پوپودوپولیس در یونان. در روال بعد با قتل مخالفان، غارت منابع ملی آغاز می شود. نمونه: دزدی پینوشه و خانواده اش در اسناد بانکهای خارجی رو شد. رهبران کودتا دم از ملیت گرایی/ پرستی، تقوا، ضداجنبی میزنند؛ ولی در حاکمیت نمی توانند وسوسه غرایز بهیمی قتل و غارت را از خود دور کنند.

کودتا می تواند ناموفق باشد؛ غالبن جناحهای حاکمیت همدیگر را آچمز کرده. در این لحظه از بازی شطرنج قدرت، یک گروه توطئه گر بضد بقیه کودتا می کنند. سران رقیب را گرفته، یا بقتل می رسانند. مراکز رسانه ها را غصب می کنند. حکومت نظامی اعلان می کنند. کودتای 25 مرداد 32 در تهران که کودتاچیان یا مخفی شدند یا در زندان عباس آباد حبس شدند. نمونه دیگر باند 4 نفره زن مائو و 3 همدستش که موفق نشد. کودتای تابستانی 1989 بضد اصلاحات گورباچوف در روسییه. کودتای اروگوئه بضد ریس جمهور که طرفین در کش و قوس اند.
انقلاب
نافرمانی: مدنی، نظامی
شورش
تخلف
قیام
تظاهرات/ اعتصاب
رهبری

اکنون چیزی بنام رهبری فراگیر دائمی عوامفریبی است. هر گروه رهبری ادواری مختص خود را دارد. شاید بتوان گفت این گروهها یا رهبرها بتوانند در کنشهای اجتماعی مشخص کار مشترک مقطعی بکنند. در نهایت این قلمزنان در

مجلسهای ملی/فدرال و محلی/استانی فراکسیون مختص خود را خواهند داشت. نمونه: کنست اسرائیل با 29 حزب و سازمان مشخص. در ترکیه این پروسه تجزیه و قبول گروههای غیرخودی ترک اروپایی استانبول برای ارامنه، کردها، چپها، سنیان آسیایی شرق آنکارا در حال اتفاق است. حتی در حاکمیت هم تنازعات جناحی بالا گرفته؛ یکپارچگی فروریخته، جناحهای غیرخودی بعنوان ستون 5م اجنبی برچسب می خورند. همان که حکومت استالین هم به جناحهای حزبی، اجتماعی، ملیتی تهمت میزد. در 50 سال بعد چه در آرشیو طبقه بندیشده سرخ و برلین هیچ سندی رو نشد که دال بر مزدوری مخالفان باشد. وگرنه آثار خارجی را خواندن، یا حرف زدن با خارجی نمی توان همکاری با خارجی تهمت زد. خود حاکمیت رابه بار خارجیها دارد: دیپلوماتیک، اقتصادی، فرهنگی. بهرحال خود خارجی هم کشدار است. مغول و عرب خارجی نیستند ولی آلمانی و فرانسوی خارجی اند! دوم اینکه در خارج هم مانند داخل هر کشوری گروههای متفاوت سیاسی اجتماعی وجود دارند- یکی نژادپرست یکی هنری تجاری مانند هالیوود است.

جنبش در مرحله سرمایه داری که مناسبات و قوانین آن 400 سال است که به زبانهای گوناگون در جهان نوشته شده، توهم منجی قرون وسطایی را ندارد. نمونه: جورج واشنگتن در 1776 وسوسه شاه خواندن خودر بوسیله بادمجان دور قاب چیها سد؛ ولی با دور اندیشی از آن حذر کرد؛ تن به ایجاد نخستین جمهوری فراگیر مدرن در تاریخ را داد- تاریخ ممنون انسانهای سترگی چون جفرسون و فرانکلین است. در فرانسه پس از انقلاب کبیر 1789 سر و کله ناپلئون پیدا شد که اروپا را بخون کشید. او در ابتدا خود را ناجی نامید؛ آزاده ای چون بتهوفن مقدمه کوریالانوس را باو تقدیم کرد. ولی ظرف چند سال در مراسم اشرافی از دورخارج شده تاج سلطنت را خود بر سر خود گذاشت؛ شخصیت جاهطلب او جایگاه او را در تاریخ از منجی به دیکتاتور تبدیل کرد.

در شرایط فعلی در خاور میانه تفویض قدرت از یک گروه به گروه دیگر خونین است؛ حتی تحکیم حاکمیت هم با قهر و خشونت همراه است.   نمونه: کودتای ژنرال مشرف در پاکستان، حکومت 30 ساله مبارک قذافی در 2 جمهوری مصر و لیبی، موروثی بودن حکومت در خانواده اسد در جمهوری سوریه و ابن سعود در عربستان.

رهبری- اکنون چیزی بنام رهبری فراگیر دائمی عوامفریبی است. هر گروه رهبری ادواری مختص خود را دارد. شاید بتوان گفت این گروهها یا رهبرها بتوانند در کنشهای اجتماعی مشخص کار مشترک مقطعی بکنند. در نهایت این قلمزنان در مجلسهای ملی/فدرال و محلی/استانی فراکسیون مختص خود را خواهند داشت. نمونه: کنست اسرائیل با 29

حزب و سازمان مشخص. در ترکیه این پروسه تجزیه و قبول گروههای غیرخودی ترک اروپایی استانبول برای ارامنه، کردها، چپها، سنیان آسیایی شرق آنکارا در حال اتفاق است. حتی در حاکمیت هم تنازعات جناحی بالا گرفته؛ یکپارچگی فروریخته، جناحهای غیرخودی بعنوان ستون 5م اجنبی برچسب میخورند. همان که حکومت استالین هم به جناحهای حزبی، اجتماعی، ملیتی تهمت میزد. در 50 سال بعد چه در آرشیو طبقه بندیشده سرخ و برلین هیچ سندی رو نشد که دال بر مزدوری مخالفان باشد. وگرنه آثار خارجی را خواندن، یا حرف زدن با خارجی نمیتوان همکاری با خارجی تهمت زد. خود حاکمیت رابه بار خارجیها دارد: اقتصادی، دیپلوماتیک، فرهنگی. بهرحال خود خارجی هم کشدار است. مغول و عرب خارجی نیستند ولی آلمانی و فرانسوی خارجی اند! دوم اینکه در خارج هم مانند داخل هر کشوری گروههای متفاوت سیاسی اجتماعی وجود دارند- یکی نژادپرست است یکی هنری/ تجاری مانند هالیووود.

جنبش در مرحله سرمایه داری که مناسبات و قوانین آن 400 سال است که به زبانهای گوناگون در جهان نوشته شده، توهم منجی قرون وسطایی را ندارد. نمونه: جورج واشنگتن در 1776 بوسیله بادمجان دور قاب چیها وسوسه شد که خود را شاه بخواند؛ ولی با دور اندیشی از آن حذر کرد؛ تن به ایجاد نخستین جمهوری فراگیر مدرن در تاریخ را داد- تاریخ ممنون انسانهای سترگی چون جفرسون و فرانکلین است. در فرانسه پس از انقلاب کبیر 1789 سر و کله ناپلئون پیدا شد که اروپا را بخون کشید. او در ابتدا خود را ناجی نامید؛ آزاده ای چون بتهوفن مقدمه کوریالانوس را باو تقدیم کرد. ولی ظرف چند سال در مراسم اشرافی از دورخارج شده، تاج سلطنت را خود بر سر خود گذاشت؛ شخصیت جاهطلب جایگاهش را در تاریخ از منجی به دیکتاتور تبدیل کرد.

در شرایط فعلی در خاور میانه تفویض قدرت از یک گروه به گروه دیگر خونین است؛ حتی تحکیم حاکمیت هم با قهر و خشونت همراه است. نمونه: کودتای ژنرال مشرف در پاکستان، حکومت 30 ساله مبارک قذافی در 2 جمهوری مصر و لیبی، موروثی بودن حکومت در خانواده اسد در جمهوری سوریه و ابن سعود در عربستان.

کودتا قبضه قدرت از بالا و قیام رسیدن به قدرت از پایین در مقطعی در تاریخ جامعه رخ می دهد. در این مقطع جناحهای حاکمیت در آچمزند که یکی پیش دستی کرده؛ با قهر قدرت را تصاحب می کند. یا در سطح بخشی از توده های جانشان بلب رسیده دل به دریا میزنند با عمال دولت دست به یقه می شوند. با مطالعه تاریخ جهان، می توان دید: نرخ پیروزی کودتا بیشتر از پیروزی قیام است. ولی هر 2

145

در روال آتی جا خالی کرده؛ قدرت سیاسی را به رقبای تازه نفس میدهد.

انقلاب پدیده عینی اجتماعی مانند سیل یا زلزله طبیعی خارج از کنترل قدرت است. بقول لنین انقلاب پیروز 3 شرط دارد: 1- پایینیها وضع موجود را تحمل ناپذیر می بینند. 2- بالاییهیا وضع موجود را نمی توانند ادامه دهند. 3- یک سازمان زبده برای رهبری وجود داشته باشد. این 3شرط را در انقلابات بزرگ سده 20 اکتبر، چین، ویتنام، ایران می توان دید.

قیام ملی خیزش بخشی از مردم است که گاهی منجربه قبضه قدرت سیاسی می شود. در تاریخ این نوع خیزشهای اجتماعی رخ داده: بردگان به رهبری اسپارتاکوس در روم، قیام مزدک بضد اشرافیت ساسانی، قیام ستارخان در روال جنبش مشروطیت، قیام زاپاتا در مکزیک. اغلب این قیامها چون جان آنها به لبشان رسیده به مبارزه سریع بضد امال حاکم بر می خیزیند. معمولن این قیامها خودجوش، محلی، مقطعی بوده؛ اگرهم پیروز شوند، پس از مدتی در اختلافات رهبری ساقط می شوند.

کودتا قبضه قدرت سیاسی با قهر چه در پروسه اجرا و چه پس از انجام بوسله جناحی از حاکمیت تمام خواه بضد بقیه با تکیه بر بخشی از ارتش است. کودتا می تواند موفق یا ناموفق باشد. در خاور میانه بخاطر وجود منافع غرب کودتای نظامی معمولن با کمک غرب انجام می شود. زود پس از کودتا به قلع و قمع مخالفان با قتل در خیابان، اعدام در زندانها، و قرار دادهای یکسویه بنفع غرب و اختناق سیاسی پس از آن اینها بارزه های کودتاست. نمونه ها نشان میدهد که تمام این عناصر بویژه دست اجنبی، قیام نظامیان، قتل مخالفان، کنترل رسانه ها، اختناق سیاسی، همسو شدن با منافع سیاسی کشور خارجی در سیاست خارجی. نمونه های کودتا: 1953 ایران، گواتمالا، اندونزی، ترکیه، پاکستان، یونان، اسپانیا پس از جنگ داخلی 1936- 1939، دیگر کشورهای جهان سوم در آفریقا بضد لومومبا در کنگو، آسیا در تایلند و آمریکای لاتین در شیلی 1974.

کودتا میتواند بدون دست خارجی بوسیله جناحی از حاکمیت بضد بقیه باشد. نمونه تاریخی: باند استالین در دهه 30 که مخالفین خود را عامل اجنبی آلمان، انگلیس، آمریکا و ضد انقلاب به گولاگهای سیبریه تا 20 میلیون انسان تلف شد. این نوع کودتا پس از فروپاشی اتحاد شوروی بیشتر شده: ارواگوئه آخرین آنهاست. کودتاهای پیدرپی در سوریه، عراق، افغانستان، گرانادا، ترکیه، پاکستان، مصر، لبنان؟ در ایران در 20 خرداد 60 کودتایی بضد ریس جمهور وقت،

دیگری در 12 خرداد 88 اتفاق افتاد. میتوان خصیصه های کودتا را در این 2 هم دید: قتل مخالفان، کنترل رسانه ها، تحت فشار دیپلماتیک/ تحریم جهانی قرار گرفتن، اختناق سیاسی.   اغلب در کشورهای پیشامدرن تفویض قدرت سیاسی با قهر همراه است. جناح فاتح سران مغلوب را بمحاکمه، نمایشهای رسانه ای، اعدام، توبه وامیدارد. چنان

کودتا میتواند بضد نیروهای بالنده در جامعه باشد. نمونه اندونزی، یونان، شیلی که رژیم جدید حاکمیت قبلی را توبیخ یا زندان می کند.   ولی با نیروهای بالنده برخوردی خونین و حیوانی می کند. فرانکو در اسپانیا، پینوشه در شیلی، سوهارتو در اندونزی، سرهنگان/ پوپودوپولیس در یونان. در روال بعدی بعد از قتل مخالفان، غارت منابع ملی آغاز می شود.   نمونه: دزدیهای پینوشه و خانواده اش در اسناد بانکهای خارجی رو شد. رهبران کودتا دم از ملیت گرایی/ پرستی، تقوا، ضداجنبی میزنند؛ ولی در حاکمیت نمی توانند وسوسه غرایز بهیمی قتل و غارت را از خود دور کنند.

کودتا می تواند ناموفق باشد؛ غالبن جناحهای حاکمیت همدیگر را آچمز کرده. در این لحظه از بازی شطرنج قدرت، یک گروه توطئه گر بضد بقیه کودتا می کنند. سران رقیب را گرفته، یا بقتل می رسانند.   مراکز رسانه ها را غصب می کنند. حکومت نظامی اعلان می کنند.   کودتای 25 مرداد 32 در تهران که کودتاچیان یا مخفی شدند یا در زندان عباس آباد حبس شدند. نمونه دیگر باند 4 نفره زن مائو و 3 همدستش که موفق نشد. کودتای تابستانی 1989 بضد اصلاحات گورباچوف در روسیه. کودتای اروگوئه بضد رییس جمهور که طرفین در کش و قوس اند.

عوامل بیرونی انقلاب ۵۷ ایران

میتوان پیروز هر انقلابی را در عوامل بیرونی و درونی آن تجرید کرد. عوامل درونی مانند صف آرایی مهره ها بر نطع شطرنج عبارت است از: رهبری، ارتش، مردم، مهمات، برنامه ها با ۲ راهکار حفظ حاکمیت و تغییر حاکمیت. عوامل بیرونی بحران های مالی، بانکی، اقتصادی جهان، چند قدرت نظامی جهان، همسایگان، نهادهای بازار پخش، رسانه های خارجی می باشند.

انقلاب تضاد درون جامعه را حل نکرده؛ بلکه مبرمترین را حل می کند. لذا هر جامعه پساز انقلاب نیاز به حل تضادهای جدیدتر را دارد. در انقلابهای فرانسه از ۱۷۸۹ تا کمون پاریس و مه ۶۸ دیده می شود. انقلاب فراگیر تمام جامعه را لرزانده؛ انقلاب حوزه ای چند شهر یا قشر را بخیابان می کشاند. در ایران حلقه ربط ۲عامل بیرونی و درونی نفت است.

در چند دهه گذشته با رسانه های تصویری و تحلیلگران گوناگون میتوان این ۲ عامل در تجزیه یوگسلاوی، لیبی، مصر، یوکراین دید. نتایج درونی انقلاب پیروز بر عوامل بیرونی اثرگذارند. عدم رابطه اقتصادی آمریکا با کوبا و ایران ۲ نمونه اثر عامل درونی بر بیرونی اند. رسانه ها روی تصویر میدانی عوامل درونی انقلاب تاکید کرده؛ تحلیلگران عوامل بیرونی را هم تلخیص و ملموس می کنند. این یک سنت قدیمی است که حاکمیت هر کشور خواستن تغییر در آن کشور را دسیسه خارج می خواند.

با روی کار آمدن کارتر از حزب دمکرات و حقوق بشر، افت قیمت نفت در بازار جهانی بخاطر حفاریهای نفت شمال اسکاتلند- تضاد حاکمیت دیکتاتوری عود کرد. دیکتاتور فردی مادام العمری به ته خط رسید. لذا شعار سرنگونی سلطنت فدائیان شعار کل انقلاب شد. سرود سراومد زمستون تلاقی یک ترانه با یک لحظه تاریخی یک کشور - دلیل اصلی محبوبیت آن بود که نوید پیروزی را همراه داشت.

انقلاب کور نیست. یک پدیده زنده اجتماعی است. زمانیکه حاکمیت راههای مسالمت آمیز و مصالحه بسته شده اند، برای تفویض قدرت از جناحی به جناح دیگر اتفاق می افتد. انقلاب برای تقلیل تضادهای مردم با حاکمیت، تحت شرایط موافق بیرونی و درونی، رخ میدهد. خودجوشی نیروهای اجتماعی زیر فشار، پیدا شدن رهبری برای سوارشدن بر سیل در حال انکشاف، واکنشهای اضطراری کل حاکمیت، عوامل جهانی مانند

نیروهای ذینفع و بازار - اینها انقلاب را یک پدیده عینی کرده؛ از کنترل عامل ذهنی یا فرد خارج می کنند. پس انقلاب مانند سیل، سونامی، زلزله است.

ولی پیروزی انقلاب مانند یک هسته در یاخته زنده نیاز به رهبری با طومار شعارها دارد. عامل ذهنی اگر هم وقوع آنرا پیش بینی بکند نمی تواند آنرا پیشگیری یا متوقف کند. البته 10 ها نمونه انقلابهای ناموفق هم در سده گذشته وجود دارند: انقلاب ظفار/ یمن، افغانستان، گینه بیسائو، موزامبیک، آنگولا، نیکاراگوئه، بلیوی، کلمبیا، پرو، اریتره، فلسطین. در وضع انقلابی است که عامل خارجی با تمام نیروهای قهار و قدرت مافوق عاجز میماند. نمونه: انقلاب 1948 چین، 1952 کوبا، 1945 ویتنام، 1961 الجزایر، 1978 ایران. انقلاب چیست که نیروی نظامی نواستعمار که ماشین جنگی جهانی فاشیزم را در ج ج 2 شکست داد در برابر یک انقلاب محلی عاجز می ماند؟

رژیم پیشین ایران استبداد خودکامه فردی بود. بسیاری از نهادها، دانشگاهها، خیابانها، میدانها- بنام خود یا خاندان خود نامگذاری می شد. این توهین به کرامت شهروند مدرن است. انقلاب خودکامگی فردی توهم دار را با دیکتاتوری یک قشر و سپس جناحی از یک قشر تفویض کرد. ولی در پروسه 30 ساله نیروهای جوان جامعه که ثمره انقلاب اند سهم خود را از جناح حاکم طلب میکنند. اینرا در شوروی سابق، چین، کوبا، ایران میتوان دید.

ذهنیات این نیروی جدید اجتماعی با ذهنیات رهبری 30 تا 50 سال پیش اختلاف فاز دارد. معیارهای حزب و کاسترو که مال 50 سال پیش اند با معیارهای نسل جوان حاصل از انقلاب توفیر دارند. رویای کاسترو گسترش انقلاب به 3 قاره، بطور مشخص به بلیوی، کلمبیا، آنگولا، فلسطین، ظفار، جاهای دیگر بوده و است؛ خواست نیروی جوان تحکیم وضع خود و همنوایی با جوانان غربی است. آنها پس از تحصیل دانشگاهی، مسکن، غذا، کار، دارو را که انقلاب از دست ارتجاع قبلی مصادره کرد؛ به ایشان تسهیل کرد.

اکنون خواهان خدمات مدرنتر، فرعیتر، امروزی ترند. این خدمات تفیحات، سفر، انترنت، رسانه های مستقل از دولت، آزادی بیان، حق اعتصاب اند. مهمترین خواست این نیروی جدید اجتماعی حاکمیت ادواری، انتخابی، تخصصی است. این خواست ذهنی پایه های مادیش را انقلاب ظرف چند دهه میسر کرد. اکنون میوه انقلاب سهم زمین برای تخم خود را از حاکمیت می طلبد. در حالی که حاکمیت پیر گسترش انقلاب را به فراسوهای افق در رویاهای خود می پروراند.

149

در ایران نسل حاصل انقلاب 2 شقه شده: بخش تحصیلکرده به روز، مدرن، بیرون از حاکمیت خواهان دولت ادواری، انتخابی، تخصصی است که با رسانه های دیجیتال جهانی و فرهنگ تجدد امروزی مرتبطند. آنها خواهان سهم خود در سیاستهای کلان مملکت اند؛ معتقد به مدارا، اصلاحات، مسالمت اند. شقه دیگر مسلح، صاحب منزلت، ثروت، قدرت، خواهان ادامه وضع حاکم، استمرار، ارتقای مقام به ثروت، منزلت خود اند. ذهنیات این بخش 2م آلیاژی از فرهنگ پیشین و مدرن است.

هر2 این ها در محاصره نواستعمارند که اردوگاههای نظامی خود را دورتادور ایران بپا کرده است: نیروهای اطلاعاتی، نظامی، اقتصادی، پیمانی اش در خشکی، آبها، فضا چون کره ای ایکه مرکز آن تهران باشد در 24 ساعت، 7 روز هفته، 365 روز سال آماده و مراقبند. از ترکیه، آذربایجان، اردن، عراق، بحرین، قطر، کویت، امارات، عربستان، عمان، افغانستان، پاکستان، تاجیکستان، گرجستان و در شعاع بزرگتر از آلمان، انگلیس، اسراییل، ایتالیا، فیلیپین، استرالیا شنود تصویری برای پهبد می کنند.

بهرجهت خصیصه هر انقلاب علیرغم شعارهای آینده نگر آغازین خیلی زود محافظه کارانه می شود. اینرا در انقلاب کبیر فرانسه 1789، روسیه 1917، کوبا 1953، الجزایر 1961 بوضوح می توان دید. چین و ویتنام از این دید توان انعطاف بیشتر از خود نشان دادند. نکته دیگر در تمام این انقلابات مدینه فاضله، یوتوپیا، آرمانشهر، سوسیالیسم باد هوا شد؛ فرهنگ منحط پیشین مجریان این انقلابات دست بالا را گرفته؛ همه بی برو برگرد به دولتهای بورژوایی دیر یا زود رسیده یا خواهند رسید.

باید توجه داشت که محتوای بورژوایی خود سیال بوده؛ از قهر خونین بضد زحمتکشان در نیمه نخست سده 20م به رفرمهای در تعامل با نیروهای مولد رسیدند. دولتهای بورژوایی به مرمت خرابیهای محیط زیستی اسلاف خود، اشاعه حقوق بشر، گلوبالیزاسیون/ جهان نگری در تولید، تقسیم، پخش فرآورده ها رسیده اند.

پس از فروپاشی شوروی، نواستعمار نمی توانست ماشین تسلیحاتی خود را تقلیل دهد؛ پساز چند سال فترت 2 باره بودجه نظامی خود را 2- 3 برابر کرد. چون عامل عینی- کارخانجات، سهام، کارگران، نظامیان- در حال گسترش اند؛ پس سیاست هم پیرو اقتصاد نیاز به میدان جنگی برای کاربرد نسل پیشین تسلیحات و تولید اسلحه های جدیدتر دارد. پژوهشهای پیشین به مرحله نمونه سازی/ پروتوتایپ، تولید انبوه، کاربرد میدانی رسیده اند.

افسوس و خودزنی برخی روشنفکران پیر و علیل در مورد انقلاب مطایبه است. تکرار غلط کردن- روشن است که اکنون اثری ندارد؛ اگر از خودمرکزبینی نباشد؛ عاطفی به دوران خوش جوانی در رژیم ساقط است. حتی این روشنفکران اگر در زمان انقلاب هم احتراز می کردند؛ چندتا مقاله خود راهم در راه انقلاب پخش نمی کردند بازهم اثری بر وقوع انقلاب نداشتند. کما اینکه عناصر ارتجاعی/ بزدل بودند که شرکت نکردند؛ انقلاب را نمی شد ایستاند.

فروغ با حس آینده بینی در آغاز دهه 40ش انقلاب اسلامی در راه را با خاطرات 15خرداد42 می بیند:
کسی که مثل هیچکس نیست.
مثل آن کسی است که باید باشد
و قدش از درختهای خانه ی معمار هم بلندتر است
و صورتش
از صورت امام زمان هم روشنتر
و از برادر سیدجواد هم
که رفته است
و رخت پاسبانی پوشیده است نمیترسد
و از خود سیدجواد هم که تمام اتاقهای منزل ما مال اوست نمیترسد
و اسمش آنچنانکه مادر
در اول نماز و در آخر نمازصدایش میکند
یا قاضی القضات است
یا حاجت الحاجات است
و میتواند
تمام حرفهای سخت کتاب کلاس سوم را
با چشمهای بسته بخواند
و میتواند حتی هزار را
بی آنکه کم بیآورد از روی بیست میلیون بردارد
و میتواند از مغازه ی سیدجواد، هرچه که لازم دارد،
جنس نسیه بگیرد
و میتواند کاری کند که لامپ "الله"
که سبز بود: مثل صبح سحر سبز بود.
دوباره روی آسمان مسجد مفتاحیان
روشن شود.

در مقابل تظاهرات 12 میلیونی سراسری عاشورای 57 در ایران - بزرگترین تظاهرات تاریخ - بفرض 1000 تا روشنفکر هم با قلم و کاغذ خود خانه می نشستند بی اثر بودند. وقتی همافران با چریکها انبار اسلحه را کلید انداخته باز می کردند؛ چند 100 مقاله از طرف این روشنفکران شوخی بنظر می رسد. البته کودتای 20 خرداد 60 تیرخلاص به بهار آزادی بود. اگرچه بخشی از روشنفکران چپ، میانه، راست از

151

انقلاب سهمی نبردند؛ ولی نیروهای میلیونی در بلبشوی آزادی به نوا رسیده؛ خانه سازی بی رویه، خدمات شهری آب لوله کشی، برق، تلفن، انترنت، گاز، جاده برایشان میسر شدند.

البته نمیتوان به رژیم گذشته خرده گرفت که چرا فلان کار را نکردی! استعمار نو به ایدی امین دیکتاتور آدمخوار اوگاندا و مشرف دیکتارتور نظامی پاکستان قول زندگی مرفه در عربستان را داد؛ این 2 مثل بچه حرف گوش کن پذیرفتند؛ مهاجرت کردند. ولی همین پیشنهاد را نوریگای قاچاقچی، دیکتاتور پاناما، صدام، دیکتاتور خونریز عراق رد کردند.

البته سیاسی نویسها و تاریخنویسهای ایده الیست با اگر و اما گاهی هم با برهان خلف، سیر حوادث تاریخی را که باب طبع شان نیست گونه ای دیگر میخواهند و می نویسند. تازه اگر مالیخولیایی نباشند و منطقی بنویسند؛ یک اصل اساسی را فراموش می کنند. این اصل این است که یک شخصیت تاریخی در بزنگاه تاریخ از سلامت دماغی، روحی، شخصیتی، مزاجی برخوردار است. این فرض تلویحی که شاید ناشی از سمپاتی با دیکتاتور قبلی باشد تمام معادله را مغلوط، مغشوش، بنگی می کند.

در رژیمهای ادواری، انتخابی، تخصصی راس رژیم در پروسه انتخاباتی بیلان مالی، مزاجی، روحی خود را رو می کند. در حالیکه یکی از علل دیکتاتور شدن تقیه و اختفای اختلاسهای مالی، اختلالات روحی، عدم صحت مزاج، مریضی دیکتاتور است. چرا هر عنصر غیر تخصصی در خارج خود را رهبر می خواند؟ چون بعنوان رهبر اوراق معاینه پزشگی، مالی، تحصیلی از دید مردم، رسانه ها، نهادهای تعقیبی مصون می شوند.

بفرض اگر رژیم پیشین از دماغ گنده "ما" فراتر و کمی جلوتر را می دید: فشار روستاییان کنده شده از کشاورزی، پس از انقلاب سفید، در آلونکهای حومه شهرها بیتوته کرده؛ مترصد فرصتی برای قتل و غارت شمال شهریها بودند. زمانی مهندس بازرگان به دیکتاتور گفت این آخرین بار است که مردم مسالمت آمیز حقوق خود را از تو طلب می کنند. بجای بُر زدن نخست وزیران - گویا از پوکر شبانه دربار آموخته بود- رسانه ها را بنا بقانون آزاد گذاشت تا خواسته های مردم را مطرح کنند؛ انتخابات را مهندسی ساواکی نمی کرد.

چون حزب و سندیکایی که نبود. میلانی در کتاب شاه سندی رو می کند که در معامله کنسرسیوم نفت پس از کودتای 28 مرداد، شاه از شرکتهای نفتی خواست تا پورسانتی را به حساب خود در بانکی در سوییس از 32 تا 57 یعنی 25سال

واریز کنند. حق کمیسیونی خاندان در 20% سهام کارخانجات را از آبجی و داداشش گرفته؛ به مردم میداد.

ریس سازمان مرکزی جاسوسی نواستعمار که سفیر دولت متبوعش در تهران بود؛ سفارتخانه را تبدیل به لانه جاسوسی در خاورمیانه کرده بود. اگر کمی سیاست راهکارانه/ استراتژیک برنامه ریزی شده؛ مدارا، اصلاحات، عدم دخالت در امور مردم بجای تک حزب فراگیر رستاخیز پیش گرفته می شد. برخی جناحهای رقیب حاکمیت را شریک کرده؛ آنگاه پروسه پیشاانقلاب شاید کند می شد. شاید مسیر تاریخی انگلیس طی می شد؛ نه مسیر فرانسه در فاصله 1789- 1871 یعنی انقلاب کبیر فرانسه تا کمون پاریس.

البته در کودتای 3 اسفند 1299 هم همین الگوی خودکامگی که عکس برگردان کودتای 1905 ممدعلیشا - روس بود اتفاق افتاد. قزاق بجای آشتی ملی با کوچک خان، پسیان، لاهوتی، خیابانی و ایجاد دولت ائتلافی، با سران انقلابی را از تن جدا کرد. بعد در شهریور 20 ارتش و نیروی دریایی را زیر آتشبار استعمار کهنه ول کرده؛ با جیب خالی در کشتی انگلیسی به آفریقا برده شد.

کودتا 2 نوع است: 1- خارجی که عنصر درونی در یک کشور حاکمیت را عوض میکند. 2- جناحی که یک جناح از حاکمیت با قهر یا تقلب حاکمیت را خودی میکند. نمونه اول در 3 کودتای ایران در 1906، 1922، 1953، شیلی 1972، اندونزی 196؟ الجزیره پس از انقلاب، شاید چین هم پس از مرگ مائو، شوروی هم کودتای ژنرالها در تابستان 1989. نوع دوم حاکمیت چپی گرانادا، افغانستان، کودتاهای جناحی در مصر، سوریه، ایران 20 خرداد 60 و 22 خرداد 88. می توان چند خط از هر کدام از کودتاهای نوع دوم را در اینجا آورد.

عامل بیرونی در کودتاهای 1906، 1921، 1953، حتی 20 خرداد 1360 قابل غور اند. در 3 کودتای نخستین بترتیب روسیه، استعمار کهنه، نواستعمار عامل تعیین کننده بودند. در کودتای 4می جنگ عراق هم دخیل بود. در انقلاب بهمن کیش شخصیت با عارضه های شخصیتی، اختلالات مزاجی و روحی، وجود لانه جاسوسی نواستعمار در تهران با سفیرش، ریس پیشین سیا که مرکز فرماندهی و شنود در خاور میانه برای نواستعمار بود.

البته انقلاب لانه جاسوسی را داغان کرد. ولی بخاطر وجود گسترده نیروهای نظامی، سیاسی، اقتصادی استعمار نو در خاورمیانه خیلی زود سقوط تهران را مرمت کرده؛ نیروهای خود را در حول و حوش ایران مستقر کرد. با ازدیاد اقمار مصنوعی برای تصویربرداری، قطاع الطریقی مخابرات سمعی،

شبکه ارتباطی دور سیستم جاسوسی از مدل تمرکز دهه 50 م به مدل پراشی در 10 نقطه پراکنده در منطقه ولی مرتبط ارتقا یافت.

اکنون چیزی بنام رهبری فراگیر دائمی عوامفریبی است. هر گروه رهبری ادواری مختص خود را دارد. شاید بتوان گفت این گروهها یا رهبرها بتوانند در کنشهای اجتماعی مشخص کار مشترک مقطعی بکنند. در نهایت این قلمزنان در مجلسهای ملی، فدرال و محلی، استانی فراکسیون مختص خود را خواهند داشت. نمونه: کنست اسراییل با 29 حزب و سازمان مشخص. در ترکیه این پروسه تجزیه و قبول گروههای غیرخودی ترک اروپایی استانبول برای ارامنه، کردها، چپها، سنیان آسیایی شرق آنکارا در حال اتفاق است.

حتی در حاکمیت هم تنازعات جناحی بالا گرفته؛ یکپارچگی فروریخته، جناحهای غیرخودی بعنوان ستون 5م اجنبی برچسب میخورند. همان که حکومت استالین هم به جناحهای حزبی، اجتماعی، ملیتی تهمت میزد. در 50 سال بعد چه در آرشیو طبقه بندیشده سرخ مسکو و برلین هیچ سندی رو نشد که دال بر مزدوری مخالفان درون حزبی دهه 30م باشد. به خواندن آثار خارجی، حرف زدن با خارجی نمیتوان همکاری با خارجی تهمت زد.

خود حاکمیت را به بار خارجیها دارد: دیپلماتیک، اقتصادی، فرهنگی. بهرحال خود خارجی هم کشدار است. مغول و عرب خارجی نیستند ولی آلمانی و فرانسوی خارجی اند! دوم اینکه در خارج هم مانند داخل کشور گروههای متفاوت سیاسی اجتماعی وجود دارند- یکی نژادپرست است یکی هنری، یکی تجاری مانند هالیوود.

جنبش در مرحله سرمایه داری که مناسبات و قوانین آن 400 سال است به زبانهای گوناگون در جهان نوشته شده، توهم منجی قرون وسطایی را ندارد. برای نمونه: جورج واشنگتن در 1776 بوسیله بادمجان دور قاب چیها وسوسه شد که خود را شاه بخواند؛ ولی با دور اندیشی از آن حذر کرد؛ تن به ایجاد نخستین جمهوری فراگیر مدرن در تاریخ داد. تاریخ ممنون انسانهای سترگی چون جفرسون و فرانکلین است.

در فرانسه پس از انقلاب کبیر 1789 سر و کله ناپلئون پیدا شد که اروپا را بخون کشید. در ابتدا خود را ناجی نامید؛ آزاده ای چون بتهوفن مقدمه کوریالانوس را باو تقدیم کرد. ولی ظرف چند سال در مراسم اشرافی از دورخارج شده، تاج سلطنت را خود بر سر خود گذاشت؛ شخصیت جاهطلب او جایگاه او را در تاریخ از منجی به دیکتاتور تبدیل کرد.

در شرایط فعلی در خاور میانه تعویض قدرت از یک گروه به گروه دیگر خونین است؛ حتی تحکیم حاکمیت هم با قهر و خشونت همراه است. نمونه: کودتای ژنرال مشرف در پاکستان، حکومت 30 ساله مبارک، بن علی، قذافی در 3 جمهوری مصر، تونس، لیبی، موروثی بودن حکومت خانواده اسد در جمهوری سوریه، هاشمی اردن، ابن سعود در عربستان.

منبع. 14.02.26
&http://archive.mashal.org/content.php?c=helmi
id=00851 دکتر بیژن باران- انقلاب
http://www.vatandar.at/BejanBaran114.htm
انقلاب و گوته- دکتر بیژن باران

چاه شمارۀ یک نفت مسجدسلیمان، جایی که نفت برای اولین بار در ایران و خاورمیانه کشف شد. ساعت 5 صبح 5 خرداد ۱۲۸۷ خ/ 1908م کاوشگران مهندس جورج برنارد زینولدز انگلیسی، در عمق ۳۶۰ متری زمین پس از 2سال کاوش در مسجد سلیمان به نفت رسیدند. نفت برای اولین بار در خاورمیانه تا ارتفاع ۱۵ متر درون زمین فورانی جهید.

تنفس در استبداد 100 ساله

مقدمه. نضج روشنگری/ خردگرایی بضد کلیسا در اروپا منجر به اختراعات و تبدیل کارگاههای خرده پای کوچک به صنایع بزرگ کشتی سازی، قطار، تسلیحات شد. این تبدیل نیاز به بازارهای فروش کالا و تهیه مواد خام در اقصاء نقاط جهان داشت تا کارخانجات در استمرار و گسترش باشند. پس دریانوردی در سده 16م به کشف قاره های آمریکا، اقیانوسیه، 2قطب شمال/ جنوب، هزاران جزیره در اقیانوسها منجر شد. دیگر تمام سطح زمین زیر چکمه اروپاییها قرار گرفته بود که حتی مواد غذایی جدید انواع سیب زمینی، ذرت، تنباکو، آناناس، نیشکر هم بسفره غرب وارد شدند. برای تصاحب این سرزمینهای پرثروت، جنگهای خونینی با بومیان و بین کشورهای غربی اتفاق افتاد؛ که منجر به اختراع جنگ افزارهای قتالتر شدند.

بخاطر ایجاد کارخانجات، کشتیهای اقیانوس پیما، قطار مواد سوختنی مانند نفت اولویت ویژه ای برای بقا/ گسترش غرب سده 19م داشت. این مراکز تولیدی همچون جانورانی غولین با ورودی سوخت و خروجی کالا 24 در 7 در 365 یعنی شب و روز سالانه فعال بودند. شرایط غیر انسانی برای کارگران بومی پدید آوردند که در آثار چارلز دیکنز، ویکتور هوگو، داستایوسکی، تولستوی تصویر شده اند. برای مصادره مواد خام در قارههای جدید دول غربی با جنگهای بی وقفه با هم، کارخانجات تسلیحاتی را مدام روشن نگه می داشتند.

خاور میانه. تولید صنعتی افزاینده در غرب سده 19م منجر به ورود آن به خاور میانه شد. در مقابل، برای حفظ وضع موجود، حاکمیتهای قبیله ای/ سنتی منطقه خود را با غرب قوی همسو کردند. این همسویی با خرید اشیای صنعتی از غرب و ایجاد نهادهای جدید برای استفاده از آنها بوسیله اشرافیت حاکم هزینه حاکمیت را افزایش داد. حاکمیت فشار اقتصادی- فرهنگی بر مردم را افزود. این فشار در جامعه شرقی بطور عادلانه بر مردم سرشکن نشده؛ برای اقشار و طبقات زحمتکش بیشتر بوده؛ برای گروههای دیگر فرصتی برای وفق با تغییر شد. لذا بخشهایی از مردم در برابر فشار غرب و حاکمیت بجستوی راه مقابله برآمدند.

در فلات ایران غرب از 3 سو برای بازار کالا و گسیل مواد خام به مراکز صنعتی خود در اروپا وارد شد. همسایگان شمالی روسیه تزاری و ترکیه عثمانی بهرجهت موج تمدن جدید اروپا را سد سال جلوتر از ایران پذیرا شده بودند.

انگلیس هم که موجد موج جدید صنعت بود، در خلیج فارس خود را مستقر کرده بود. اگر هندسه فلات ایران یک لوزی فرض شود؛ ضلع شرقی آن در خواب قرون وسطایی با پاکستان و افغانستان بود که بجز باندهای قاچاق سران قبیله فعالیت چشمگیر دیگری نداشت. ولی در 3 ضلع شمالی، باختری، جنوبی غرب برای فروش کالا در فلات و چپاول مواد خام برای مراکز صنعتی خود در اروپا در تردد بود.

انگلیس مناطق دارنده بازار اماکن مقدس در عراق، فلسطین، عربستان را در کنترل داشت. یکی از این 3 مرز شمال بود: با مراوده گیلان با قطب صنعتی باکو با کارگران و چپهای ترک زبان ایرانی. مرز شمال غربی تجاری وتر تبریز- استانبول با بازرگانان و روشنفکران میانه رو در تردد به برلین، پاریس، لندن بودند. مشهد هم بمثابه شهر زیارتی شمالی تردد تجار مربوط به زوار را داشت؛ بویژه با پول نذری آنها که در ضریح مقدس انباشت میشد. شعله های انقلاب در روسیه تزاری و ترکیه عثمانی قویتر می شند.

مرز باختری سیاحتی/ زیارتی به کربلا، اورشلیم، مکه زیر لوای آخوندهای شیعه، سنی، بهایی بود. برای این آخوندهای راست گذشته گرا، کرمانشاه محل تجمع و تبادل آرا بود. مرز جنوب نفتی آبادان و بصره با کارگران صنعتی و مدیریت انگلیسی/ هندی هم قطب دیگر فرآورده های صنعتی غرب بود. تهران کانون سیاسی و پایتخت حاکمیت و اقمار نظامی/ اشرافی آن بود که تردد در 3 مرز نامبرده را زیر نظر داشت. اصفهان، قم، شیراز مراکز تولیدی، زیارتی، سیاحتی دیگر بودند. آنها محصولات کشاورزی، دامی، دستی، پسته، ادویه، فرش، روده، خاتمکاری، اقلام مسی را در فلات توزیع بفروش می رساند. شیوخ عرب خلیج فارس به شیراز و اصفهان برای تفریح می آمدند.

پس آماده ترین افراد/ گروهها در شهرهای بزرگ صنعتی، تجاری، زیارتی و مجاور مرزی بودند. روشن است که تقابل جامعه سنتی شرقی با فرهنگ مدرن غربی عمدتا بوسیله مردان انجام شد. زنان هم در این تغییرات نوین، بستگی به دوری- نزدیکی شان به افراد، نهادها، نواحی پرتلاطم، فرهنگ جدید را بدرجات متفاوت پذیرا شدند.

انقلاب مشروطیت 1906 برای حل 2 تضاد اصلی جامعه شرقی زیر مجموعه تمدن غربی بود. یکی دفاع از بازارهای میهنی در برابر تهاجم خارجی بود؛ دیگری تجزیه حاکمیت استبدادی به 3 قوه اجراییه، مقننه، قضاییه بود. این تجربه نتایج کاملی به 3 دلیل ببار نیاورد: 1- مجریان حکومت مشروطه ناقلان فرهنگ منحط استبداد پیشامدرن بوده؛ در فرهنگ صنعتی- تجاری جدید تخصص کافی نداشتند. 2- نیروی مسلح

خلقی مدافع نهادهای نوین مدرن بوجود نیامد- عدم گسترش پارتیزانهای مجاهد و فدایی تبریز در سراسر کشور. 3- نیاز سوختی غرب سیری ناپذیر و حیاتی بوده؛ میلیونها کارگر و سرمایه دار غربی متکی به نفت خاور میانه بودند. لذا تهاجم آنها زیر لوای قراردادهای روی کاغذ با عوامل رشوه، سلاح، تزویر همراه بود.

در سده 20 کودتاهای 3گانه 1906 شاه-روسیه، 1922شاه-انگلیس، 1953شاه-سیا با 4 دوره تنفس اول 1906-1921، دوم شهریور 1320 تا مرداد 1332، سوم 1339 تا 1342، بهمن 1357 تا 20 خرداد 1360 همراه بود. پس از هر کودتا قراردادهای نفتی خفت بار شاه-غرب توشیح شدند. انقلابات 1905 روسیه، 1921 ترکیه، 1978 ایران، کودتاهای 1956 عراق، 1954 مصر، 1965 لیبی، 1976 افغانستان شیرازه سلطنت را در منطقه گسیخت.

بشریت خامی تجربه انقلاب 1906 ایران را در انقلابهای 1917 روسیه، 1948 چین، 1953 کوبا تکرار نکرد؛ هرکدام میلیشیای مسلح خود را در برابر ارتجاع داخلی و استعمار خارجی پدید آوردند. روشن است که این راهکار در تاریخ مقطعی بود. زیرا در روال تحکیم انقلاب همین میلیشیای مسلح بنمایه استبداد نوین خونینتری شد. نمونه های تصویه های استالینی دهه 30، انقلاب فرهنگی چین، اردوگاههای بیگاری کره شمالی، کشتار پیگیر خمرهای کامبوج، استبداد موگابه در زیمبابه. خشنتر از همه دولت انقلابی اریتره در برابر امپراتوری حبشه.

*

مدرنیزم در یک کشور به روز کردن تولید و حاکمیت بر آن بنا به هنجارهای فرهنگ غربی است. مدرنیزم را می توان به 2 بخش کرد: 1- مدرنیته برای ایجاد نهادهای اجتماعی نوین؛ 2- مدرنیزاسیون برای ابتیاع ابزارهای تولیدی و خدمات. مردم بومی در فلات و بخش مترقی غرب خواهان مدرنیته مانند احزاب سیاسی، سندیکاهای صنفی، لوله کشی آب، فاضلاب، برق، گاز، تلفن، مترو، بیمارستانها، مدارس، پارکها، مرمت ابنیای باستانی، فرودگاهها، جاده سازی، رسانه های آزاد، حقوق شهروندی، مجرمیت شکنجه، آزادی اقلیتهای قومی، جنسی، مذهبی می باشند.

روشن است که این خواسته ها با الویتهای گوناگون ظرف دهه ها با مبارزه گروهها، اقشار، احزاب یکی یکی از مرحله قانونگذاری گذشته در جامعه اجرا می شوند. مدرنیزاسیون بمعنی به روز کردن ابزار تولید و خدمات آمده. این پدیده مورد پسند صاحبان صنایع غربی و دولتمردان خاورمیانه است که از طریق کمیسیون پورسانتی/ درصدی از معامله را بجیب می زنند. ابزار تولید و خدمات مانند کشتی، قطار،

هواپیما، وسایل زندگی، اسلحه های بزرگ سریع، دستگاههای کنترل، بهره برداری از کانها، سدسازی می باشند.

اگر موازنه قوای دولت و مردم پس از رشد تدریجی کمی به نقطه غلیان/ انفجار برسد 2 حالت اتفاق می افتد. 1- با وجود قانون، اعتراضات خیابانی منجر به قوانین جدید برای رفع بحران درون اجتماع می شود. نمونه ها: احقاق حقوق اقلیتهای نژادی، جنسی در آمریکای دهه 60 که منجر به رفع اپارتید/ تبعیض نژادی - جنسی شد. فروپاشی آپارتاید نژادی در آفریقای جنوبی. 2- در نبود پایبندی به قانون یک جناح حکومت کودتا میکند. کودتا 2 نوع عمده دارد. 1- در خدمت استعمار خارجی با دستیاری مالی، اطلاعاتی، حتی نظامی از خارج. نمونه ها: ایران، گواتمالا، شیلی، اندونزی، ترکیه، پاکستان، یونان. 2- کودتا بضد رقبای درون حاکمیت است. نمونه ها: افغانستان، عراق، سوریه، گرانادا، مصر. گاهی کودتا بضد نیروهای بالنده جامعه، مانند ایران، شیلی، اندونزیف کنگو می باشد.

وقتی دولت تمامخواه و متحجر است؛ گاهی گروه افسران جوان کودتا می کنند. نمونه: لیبی، عراق. گاهی هم در مقابل دولت اقتدارگرا یا انحصارخواه، قیام ملی اتفاق می افتد که حاکمیت را تارومار میکند. وقتی حاکمیت نتواند پاسخگوی مردم باشد؛ انتظارات مردم به نقطه انفجار رسیده باشد؛ عامل رهبری مردم از تشکیلات بین مردم برخوردار باشد؛ انقلاب اتفاق می افتد. بررسی انقلابات تاریخ نشان میدهد که انقلاب عینی و خارج از سلیقه نخبگان با شعارهای دهان پر کن شان است- درست مانند رعد و برق و زلزله که پدیده های طبیعی بوده؛ تحت کنترل کسی نیستند. برای نمونه: انقلاب کبیر فرانسه 1789، انقلاب اکتبر 1917 روسیه، انقلاب 1948 چین، 1953 کوبا، ویتنام 1975-1945، بهمن 1357 ایران. البته این ها ظفرمند بودند؛ 2 برابر آنها انقلابات ناکام اند. برای نمونه: انقلابات 1848 و 1911 در کشورهای اروپایی بویژه آلمان، کمون پاریس 1887، مجارستان 1956، چکسلواکی 1968.

انقلاب میتواند آغازی موفق داشته باشد؛ در یک پروسه ی فرسایشی با رقیبان خارجی ناکام شود. انقلاب 1905 روسیه و انقلاب 1906 ایران. در اینجا شکست و ناکامی بمعنی ناتوانی انقلاب در اجرای شعارهایش معنی می شود. وقتی آزادی های تصریحی انقلاب مشروطه در یورش 3 کودتای پیدرپی جامعه را به پیشاز جنبش تنباکو، بقهقرای سیاسی میبرد. میتوان گفت که انقلاب پیروز نیست. جامعه ایران از نظر صنعتی جدید و نیروهای مولد نرخ رشد همگن با غرب نداشته؛ لذا فرهنگ قرون وسطا در انقلاب 57 غالب شد. در حالیکه فروپاشی شوروی فرهنگ بورژوایی تزاری احیاء شد. یعنی

جامعه ظرف 70سال 1917-1989 پیشرفت صنعتی و نظامی در جهت سرمایه داری کرده بود. پس از فروپاشی برتری ورزش، هنر، کمک به جنبشهای رهاییبخش ناپدید شدند.

البته انقلاب یک پدیده زنده است. یعنی مانند هر موجود زنده ای در چرخه حیاتش 3 مرحله عمده زایش، پرورش، میرش دارد. هیچ انقلابی پیروزی ابدی نیست. هر انقلاب در مقطعی در تاریخ یک ملت برای تقلیل تضادهای حاد اتفاق می افتد. در بازه زمانی بعد نیروهای نوین رشد کرده؛ خواسته های تصریحی یا تلویحی نوینی در قیاس با انقلاب مادر قبلی ابراز می کنند. نمونه: فروپاشی شوروی، کوبا و اصلاحات رائول کاسترو، ایران.

در مقطع زمانی نهایی این نیروی جدید قدرت را قبضه می کند. نمونه شوروی که پیروزی کامل نسبی حاصل شد. برزخ کوبا و ایران که در شرف تکوین برای دست به دستی حاکمیت بین 2 قشر جدید بیرون آمده از انقلاب یعنی جوانان تحصیلکرده بیرون از حاکمیت و جوانان مسلح درون حاکمیت. حل این تضاد کوبا، ایران را از برزخ فعلی خارج می کند. حل تضاد بین این 2 قشر در قبضه کردن حکومت در ایران عوامل دیگری هم دخیل هستند.

نیروهای پیشرو جهان که خیلی هم زیاد شده اند حامی جناح غیرخودی حاکمیت در ایران اند. بازار نفت غیرمستقیم حامی جناح حاکم است. ولی چون هردو ، برخلاف توهمات سوسیالیستی دهه 60 ، زیربنای سرمایه داری را پذیرفته اند این اختلاف بیشتر روبنایی است. اگرچه حل تضاد فعلی خونین است ولی در نهایت نیروی مسلح مانند یونان، اسپانیا، پرتغال، یا حتی پاکستان، ترکیه ملتفت خواهند شد که جناح غیر خودی هم منافع آنها را تامین خواهد کرد. ولی اکنون اعتقادات جناح مسلح بینابینی است یعنی هم نظرات گذشته شیعه گرا درش هست هم نظرات رایج مدرنیزم. شاید در اقشار بیرون از قدرت هم توهماتی از این اما خفیفتر، باشد.

بهر تقدیر رهبری هر یک از این 2 قشر از جوانان برآمده از پروسه تکوین انقلاب خواهد بود؛ نه پیران با نظریات پیش از انقلاب. قشر بیرونی 5 میلیون دانشگاهدیده را در خود دارد. قشر مسلح 120 هزار نفری با نهادهای حامی هم چند میلیون میشود. نزاع بین این 2 جناح است. هر یک از این 2 جناح متحدان داخلی و خارجی خود را دارند. جناح بیرونی بجز نیروهای مترقی و حقوق بشر در جهان، سرمایه های فراملیتی هم چشم براه روابط تجاری و اقتصادی با ایران اند. اینها مانند مایکروسافت، بویینگ، اکسان، جی ای، جنرال داینامیکز.

جناح درونی هم صاحبان کارخانه های تولیدی در روسیه، چین، کره، تاحدودی آلمان، ژاپن، کره جنوبی و سرمایه های تجاری در امارات، نیروهای همنظر در یمن، لبنان، غزه، افغانستان، عراق دارند. در داخل وضع شان بدتر است. زنان بخاطر نظرات این جناح فقط برای پول و مقام با آنها همکاری می کنند. بخشی از کاست آخوندی ذوب در حاکمیت هم موی دماغ آنهاست. زیرا رانتها را سنتن در اختیار دارند. پس این اقلیت مسلح با نهادهای سرمایه داری مزه رفاه را چشیده ولی هنوز غریزه آنتیک عدم مشارکت و حرص را دارند.

همقطاران آنها در خونتای یونان دهه 60 و اسپانیای 1936- 1975 یا پرتغال دهه 70 نیز در روال واقعیتها و معاملات واقعیتر شده؛ ایده آلهای توهمی منزه بودن کاتولیکی یا ارتودوکسی را در عمل با لذت بری و ارتشاء تاخت زدند. سربزیر شدند؛ اختلافات مالی، مقامی، بین شان اوج گرفت. ساقط شدند. هیچ چیز هم تغییر نکرد پس از چند سال زندان تازه فقط برای بعضیهایشان هرکدام متمولتر شدند.

این در صربستان هم در یک پروسه تندتر و خونینتر در دهه 90 بوقوع پیوست. ایده الوگهای آنها در دادگاه لاهه محکوم شدند. ولی در بالکانیزه شدن چیزی تغییر نکرد. این تجربه را ملیتهای عراق و تا حدودی افغانستان در نظر داشته؛ دریافته اند که حکومت فدرال بهتر از تجزیه شدن است. این الگوی فدرال پیروزمند در آمریکا از 1776 تا کنون از انعطاف متنابهی در برابر تغییرات جهانی نشان داده. جناح بیرونی اکثر قشر زنان را باخود دارند. اصلاح طلبان فارغ اتحصیل از پروسه 30 ساله تکوین انقلاب با وجدان و انصاف و سطح فکر انسانی تر را دارند.

2 مدل دیگر چین و کره اند. حاکمیت در چین پس از مائو انعطاف نشان داده منافع اقشار نوین برخاسته از انقلاب 1948 در رفرمهای دهه 70 پاسخ داده؛ لذا تسکینی برای 3 دهه آرامش نسبی پیدا شد. ولی در این 3 دهه اقشار نوینی رشد کردند که مطالبات جدیدتری برای حقوق بشر، آزادی اینترنت، دادگاههای مدرن، حفظ محیط زیستی، آرامش با دیگر بخشهای جهان مطرح می کنند. کره با تجحر حاکمیت و زندانهای تا 120 هزاری سیاسی/ غیرجنایی الگوی دیگری است. در کره فشار اقشار جدید به رشد کمی ادامه میدهد. حاکمیت تحجری انعطاف نشان نداده؛ نوع انفجار پبش بینی پذیر نیست. ولی خود انفجار بنا به شهادت تاریخ دیر و زود می شود ولی محتوم است. مدل کره نیاز به جستاری سوا دارد.
منابع.   2/16/2010

اصلاحات اجتماعی در خاور میانه

در خاور میانه اصلاحات اجتماعی 2 بخش عمده دارند: 1- دینی که در کل اسلام و مذهب های مانند تشیع و تسنن بوسیله رهبران مترقی طرح شده؛ در بدنه رواج می یابند. 2- سیاسی که عمدتا بوسیه دولت و احزاب پیشرو طرح شده؛ در جهت تحکیم ساختارهای مدرنیته با توسعه اقتصادی، تکثرگرایی، فردیت انسان، اجرای حقوق بشر همراه اند. اصلاحات دینی در جستار دیگری بررسی شده؛ در اینجا واشکافی اصلاحات سیاسی بسنده می شود.

تعویض قدرت در جناحهای حاکمیت راست یا بین دولتمردانش صلح آمیز نبوده؛ با خشونت و قهر همراه است؛ در تضاد با انتقال قدرت در آمریکا در 225 سال گذشته. آزادی یک تجرید است برای شکوفانی استعداهای انسانی امروز و نسل آینده. عدم شکوفانی اقتصادی یعنی عدم رشد طبقات متوسط، عدم تحکیم طبقه کارگر، عدم شهریت کشاورزان. این طبقات زحمتکش اکثریت شهروندان بوده؛ فرزندانشان آینده کشورند. لذا عدم شکوفانی اقتصادی یعنی اعدام آینده؛ یعنی سر به نیست کردن خلاقیت فرزندان زحمتکشان.

از اینرو حاکمیت راست خاورمیانه با سلب آزادی، جهنم حاکمیت شان را برای آینده هم تضمین می کنند. در جهان مغزهای متفکر و خلاق از میان فرزندان طبقات متوسط است؛ نه از خانوارهای ثروتمند. در آمریکا و عربستان فرزندان ثروتمندان هیچ سهمی در بهینگی و آفرینش فن آوری، هنر، ادبیات، علم، ورزش، فیلم، موسیقی، تجارت جدید ندارند.

عدم شکوفانی اقتصادی در سراسر خاور میانه، از سلطنت اردن و عربستان تا جمهوری مصر و پاکستان، رواج دارد. چرا؟ حبیب ناظری اقتصاد فعلی ایران را در عوام‌زدگی، نگاه حجره‌یی بر مدیریت صنعت و اقتصاد، حکومت مذّاحان رانتخوار بر نفت، صنعت، اقتصاد می بیند. نتیجه کار دولتمردان فقر فزاینده، گرانی، بیکاری، ورشکستگی صنایع، رانده شدن نخبگان و کارشناسان، حیف و میل عظیم ثروتهای کشور است. این یعنی اعدام آینده. لذا 100 سال است که رکود در دور باطل فقر-ناشکوفانی استعداد اکثریت جوامع خاورمیانه مسلط است.

بنیانگرایی در خاور میانه اسلامگرایی از نوع سلفی و طالبانی بوده که با اصلاحات دینی به اسلام مدنی مدرن از نوع اماراتی و ترکیه ای در سده گذشته استحاله کرده و خواهد کرد. همزمان سیاست هم با طرد خودکامگی به حقوق

مدنی و دیگر هنجارهای مدرن رایج سده 21 خواهد رسید. اصلاحات سیاسی در حکومت مطلقه و استبداد شرقی بوسیله انقلاب، کودتا، رفراندوم، انتخابات، تظاهرات قوام یافته؛ بموازات اصلاحات دینی مطرح می شوند.

رقابت میان اسلام مدنی و اسلامگرایی، روی مناسبات اقتصادی در خاورمیانه اثر می گذارد. دولتمردان اسلامی 3 بخشند: اقلیتی پر از فساد مالی و قدرت طلبی بوده؛ بخش کوچکی دارای وجدان اجتماعی، انصاف، کاردانی می باشد. بخش میانی اکثریت وظایف خود را مطابق سلیقه 2 اقلیت فوق انجام می دهند.

جوانان زیر 30 سال تا 2سوم جمعیت اند. آنها با آرمانهای انسانی، کارآمدی ابزارهای اینترنتی، نداشتن حرص مال و منزلت، نزدیکی سنی-جنسی برای ازدواج، اردوی وسیع تظاهرات خیابانی برای تغییر وضع اجتماعی اند.

دهر دینی مجموعه ای از اخلاق و تقوا دارد که با عقل سلیم در زمانه ویژه ای جورند. در فلسفه فرق اخلاق/ مورالز و تقوا/ اتیکز چیست؟ هر 2 روی عدالت، حقانیت، وظیفه تاکید می کنند. اولی از دید اجتماع، دومی از دید شخصیت، رفتار فرد را بررسی می کنند. لذا جامعه از رهبران مذهبی اخلاق معنوی توقع داشته؛ از دولتمردان سیاسی تقوای اجتماعی توقع دارد. در دین امتی اخلاق عتیق در مورد مومنان صادق است؛ ولی حقوق فردی شهروندان کافر ضایع می شوند.

یک وکیل مدافع قاتل میداند از نظر اخلاق قتل بد است؛ ولی از نظر تقوا/ فضیلت حرفه ای وکالت از متهم در مقابل دادستان دفاع می کند. لذا در نظام محکمه ای، تقوا/ فضیلت حرفه ای قانونی بر اخلاق فردی غالب می آید.

کانت 1804-1724 در مبحث اخلاق، نیکی را در انسان ذاتی و ناشی از وظیفه، خرد، انگیزه می داند. در دین، نیکی به مومنان بخاطر پاداش اخروی می باشد؛ گرچه آرامش روانی در این دنیا هم بهمراه دارد؛ ولی نسبت به دگرکیشان رفتاری غیرانسانی دارد.

اخلاق واسطه دین و منطق در افراد دینخو می باشد. اخلاق آرمانی کنونی با نوعدوستی، تعامل، مدارا، رحم به رقیبان، ضعیفان، اقلیتها، نیازمندان تبلور می یابد. در حالی که بورژوازی رانتیر هار و سیری ناپذیر همچون گله کفتار مردم و املاک عامه آنها را می درند.

در سده 20م اخلاق با آموزه های طالقانی، شریعتی، مطهری برای جوانان شورانگیز بودند. در سده 21م اخلاق در شیعه

دولتی برای بخشی از جوانان منفور است؛ اخلاق از دین جدا نیست. رهبر مذهبی در اپوزیسیون دهه 50ش دروغ را تقیه می نامد؛ ولی در حاکمیت/ قدرت هم، دروغ و زیرپا گذاشتن اصول دین را برای مصلحت دنیوی نظام تبلیغ می کند.

در دهه 50ش چریکها اخلاق انقلابی با رئوس آگاهی، عدالت، ایثار، شجاعت در تقابل با غربزدگی با رئوس فساد، ظلم، حرص مال و مقام را در جامعه گسترش دادند. دکتر مصطفی رحیمی 1305-1381، به آذین، شاملو، و دهها روشنفکر مترقی اخلاق انسانی را در آثارشان تبلیغ کرده؛ جوانان را جذب کردند. آنها مخالف خودکامگی بودند. ترجمه های دهه 40ش رحیمی از سارتر، کامو، دوبوار، برشت- درخشان بودند. او در نامه سرگشاده در آیندگان سال 57 با عنوان "چرا با جمهوری اسلامی مخالفم" می گوید: در پیش نویس قانون اساسی "ولایت فقیه" نیامده بود.

وقتی در دولت چاپلوسی، فساد، اختلاس، پارتی بازی، ظلم، هتک حرمت، تجاوز جنسی، توهین، شکنجه، توبه تلویزیونی- مکرر اتفاق می افتد؛ در بسیاری از جوانان اشمئزاز تولید می کند. آنها به آموزه های اساطیری زرتشت، کوروش، مانی، مزدک، کاوه، آرش، سیاووش، رستم، سهراب، آناهیتا- روی می آورند.

تبلور موج نوین جوانان را در جنبش سبز 88 و بهار عربی 2011 شمال آفریقا بضد حاکمیت مستبدان انحصارگر مادام المعری می توان دید. با سقوط بساط دیکتاتوری، نیروهای اسلامی هم وقت را غنیمت شمرده؛ مانند ارتودوکسهای یهودی برای سیطره در حاکمیت جدید فعال می شوند.

اصلاحات سیاسی، بخاطر سازمانهای دولتی اجرایی و مجلس، مصلحین را گروه-کار می کند. اصلاحات دینی در مصلحین بطور فردی و مجزا از هم اتفاق می افتند. مصلحین دینی مکاشفات خود را در محیط آزاد غرب مانند "یافتم/ یوریکا" ارشمیدوس با بیانی فاخر ارایه می دهند. مصلحین دینی شاعرانه و منفرد بوده؛ سیستماتیک اصلاحات دینی را بین خود تقسیم نمی کنند. تازه اصلاحات دینی بین مردم هم رواج نمی یابند؛ زیرا دین شخصی هنوز وجود اجتماعی ندارد.

لایه فکوران همسو با رانتهای دولتی نظرات چاپلوسانه سیاسی و دینی در رسانه های دولتی نشر می کند. این نظرات گره به روز کردن دین را برای شکوفانی جامعه نمی گشایند. ولی برخی از دولتمردان دینی هم مانند امیران ارتشی رژیم ساقط از قماش سپهبد کیا، ژنرال طوفانیان، ژنرال نصیری در ثروت اندوزی غیرقانونی دست دارند. نمونه: یزدی صاحب امتیاز شکر و کلی پمپ بنزین در ایران است.

لایه آخوندهای محافظه کار/ اصولگرا نوآوری ظاهری در اصول یا فروع دین نمی کنند؛ ولی طرز فکر شان با تصاحب زمین و تملک کسب رو بسوی آگاهی آغازین بورژوازی رانتیر دارد. این آگاهی منجر به رقابت باهمدیگر، پته هم را رو آب انداختن، کشاندن رقیب به دادگستری، اختلاسهای کلان، فرستادن حسابها بانکی مانند سران رژیم ساقط به خارج می شود. ولی تحریمها و بستن سفارتهای کشورهای غنی غربی برای آنها تضییقات پدید آورده.

اصلاحات سیاسی در ادامه انقلاب مشروطیت در دهه 20ش با آزادیهای احزاب و رسانه بویژه در دوره زمامداری دکتر مصدق سپس در بهار آزادی بهمن 57 تا خرداد 60 باوج رسیدند. پس از سقوط بدون مقاومت و تبعید رضا خان در شهریور 20، جنبش ملی شدن صنعت سراسری نفت بطور غالب سکولار بود. کودتای 32 و سلطه ساواک سفاک پس از قیام خرداد 42 سازمانهای سیاسی را تارومار کرد. این سرکوب سازمانی با شرایط عینی ناشی از شکست اصلاحات ارضی و گسیل خیل دهقانان به حاشیه شهرها به سقوط سلطنت منجر شد.

از انقلاب سفید بهمن 41 تا بهمن 57 جامعه از نظر سیاسی به عهد جنبش تنباکو برهبری آخوند شیعی میرزای شیرازی و همکاری اسدآبادی/ افغانی، یک قرن به قهقرا رفت. حاشیه نشینهای شهرها در نتیجه خانه خرابی اصلاحات ارضی خیل خرافی خرابگر انقلاب بودند. در بهمن 57 شورای انقلاب تمام شیعی انحصارگرا با حذر از دولت بختیار- هیچ نقشی به دیگر جناحهای شیعی مانند شریعتمداری، ادیان سنی، ارمنی/ کلیسای شرقی، سکولارهای جبهه ملی، چپهای فداییان و مجاهدین نداد.

در رژیم 1000 فامیل ساقط، رسانه های دیجیتال شهروندی نبودند؛ لذا فساد و ظلم حاکمیت در جامعه رو نمی شدند؛ با تبلیغات گوبلزی دولت هم زرق و برق رژیم ذهن برخی لایه های متوسط را به اوهام کوروش و داریوشی می برد. ولی در رژیم فعلی وجود رسانه های دیجیتال و ماهواره ای جهانی ظلم و فساد را هر لحظه پخش می کند. برخی بخاطر منافع شان و برخی بخاطر عدم آگاهی نتیجه می گیرند که رژیم ساقط برای آنها بهتر بود.

در خاورمیانه چون ثروت کلان از راههای غیرقانونی بندوبست با دولت یا 1000 فامیل بدست می آید؛ لذا آمار و ارقامی در باره ثروتمندان منطقه وجود ندارند. شاید با سرمایه های مافیایی در غرب بتوان قیاس کرد. آیا روشنفکر راست، میانه، چپ می تواند سرمایه دار باشد؛ زندگی خانواده را

از سود کسب احراز کند؟ شفا، نراقی، نصر با مقام دولتی معیشت می کردند.

در رژیمهای مستبد ساقط سوای عدم شکوفانی اقتصادی سرمایه داری، روشنفکران راست بضاعت فرهنگی برای مقابله نظری با بنیانگرایی را نداشتند؛ روشنفکران چپ هم در زندان دسترسی به کتب تحقیقی نداشتند. امکان برای جدل/ پلمیک چپها با سرکوب دولتهای راست استبدادی محدود است. لذا نظرات بنیانگرایانه دینی براحتی در جامعه اشاعه می شدند. چون حکومتهای در سیاست راست اند؛ روشنفکران خواهان تغییر حاکمیت عمدتا چپ اند. اگرچه روشنفکران بنیانگرا هم فراوانند.

روشنفکران راست خود و اغلب اقشار اجتماعی مانند دانشجو را واقعگرا دانسته؛ به بقیه جامعه توجه نمی کنند. سید حسین نصر، شجاع الدین شفا، احسان نراقی، احمد فردید- بضاعت فرهنگی نداشتند تا به نظرات التقاطی جلال آل احمد، علی شریعتی، مهدی بازرگان، یدالله سحابی، حبیب الله پیمان برخورد کنند. آنها همگی فارغ التحصیلان دانشگاههای غرب یا آشنا با فرهنگ مدرن بودند.

انتقاد از خودکامگی در دهه 50ش با جبن و سکوت روشنفکران راست در حاکمیت و زندان و اعدام معترضان روبرو بود. ولی همین روشنفکران راست اکنون در خارج حاکمیت فعلی را با تمسخر انتقاد می کنند. در حالیکه نتیجه سیاستهای کلان رژیم ساقط جمهوری قرون وسطایی فعلی شد؛ ولی نتیجه حکومت فعلی خواستهای حقوق مدنی بخش مهمی از جامعه می باشد.

در رژیم خودکامه باندهای قدرت دایم در زدوبند و رقابت اند. برعکس دولت مدرن دولتمردان تامین و امنیت در رژیم ندارند؛ بجز باند خودکامه. وقتی باندی از دولت طرد می شود اعضای آن امنیت شغلی، حیات، حق مسافرت را گاهی از دست می دهند. بقا در حاکمیت جاپلوسی و عدم عزت نفس می طلبد. نمونه ها فراوانند: حبس نصیری و هویدا در رژیم ساقط. دست و پا زدن مرتضوی برای بقا در حاکمیت فعلی را می توان دید.

در دنیای مدرن نمی توان نخست وزیر، رییس مجلس و حتی رییس جمهور سابق را حصر خانگی، ممنوع الخروج/ المصاحبه، بیکار کرد. حتی لابی رژیم در خارج مانند دکتر امیر احمدی هم طرد می شود. رژیم خودکامه فقط منافع کوتاه-مدت باند درونی را مراعات کرده؛ نیز آرمانهای رهبر بر اقتصادیات جامعه ترجیح دارند. این ترجیح میلیاردها/ تریلیونها دلار خسارت در رژیمهای کودتایی 100 سال گذشته ببار آورده.

برخی مصلحین سیاسی دیگر که در زندان یا برونمرزی فعال بقرار زیر اند: طبرزی، امیر انتظام، دکتر منصور فرهنگ، دکتر عبدالکریم لاهیجی. شخصیت دیگر حاج سیدجوادی مقیم پاریس است که در بهار آزادی در تهران بیشتر از نماینده مجاهدین رای آورد. در بهار آزادی روشنفکران حاکمیت وابسته ساقط سکولارها را تنها گذاشته؛ بغرب گریختند.

باید شاعران، روزنامه نگاران، کنشگران حقوق بشر، فیلمسازان، ورزشکاران را هم نام برد: ژیلا بنی یعقوب، اردوخانی، هالو، هیلا صدیقی، جعفر پناهی، صدیق کبودوند. مصلحان سیاسی تکنوکرات از نوع بهزاد نبوی، شعله سعدی، تاجزاده، دکتر رییس دانا فعالند. دکتر عبادی، دکتر باقی، دکتر زرافشان، دکتر سلطانی، دکتر ستوده، دیگر وکلای شجاع برای مدرنیته در دادگستری می کوشند؛ زندان و تبعید را می پذیرند.

رشد اقتصادی به سکولاریزم تدریجی، فروکش خودکامگی، تعدیل بحران پیشاانقلاب منجر می شود. با بسط اقتصاد خصوصی لایه هایی از مردم از اتکا بر منابع بی واسطه مالی دولت جدا شده؛ در نتیجه از قدرت نامحدود خودکامه می کاهند. چون تولید ناخالص ملی حاصل از نفت و گاز عمده درآمد دولت بوده، خودکامه غریزی رشد اصناف و خرده بورژوازی را کند کرده؛ از سهم آنها در حاکمیت بنفع خود کم می کند.

پس درآمد سرشار کانها، ضعف طبقات متوسط، رواج فرهنگ پیشامدرن، تمرکز قدرت سرکوب دولت در ید خودکامه- استبداد باثبات چند دهه ای را پدید می آورد. نمونه های عربستان و لیبی قذافی بر این مدل منطبق اند. رژیم حتی جناحهای خودی حاکمیت را طرد و زندان می کند.

عکس این را در فرانسه می توان دید که اکثر درصد تولید ناخالص ملی متعلق به خرده پاهای خدمات توریستی می باشد. این استقلال محدود مالی دولت از بازار جهانی بسرکردگی آمریکا در سیاست خارجی کمی مستقل از آمریکا بروز می کند. در دهه 60م این استقلال در سیاست دوگل هم بود.

تضاد ذهنی بنیانگرایان و مصلحان را می توان در ساختار مغزی هم دنبال کرد. متحجران فکری شبکه اعتقادی شان بر منطق چیره است. عصبشناسی و ابزار بررسی فعالیت مغز مانند اف ام آر آی در پژوهشهای علمی رابطه شخصیت، حافظه، اعتقادات، منطق، پردازش دماغی حسگرهای بدن را تبیین/ تجسم می کنند. شبکه عصب جایگاه اعتقادات مجزا از شبکه منطق در غشاء مغز چپ می باشد.

اعتقادات در کودکی شکل گرفته؛ محیط آنها را در مغز فرد مداربندی سخت می کند که اغلب با اطلاعات نرم جدید منافی آنها این مدارات بهم نخورده؛ فرد در صحت اعتقاداتش گاهی تا جانفشانی می رود. ولی بقول راسل خردگرا، من برای نظراتم فدا نخواهم شد؛ زیرا نمیدانم که آنها صحیح اند.

در جدلهای سیاسی توهین به طرف مقابل بکار می رود. خشم یکی از محرکات 6گانه مانند اشمئزاز، شگفتی، ترس است که به غریزه گریز/ گریبانگری می کشد. توهین، فحش، تهدید- تولید خشم در فرد می کنند که با افزایش ادرنالین در خون، بالایی فشار خون، ازدیاد ضربان قلب همراه می شود. در برخی جدلها توهین، هم برای تسلی گوینده هم برای برانگیختن مخاطب، بکار می رود. توهین برخورد به شخصیت و نفرین برای تقاص آسمانی در جوامع انسانی رایج اند.

در سده 21م احزاب و اتحاد آنها بخاطر سرکوب دولتی تارومار می شوند. ولی با شبکه های مجازی می توان روی حقوق فردی تاکید کرده؛ در تظاهرات و اعتصابات عمومی، رژیم را برای اصلاحات تحت فشار گذاشت- مدل بهار عربی در مصر و یمن. جنگ داخلی لیبی و سوریه مرحله پیشرفته مدل دولت اقلیتی سرکوبگر لبنان و بحرین می باشند. برخی نظرات اوملیل مراکشی، طیبی سوری، ادوارد سعید فلسطینی 1935-2003 هم آورده می شوند.

ادوارد سعید در کتاب شرقشناسی/ اورینتالیزم از تعصب رسانه های غربی نسبت به زندگی مسلمانان بجامانده از عصر پساستعماری و امپریالیزم نام می برد. او با آشنایی با آثار دریدا، فوکو، چامسکی- معتقد است آثار ادبی/ تاریخی غربی شمای باسمه ای، تخیلی از شرق حتی در عصر باستان، در نمونه پارسیان آشیل 525-456 ق.م. در یونان می دهد. زبان یونانی در تصویر سوژه از فاصله زیاد بر اساس چند کتاب، دید مولف را با تحریف می آمیزد. سعید مخالف برخی سیاستهای خارجی آمریکا در خاور میانه است.

خلجی در منبع زیر می نویسد. دهه 90م دوره توسعه پساستعماری در کشورهای عربی بود؛ در تقابل با نیروی خارجی، اولویت مسلمانان "وحدت ملی" بود. اسلامگرایان این "وحدت ملی" را به "وحدت امت" و "وحدت کلمه" تعبیر کرده؛ صداهای مخالف خود را خاموش و سرکوب نمودند. با مرحله پساستعماری در خاورمیانه عربی، علی اوملیل، فیلسوف مراکشی، در کتاب 1991 درباره مشروعیت اختلاف/ فی شرعیة الاختلاف، نوشت:

امروز ما نیاز داریم به جای وحدت، کثرت را به رسمیت بشناسیم. زیرا حقِ متفاوت بودن، گوهر دموکراسی است. هر

نظام دموکراتیک تکثر را می‌پذیرد تا مشروعیت ش در مقام یک نظام مدرن بر پایه‌ی تکثرگرایی بنیاد شود. عربهای مسلمان نه به وحدت بلکه به ۳ امر زیر نیاز دارند: حقوق بشر برای هر فرد بویژه زنان، دموکراسی برای دولت ادواری، انتخابی، تکثرگرایی/ پلورالیسم برای رعایت حقوق اقوام و آزادی اعتقادات.

الگو مدرنیته غرب ۶ اصل دارد: عقلانیت یعنی حاکمیت عقل، فردیت یا حاکمیت فرد، دمکراسی یا حاکمیت مردم، لیبرالیسم یا حاکمیت آزادی و رعایت حقوق اقلیتهای دینی، جنسی، قومی، کاپیتالیسم یا حاکمیت قوانین اقتصاد آزاد رقابتی، سکولاریسم یا حاکمیت نظام سیاسی جدا از دینها. جیمز کلیفورد تاریخنگار آمریکایی نوشت: هر جامعه ای ناگزیر است برای نیل به مدرنیته تفاوت آن را از دیگر مدرنیته ها ابداع و بازشناسی کند. مدرینته در ژاپن، هند، ترکیه از هم متمایزند.

دموکراسی مدارا با اقلیتها بوده؛ حتی با اقلیت حاکمیت فعلی! دموکراسی آفرینش، طرح، توسعه، اجرای قانون، گزینش رهبری ادواری سیاسی با رای برابر و آزاد مردم است. تکثرگرایی پذیرش رقابت برای قدرت بوده؛ جامعه رنگین کمانی از سبک زندگی، اعتقادات، منافع است. حقوق بشر قوانین اجتماعی مدرن جهانی برای بروز فردیت می باشند. فردیت در ظاهر و باطن برخلاف امت واحد، یک شکل شاخصه مدرنیته است. این فردیت شامل دین شخصی در تخالف با دین امتی/ دولتی می باشد.

طیبی، نظریه پرداز سوری، در کتاب اسلامگرایی و اسلام ۲۰۱۲ می نویسد: نظام اسلامی مورد نظر اسلامگرایان هیچ یک از ۳ نیاز فوق یعنی دموکراسی، تکثرگرایی، حقوق بشر را تأمین نمی‌کند. تنها راه رهایی از اسلامگرایی آن است که مسلمانان {با اتحاد با نیروهای مدرنیته خواه} خود را از شرّ حکومت‌های اقتدارگرا برهانند؛ تا به دمکراسی عرفی/ سکولار برسند.

آیا اسلامگرایانی که در تونس، مصر و جاهای دیگر کمترین نقش را در براندآختن حکومت خودکامه نداشتند؛ ولی امروز پیروزمندانه {بخاطر آرای مردم متدین} قدرت را در آغوش گرفته‌اند می‌توانند به گونه‌ای شریعت را اجرا کنند که جایی هم برای آن ایده آلیست‌های {مدرنیته خواه} دموکراتی بماند که انقلاب کردند؟

خلجی در نقد کتاب طیبی می نویسد: اسلامگرایان با سربازگیری و بسیج عوام در رویای تشکیل امارت واحد شریعت در جهان اند؛ ولی در واقع با جناحهای خودی و دیگر نحله

های اسلامی خصمانه برخورد می کنند. چون اسلامگرایی اعتقادات اقلیت جامعه است؛ نباید خود را نماینده واقعی مسلمانان جا بزند. اگر هم از طریق مشروع به قدرت برسد؛ نیروهای دیگر نباید آن را به زور از حاکمیت حذف کنند.

این عدم حذف را در فلسطین با غلبه حماس در غزه و لبنان با غلبه حزب الله می توان دید. {نیروهای مدرنیته خواه} باید با مدارا آنها را به آگاهی و بلوغ اجتماعی با رسانه های ماهواره ای و گروهی سده 21م برسانند. تنها شکوفانی اقتصادی است که حریف اسلامگرایی می شود.

منابع. 19/09/2012
http://en.wikipedia.org/wiki/List_of_Muslim-
Bassam Tibi, Islamism and Islam,   majority_countries
London, Yale University Press, 2012 & New Haven
مهدی خلجی http://www.bbc.co.uk/
حبیب ناظری : اقتصاد «حُجره‌یی» و مداخان صنعتی و نفتی
http://shahrgon.com/?p=10263

تغییر اجتماعی در خاور میانه

"عیسا به دین خود و موسا به دین خود": هیچ کس حق ندارد از دین خود بهانه ای بتراشد برای سرکوب کردن باور دارندگان دین های دیگر، یا که برداشتِ خود از دین خویش را انگیزه ای بسازد برای آزار رساندن به همدینانی از خود که برداشت های دیگری از آن دین دارند. دکتر خویی

در جوامع اسلامی، تغییر اجتماعی را می توان به اصلاحات سیاسی و دینی بخش کرد. این جوامع هنوز از مرحله دین امتی به دین خصوصی تکامل نیافته اند. همچنین دولت برداشت پیشوا از دین را به کل پیروان با خشونت تعمیم می دهد. در نتیجه شک دینی در فرد ترس، گناه، تقیه، مذبذب بودن پدید می آورد. لذا تغییر دین در نوجوانی تکفیر شده؛ حکم اعدام بدنبال دارد. این عدم شک در تحصیلات دانشگاهی خلاقیت علمی تراز جهانی را عقیم می کند. از اینرو دانشجویان مستعد که به غرب میروند؛ خلاقیت علمی آنها شکوفان می شود.

استبداد در خاور میانه در 100 سال گذشته رسیدن به مدرنیته بومی با اصلاحات سیاسی برای شکوفانی اقتصادی را کند می کند. در سده 21م گسترش رسانه های دیجیتال شامل تلفن همراه، دیشهای تصویری ماهواره ای، اینترنت کمک به ارتقای انتظارات و آگاهی مردم کرده؛ شبکه های مجازی جوانان برای تغییر اجتماعی را سامان می دهند.

اصلاحات اجتماعی و سیاسی، جامعه نیمه-باز و بسته، نشت مدرنیزم به زندگی مردم و افکار روشنفکران در سده 20م خاور میانه بررسی می شوند. آرای روشنفکران راست در بیعملی در مقابل بنیانگرایان دینی و نظرات چپ هم ارایه می شوند.

در تمام خاور میانه 100 سال گذشته یک نمونه موفق شکوفانی اقتصادی و مدنیت مدرن، بجز اسراییل و ترکیه، نمی توان یافت. آزادی بیان با سرکوب دولت روبرو می شود. هر کشوری می تواند هر نوع حاکمیتی را با نیروی قهر بر شیوه تولید سرمایه داری خود استوار کند. این حاکمیت می تواند ترکیبی از پدرسالاری، ولایت فقیه، خودکامه مطلقه، سلطانی، امارتی، بعثی، حکومت نظامی/ شرایط اضطراری، شورای انقلابی، انواع سرمایه داری مانند دولتی، کمپرادور، رانتیر باشد.

البته این مجموعه ناهمگن زیربنا و روبنا ثبات طبیعی و خصلت تکامل- پذیری نداشته؛ ولی با حمایت استعمار/ عامل

خارجی، کنترل دولتی منابع نفتی-گازی، ارگان سرکوب- می تواند ثبات نیم قرنی مانند عربستان و اردن داشته باشد؛ ولی شکوفانی اقتصادی را کند می کند.

تمدن مدرن از غرب به خاور میانه نشت می کند. این نشت بوسیله مسافرت، رسانه ها، وسایل مصرفی، فیلمها، اخبار جهان، دانشگاهها، داروها، وسایل نقلیه اتفاق می افتد. این نشت در سطح وسیع روی آداب، انتظارات، رسوم، رفتار مردم اثر می گذارد. نمونه ها: 100 سال پیش مهمان کفشش را بیرون اتاق در می آورد با کلاه وارد می شد. اکنون کلاه از سر بر داشته؛ با کفش تو اتاق می آید. حق رانندگی زنان در عربستان در 2014 وعده ملک فعلی است.

جوامع مسلمان به اصلاحات دینی و سیاسی بر بستر رشد اقتصادی نیاز دارند. اصلاح طلبی/ رفرمیسم خواست انطباق تدریجی شرایط جدید با اصول قانون قدیمی بوسیله تعامل نیروهای درگیر می باشد. در خاور میانه، انطباق شرایط کنونی با مدرنیته می تواند دینی، اقتصادی، اجتماعی، سیاسی، فرهنگی در 4چوب قانون اساسی باشد که خود قانون نیز بوسیله مجلس تغییرپذیر است. البته استبداد قانون را دور می زند؛ بداهه های خودکامه را اجرا می کند.

جالب است که حاکمیت در خاور میانه- چه شرقی سده 20م چه غربی کنونی- دست نشانده استعمار بوده؛ مدافع منافع ملی نیست. البته رابطه شفاف با ابر قدرت در کشورهای آلمان، ژاپن، ترکیه، کره جنوبی، تایوان، سنگاپور شکوفانی اقتصادی را مختل نمی کند. استبداد بومی برای شکوفانی اقتصادی بخاطر شریعت، حرص مال و مقام، قتل منقدان، امل بودن رهبری مهلکتر است.

اصلاحات سیاسی. در سده 20م برخی اصلاحات سیاسی سکولار و مدرن از بالا شده؛ نیز مبارزات رهایی بخش ملی از پایین به رهبری ملی گرایان سکولار کمک کردند. مبارزات رهایی از استعمار را در دکتر مصدق، ناصر، انقلاب الجزیره می توان دید. اصلاحات سیاسی را تکنوکراتها و معممان پیشرو، اصلاحات دینی اصولی و نحله ای را باید آخوندها/ مفتیان انجام دهند تا در توده ها نشت کنند. منظور از اصولی، اصول اسلام و نحله ای فقه و شرعیات شقوق آنست. نظامهای خاورمیانه از نظر سیاسی بسته و نیمه-بازند.

اصلاحات سیاسی فساد اداری، حرص مال اکثر دولتمردان، تعامل با غرب همراه است. اصلاحات سیاسی را دکتر مصدق شدید در بازه زمانی 20-32 ش، خفیفتر دکتر امینی در 39- 42 ، آبکی دکتر بختیار و دکتر بنی صدر و مهندس بازرگان در بهار آزادی بهمن 57 تا 30 خرداد 60 می توان دید.

مچگیری دولتمردان با فساد مالی را در رسانه های آزاد و مجلس افغانستان روشنتر می توان دید.

اصلاحات سیاسی با مخالفت استبداد و اصولگرایان دینی قرار می گیرد. سقوط خودکامه برابر سقوط استبداد نیست. خودکامه اهل تعامل نبوده؛ تا سقوط خود مقاومت بضد تغییر سیاسی می کند. این سرسختی به تغییر تا آخرین لحظه را در صدام، قذافی، اسد می توان دید. لذا راهی برای تعامل پارلمانی و رسانه های منتقد وجود نداد.

ولی براندازی در منطقه هم، جابجایی 2 خودکامه را نشان می دهد. استبداد پهلوی 1 به پهلوی 2 سپس به ولایت فقیه منجر شد. روند جابجایی خودکامگان سریعتر در عراق شاید بخاطر عدم حضور آمریکا در نیمه آخر سده 20م دیده می شود.

خودکامه با عدم سازش جامعه را به ورطه انقلاب سوق می دهد که عوامل عینی جامعه دیگر کنترل پذیر نیستند- مانند انقلابات اکتوبر، چین، کوبا، 57 ایران. روشن است که انقلاب جابجایی اقشار بیرونی و درونی حاکمیت؛ یک پدیده عینی بوده که بوسیله حاکمیت پیش بینی ناپذیر و سرکوب ناپذیر است. نیز در اروپا و آسیا نتیجه مشابه انقلاب و اصلاحات با قیاس تاریخ فرانسه و انگلیس، تاریخ روسیه و هند قابل غورند. این 4 کشور از 2 راه متضاد به دمکراسی کنونی شان رسیده اند.

در نظام استبدادی اصلاحات می کوشد تا انتخابات فرمایشی را به آزاد، انتصاب امیران دولتی را به انتخاب رقابتی، تضییع حقوق مدنی را به اجرای این حقوق مطابق قانون بکشاند. اتحادیه های اصناف موتور این تغییر اند. بنا به نمونه های تاریخی اصلاحات راه مطمئنتری برای تغییر اجتماعی است تا براندازی.

البته پیشفرض اصلاحات انعطاف نظام نیمه بسته را حاوی است؛ یعنی کنترل آگاهانه تغییر/ بحران. تغییر قانون سراسری بوسیله مجلس بهزینه ملت بوده؛ تغییر موردی بوسیله دادگاه بهزینه فرد می باشد. تغییر موردی در موارد مشابه بعدی در دادگاه هم استناد می شود.

نظام بسته خواهان حفظ شرایط موجود، امکان تغییر را برای عوامل خواهان تغییر پرهزینه می کند. یک کشور سرمایه داری بسته استبدادی/ خودکامه تغییر را بنا به منویات پیشوا اجرا می کند. پیشوایی که نظرات ذهنی فردی، ظلم به رقیبان، فساد حرص مال را با هم دارد. باند استبدادی مانند یک گله کفتار است که هر کدام مظنون به دیگری،

همدیگر را می پایند؛ تا عدم توجه منجر به کودتا نشود. نمونه: دوشنبه 10 سپتامبر 2012 شیخ ‌محم ریس جمهور سومالی انتخاب می شود. دو روز بعد از بمب انتحاری در مقرش جان سالم بدر می برد.

نظام نیمه-باز با مجلس به خواستهای باندهای قدرت، مافیای ثروت، اختلاف آنها می پردازد. نظام باز با مجلس به خواستهای احزاب، اتحادیه های کارگران، زنان، اصناف، دانشجویان، اقلیتها رسیدگی کرده؛ تغییرات تدریجی را وارد حاکمیت می کند. در نظام باز تغییر بوسیله مجلس، با کار برد رسانه های منقد، حقوق اقلیتها، خواست اتحادیه ها، انتخابات آزاد، دادگستری مستقل ممکن می شود.

نمونه موفق انطباق با تغییرات جدید، حکومت آمریکا ست. این حکومت با متمهای قانونی بتکامل سریع قانون اساسی از 1776 تا کنون پرداخت. تغییرات درونی مانند الغای برده داری 1864 و حقوق اقلیتها در دهه 1960 و بیرونی مانند پیدایش انقلابات جهانی پس از ج 1 و 2 بودند.

نظریه پردازان راست از قماش دکتر نهاوندی و مهرداد خوانساری در حاکمیت یک رکن اعتقاد طبقاتی دارند: ابدیت حفظ شرایط موجود یعنی سیطره خط سیاسی راست طبقه خودشان. هر نوع قهر کودتایی، انقلابی، خیابانی، اعتراض، انتقاد، رقابت که این بهشت موعود شان را تهدید یا مدفون کند برایشان ناهنجار بوده؛ با ناله از دخالت نیروهای جنی و توطئه اجنبی دم می زنند. در حالیکه این دولتمردان بزمان حاکمیتشان جامعه را بشکوفانی اقتصادی نرساندند.

این نظریه پردازان هر نوع تکان قایق حاکمیت را زیر سر نیروهای خارجی، توطئه اجنبی، مزدوران بومی تبلیغ می کنند. گو اینکه بنا به اسناد آرشیو خارجه آمریکا و انگلیس، خاطرات فراریان کا گ ب شوروی- خود این دولتمردان همسو با منافع خارجی در توطئه بضد ملیون، برخی حتی مزدور/ حقوق بگیر دول خارجی بوده اند. آنها با همه تفرعن "تمدن بزرگ،" از عواملی بودند که جامعه را از نظر سیاسی بقهقرای انقلاب قرون وسطایی کشاندند.

نظریه پردازان راست شرایط عینی، عوامل درونی، رشد انتظارات اقشار بیرون از حاکمیت، مرگ عمر حاکمیت چون هر موجود زنده را درک نکرده؛ دولت را صحنه خیمه شب بازی تصویر می کنند. وقتی آنها در حاکمیت بودند؛ برنامه آبادانی ملی -همراه با حرص مال و مقام و قتل منقدان- را پیش می بردند. وقتی دور آنها بسر رسید، حاکمیت سیاسی از دست شان گرفته شد، آنها حاکمیت جدید را مزدور خارجی،

ملعبه اجانب، ابلهان نادانمکار، طفیلان نفرین شده می نامند.

نظریه پردازان راست ارتش را نه بعنوان وسیله سرکوب در دست حاکمیت بلکه یک ساختار فرادولتی قلمداد می کنند. در حمله آمریکا به عراق و افغانستان و ناتو به لیبی ارتش های بعث، طالبان، دولت داغان شدند. ولی ارتش بعدی بازسازی شد. لذا ارتش شاهنشاهی مجهز به مهمات آمریکایی هم جای خود را به سپاه و بسیج مجهز به تسلیحات موشکی ساخت ایران داد. در آن ارتش امثال ژنرال آریاناها بودند که مقوله انقلاب را نفهمیده؛ کودتای نوژه و سفر به ترکیه را برای برگشت امکان ناپذیر به حاکمیت قبلی در مصاحبه های خارج خود مطرح کردند.

برای نظریه پردازان راست هزینه مسلح کردن ارتش الکی بهتر از متروسازی در 7 شهر می باشد. احترام در مجامع بین المللی غربی بهتر از ایجاد دانشگاهها برای میلیونها جوان است. در حالی که در یک کشور سرمایه داری خاور میانه- چه حاکمیت ساقط چه حاکمیت بعدی- دولت ابزار سرکوب برای برنامه های قشر حاکم، ارضای حرص مال و مقام دولتمردان، زندان و قتل معترضان است. البته دول دست نشانده غرب یک کانال باز ارتباطی با مدرنیزم نخبه گرا دارند که بنیانگرایان آنرا کور می کنند.

دول اسلامگرا این کانال رابطه با غرب را کور می کنند. وگرنه در ظلم، فساد، قتل هر 2 حاکمیت یک سانند. کشتار 17 شهریور 57 با سرکوب خرداد 88 را می توان مقایسه کرد. اعدامهای 37 افسر زبده و 600 زندانی پس از کودتای مرداد 32 با اعدام 144 افسر و 8000 تصفیه نظامیهای کودتای نوژه مقایسه پذیرند. رشد جمعیت، سبعیت دولت، انتظارات مردم هم در این ارقام دخیلند.

مصلحان برآمده از 2 نظام ساقط و فعلی با بیداری وجدان اجتماعی و خاطرات ملموس مسایل را بهتر حلاجی می کنند. مهاجران خارج با تحصیلات عالی در 2 رژیم پیشینه ای ندارند. نظراتشان تحقیقی، حاوی فاکتهای ملموس جامعه فعلی، متدولوژی/ شیوه شناسی علمی، دیدگاه تراز جهانی، هم گزاره های تجویزی/ توصیه ای، هم گزاره های توصیفی/ تبیینی می باشند.

آنها با تجزیه، تحلیل، تجرید مسایل را روشن می کنند؛ ولی این نظرات به عامه مردم نمی رسند. زیرا عمده بلایای استبداد قلع و قمع احزاب، سانسور مطبوعات، سرکوب منقدین، غارت ثروت ملی اند که شکوفانی اقتصادی را عقیم می کنند. این آثار در نشریات کاغذی/ مجازی درج می شوند.

ولی تاثیر اطلاعات در مغز با عمل شرکت در تظاهرات، اعتصابات، همایشها ظاهر می شود.

بازتاب این نظرات در رسانه ها تاثیری روی برنامه دولت در کشور نداشته؛ ولی به نهادهای مترقی غربی، همایشهای علوم انسانی/ سیاسی، نهادهای حقوق سازمان ملل ارایه می شوند. نمونه 100 ها استاد علوم انسانی می باشند که در باره جوامع خاور میانه بصیرت تخصصی دارند. از جمله: دکتر دباشی، دکتر قائمقام، دکتر علمداری، دکتر لاهیجی، دکتر آبراهمیان، دکتر رامین جهانبگلو، دکتر کاتوزیان، دکتر نیره توحیدی، دکتر درویش پور.

منابع. 12/09/2018 08:37 ق.ظ

بنیانگرایی در خاور میانه

جایی که مردم از دولتشان بترسند، ستم حاکم است. جایی که دولت از مردم بترسد، آزادی وجود دارد. جفرسون-1743 1826 رییس جمهور و نویسنده بیانیه استقلال آمریکا.

عدم شکوفانی اقتصادی سده 20م خاور میانه 4 علت عمده دارد: 1- غلبه شریعت بر مناسبات سرمایه داری. 2- سنت خودکامگی و استبداد. 3- حضور استعمار. 4- سیاستهای نامطلوب آمریکا. عدم شکوفانی منجر به پیدایش بنیانگرایی اسلامی برای قبضه قدرت سیاسی و انطباق دین و دولت در جامعه شد.

در خاور میانه سنت خودکامگی با مظاهر شیادی/ فساد مرحله ابتدایی سرمایه داری در حرص مال و قدرت، عدم رعایت قانون، کاربرد سرکوب دولتی به استبدادهای دائم العمری انجامید. در گذشته علل عدم شکوفانی اقتصادی خاور میانه، استبداد در خاور میانه، صفات استبداد، شخصیت استبدادی نشر شدند.

در این جا بنیانگرایی دینی با نمونه هایی از غلبه شریعت در عقیم کردن رشد سرمایه داری واشکافی می شود. در جستار بعدی اصلاحات دینی، براندازی، حضور استعمار، رخنه انواع سرمایه داری خصوصی، دولتی، کمپرادور، رانتیر، سیاستهای نامطلوب آمریکا در خاور میانه بررسی می شوند.

بنیانگرایی دینی هم در یهودیت از نوع اشکنازی و صیهونیزم، هم در مسیحیت نوع "متولدین دوباره" در ایالات جنوبی آمریکای سده 20م می باشد. نوع اول در اسراییل مخالف مظاهر مدرنیته مانند ورود زنان در جامعه بوده؛ به خانه سازی بزور در کرانه باختری فلسطین پرداخته؛ حضور در کنست/ مجلس با 29 حزب رقیب و شریک داشته؛ از معافیت سربازی برخوردار است. این پدیده در هند هم رواج دارد.

بنیانگرایی مسیحی در آمریکا فعال است. جری فالول و پت رابرتسون رهبران مذکر تشکیلات میلیونی/ مگا مسیحی بنیانگرا بودند که خود را کاندیدای ریاست جمهوری هم کردند. البته لابیهای خرپول شرکتهای تولیدی از آنها حمایت نکردند. نوع دیگر بنیانگرایی هم از سیاست بریده؛ صرفا بسبک زندگی دوران حیات مسیح- یعنی عدم کاربرد ماشین و بیمارستان- بسنده می شود. نمونه: گروه "شاهدان یهوه" که نجاری و پنیرشان در پنسیلوانیا خریدار دارد. زندگی گروهی آنها شبیه درویشان و عارفان اسلامی است.

در اسلام بنیانگرایی بنام اسلام‌گرایی می باشد که اعتقادات دیگر و باورهای مدرن را کفر قلمداد می کند. مرتد، منافق، ملحد نه تنها مستحب عقوبت بوده؛ بلکه باید اعتقادات فردی خود را حاشا کرده؛ اعتقادات حاکمیت را پذیرفته؛ وگرنه شکنجه/ تعزیر، حبس، اعدام می شود. تازه در گزینش محل دفن در گورستان عمومی، تعداد مدعوین مراسم تدفین، حضور رسانه های مستقل از دولت- دولت دینی رعب‌آورانه با قهر دخالت می کند. 2 نمونه تضییق پندارهای فردی احسان طبری و دکتر آغاجری در پانویس می آیند.

اسلامگرایی چپاندن شرعیت عشیره ای بر دولت سرمایه داری است. در مقابل اسلام مدنی در پی سازش و تعامل دولتمردان با وجدان اجتماعی، اعتقادات فرقه ای/ سکتی، شریعت عتیق با قوانین مدرن بورژوایی، پذیرش واقعیات جامعه کنونی می باشد. روش "مگو و مپرس" برای دگرباشان در ارتش آمریکا در دوره کلینتون چتر ایمنی پدید آورد. در امارات خلیج فارس نیز این روش در خیابانهای شهرها بکار می رود. نیروهای امنیتی برخی منکرات شریعتی را ندید می گیرند.

هنوز اسلام دین امتی/ دولتی بوده؛ دین خصوصی/ فردی نیست. یک شیعه/ سنی نمی تواند زیر دین پدری خود زده؛ دین جدید بگزیند. خروج از دین ارث پدری کفر است؛ کافر مستحب قتل. از اینرو تقیه، دروغ، طفره در پاسخ- دینهای خصوصی و بیدینی را پنهان می کنند. اصولا سایر ادیان حق تبلیغ در خاور میانه ندارند. در غرب همه ادیان آزادی تبلیغ داشته؛ می توان دین را عوض کرد یا بیدین شد. اعتقادات دینی شخصی بوده؛ نه محاسنی دارد نه عقوبتی.

در عصر مدرن دین امتی به خانوادگی و شخصی تجزیه می شود. لذا نوجوان خانواده باید از مرحله شک و گزینش بگذرد؛ اعتقادات خود را بنا به شخصیت، محیط، فردیت خود فرموله کند. برای برخی نوجوانان نجسی سگ، دوستان ادیان دیگر، بیدینان، چرایی مناسک دینی خانواده، نظرات دیگران، مطالعات فردی، تزویر دینکاران، بیعدالتی رهبران دینی، تخیلات، کنجکاوی، عشق بفردی خارج از دین خانواده، دیدن فیلمی/ نمایشی، خواندن زندگینامه مشاهیر جهانی- همه می توانند بنیان شک او را بدین خانوادگی تقویت کنند.

پس از این مرحله گذار از دین امتی به شخصی، شکوفانی سرمایه داری با آوردن شغل و فن آوری سراسری است که بنیان شک، گزینش باورهای نوین، تحمل سکولاریزم ریشه گرفته؛ سپس در آرای نمایندگان مردم تبلور می یابد. این سکولاریزم از پایین و تکامل پذیر است. سکولاریزم از بالا با فرمان رهبر بعدی یا بحران سیاسی در جامعه زوال یافته؛ یک اقلیت ساکت می شود.

در آمریکا 2500 شقوق مسیحی و ادیان دیگر وجود دارند. هر کدام معابد، امور خیریه، بودجه های کلان دارند. از آزادی مذهب در ترک مذهب ارثی و گرویدن به مذاهب جدید سالانه میلیاردها دلار انباشت شده؛ امور خیریه و اعتقادی گسترش می یابند. ولی مساجد اسلامی نانخور وبال گردن مالی دولت اند.

بنیانگرایی دین امتی و جمعی در جهت مخالف اصلاح دین و دین خصوصی/ فردی برای انطباق با مدرنیزم می باشد. لایه های پایینی دهقانی و لومپنهای حاشیه شهری، مسلح و بیزار از مدرنیزم، رجعت به آغاز دهقانی خود در سده 20م را با رجعت به سده 7م بنا بروایت ملایان برابر تصور می کنند. نسبت صف آرایی نیروها در هر مقطع تاریخی رابطه آنها را با قدرت تعیین می کند.

در انقلاب 57 ایران نسبت بنیانگرایان شیعی اکثریت مطلق بود؛ لذا انحصارطلبی و استبداد را گزید. اینهم بخاطر سیر قهقهرایی سیاسی دهه های 40 و 50 بود که جنبش را به 100 سال پیش جنبش تنباکو رسانده بود. در انتخابات 2012 مصر اخوان کمی بیش از 50% آرا را آوردند؛ لذا سمبه پرزور نداشته مطابق قانون رفتار می کنند.

اسلام مدنی به روز کردن شریعت با دستآوردهای بشر در سده 21م از جمله حقوق بشر، شرایط ایمنی کار، پرورش کودکان، برنامه آموزش، عدم آپارتید جنسی، خدمات اجتماعی، حقوق شهروندی برای اقلیتها، می باشد. یعنی دین را از سده 7م عشیره ای به سده 21م سرمایه داری با آینده نگری به روز کند- مدل ترکیه.

بنیانگرایی رجعت دولت و جامعه از سده 21م به سده 7م با زور می باشد- مدل عربستان. طیف حکومتها در خاور میانه بین 2 غایت مدنیت مدرن مانند ترکیه و اصول سنتی دین مانند عربستان قرار دارند. بررسی تاریخ قبرس در تجزیه ترکهای سنی و یونانیهای مسیحی و اقتصاد آنها پس از حمله 1976 ترکیه به قبرس آموزنده است.

این مقایسه اقتصادی بخوبی نقش 2 فرهنگ ترکی سنی و یونانی مسیحی را در یک ملت واحد نشان می دهد. اسلامگرایی هم یک طیف است که از امارات سنی طالبان، ملک سلفی سعودی، ولایت فقیه شیعی، حزب الله لبنان را می توان نام برد.

در خاورمیانه سده گذشته شکست اقتصادی مدل غربی منجر به بنیانگرایی دینی شد. این شکست اقتصادی با استبداد سنتی

برای خودکامگان مذکر مادام العمری فضای سیاسی را مختنق کرد. منظور از غربی نه مدل قرن 18م انگلیس و فرانسه با بسط تولید صنعتی در گسترش استعمار، بلکه مناطق اسکاندیناوی و بالکان می باشد.

زیبایی بن هنر است. هر 2 در اقتصاد سرمایه داری نقش بزرگی دارند. اصولا سوای محصولات کار و تولیدمثل در هر مقطع زمانی، این هنر است که با تبلور فروش فراورده های کانی و انباشت ارزش اضافی یک نسل برای اخلاف مانا بوده؛ ضمیمه فرهنگشان می شود. وقتی شریعت برخی از مناسبات جامعه و هنر را مختل می کند؛ بخش بزرگی از تولید سرمایه منتج از نبوغ و خلاقیت شهروندان در نمایش، فیلم، موسیقی، ورزش زنان، تفریحات، آتلیه ها، نمایشگاهها، سفرهای هنری، کنسرت، پوشاک شکوفانی رشد نخواهد داشت.

اسلامگرایی در هر جامعه مشخص ساختارهای سرمایه داری مانند کارخانجات، ادارات، بانکها، جواز آثار ادبی/ هنری، نظام آموزشی، بیمارستانها، وسایل عمومی نقلیه را اساس قرار داده؛ برخی احکام دینی را سلیقه ای بر آنها مدتی سوار می کند. زیرا این ساختارها در بدو اسلام وجود نداشته؛ احکام بدوی با آنها جور نبوده؛ اصلا با آنها بیگانه می باشند.

احکام سلیقه ای با ضوابط ساختارها که در ارتباط با تولیدکنندگان غربی اند منجر به گذاشتن استثناء های عدیده شده؛ در نتیجه فساد و بی لیاقتی پدید می آید. عدم انطباق فتوا با ضابطه منجر به اختلالات ناهمزمانی، استثنائات و فساد می شود. 4 نمونه برای عدم انطباق فتوای دینی با ضوابط کاربردی:

1- نبود پزشگ زن در اورژانس بیمارستان برای معاینه بیمار زن به تلف شدن او منجر می شود. 2- امتحان شرعیات در ادارات و ارتش از ورود برخی متخصصان مجرب مانع می شود. زیرا اصول و فروع دین را فرد گاهی اشتباهی روی ورق آزمون چک می کند. این اشتباهات منجر به احراز شغل متدین بجای متخصص می شود. اجرای خام دین در این شغل نالایقی ببار می آورد. یک خلبان خوب نیازی به قبولی در آزمون شرعیات ندارد؛ همانطور که یک خلبان خوب اسراییلی این شرعیات را نمی داند.

3- حکومت مرسی در مصر منجر به محذوریت/ حذر در باره شغلهای زنان در رقص عربی، گویندگی رسانه ای، بازی در فیلم شده؛ در نهایت ضربه مالی به اقتصاد کشور می زند. 4- پوشاک سیاه در بسیاری دختران مدرسه افسردگی و استرس را دامن زده؛ توان یادگیری شان را کاهش می دهد. لذا

مدارس پس از چندی اجازه پوشیدن لباسهای رنگین به کودکان را به اولیاء دادند.

زیانهای شریعت بر مناسبات سرمایه داری بقرار زیرند: کندی رشد اقتصادی منطقه، عدم توانایی ورزشی و فرهنگی رقابت با جهان، عدم انطباق با هنجارهای مدرن جهانی در پوشاک مانند یک دولتمدار زن غربی بی حجاب به خاور میانه و برخورد مانند دست دادن با جنس مخالف اند. در بنیانگرایی زیبایی وجود ندارد. آرامش در آفتاب و کنار دریا، پوشاک دلخواه، پرورش اندام، تجلی زن در صور مدرن، رقص، ژیمناستیک، هنر از محرمات/ تابوها یند. علائق انسانی در هزار سال پیش تغییر کرده؛ دیگر خوش آمدن خرما و عسل و شیر برای ذائقه کل کشور قابل قیاس با کباب و پیتزا و آبجو نیست.

سیاحت ملیتها با پوشاک و خوراک مختص خود، تفریحات، خدمات وابسته به آن- بخشهای بزرگی در اقتصاد یک کشور می باشند. محدودیت این اقتصاد خدماتی، باستناد آیات هزار سال پیش ربطی به شکوفانی اقتصادی و رشد معیشت جامعه کنونی ندارد. این محدودیت در حقیقت فتوای تداوم فقر مزمن، اشاعه امراض عفونی، درجازدن خلاقیت دماغی شهروندان است. معیارهای تجدد حقوق اجتماعی زن و مرد است. عربستان قطب غایی شریعت وهابی/ سلفی سده 21م خاورمیانه است.

در این کشور نیمی از جمعیت، یعنی زنان حق رانندگی ندارند. همین یک ماده شریعتی فروش ماشین، خدمات حامی رانندگی، پارکینگ، تعمیرات، بنزین فروشی را در سعودی نصف می کند. این کشور در المپیک لندن 2012 یک زن محجبه ای ورزشکار فرستاد؛ در حالیکه اکثر ورزشکاران آمریکایی زن اند. در المپیک لندن، زنان آمریکایی 29 مدال طلا دربرابر مردان 17 تا بدست آوردند.

یک دلیل می تواند عدم شرکت زنان مسلمان، نیمی از 1 بیلیون مسلمان جهان، باشد که عرصه رقابت با زنان آمریکا ترک کرده اند. می توان دید که شریعت به غرب کمک می کند! البته دول اسلامی باید بنا به مقررات ورزش المپیک زن هم در تیمهای کشوری داشته باشند؛ یعنی مراوده با غرب منجر به به روزکردن هنجارهای بومی می شود.

آسیب رسانی شریعت را در توان اجرایی با پوشاک محجبه ای زنان مسلمان ورزشکار در المپیک لندن هم می توان دید. باید توجه داشت که زور دولتی برای پوشاک زنان ورزشکار غالب بر هنجارهای جهانی است. بنا به اصول ترمودینامیک طبیعت، القای گرمای عضلات بدن بهنگام ورزش نیاز دارد که پوست در مجاورت هوا برای خنک کردن تن باشد.

رنگ تیره گرما را جذب می کند؛ رنگ روشن سفید گرما را رد می کند. ولی شریعت محجبه را بر تن زن قرار داده؛ این مانع گرما زدودن تن، از سرعت دویدن می کاهد؛ بدن دونده را داغ می کند؛ بویژه در رقابت با زنان کشورهای دیگر با پوشاک مناسب ورزش.

اصولا در جهان مدرن پوشاک بخشی از تجلی اجتماعی فرد می باشد. همانگونه که مفتیان، خاخامها، آخوندها ریش خود را نمی زنند تا هویت دینی خود را در جامعه نشان دهند؛ جوانان هم با سلیقه فردی پوشاک و آرایش را برای بیان فردیت خود در جامعه می خواهند بکار برند. در شمال غربی پاکستان و جنوب افغانستان، سراسر ایران و عربستان- شریعت گسترش بازار پوشاک وآرایش را مختل کرده؛ به بازار سیاه و عدم کنترل خردمندانه آسیبهای ناشی دامن می زند.

در المپیک 2012 لندن برخی کشورهای اسلامی مدالهای 3گانه طلا، نقره، برنز را بترتیب زیر گرفتند: ایران 12، آذربایجان 9، ترکیه 5، مصر 2، اندونزی 2، قطر 2. 1 جایزه هم برای هر یک از این کشورها: سنگاپور، الجزیره، افغانستان، بحرین، کویت، مراکش، عربستان، تاجیکستان. کشورهای پاکستان، بنگلادش، تونس، لیبی، مالی هیچ جایزه بدست نیاآورده؛ نسبت جمعیت و زنان در این قیاس بکار نرفته است. کره جنوبی 28 جایزه برد- نزدیک بهمه کشورهای اسلامی باهم.

نمونه دیگر غلبه شریعت، تخریب حجاری عظیم بودا در بامیان افغانستان، بخاطر تفسیر یک آیه می باشد. در این تفسیر تحجر و زور غالب است؛ زیرا اولا بودا در افغانستان اسلامی پیرو ندارد؛ ثانیا 1 بیلیون/ میلیارد بودایی در جهان است. لذا حجاری تاریخی بت نیست؛ یک ساحت سیاحتی تاریخی است. تازه مگر حجر السود هم سنگی برای طواف و ذکر نیست؟ اعتقادات هر گروهی محترم اند.

درآمد حاصل از ورود سیاحان به بامیان با این تخریب کاهش می یابد. لذا می توان گفت که شریعت خاورمیانه به دشمن مسلمانان یعنی مراکز سود غرب، خدمت می کند؛ زیرا بخشی از عایدی ملی را استعمار کش می رود؛ شریعت تمام درآمد را حذف می کند؛ جلوی رشد بازار بومی را می گیرد. از اینرو دول استعماری به سلطه شریعت متمایلند.

ولی نیروهای مترقی غربی، بویژه زنان و کارگران و اقلیتها سلطه شریعت را در خاور میانه افشاء می کنند. زیرا خودشان محجبه بسبک ویکتوریایی زنان، نهی مشروبات، منع عشق در ملاء عام در دهه های 20-30م را پشت سر گذاشته

اند. در گذشته هانس بکر آلمانی، کورت شف، سارتر، سیمون دو بوار برای حقوق بشر در خاور میانه فعالیت داشتند. هانس بکر مسبب جا دادن به 10 شب شعر مهر 56 در موسسه گوته تهران شد. در این گردهمایی هر شب 10 هزار نفر برابر 100 هزار نفر حضار برای آزادی فریاد می کشیدند.

اسلامگرایی نوعی دیگر از حاکمیت سیاسی فردی مادام العمری با کاربرد نیروهای امنیتی می باشد. این دین دولتی فردیت مدرن، تغییرات اجتماعی در طول تاریخ، حقوق اقلیتها، زنان، کودکان، جانواران را نمی شناسد. یک نمونه عدم شناخت نقش چندگانه سگ است که نجس نیست. در جامعه مدرن نقش سگ در زلزله و کشف بویایی مواد، بعنوان مونس تنهایی و کمک نابینایان، وردست در شکار حقایقی آشکارند.

اسلامگرایان در قدرت حاضر به تعامل نبوده؛ رقبای سیاسی همدین خود را "موش، خس و خاشاگ، خرابکار" بترتیب بلسان قذافی، احمدی نژاد، اسد نامیده؛ که قابل همکاری نبوده؛ باید بقتل برسند. آنها مفاهیم رقابت سیاسی، جامعه مدنی، برابری حقوق زنان، فردیت، اقلیتها، وجود بیدینان، کافران، دگرباشان را درک نمی کنند.

در خاورمیانه نیروهای سرکوب حافظ شرایط موجود، خود را با خودکامه دائم العمر مذکر همراه می کنند. خودکامه بودجه سالانه آنها را از ثروت ملی مرحمت می کند. لذا نیروهای قهری دولت اعتراضات، اعتصابات، انتقادات را تارومار می کنند. روال رشد اسلامگرایی در ایران در بازه زمانی 42-91ش از یک خودکامه دائم العمری وابسته غرب به یک سلطان دائم العمری ولایت فقیه مشهود است.

اگر روند بازشدن فضای سیاسی ایران هم در مهر 56ش موفق می شد؛ باز اسلامگرایان بخاطر شکست اصلاحات ارضی، شکست شکوفانی اقتصادی در تمام خاور میانه، اجرای تز کمربند سبز برژینسکی- قدرت دولت را از طریق انتخابات قبضه می کردند؛ مانند لبنان، غزه، مصر. غلبه انتخاباتی اسلام گرایان ترکیه، عراق، افغانستان را هم باید در نظر داشت.

البته شاید تداخل شریعت در دولت بدون انقلاب ولی با سازش با شورای انقلاب، قانون اساسی جمهوری چیزی بین قانون اساسی مشروطیت و ولایت فقیه فعلی می شد؛ خسارت خونین در ترکمن صحرا، کردستان، زندانها هم بمراتب کمتر می شد. ولی در روند 3 دهه این قانون جمهوری چه در مفاد چه در اجرا بسوی مطلقه تغییر می کرد.

کماینکه برخی تغییرات قانونی در جهت فردیت مطلقه دائم العمری برای کنترل مجلس خبرگان، شورای نگهبان برای صافی

نمایندگان مجلس و شرایط انتخابات، قوه قضاییه، نیروهای مسلح و امنیتی، رسانه های تبلیغی، سیاست خارجی، بنیادهای کلان مالی گردید.

اسلامگرایان و استبداد بعثی در روند چند دهه بخشی از قشر روشنفکران خود نظام را تصفیه کرده؛ به خارج تبعید می کنند. این قشر شامل ادبا، استادان، وکلا، خبرنگاران، هنرمندان، شاعران، حتی مصلحین دینی می شود. هاله ج تبعیدی در پاریس از سوریه با شعر انتظار بهار، مانال الشیخ تبعیدی در نروژ از عراق با شعر آتش مرا نمی بلعد، از ایران دکتر کدکنی در آمریکا، دکتر خویی در لندن، م. آزرم در پاریس - چند نمونه اند.

تشکیلات اسلامگرای مذکر ماب نیمی از جمعیت یعنی زنان را کنار می گذارد؛ به نحله های دینی حتی هم-منشاء باخود ولی رقیب هم خصمانه برخورد می کند. در پاکستان و عراق انفجار و قتل شیعیان بخشی از امور روزانه سنیان می باشد. اسلام تجرید است؛ در عمل به شقوق متخاصم در منطقه پراکنده شده. لذا خود دولتهای خاور میانه با بخشی از شهروندان خود، هر کدام با همسایگان خود اختلاف دارند. حملات انتحاری روزانه عراق و افغانستان بخاطر چند 100 دلار منجر به قتل و جراحت 100ها همکیش می شود.

پس در باطن در تمام خاورمیانه اختلافات مسلمین بر وحدتشان می چربد. اقلیت شیعی در عربستان، اکثریت شیعی در لبنان، بحرین، اقلیت سنی در ایران، اکثریت سنی در سوریه- شهروندان درجه 2 هستند که در مناصب دولتی جایشان نیست. در ایران سنیان هم شهروند درجه 2 اند که حق ساختمان مسجد در پایتخت را ندارند. در عراق و پاکستان هفته ای چند10 شیعه در بمبگذاری سنیان بقتل می رسند؛ در ایران بیشاز 252 جوان شیعی در 2010 اعدام می شوند. ایران با جمعیت 76 میلیون نفر، پس از چین با جمعیت 1.3 بیلیون/ میلیارد نفر، مقام 2م در اعدام در جهان را دارد؛ 3م کره شمالی و 5م آمریکا با 46 اعدام.

در سده 20م روند گسترش اسلامگرایی را در ایران، ترکیه، مصر، لبنان، عراق، افغانستان، پاکستان، اردن، غزه، یمن، بحرین، سومالی می توان دید. سده 21م با انتخابات آزاد در افغانستان، غزه، لبنان، مصر، ترکیه، عراق- روند سلطه دینخویان عیانتر شد. ولی آینده این جوامع بسوی شکل رهبری ادواری، انتخابی، تخصصی می باشد که ضامن شکوفانی اقتصادی منطقه خواهد بود.

منابع. 08:37 12/09/2018 ق.ظ

پانویس. بنیان واژه عربی یعنی مبنا، شالوده، اصل، پایه بوده؛ بنیاد واژه فارسی بمعنی موسسه، بنای یادبود می باشد. ولی برخی آنها را مترادف یا با تمایز مقولات مادی برای بنیان بمعنی جسم در ترکیب "بنیان خانواده" و معنوی برای بنیاد بمعنی آرمانی در بنیادگرایی بکار می برند. حافظ: حالیا عشوه ی ناز تو ز بنیادم برد. بنیانگرایی fundamentalism مبناگرایی، رجوع به اصول اولیه یک دین و قبضه قدرت سیاسی می باشد. گذاردن بمعنی نهادن چیزی در جایی؛ گزاردن برای اجرا/ ادا کردن بکار می رود. نمونه: بنیانگذار بمعنی تاسیس کن، پایه گذار، آغازگر؛ نمازگزار برای اجرای نماز یا شکر.

در 30 سال اخیر 2 مورد آغاجری و احسان طبری در زندان بخاطر اعتقادات شخصی قابل ذکرند. هاشم آغاجری، زاده 1336 عضو سازمان مجاهدان انقلاب اسلامی، بخاطر کاربرد استعاره بصری "میمون" بجای واژه تجریدی "تقلید" در شریعت، بجرم ارتداد و توهین به اسلام در 1381 محکوم به اعدام شد که با فشار افکار عمومی تقلیل به چند سال حبس و انفصال تدریس شد. اصل ۲۳ قانون اساسی "تفتیش عقاید ممنوع است. هیچکس را نمی‌توان به صرف داشتن عقیده‌ای مورد تعرض و مؤاخذه قرار داد." یوسف ندرخانی، کشیش به اتهام ارتداد و عدم توبه در رشت 1388 به اعدام محکوم شد. با فشار جهانی آزاد شد.

طبری 1368-1295 نظریه پرداز چپ، پس از زندان و شکنجه، به اقرار تلویزیونی 1362 مجبور شد. او با 2 کتاب توبه نامه و کژراهه ابراز ندامت کرده؛ اسلام را با مناسک نماز و روزه پذیرفت. او در مناظره تلویزیونی 1360 عبدالکریم سروش، مصباح یزدی، فرخ نگهدار شرکت کرد. در دهه 20ش او 2 نظریه پرداز چپ دکتر اپریم اسحاق و خلیل ملکی را "خائن و جاسوس خواند که سرانجام به زباله دان تاریخ افتاده."

روشن است که 2 فرهیخته فوق "خائن و جاسوس" نبوده؛ چون دادگاهی نشدند یا اسنادی در باره وضع آنها از آرشیو سیاست خارجی آمریکا و انگلیس ترخیص نشده؛ آنها مخالف نظرات طبری در باره تقاضا برای نفت شمال بودند. نظراتی که 40 سال بعد با ندامت طبری عوض شدند. این 2 فرهیخته 40 سال زودتر از طبری به ندادن امتیاز نفت شمال به خارجی تمایل داشتند.

اصلاحات دینی در خاور میانه

در خاور میانه 2 مانع عمده اجتماعی برای پیشرفت وجود دارند: غلبه شریعت بر دولت، استبداد مذکر عشیره ای بر حکومت. آیا اسلام مدنی در برابر اسلامگرایی رشد خواهد کرد؛ این رشد تابع کدام عوامل است؟ آیا راه اسلام مدنی کمرنگ کویت، امارات متحده، فلسطین/ کرانه باختری، قطر آتیه دارد؟ در غزه بخاطر 50% بیکاری جهت معکوس مدرنیته یعنی اسلامگرایی حماس غلبه کرده؛ گرچه با نداشتن سرمایه کلان و برنامه اجتماعی مترقی فقر مزمن بیداد می کند. آیا راه انتخاباتی اسلامگرا در دولت ترکیه، مصر، تونس، لیبی به کجا منتهی می شود؟

اصلاحات در اسلام انطباق اصول دین جامعه عشیره ای پدرسالاری قرن 7م با جامعه سرمایه داری مدرن سده 21م می باشد. مصلحین این انطباق باید دانش، انگیزه، بخار این کار داشته باشند. اهداف اصلاحات بمرور می توانند بقرار زیر باشند: قانون اساسی مدرن، رفع تبعیض جنسیتی/ عقیدتی، حقوق شهروندی اقلیتها، دادگستری خردگرا، انتخابات ادواری/ رقابتی، آزادی تجمعات صنفی/ سیاسی، گسترش دانش انسانی/ دینی، مراوده با جهان، خلاقیت اجتماعی، ترویج علوم جدید انسانی/ طبیعی، آزادی رسانه های ماهواره ای-شبکه ای، بحث و اقناع با گروههای راست، میانه، چپ، عدالتخواه، دینخو.

اصلاحات دینی 2 بخش دارد: نوآوریها و به روز کردن مناسک، اعتقادات از دیدگاه کلی فلسفی محاط بر اسلام مانند برابری کامل حقوق زن و مرد، مسلمان و کافر، معمم و ناس، رسمیت فردیت در مقابل امت. بخش دیگر نوآوری در نحله های ثانوی مانند اصلاحات در شیعه اثنی عشری، اسماعیلی، علوی؛ اصلاحات مذهبی در اقلیت سنی های بلوچ، کرد، خوزی است

اصلاحات را فرد متنفذ فرموله کرده؛ در تشکیلات اجرا می شوند. مثلا 1000 سال پیش مسجد روندگان جوان بوده؛ 2 یا 4 زانو نشستن روی فالی رو مفاصل و عضلات اثری نداشت. ولی اکنون تعداد پیران افزایش یافته؛ جلوس رو صندلی راحتتر است. ماموستا عزت الدین حسینی در کردستان برخی نوآوریهای مذهبی کرد؛ بهشتی و طالقانی نیز برخی مناسک و اعتقادات شیعی مانند پذیرش تلویحی نانجسی و حق حیات چپها را بدعت گذاشتند.

از جمعیت 7 میلیاردی زمین، 1.6 میلیارد مسلمان بوده؛ یعنی از هر ۱۰۰ نفر ۲۲ نفر سنی و ۴ نفر شیعی می باشند.

البته هر کدام نحله های گوناگون دارند. از 200 کشور عضو سازمان ملل متحد 25% یعنی 48 تا دین اکثریت اسلام داشته؛ 10 تا هم مانند فرانسه و انگلیس اقلیت مسلمان دارند. در این کشورها فقه شافعی، حنفی، مالکی، جعفری، عبادی، حنبلی عمده اند. در شریعت جعفری دولت ایران تضییع حقوق اقلیت نحله های سنی ممنوع نیست؛ اگرچه برخی علما از اخوت شیعه و نحله های سنی دم می زنند.

در برخی از این کشورها مانند عربستان و ایران دولت کاملا منطبق بر شریعت بوده؛ در بقیه دولت در توافق با اصول اسلام است. تعداد 16 کشور از جمله آذربایجان، ترکمنستان، ترکیه، کوسووو، نیجریه سکولارند؛ 27 کشور دین دولتی دارند. نام کشور با لقب اسلامی شامل ایران، پاکستان، لیبی، افغانستان، موریتانی، یمن بوده؛ حاکمیت عربستان هم پیرو فقه وهابی است.

سرانگشتی از روی اطرافیان، آرای فیسبوک، دین مسیحی در غرب می توان گفت ثلث 1.6 بیلیون/ میلیارد مسلمانان در بیان دین شخصی خود تقیه یا تزویر می کنند. آنها مسلمان حرفی/ نه عملی، لاادری، ملحد، شکاک، بیدین، لامذهب، بهایی، ضداسلام، مسیحی، طبیعیون، فقط-خداباور می باشند. لذا توده های وسیع شهری تحصیلکرده با تقیه دین شخصی خود، بویژه در آمار دولتی، جزء مسلمانان قلمداد شده که در منابع غربی هم تکرار می شوند.

ادیان سامی شامل یهود، مسیحی، اسلام می باشند. آخری تنها دینی است که ترک آن تکفیر و اعدام در پی دارد. نمونه در 2012 دادگاه اسلامی ارتداد و عدم توبه یوسف ندرخانی بخاطر تغییر دین به مسیحی را مستحق اعدام اعلان کرد؛ بخاطر فشار غرب و نهادهای حقوق بشر آزاد شد. روشن است که یک مسیحی از زمان رم تا جنگهای صلیبی عدول از دین نمی کند. در حالی که بنا به اصل 23، قانون اساسی ایران، تفتیش عقاید ممنوع است. هیچ کس را نمی توان..

اسلام هم مانند ادیان دیگر نحله های فراوان داشته؛ در دولت دینی یکدست هم چند رقیب همکیش دارد. برای نمونه در ایران: نهضت آزادی، مجاهدین، اصلاحطلبان، دراویش- با آنکه همه شیعه هستند همراه سنیان، بهاییان، ارمنیان، زرتشتیان، یهودیان، آشوریان، خداپرستان از حاکمیت بیرون ریخته شده؛ برخی با اعدام و زندان هم روبرو بوده اند.

شرایط عینی جامعه مانند نظام آموزشی، اتاق فکر 4چوب نظری رسانه ها، ساختمان جواز آثار هنری-ادبی با سانسور عقاید، کتب، فردیت- راه بیان نظرات غیرخرافی را محدود می کنند. اصولا خرافات زدایی در جامعه روندی عینیی-مادی

است که عمدتا با شکوفانی اقتصادی توام بوده؛ نقش پلمیک های علمی-نظری بضد خرافات فرعی است.

این 2گانگی فرهنگی را می توان با مقایسه ترکیه و پاکستان یا در پاکستان با مقایسه کراچی لیبرال و شمال غربی سرحد/ پشتونستان متحجر دید. فرهنگ مدرن حضور اجتماعی زنان کراچی در جنوب غربی را در مقابل با مردسالاری خیبر در شمال غربی پاکستان می توان دید.

آسیبهای دین دولتی ترویج دروغ، ترس، خشونت در جامعه است. چون دین دولتی است؛ کارمندان باورهای شخصی خود را تقیه کرده؛ لذا برای بقا در باره دین شخصی خود هم دروغ باید گفت. اصولا دین دولتی پندار و گفتار مردم را بزور غیرشفاف و پستویی می کند. درحالیکه یکی از معیارهای جامعه مدرن شفافیت پندار، انطباق گفتار و کردار، ابراز عطوفت در جامعه است. رابطه بین دروغ و ترس زیردستان با خشونت و اعدام در مقام قدرت نیاز به روانشناسی شخصیت منفعل- مهاجم دارد.

یک دلیل سانسور بخاطر دین است. در خاور میانه دین امتی، دولتی، ارثی است. فرد نمی تواند دین فردی، خصوصی، غیردولتی داشته باشد. لذا در بیان عقاید اعتقادی خودسانسوری، تقیه، دروغ، طفره- رواج می یابد. وقتی بیان فردیت از جمله ابراز نظرات دینی خصوصی، گرایش به دین دیگر، یا تعطیل موقت مناسک دینی جرم ارتداد و اعدام بدنبال دارد؛ فرد از نظر اجتماعی جبون می نماید.

شک، نداشتن دین در اوج جوانی، گزینش دینی دیگر مانند سنی، بهایی، یهودی، نحله های 2500 گانه مسیحی جرم کبیره اند؛ رمقی برای تشکیک در فرد نمی گذارند. تشکیک در زندگی مدرن پایه خلاقیت علمی است که بهمه چیز با دیده شک می نگرد. از اینرو در خاور میانه ذهن پویای علمی نادر است؛ مگر در جوانی به غرب رفته باشند. نمونه: زاده در برکلی، جوان در ام آی تی، عبدالسلام پاکستانی صاحب نوبل فیزیک 1979.

در جهان 80% سنی، 20% شیعه با اکثریت در ایران، عراق، آذربایجان، بحرین، لبنان بوده که ثلث آن با تقیه دیندارند. اختلاف این 2 نحله در عراق، پاکستان، افغانستان خونین است. در کشورهای اکثریت سنی شیعیان حقوق شهروندی در دولت نداشته؛ در ایران شیعی بر عکس است. http://farsi.sunnionline.us/

اهل سنت گرایش به بنیانگرایی ارتودوکس دارد؛ اهل شیعه انعطاف در جذب مدرنیته دارد. هر 2 تعصب و خشم نسبت به

تحریف و توهین به مقدسات دارند. چند حادثه بدنبال قران سوزی در یک کلیسای فلوریدا یا پایگاهی نظامی در افغانستان، فیلم موهن در کالیفرنیا بوسیله یک قبطی، کارتون موهن در دانمارک- تظاهرات همراه با کشتن 10ها نفر را در افغانستان، پاکستان، مصر، یمن، لیبی، بنگلادش بدنبال داشت. بخش عمده تظاهرات بضد آمریکا ناشی از خشم جابجاشده سکنان خاور میانه بخاطر سیاست خارجی این کشور بوده؛ بخش دیگر ناشی از عدم درک فردیت و دولت مدرن در غرب می باشد.

گرایش تسنن به بنیانگرایی سلفی ضد تکثرگرا می باشد. نظر عبدالوهاب1703-1791 موسس وهابیت، نسبت به شیعه همانست که شیعه نسبت به بهایی دارد: مرتد. در تاریخ وهابی عدم حقوق مساوی شیعه با سنی در عربستان و بحرین، نسل کشی شیعه در پاکستان، عملیات انتحاری القاعده/ جندالله، تخریب بقاع شیعی در عراق ضبط شده اند. وهابی نظرات تخریبگر در باره ائمه، شرک، عقیده، کفر، نجس، مجوس نیز دارد.

برخی فتواهای جنجالی وهابیت بقرار زیرند: خوردن گوشت جن جایز است. قتل فردی که نماز نخواند؛ از این کار خود توبه نکند، واجب است. زنان حق دست زدن به دو میوه خیار و موز را ندارند. تماشای کارتون برای کودکان حرام/ گناه است. استفاده از شکلک ها در اینترنت حرام است. کشتن شیعیان حلال بوده؛ اما قتل یهودیان حرام است. خوابیدن زن کنار دیوار- که در دستور زبان عربی اسم مذکر است- حرام است. تخریب کلیسا واجب است. بستن کمربند ایمنی حرام است. اهدای گل به بیمار حرام است.
http://fa.wikipedia.org/wiki/

از سده 19م اصلاحات/ رفرماسیون دینی همراه با وحدت اسلامی مذکر شیعه و سنی در تقابل با استعمار در برخی نقاط خاور میانه تقریر شدند. افراد روشن ضمیر زیر کوشیدند معلومات عتیق و زمان خود را برای اصلاحات دینی بهم پیوند بزنند: باب 1235- 1266 هق/ 1850-1819، جمال الدین اسدآبادی/ افغانی 1375-1217ش، شاگردش محمد عبده/ عبدو مصری 1266- 1323 هق، محمد اقبال لاهوری 1250-1316ش، احمد کسروی 1269- 1324ش، علی دشتی 1276-1360ش با کتاب 23 سال، دکتر شریعتی 1312-1356ش.

متاسفانه این رفرمهای نظری نتوانستند توده ها را جذب کنند. سپس در 2 مذهب سنی و شیعه مصلحین دینی پیدا شدند که بنا به خصوصیات بومی برخی رفرمها را مطرح کردند. اصلاحات سُنی برای نوآوری آمیزش با برخی آموزه های سوسیالیزم، ناسیونالیزم/ ملی گرایی و ضدامپریالزم می باشد.

189

موسس مصری اخوان المسالمین، حس البنا وفات 1949 و سید قطب وفات 1966 ارزشهای اسلامی را مغایر غربی/ آمریکایی قلمداد کردند. برایشان شریعه راه مقابله با مادیگرایی، اباحه گری، فساد غربی بود. پی ام یو یعنی اتحاد مسلمان مترقی برای مساوات جنسی، حقوق بشر، تکثرگرایی قومی، عدالت اجتماعی در 2004 در آمریکا پدید آمد.

اصلاحات سُنی در مقابل با تضاد اصلی با شیعه مسکوت اند؛ مولانا اسماعیل زهی در تجمع سنییان ترکیه شرکت کرد. او خواست یک مسجد شیعی در مدینه در 2005 ساخته شود؛ رفسنجانی آنرا نپذیرفت. در تهران هم ساختن مسجد سنی ممنوع است. اقلیتهای قومی مرزها، اقلیت مذهبی سنی هم هستند. آیا رابطه دینی بین سنیان بلوچ، کرد، اهوازی وجود دارد؟ کنشگرانی چون دکتر عبدالستار دوشوکی و یوسف عزیزی بنی طرف، شخصیتهایی در کردستان هم در زمینه حقوق مذهبی و حقوق بشر کار می کنند.

با اصلاحات دینی و شکوفانی سرمایه داری است که اسلام مدنی، از پایین تا فوق، در جامعه قوام می یابد. آیا اسلام مدنی کولونیهای اقلیتی مسلمان در غرب می تواند برای خاورمیانه الگوی انطباق شریعت با مناسبات جامعه مدرن در کشوری قانونمدار مانند فرانسه/ انگلیس باشد؟

منابع. 08:37 12/09/2018 ق.ظ.
http://en.wikipedia.org/wiki/List of Muslim-majority countries
Bassam Tibi, Islamism and Islam, New Haven & London, Yale University Press, 2012
http://www.bbc.co.uk/persian/arts/2012/07/120710 144 political islam.shtml مهدی خلجی
http://en.wikipedia.org/wiki/List of Muslim-majority countries

پانویس. در این جستار دین، مذهب، کیش، آیین مترادف اند. اگرچه دین در مقوله اسلام و مذهب برای نحله های مشتق از آن مانند علوی، جعفری، وهابی می باشند. مناسک آداب دینی فردی یا گروهی بوده؛ مانند مناسک گروهی حج که واجب اند. اعمال واجب فردی مانند روزه و نماز فروع دین اند. فرامین عملی، رسوم عام زندگی، انجام شعائر از مستجبات و محسنات دینی می باشند. مناسک اسلامی چرخه زندگی از گهواره تا گور را در بر می گیرند: تولد، حلقه ازدواج، زناشویی، امور روزمره، معاشرت، مرگ.

چرخه اعتقادی-رفتاری دین ادامه دارد: اعیاد، ایام، لیالی خاص مانند غدیر خم در شیعه. عزاداریها، تعزیه/

شبیه خوانی. آداب مساجد، تکایا، حسینیه ها، زیارت آل یاسین، اماکن مقدس، مشاهد/ مزارات ائمه، امامزادگان و اولیاء. دعاها، ذکرها، اوراد، زیارت، مناجات، سرودها، اناشید، نذرها، نیازها. آیین‌ها، احکام، تعطیلات مذهبی، جنگیری، خرافات، درون‌گرایی، دعا، تسبیح، جوشن کبیر، تسبیحات فاطمه .

دعای افتتاح، سحر، عرفه، عهد، فرج، فرج عظم البلاء، ندبه، کمیل. عاشورا، ناحیه مقدسه. مناجات شعبانیه روزه‌داری، رویدادهای مذهبی، رژیم غذایی مذهبی، زبان دینی، شمن‌باوری، عرفان عزیه در تکیه حسینی، ارمغان‌خانه، تکیه/ مکان مذهبی، حسینیه، طواریج، نوحه، قوانین/ مراسم، مراقبه. وحی پیامبر، آب مقدس، آیین سقاخانه، تنزیه، توبه، روزه، زیارت، سجده، شلاق‌زنی، عبادت‌های خودآزارانه، فرهمندی، مصرف الکل، پرستش، کفن.
/http://fa.wikipedia.org/wiki

اصلاحات شیعی

با رشد تمدن مدرن در خاور میانه، اصلاحات دینی جسته و گریخته در لایه های اجتماع بوقوع می پیوندند. این اصلاحات برای انطباق با مدرنیته در تمام مذاهب خاورمیانه از جمله سنی و شیعی به پیش می رود. برای اقلیتهای بدون قدرت سیاسی- مانند ارمنی/ آشوری کلیسای شرقی، قبطی، بهایی، یهودی، زرتشتی- اصلاحات ساده تر اند.

باید استبداد گروهی و خودکامگی سیاسی را از دین دولتی متمایز کرد؛ کمانیکه استبداد و خودکامگی ربطی به ایده الوژی سکولار راست نازیسم و چپ خمرهای سرخ یا دینی نداشته؛ در خاورمیانه گسترده است. طالبان و القاعده با تز کمر بند سبز یانکی دهه 70م گره خورده اند. در مناسبات اجتماعی، مصلحان و مومنان اصول دین دولتی را بنا به انگیزه، نفع، مقام خود تاویل کرده؛ ولی تاثیری در اعتقادات توده ها ندارد مگر در روندی طولانی و شکوفانی اقتصادی در خردگرایی فرهنگ اکثریت دینداران نشت کند.

دولتهای خاور میانه عمدتا 3 نوعند: 1- تماما مطابق مذهب اکثریت مانند عربستان وهابی و ایران شیعی. 2- سکولار یعنی مذهب اکثریت از دولت جدا مانند ترکیه و جمهوری آذربایجان. 3- ملغمه ای، تقیه ای، التقاطی از جمله عراق و امارات. در دولتهای اسلامی- بخاطر عدم آزادی بیان، عدم رسمیت دین خصوصی، عدم حقوق اقلیتهای دینی- مصلحان برای ادامه حیات بخارج می گریزند. لذا اصلاحات ارایه شده موضعی و موردی اند؛ نه سیستماتیک و عام برای همه پیروان.

دین مقوله ای فرهنگی در جامعه بوده؛ به روز کردن آن صرفا در حیطه ذهن و نظر چند محقق نیست. این نظرات پیشرو ربطی به اعتقادات توده های دینخو ندارند. شرط لازم و کافی برای به روزکردن دین شکوفانی اقتصادی جامعه؛ سپس جدایی دین از دولت است. استبداد و خودکامگی ربطی به دین نداشته؛ در تمام خاورمیانه گسترده اند. سکولارهای چپ خمرهای سرخ و راست نازیسم هم نماآوران مرگ و ستم بودند. دین امتی در خاور میانه نخست باید دین فردی شود. این روند کمک به جدایی دین از دولت بطور طبیعی نه آمرانه می کند. این روند به شکوفانی اقتصادی ربط دارد. نمونه ها: ترکیه، جمهوری آذربایجان.

در شرایط مدرن برخورد به مذهب را می توان بشکل هرم با 4 لایه از نظر تعداد تصور کرد: راس هرم منکران، لایه فوقانی نقادان، لایه میانی مصلحان، لایه زیرین یا قاعده مومنان با بیشترین تعداد. مذهب مجموعه اعتقادات نظری در حافظه مغز و اعمال رفتار یا عادات عضلانی می باشد. این 4 لایه طیف اعتقادی-کنشی را با 2 غایت اصول دین سلبی و ایجابی تشکیل می دهد. برخورد سلبی غایت منکران/ ناباوران با رد اعتقاد و عمل دینی است. برخورد ایجابی رعایت مومنان در اجرای موبموی اعتقاد و عمل دینی است.

در دین امتی، فرد حق خروج ندارد؛ لذا منکران در جامعه آفتابی نمی شوند؛ منقدان هم در خارجند. روند نظر فرد در جامعه برای تبدیل به نظر گروه یا قانون اساسی- بسیار طولانی است. در 100 سال گذشته، حق بیان، سانسور و زندان در پی داشت. لذا تبلیغ دین دولتی آزاد و به خرج کشوری است؛ ولی ارایه نظرات پیشرو همگن با مدرنیزم اجازه نداشته؛ پیگرد جزایی برای منکر، منقد، دین عوض کرده دارد.

شرایط پذیرش در این 4 لایه ارایه می شوند: منکر باید دارای قابلیتهای فردی و محیطی زیر باشد: شک، منبع اطلاعات دینی و مدرن، قدرت تحلیل/ حل مسئله، شجاعت، بیزاری از غم، مرثیه، رنگ سیاه، گریه، دیدن تناقض بین گفتار و رفتار مومنان، دسترسی به ارتباط سریع، بیان حقیقت. منقد، خرد را بر خرافه ترجیح داده؛ مقدس را کنار گذشته؛ در پی حقیقت است. او باید با آگاهی و حقانیت altruism - انگیزه مطلع کردن دیگران را داشته باشد. شخصیت او معمولا باید ایرادگیر، کنجکاو، کمال طلب، هوشمند، تیزبین باشد.

مصلح/ نوگرا پیشینه خانوادگی مطلوب، اطلاعات زیاد، بیان قوی، حس عدالت، صداقت، حقیقت، قانونگرایی باید داشته باشد؛ او اصول ثابت دینی را با تغییرات کنونی انطباق می دهد. مومن با شخصیت ضعیف در مقابل دین و ناکنجکاو، اعتقادات خانوداگی قوی دارد. او عادتگرا، راحت طلب، مریدمنش است. او مراسم عروسی، عزا، تولد را- بدون خلاقیت و بدعت در شرایط جدید تکرار می کند. در نهایت برای او هویت گروهی با مکتبی شدن indocternate همراه می باشد.

در عصبشناسی تصویری fMRI، ناحیه ای از شبکه ی عصب غشاء بیرونی مغز مختص اعتقاد، ایمان، باور می باشد که از محیط اکتسابی کودکی در عصبهای مغز مداربندی سخت می شوند. این ناحیه از شبکه ی خرد، عقل، منطق در مغز چپ متمایز است. محتوای این ناحیه می تواند آرمان دینی یا سیاسی باشد.

نیز این ناحیه با بخشهای دیگر مغز از جمله عواطف لیمبیک، غرایز بقا، منافع و مقام طلبی/ پاداش ربط دارد. لذا توهین به اعتقاد منجر به برافروختن طرف می شود. با آرمان دینی/ سیاسی خانواده شبکه اعتقاد مغز کودک مداربندی سخت شده؛ توان پاک شدن آن در نوجوانی مشروط است. اغلب اصول و فروع اعتقادی با تجربه، اطلاعات، شخصیت نوجوانی، محیط اجتماعی تکامل، تثبیت یا حتی تغییر می کنند.

منابع دینی- فقه و شرعیات دبستان و دبیرستان، باورهای خانواده، اطرافیان، خواندن کتب، منابع اینترنت، برنامه های تلویزیون، تکیه، مسجد- می باشند. نقد دین روی اعتقادات برخی افراد در عمق اثر نداشته؛ ولی آنها را با کاربرد منطق به قانونگرایی، حقوق شهروندی، علوم نزدیکتر می کند. تغییر محل سکونت عادات فرد را در ادامه مناسک اعتقادی می تواند شل کند.

انگیزه، فرد را به آغاز کاری تشویق می کند. عادت او را به ادامه آن تحریض می کند. لذا نیاز جسمی، ذهنی، شخصیتی فرد را بسوی دین و اجرای عادات/ رفلکسهای مشروط می کشاند. ولی منابع محیطی در برخی بر به روز کردن اعتقادات اثرگذارند. اکنون کتب فراوانی را می توان از کتابخانه مجازی زندیق پایین گذاری کرد؛ ازجمله 23 سال دشتی، شیعه گری کسروی، آثار غربی. http://zandiq.com/

در مذهب شیعه هم اصلاحات از 100 سال پیش تا امروز در حیطه های مختلف انجام می شود. ولی این اصلاحات موضعی و لایه ای بوده؛ در بقیه اقشار اجتماعی گاهی با مقاومت روبرو می شود. علوم طبیعی و انسانی در غرب پرورش یافته؛ لذا مصلحان با تحصیل علوم در غرب خلاقیت و تعهد خود را بکار برده تا اصلاحات دینی گیرم التقاطی را ارایه دهند.

برخی کتب شبه-علوم طبیعی از نوع ذره بی انتهای بازرگان تحصیل کرده فرانسه و شبه-علوم انسانی مانند جهان بینی و ایده الوژی شریعتی تحصیل کرده فرانسه- راه را برای مصلحان کنونی شیعی باز کردند. باید بررسی شود که شبه-علوم بودن بخاطر درک ناقص ناشی از اعتقادات مولفان بود؛ یا از عدم استعداد علمی آنها. روشنفکران راست رژیم ساقط و چپ مخفی، آثار مصلحان شیعی درون و بیرون کشور را بررسی نکرده اند.

عناصر روشنفکری تبعیدی آماده جذب دمکراسی، تکثرگرایی، حقوق بشر اند. چند نمونه از مصلحان شیعی کنونی عبارتند: دکتر سروش، گنجی، اشکوری، کدیور. ولی این نواندیشها بر

هیرارشی مفتیان/ حوزویان و توده های پیشامدرن شهرنشین بی اثرند. هر کدام از یک زاویه به اصلاحات دینی برای لایه ای از قشر روشنفکری می پردازد. آنها در خارج با پرسش- پاسخ حضوری در همایشها و در داخل بطور یکسویه در سایت اینترنتی و رسانه ماهواره ای نظراتشان را ارایه دهند.

دیگر اینکه آثار برونمرزی این 4 مصلح دینی سیستماتیک نبوده؛ شماری مواضع مدنی با نثری شاعرانه می باشند. مثلا مشخص نیست که چگونه دین امتی/ جمعی/ دولتی به دین شخصی/ فردی/ خصوصی گذار می یابد؛ یا شک که مقوله بنیانی مدرن است چگونه در مذاهب شیعی و سنی پذیرفته می شود. برابری زن و مرد، منع اعدام، کودک آزاری، عدم نجاست سگ و گربه و کافر، آداب نوین مثل دست دادن زن و مرد و پوشاک ورزشی زنان در المپیک، سوزاندن جسد مانند هندوان یا غربیان- برخی مسایل دیگرند.

اصلاح دین برونمرزی از دیدگاه فلسفی در مقایسه با بدعتهای شریعتی درون کشور تاثیر توده ای نداشته؛ زیرا در خارج از کشور- مهاجران میانه رو، خط راست بقایای کمپرادور، نیروهای چپ، ملیون، ملی- مذهبیها، مجاهدین شیعی-اکثرا سکولار بوده؛ بدعتهای دینی برایشان عمده نیستند. جناح انحصارگرا به آثار شرعیتی هم روی خوش نشان نداد.

این نظرات فلسفی می توانند روی بخشی از دانشجویان و کارمندان اثر بگذارند؛ ولی در خارج عمدتا اثر معکوس/ منفی دارند. اکثر سیاسیون برونمرزی در انتقاد و ردیه هایشان نسبت به اصلاح دین لحن پرخاش بکار می برند؛ شاید هم بخاطر گذشته این مصلحان در حاکمیت غیرادواری خودکامه باشد. پرخاش و عصبیت واکنشی در اثر ترشحات اندوکراین در مغز اند؛ نه شبکه های عصب منطق و اطلاعات. پرخاش یکی از 3 مکانیزم تکاملی انسان می باشد: گریز و گریبانگیری که در مردان قوی اند و تعامل که در زنان قوی است.

شخصیت یک مصلح هم نیاز به بررسی دارد. او تا زمانی که در مسند اجرایی حاکمیت بود؛ به دیگران اجحاف می کرد. وقتی باند او بیرون افتاد؛ باند حاکم جدید باو امر و نهی می کند تا از آمران جدید اطاعت کند. 2 واکنش وجود دارند: یکی فرار می کند- یعنی غریزه گریز. یکی قُدی او عُود کرده هجمه می کند یا به تعامل اقناعی جدلی می پردازد. یک نمونه این را در نامه سرگشاده دکتر خویی به دکتر سروش در 2007 در مورد انقلاب فرهنگی در اخراج استادان مترقی می توان دید. بنظر می رسد تکانه های شخصی، آزادی بیان در غرب- نه نیاز به اصلاحات دینی مردم، گاهی بیان انگیزه نشر اینگونه نظرات اند.

195

http://www.esmailkhoi.com/EK-Article-LetterToSoroosh.htm

شخصیت درونگرا در اعتقادات و اصلاحات دینی هم خود را نشان می دهد. در مقابل گنجی و اشکوری با شخصیت برونگرا نیروهای لاییک، سکولار، فراجناح شیعی را می بینند؛ درک می کنند و در تحلیلهای سیاسی خود بحساب می آورند. روشن است که مخاطبان نظرات اصلاحی شیعی آنها درونگروهی دینی اند؛ برای سکولارها جذبه ندارند. ولی در سطح کلان کشوری این پاسخ و "بحساب آوردن" برای اصلاحات دینی کافی نیستند.

چگونه مقام و امتیازات مربوطه، طعن و لعن دولتمردان، فشار به خانواده و بیت خود را یک فرد ندید گرفته؛ بخاطر بیداری وجدان به کمک ضعیفان و بیحقان جامعه میرود؟ مورد نهیب وجدان اجتماعی منتظری در نپذیرفتن اعدام فله ای زندانیان سیاسی 67 و فتوای حقوق شهروندی بهاییان باید مداقه شود. نقطه مقابل کسانی اند که با حقوق دولتی به مصاف صدای مبارزه برای ستمکشان در نماز جمعه تبلیغ می کنند. اصولا دین دولتی منابع ملی را در جهت تبلیغ اعتقادات خود بکار می برد؛ تازه ارشاد اقلیتهای مذهبی با منابع خودشان را هم منع می کند.

انطباق با جهان مدرن قابلیت اصلاحات اعتقادی می طلبد. شاید بتوان این قابلیت را سواد قرن 21می نامید. الوین تافلر می گوید: بیسواد قرن 21م کسی نیست که خواندن و نوشتن بلد نباشد، بلکه کسی است که توان یاد گرفتن، دست کشیدن از یاد گرفته ها، دوباره یاد گرفتن را ندارد. او نویسنده، جامعه شناس- متولد نیوریوک، 1928 می باشد. او آینده شناس هم هست که تحولات بنیادین ارزشهای جامعه را همراه با پیشرفت های علمی-تکنولوژی، مد نظر دارد.

مصلحان درونمرزی برد بیشتر در جذب مردم دارند. ولی در خارج آنها کنجکاوی برخی ارباب رسانه ها را برانگیخته؛ تدریس فقه دانشگاهی را هم برایشان ممکن می کند. آنها درون کشور تامین جانی نداشته؛ زیرا بعداز چین 1.3 بیلیون نفری ایران مقام 2م را در جهان در اعدام شهروندانش دارد. نمونه: حکم اعدام دکتر آغاجری بجرم جانشینی میمون برای "تقلید". مصلحان نوع منتظری، صانعی، سیستانی در عراق اصلاحات دینی سیستماتیک تدوین نکرده؛ بلکه مواضع مدنی تر نسبت به دین دولتی گرفته اند.

روشنفکران راست حاکمیت دهه های 50-40ش مسئولیت تاریخی در مبارزه با خرافات داشتند. در حالیکه آنها خود بعدم توجه به خرافات همراه ساواک بودند. در رژیم ساقط روشنفکران راست بضاعت فرهنگی جدل با روشنفکران شیعی و چپ را نداشتند. یکی از این روشنفکران راست، نصر می

گوید: حسینیه ارشاد را ربعه همایون، مطهری، سید حسین نصر، شاهچراغی با حمایت ثابتی در ساواک برای مبارزه با چپها راه انداختند. همایون سرمایه دار خیری بود که همسر انگلیسی ولی مسلمان شده داشت. نصر گوید شریعتی با دکتر اونیورسیته= فوق لیسانس، عارضه افسردگی داشت؛ حقوق بگیر برخی نهادهای حاکمیت بود. شریعتی الهیات رهایبخش رایج آمریکای جنوبی را تبلیغ می کرد.
http://www.youtube.com/watch?v=KCf3ErXFjog&feature=related

نصر متولد 1312 پیدایش حسینیه ارشاد را با کمک ساواک در خاطراتش بیان کرد. ساواک بیاینه 12 ماده ای یعنی رئوس ولایت فقیه بقلم ثابتی را در کمی پیش از انقلاب 57 در سراسر ایران پخش کرد. رک به پانویس. نصر عضو فرهنگستان علوم ایران، عضو شورای ملی آموزش عالی ایران، بنیانگذار و نخستین دبیر کل انجمن فلسفه ایران 52- 1357؛ اکنون استاد مطالعات اسلامی دانشگاه جورج واشنگتن است.

او 50 کتاب و 400 مقاله به زبانهای فارسی، انگلیسی، فرانسه و عربی نشر کرده؛ بمثابه نماینده مکتب سنتی اندیشهی اسلامی در محافل دانشگاهی آمریکا است. او در میان دینخویان و دانشجویان مذهبی در ایران قابل عرض نیست؛ با همه معلومات آکادمیک فقط در سطح یک استاد مبرز بوده؛ ارزش اجتماعی ندارد. او با خانلری، نراقی، نهاوندی در مجامع اسلامی و علمی شرکت می کرد. در مقابل چپ بضد تکامل باوری، روانکاوی، اگزیستانسیالیسم، تاریخ باوری و ماتریالیسم دیالکتیکی نوشت؛ ولی نتوانست بضد بنیانگرایی دینی اثری بنگارد.
http://www.iptra.ir/prthnwnku23nq.fd3.tzn2t2a.tfg2.html

روشنفکران راست با تفرعن دنبال عیاشی و مقام بوده؛ به نقد دینی برخورد نکردند. از چپ، علی اکبر اکبری نخست در جُنگ فصلهای سبز، سپس در جزوه بررسی چند مساله اجتماعی، نظرات التقاطی شریعتی دهه 50ش درباره ماشینیزم سرمایه داری را با نقد جامعه شناسانه، انحرافی و غیرعلمی ارزیابی کرد.

اکبری به نظرات شریعتی برخوردی انتقادی کرد که بخاطر سانسور داخل، کنفدراسیون دانشجویان آنرا چاپخش کرد. عامل ذهنی- یعنی پخش گزاره های التقاطی شریعتی و گزاره های علمی اکبری در دهه 50ش روی تکوین عینی انقلاب یعنی خیل حاشیه نشینهای شهری، فرار بورژوازی کمپرادور، صلابت شورای انقلاب تمام شیعی- اثری نداشت.

البته همه مصلحین دینی از سلسله مراتب حوزوی بیرون بوده؛ درک سطحی از فرهنگ غرب داشتند. روشنفکران راست از

قماش شفا، نراقی، نهاوندی، نصر، فردید بضاعت فرهنگی برای جدل با نظرات مصلحان دینی و سیاسی نداشتند. آنها عمدتا پس از انقلاب تارومار شده؛ چندتایی در خارج خاطرات نویسی کردند.

آنها از عهده بحث با بنیانگرایان دینی و چپها- چه در 2دهه 40 و 50ش چه 3 دهه پس از انقلاب بر نیآمدند. قهر و سانسور ساواک در مورد سکولارهای راست ملی و چپ عدالتخواه با بساط عشرت و منزلت آنها، بهترین راهکار برای رشد راست مذهبی بود. پس از کودتای مرداد 32 هم فلسفی، کاشانی- نوآوری دینی نداشتند. شاید مواضعی از شریعت مداری مدرن بودند.

قلع و قمع سکولارهای ملی و چپ در 2 دهه 50-40ش منجر به انحصارگرایی شیعی شد. اگر سکولارها در حاکمیت ساقط اقلیتی قانونی داشتند؛ بهنگام بحران 56ش طوفان شیعی را تخفیف می دادند. نمونه اخوان المسلمین مصر در بهار عربی شاهد است. آنها کمی بیشاز 50% رای از 50 % واجدین یعنی 25% کل مردم، رای آوردند؛ نه باندازه 98% رفراندوم جمهوری اسلامی. اکثریت قریب باتفاق این رفراندوم بیانگر قهر ویراگر اگر رژیم کودتا بود که فروپاشی 2500 ساله شاهنشاهی و طلوع دولت قرون وسطایی را باعث شد.

مصلحان دینی 2 گونه اند؛ آنها که اصلاحات را از دیدگاه سیاسی دنبال می کنند مانند کروبی در حصر خانگی، آنها که از دیدگاه فلسفی، منطقی، شاعرانه دنبال می کنند مانند اشکوری، مشیری، کدیور، سروش در خارج. آنها پیروان فراوانی از دانشگاهیان و کارمندان دولت دارند. نظرات مصلحان دینی، هم از طرف دولت هم از طرف روشنفکران برونمرزی، خصمانه استهزاء می شوند.

واشکافی اعمال و گفتار مصلحان دینی درونمرزی از نوع منتظری، صانعی، نوری، خاتمی مورد نیاز است. وجود سایتها، همایشها، امکان نشر مقالات و مصاحبه برونمرزی- بررسی اصلاحات دینی را ساده تر می کند. نظرات چند مصلح دینی در زیر با ریشه های بنیانگرایی در ایران می آیند. اشکوری بجرم ارتداد- با داشتن عقاید مبنی بر تغییر پذیری احکام اجتماعی اسلام، آزادی حجاب زنان مسلمان- حکم اعدام گرفته؛ سپس آزاد شد؛ عبا را بدور انداخت.

کدیور به آمریکا آمده؛ در دانشگاهها تدریس علوم اسلامی کلام، فقه jurisprudence تفسیر، حدیث، اصول فقه کرده؛ به واشکافی مسایل حکومت اسلامی و زنان می پردازد. او با تکیه بر عقل دگمهای عتیق را بررسی می کند. او با نشر مقالات و حضور در همایشها- حقوق تساوی زن و مرد، عدم

حجاب اجباری، اصلاح فکر اسلامی، پالایش اندیشه شیعی، تعامل سنت و تجدد، حقوق مدنی اقلیتها در جامعه اکثریت مسلمان را با منطق و منابع اصلی مطرح می کند. شاید آثار تجدد دینی اقبال در هند و محمد حسین طباطبایی مد نظر او باشند.

گنجی با تیزهوشی و منطق روی تضادهای منطقی و فاکتهای تاریخی، با نمونه شک تاریخی در وجود مهدی موعود برای تصحیح اعتقادات تکیه می کند. کل اعتقاد مومنان در ادیان مختلف مثلا پرستش گاو هندوان و سمندر آباوریجینیهای استرالیا ربطی به منطق پیروان ندارد؛ زیرا نظام سرکوب دولتی را پشت خود ندارند.

اصل پرستش و نماد آن در تمام ادیان مشترک است. نماد منورای 9 یا 7 شاخه و ستاره 6پر داوود یهودی، چلیپای مسیحی، سنگ سیاه/ حجر السود مکعب مکه- تفاوت صوری دارند. ولی هر 3 در مناسک پرستش بمثابه واسطه با متافیزیک در شکل نماد بصری وجود دارند.

اصولا اعتقادات شخصی در جامعه مدرن، پدیده متاخر نسبت به دین سرکوبگر دولتی از نوع تفتیش عقاید کاتولیکهای قرون وسطای اروپا می باشد. البته گاهی اعتقادات خصوصی هم مخربند؛ نمونه کشیش جونز با فتوای 1978 خودکشی 900 نفره در گینه آمریکای جنوبی.

سروش با بیانی شاعرانه، فاخر، نخبه گرا- روشنفکر دینی، تقلیل غلو در تشیع، برخی تجریدات عدالت درونگروهی، عرفان، انصاف را برای مومنان شیعی مستعد ارایه می دهد. ولی جهان او بسیار محدود بوده؛ یعنی مذهب جناحی از حاکمیت ایران است.

نظرات مشیری در ادامه کارهای کسروی در رسانه های صوتی، بصری و اینترنت برد اجتماعی بیشتر دارند. او با بیانی عامه فهم روی خرد، فاکتها، عقل سلیم، انسانیت، تاریخ تکیه می کند. نظرات انسانی خردگرای او در تقابل با دولتهای کودتایی، اعتقادات عتیق، استبداد 100 ساله، قتل منقدان، عدم حق اعتقاد شخصی، غارت ثروت ملی، ضعیف کشی اقلیتها ست.

عدم آزادی تغییر دین، بخشی از جامعه را به تقیه اعتقادات شخصی اشان می کشاند. ولی این بخش در آمار دینی کشور جزء دین دولتی گنجانده شده؛ منابع غربی هم این آمار را نقل می کنند. با پخش آثارشان این مصلحان دینی در اینترنت، خوانندگان نظرات خود را در پای آثار می نویسند. با خواندن نظرات در زیر مقالات این نویسندگان، می توان دید که مدح/ ذم بکنار، ثلث نظرات حاوی اطلاعات

تکمیلی، پرسش ها، انتقادهای مفید بوده که نشانگر درایت، کنجکاوی، آمادگی پذیرش نظردهندگان است. شاید با قدرت گرفتن مصلحان، منقدان دینی؛ با بحاکمیت رسیدن منقدان، منکران دینی- مصونیت بیانی پیدا کنند.

البته اکثر خوانندگان نظر نمی دهند؛ ولی در بحثهای شفاهی، نظرخواهی فیسبوکی، همایشهای حضوری- می توان تاثیر کمرنگ این مقالات را در اظهارات فرد دید. تازه تاثیر روی عصب مغز فرد در روندی مجزا و دیرتر تبدیل به کردار در جامعه می شود. لذا تاثیر این آثار بر خوانندگان بعدها در کردار شان بروز می کند. بخشی از مردم هم از مذهب دولتی زده شده اند؛ فرقی بین بنیانگرایان، اصولگرایان، اصلاحطلبان، اسلامگرایان، دینکاران نمی بینند؛ بهمه آنها توهین و نفرین می کنند.

منابع. 12/09/2018 08:37 ق.ظ.

http://en.wikipedia.org/wiki/List of Muslim-majority countries

http://www.drsoroush.com

https://www.facebook.com/AkbarGanji

http://bahrammoshiri.com/

http://kadivar.com/   http://yousefieshkevari.com/

پانویس. آشوری در مصاحبه ای گفت: احمد فردید در دانشگاه بدلیل نداشتن دکترا امکان استادی نیافت. بلکه پرونده وی با اعمال نفوذ احسان نراقی در هیات امنای دانشگاه مطرح شد. او به درجه معلمی اکتفا نمود، هرچند پس از انتصاب فضل‌الله رضا به ریاست دانشگاه تهران، سرپرستی سید حسین نصر به دانشکدۀ ادبیات و علوم انسانی، مدرک دکترای فردید تأیید و استاد شد.

فردید در دهۀ 50-60ش در دانشگاه تهران به طرح اندیشه هایدگر در درس فلسفه خود پرداخت. هایدگر در ایران چندان آشنا نداشت؛ فردید شیفته ش بود. او معتقد بود که خود وی با هایدگر همسخن و در بسیاری موارد یکسخن است. او به دانشجویان خود توصیه می‌کرد که خود راسا زبان آلمانی را فرا گرفته؛ به مطالعه آثار هایدگر بپردازند؛ از خواندن ترجمه های نارسا بپرهیزند. منبع فوق.

در دهۀ ۵۰ سلسله نشست‌هایی فلسفی به محوریت فردید و با حضور نویسندگان ابوالحسن جلیلی، داریوش شایگان، حمید عنایت، داریوش آشوری و رضا داوری معمولا در منزل امیر حسین جهانبیگلو برگزار می‌شد که به «فردیدیه» معروف بود. با توجه به تاثیری که عقاید چپگرایانه و فعالیتهای فلسفی حزب توده در آن زمان بر جامعه گذاشته بود گرایش

ضد مارکسیستی این جلسات کاملا آشکار بود. این محفل راست اثری در جدل اجتماعی با راست دینی و چپ نگذاشت.

رشد بنیانگرایی شیعی در دهه های 40 و 50ش چند دلیل عمده دارد. یکی خرافاتی بودن شاه و کمک دولت به مذهبیون. سرگرد پرویز انصاری در رابطه با کتاب در دامگه حادثه می نویسد: روحانیون در 1340ش جامعه مدرسین را از اتحاد 2 گروه موتلفه اسلامی و انجمن اسلامی بازار برای فعالیتهای سیاسی و حزبی مبارزه با رژیم زیر لوای تبلیغ اسلام/ شیعه در داخل و خارج تاسیس کردند. جامعه مدرسین با اعزام طلاب به شهرها و روستاهای مختلف برای سخنرانی و نوآوری در کمک به مبارزه فعال بود. ساواک آنها را نمی پایید.

نیز از ص 600-602 کتاب فوق انصاری نقلی می آورد دال بر امر پاکروان، ریس ساواک، به مقام امنیتی ثابتی در نوشتن بیانیه جعلی/ کنتر بامضای جامعه روحانیت قم و پخش آن در تهران و شهرستانها. بیانیه ساواک با استناد به 2 سوره، خواسته های روحانیون را در 12 ماده بقرار زیر نوشت: 1- ولایت و حکومت بر مردم باید به عهده روحانیت شیعه باشد. 2- املاک فروخته شده به زارعین غیرشرعی/ حرام است. 3- دخالت دولت در موقوفات ممنوع است. 4- بی حجابی فحشا تولید می کند. 5- مومنان و مومنات از سفر به خارج پرهیز کنند. 6- اعطای حق رای دادن به زنان برای فساد و فحشا ست. 7- دادگاههای عرفی باید منحل شده؛ امور قضا به روحانیت واگذار شوند. 8- رجم/ سنگسار و بریدن دست از جنایات جنسی و زنا جلوگیری می کنند. 9- روحانیت باید آموزش و پرورش را عهده دار شود. 10- گروه نهی از منکر مبارزه با فحشا در ادارات را انجام دهد. 11- کاباره، رستوران با فروش مسکرات برچیده شوند. 12- تفکیک جنسیتی در قطار و اتوبوس همراه با جلوگیری از امتزاج زن و مرد نامحرم در معابر عمومی اجرا شود.

در 33 سال گذشته، برخی مفاد 12گانه فوق مانند 5، 6 اجرا نشدند؛ مواد 1، 3، 4، 7، 8، 9، 10، 11، 12 اجرا می شوند که تقریبا کل بیانیه می باشد. امکان دارد که بیانیه در کتاب ثابتی جعلی برای تقرب به دستگاه کنونی باشد.

این بیانیه 12 ماده ای با مفاد ساده فهم ولایت فقیه را ساواک در تیراژ وسیع در سراسر ایران نزدیک انقلاب پخش کرد. کی به ژنرال پاکروان امر به نوشتن آن کرده بود؟ آیا سفیر آمریکا یا فردی در سیا به شاه این پیشنهاد را داده بود؟ چرا اینکار را ساواک کرد؟ اگر به ص 600-602 فوق در آدرس زیر بروید مفصل اصل محتوای بیانیه آمده. بنظر می رسد مقام امنیتی پرونده ای با اوراق دیگر را در اختیار داشته باشد.

همو می گوید گزارش دفتر ویژه اطلاعات، 19 بهمن 1356 به بزرگ ارتشتاران، نشان از عدم دقت ساواک در مورد مدرسین بقرار زیر است: تعدادی طلاب در گروه های 2-3 نفری به روستاهای استان فارس اظهار نموده اند که در آینده نزدیک یک قیام عمومی برپا خواهد شد. دفتر ویژه جدا از ساواک بود؛ شاه امر می کند: همه سازمانها با دقت در همه نقاط موظب باشند. نصیری اظهار داشت: اطاعت می شود.. طلاب قم در تمام نقاط کشور برای روضه خوانی در عزاداری پراکنده شده اند. دی 1357 مقاله رشیدی مطلق {اسم مستعار در روزنامه آیندگان} را جامعه مدرسین دستاویز تعطیلی درسهای حوزه علمیه قم قرار داده: تظاهرات وسیعی را سازماندهی کرده؛ دامنه مبارزات را به سایر شهرها کشاند. این 2 نمونه نشان می دهند که ساواک در سیاست بیکفایت بوده؛ فقط در قهر و شکنجه تبحر داشت.

شاه راس تمام سازمانهای جاسوسی از جمله ساواک بود. گزارش هفتگی آنها را می خواند. البته مشکل نه تنها خنگی دیوانسالاری شاهنشاهی بود؛ بلکه تمرکز ساواک روی جنبش چریکی، عدم تجربه کل نظام در برخورد با سازمانهای حزبی، سیاسی، صنفی را نشان می دهد.

بجز ترکیه، جمهوری آذربایجان با جمعیت 9 میلیون اکثریت شیعی، دولت سکولار هوادار غرب دارد. این کشور اولین کشور مسلمان با رای زنان بوده؛ رشد سالانه درآمد ناخالص کل 35% دارد. در 2012 کنسرت جی لو خواننده زن پاپ آمریکایی با حضور 30 هزار نفر در باکو، ساحل خزر، برگزار شد.

در ایران یک دینی درست شده بود که باید گریز از آن آغاز می شد و الان هم بر همین اعتقاد هستم. اگر جوانان و مردم این مملکت تصمیم نگیرند که از این دینی که در اختیارشان گرفته گریزان شوند من به عقل این مردم شک می کنم. یعنی هرکس عقل داشته باشد باید از این دینی که عرضه شده و عرضه می شود گریزان باشد. احمد قابل و 1391

ملکیان بی راهه نرفته و اشتباه نگفته، برای مستند ساختن نظرش می تواند به رویکرد نوگرایان دینی اعم از شریعتی و طالقانی و همین آقای شبستری استناد کند. نوگرایان دینی بجای روزآمد کردن دین به روزآمد کردن قرآن و سنت پرداخته اند بجای اینکه اسلام را با دموکراسی آشتی دهند، دموکراسی اسلامی می خواهند اختراع کنند، بجای اینکه مدافع دین مدرن باشند، مدرنیته را می خواهند در قالب برداشتهای خودشان از اسلام بریزند و چون برداشت هرمدعی از دین و نیز مفاهیم مدرن فوق متفاوت است، سرهیچ چیز نمی توانند با هم بتوافق برسند. حال آنکه می توان با

قبول و توافق بر سر دموکراسی، مدرنیته و سایر دستاوردهای مثبت و سازندهٔ بشری در دوران مدرن، بدنبال جایگاهی برای دین بود، بعبارتی دین را با این دستاوردها انطباق داد و نه برعکس.

Mehdi Jami via Seyed Koohzad Esmaeili   فیسبوک 240214
علی سالاری
حرف حساب مجتهد شبستری به ملکیان: «صاحب این قلم از ملکیان می‌خواهد ادعاهای بدون استناد و کلی‌گوئی‌ها را کنار بگذارد و به صورت مشخص و معین و با استدلال معتبر نشان دهد که افراد این جماعت در کدام کتاب یا مقاله یا سخنرانی، و چگونه و با چه ترفندها و با کدام مغالطات و در چه موضوعاتی چنان کارهائی انجام داده‌اند. بی شک اگر ایشان چنین کنند خدمت بزرگی به معنویت، دانش و اخلاق انجام داده‌اند. کلی‌گوئی‌هایی از آن دست که (در گفتگوی ملکیان) صورت پذیرفته حداقل 3 ضرر اخلاقی دارد: 1- خوانندگان را سرگردان می‌کند و آن‌ها را دچار حدس و گمان‌های ناصواب می‌سازد. 2- بحث و انتقاد دقیق علمی را ناممکن می‌گرداند. 3- به فرصت طلبان سیاسی مجال می‌دهد فضای بحث و انتقاد علمی را مشوّه و مشوش سازند. ما مجاز نیستیم این آثار غیراخلاقی را نادیده بگیریم.» چرا مسلمانان از مردمان دیگر دروغگو تر و خلاف ترند؟ راز نابخردی مسلمانان از زبان خواجه نصیر الدین توسی "روزگار در بغداد مرا درسی آموخت که همه ی درس بزرگان در همه ی زندگیم برابر آن ناچیز می نماید. آن این است:

در بغداد هر روز بسیار خبرها می رسید از دزدی , قتل و تجاوز به زنان در بلاد مسلمانان که همه از جانب مسلمانان بود. روزی خواجه نصیر الدین مرا گفت می دانی از بهر چیست که جماعت مسلمان از هرجماعت دیگر بیشتر گنه می کنند با آنکه دین خود را بسیار اخلاقی و بزرگمنش می دانند ؟ در اخلاق مسلمانی هر گاه به تو فرمانی می دهند , آن فرمان "اما" و "اگر"دارد. در اسلام تو را می گویند: دروغ نگو اما دروغ به دشمنان اسلام را باکی نیست. غیبت مکن. اما غیبت انسان بدکار را باکی نیست. قتل مکن اما قتل نامسلمان را باکی نیست. تجاوز مکن. اما تجاوز به نامسلمان را باکی نیست. این "پاماها" مسلمانان را گمراه کرده. هر مسلمانی به گمان خود دیگری را نابکار و نامسلمان می داند. اجازه هر پستی را به خود می دهد. خدا را نیز ازخود راضی و شادمان می بیند .و راز نابخردی مسلمانان در همین است

سازمانهای سکولار و دولت بختیار

من اینها گویم و دنباله دارد شب. اخوان ثالث: پرستار.
می باش چو خار حربه بر دوش/ تا خرمن گل کشی درآغوش. –
نظامی گنجوی

مسئله. عدم حمایت سازمانهای سکولار از دولت بختیار در
مقطع انقلاب بهمن مسئله ایست که نیاز به واشکافی دارد.
می توان 3 علت را برای این عدم حمایت آورد: 1- دولت
متزلزل بختیار از پشتیبانی قوی مردم برخوردار نبود. 2-
آمریکا، شریک کودتای 28 مرداد 32 ، از دولت بختیار
حمایت می کرد. 3- سکولارها در مقابل صفوف شیعی امیدی
نداشتند؛ چنانکه پس از 30 خرداد 60 قلع و قمع شدند اما
در دولت خاتمی جوانه ها علنی شدند. داوری در باره این
علتها شخصی، ذهنی، تابع اطلاعات و منافع فردی و طبقاتی
داور می باشد.

1- دولت بختیار. الگوی دولتهای متزلزل در شهریور 39 تا
خرداد 42 یعنی اقبال، شریف امامی، امینی، علم بار دیگر
در 57-56 با هویدا، آموزکار، شریف امامی، ارتشبد
ازهاری، بختیار تکرار شد. اگر انتخابات آزاد مجلسین 1-2
سال جلوتر بنا به معیارهای سازمان ملل اتفاق می افتاد؛
اگر دولت نظامی ارتشبد ازهاری انتصاب نمی شد؛ آنگاه
انتصاب نخست وزیری بختیار کارسازتر می شد. در اوضاع
انقلابی، طرف بازنده امتیازات/ پوئنهای مینیمم می دهد؛
طرفهای برنده با شور انقلابی شعارهای ماکسمیم می دهند.

عدم حمایت مردم در عام بواسطه ماهیت دولت بختیار، شور
انقلابی مردم در مقطع قیام و عدم توازن نیروهای حاکمیت و
مخالفان بود. دیده میشود که همه ایرانیها، حتی خود شاه
در پاناما، روی خوش به بختیار نشان ندادند. شاید بتوان
وابستگان به سیاست خارجی آمریکا در خلیج فارس را
مستثناء دانست. در تظاهرات حمایت از بختیار 130 هزار
نفر شرکت کردند؛ در عاشورای 57 بزرگترین تظاهرات تاریخ
با شرکت 12 میلیون نفر در سراسر ایران برای سرنگونی
سلطنت انجام شد. روشن است که اینها فاکتهای تاریخی اند.

بگذارید کابینه بختیار و نظرهای سیاسی دیگران در باره
اش واشکافی شوند. جبهه ملی اعلام کرد که بختیار را اخراج
کرده است. دکتر غلامحسین ساعدی همزمان با پذیرش دولت
توسط بختیار در هفته‌نامه‌ی ایرانشهر نوشت: «خود را فریب
ندهیم. صحه گذاشتن، حتی به یک یا چند خواست فرعی، مطلقاً
دردی را دوا نخواهد کرد. شاهپور بختیار که برگزیده شاه
و مجلسین دستچین شده ساواک است، کاری از پیش نخواهد

برد.» حمایت هم‌زمان آمریکا از حکومت ایران نشان دهنده تمایل این کشور به حمایت از کابینه بختیار است. {1}

مهندس بازرگان در دفتر کار خود مصاحبه‌یی ترتیب داده بود.. گفت: گمان می‌کنم بختیار عاقلانه‌ترین راه یعنی استعفا را در برابر امام خمینی به‌کار بندد.. مردم غیرقانونی بودن دولت را به دفعات اعلام کرده‌اند.. مطمئنم، ایشان در برابر خواست ملت استعفا خواهند داد، و جز این چاره‌یی نیست. {1}

بموازات دولت بختیار، رهبری انقلاب، "شورای انقلاب" کاملا شیعی خودی را پدید آورد. در این شورا، هیچ یک از ادیان/ فرق موجود در جامعه از جمله سنیها، دراویش، ارمنیها عضو نبودند؛ چه رسد به سکولارهای جبهه ملی و چپها. در لیست نهایی، یعنی توافق ضمنی بخش عمده ارتش با شورای انقلاب، 2 نظامی رده بالا، سرتیپ قرنی و مسعودی، وجود داشتند.

لیست شورای انقلاب 4 بار عوض شد. 1: طالقانی، مطهری، رفسنجانی، مهدوی کنی، موسوی اردبیلی، احمد صدر حاج سید جوادی، تیمسار قرنی، مهندسها: بازرگان، کتیرایی. دکترها: بهشتی، باهنر، یزدی، سحابی، شیبانی. 2 و 3: با تشکیل دولت موقت و خروج وزراء از لیست- حسن حبیبی، بنی صدر، قطب زاده، میرحسین موسوی، ح پیمان، احمد جلالی به لیست اضافه شدند. 4: پس از استعفای دولت موقت مهندس کتیرایی، مهندس معین فر، دکتر رضا صدر، مهندس بازرگان، دکتر پیمان، مهندس موسوی، جلالی خارج شده، سرتیپ مسعودی اضافه شد. {2}

این انحصارگرایی را در کابینه 14 نفری بختیار هم می توان دید. بختیار، عضو اخراجی جبهه ملی و یکی از رهبران مهم آن، نخست وزیری شاه را پذیرفت. در کابینه او هیچ سیاستمدار مخالفی وجود نداشت. قبل از کودتای 28 مرداد 32، کابینه قوام 3 وزیر غیرخودی چون دکتر آذر داشت. اعضای 14 نفره کابینه را بختیار به شرح زیر به شاه معرفی کرد:

احمد میرفندرسکی- وزیر امور خارجه، ارتشبد فریدون جم- وزیر جنگ، یحیی صادق وزیری- وزیر دادگستری، منوچهر کاظمی- وزیر کشاورزی، مهندس عباسقلی بختیار- وزیر صنایع و معادن و بازرگانی، دکتر محمد امین ریاحی- وزیر علوم و آموزش و پرورش، دکتر منوچهر رزم‌آرا- وزیر بهداری، دکتر سیروس آموزگار یگانه، وزیر مشاور و سرپرست وزارت اطلاعات، دکتر رستم پیراسته- وزیر امور اقتصادی و دارایی، علی صمیمی- وزیر پست و تلگراف، جواد خادم-

وزیر شهرسازی و مسکن، دکتر منوچهر آریانا- وزیر کار و امور اجتماعی، مُح مشیری- معاون نخست وزیر. {3}

در این کابینه عضوی از مخالفان- مثلا یک آخوند شیعی یا سنی، فردی از مرکزیت جبهه ملی و نهضت آزادی یا دبیری از سازمان فدایی و حزب دمکرات کردستان- وجود نداشت. اگرچه خیلی زود ارتشبد جم و صادق وزیری استعفاء دادند؛ یعنی دستچینهای خودی هم از حمایت رویگرداندند. دیگر این که دولت بختیار اصرار به تصویب نخست وزیری خود در مجلسین داشت. در حالی که نمایندگان شورا و سنا گزیده ساواک و شاه بوده؛ نه حاصل انتخابات آزاد. لذا آنها برای مردم وجهه ای نداشتند.

چرا ارتش سکولار 800 هزار نفری مسلح- با تضادهای درونی و رهنمودهای یانکی- از بختیار حمایت نکرد؟ چرا انتقاد به ارتش نمی شود که پشت بختیار را خالی کرد؟ سکوت خود روشنفکران لیبرال در 1357 در عدم حمایت از بختیار چه معنی میدهد؟ آیا در مقطع انقلاب، رهنمود ارشادی دادن به چپها بر مسیر انقلاب تاثیر می گذاشت؟ آیا این رهنمود می توانست سکولارها را برای حمایت از آخرین حکومت رژیم سابق بسیج کند؟ در آن حالت صف آرایی نیروهای انقلاب و دولت بختیار بطور کمی چگونه می شود؟ اصولا نظر اجتماعی با توان بسیج مردم در سایه سرکوب دولتی بدور این نظر 2 مقوله کاملا متفاوتند.

بعلاوه در نقطه عطف انقلاب، شور و هیجان لحظه تاریخی در شکست نزدیک ارتجاع حاکم، منطق انقلابیون را آچمز می کند. زیرا انقلابیون انسانهایی در عشق و تب انقلاب اند که در نقطه عطف انقلاب فقط به پیروزی بر دشمن حاکم با تجهیز نیروهای خودی برای شکست این دشمن عمل می کنند. شاید دورخیز برای پرش، استعاره مناسبی برای نقطه عطف انقلاب باشد. دورخیز با دویدن سریع، مومنتوم یعنی حاصل ضرب جرم تن و سرعت دونده را افزایش می دهد. در لحظه پرش، دیگر دیر است که دونده مسیر پرش را عوض کند.

پس دولت بختیار دولتی ائتلافی در مقطع انقلاب نبود؛ بلکه آخرین برگ بازنده دیکتاتور مخلوع در یک دولت انتصابی اقلیت ناچیز در مقابل اکثریت قریب باتفاق جامعه انقلابی خواهان سقوط خودکامگی بود. این را مردم از روی غریزه تاریخی می دانستند که خودکامگی بمجرد اوضاع مطلوب 2باره بساط استبداد را می گسترد. این عمل با کودتایی شبیه 25 یا 28 مرداد 32 یا تفویض نخست وزیر مانند حکم برکناری دکتر مصدق در گذشته اتفاق افتاده بود. انحصارگرایی پس از بهار انقلاب مقوله دیگری در تجربه تاریخی مردم است. در بهار آزادی چپ در ترکمن صحرا، کردستان، خوزستان،

بلوچستان، مازندران آغاز به سازماندهی شوراهای کارگری، دهقانی، دانشجویی کرد.

2- عامل بیرونی. تز سبز برژینسکی در خاور میانه برای محاصره شوروی، کمک سیا به بنیانگراها بضد سکولارها بود. این تز غلط ضایعات فراوان در افغانستان، پاکستان، فلسطین، یمن، عربستان، سومالی ببار آورد. برژینسکی در خاطرات خود میگوید: «هدف ماموریت هایزر این بود که به حفظ قدرت یک دولت غیر نظامی بعد از شاه کمک کند. من با دولت بختیار موافق بودم و آشکارا حمایت قاطع آمریکا را از این دولت تاکید میکردم، اما همچنین اصرار داشتم که هایزر باید ارتش ایران را برای دست زدن به یک کودتا به دنبال سقوط احتمالی بختیار آماده نماید.» روشن است که شورای انقلاب -بخاطر اعضای خود از جمله تیمسار قرنی و مسعودی- از نیت ژنرال هایزر آگاه بود. لذا ضمن مخالفت با بختیار حواس متوجه کودتایی شبیه نوژه هم بود.

برای انقلابیون حضور آمریکا با 92 هزار مستشار نظامی و غیرنظامی با حق کاپیتولاسیون پس از کودتای 28 مرداد 32، زندان و اعدام آزادی خواهان- همچون دکتر فاطمی قابل تحمل نبود. نیم قرن 2 شعار اصلی مردم "مرگ بر آمریکا" و در دهه 50 "سرنگونی سلطنت" بود که در ایران طنین می انداختند. این 2 شعار مرکزی کنفدراسیون دانشجویان ایرانی، سچفخا، مجاهدین، مائویستها بودند.

3- کمیت قلیل سکولارها. دیکتاتور سابق، با تفرعن و خودشیفتگی مخالفان سیاسی را داخل آدم حساب نمی کرد. رک به خاطرات روزانه علم. او با لهجه خاص خود هجای اول انتلکتوئل را برای تمسخر مبارزان راه آزادی و عدالت- از نوع دکتر ارانی، دکتر فاطمی، دکتر ساعدی بکار می برد. این همان تفرعنی است که قذافی با 4دهه دیکتاتوری مخالفان خود را "موش" نامید؛ نه انسان منقد برای تعامل در یک دولت مدرن.

شاه می توانست جلوتر از موج انقلاب، با برداشتن "شورای نگهبان" ساواک امکان ورود نیروهای سکولار نوع خود طرفدار آمریکا، توده ای طرفدار شوروی، طوفان طرفدار چین/ آلبانی، مستقل از نوع جبهه ملی، کانون نویسندگان، چریکها، کنفدراسیون را در حاکمیت از طریق انتخابات آزاد مهیا کند. نه در خاتمه رژیم 57 ساله سلطنت کودتایی، با اکراه تن به نصب بختیار و رای موافق مجلسین با نمایندگان برگزیده ساواک بدهد.

حمایت احزاب و سازمانهای سیاسی از حاکمیت یک تعامل 2جانبه است. ائتلاف سیاسی با جر و بحث برای همکاری بدور

یک برنامه سیاسی مشترک- با ورود وزرای نامزد نیروهای دور میز در دولت برای تقسیم قوه اجرایی- می باشد. حمایت نمی تواند یکسویه از طرف نیرویهای بیرون از حاکمیت از دولت باشد. اصولا عشق یکسویه فردی نوعی جنون دماغی است که در ادبیات و اساطیر فارسی "مجنون" و زن پدر سیاووش نمونه های این عارضه روحی اند.

تازه حمایت یکسویه سکولارها از بختیار هم دردی را دوا نمی کرد. زیرا با شکست رفرم ارضی 41، نیروهای دهقانی حومه شهرها 10 ها میلیون نفر بودند؛ نیروهای سکولار شهری چند 100 هزار بیشتر نبودند. قلع و قمع سکولارها در بهار آزادی و اعدام فله ای زندانیان سیاسی، ترورهای زنجیره ای، تبعید/ گریز آزادیخواهان به خارج نشان داد که انحصارگرایی فقط در رژیم ساقط نبوده؛ خصیصه دیکتاتوری است. در دهه 60 بیشاز 4 هزار از زندانیان سیاسی آزادیخواه و عدالت طلب در بند به قتل رسیدند. همین قلع و قمع سکولارها در پیروزی طالبان در 1996 در کابل هم با نماد اعدام دکتر نجیب الله بوقوع پیوست. همان کاری که با بختیار در پاریس شد.

پس حمایت مقطعی سکولارها از دولت بختیار نمی توانست تخریب سیاسی پس از کودتای 32 را ترمیم کند. دیکتاتور گور دودمان خود را ظرف ربع قرن کنده بود؛ با انبان دلار آماده فرار بود. در طب تشخیص و مداوای مرض باید بموقع در معالجه ی یک مریض انجام شوند. این اندرز در استعاره "نوشدارو پس از مرگ سهراب" در زبان فارسی رواج دارد. پس در مقطع انقلاب در رابطه دولت بختیار و سکولارها 2 مسئله مرکزی وجود داشتند. 1- رشد کمیت مقوله های اجتماعی یا تناسب نیروهای صف حاکمیت و مخالفان. 2- تعامل و اصلاحات بموقع در حاکمیت. رژیم ساقط در هر دو مورد مسامحه کرد- بخاطر مریضی شخصیتی راس و حرص غارت ثروت مردم.

عدم حمایت سکولارها در آخرین لحظه سقوط دیکتاتوری، علت سرنگونی نمی باشد. عامل اصلی انقلاب سفید بوذ؛ خانه خرابی دهقانان، گسیل رعایای خرافی به حومه شهرها، شهرنشینی ملاکان ناراضی و حمایت مالیشان از حسینیه ها، گسترش نهادهای شیعی با تسهیل ساواک، رهبری بنیانگرای شیعی، قلع و قمع سکولارهای چپ و راست را ببار آورد. این شرایط عینی در "دامگه حادثه" و بحران مالی دولت بودند. کسانی که دید خلق الساعه افلاطونی و امر الهی مذاهب سامی دارند با اعتقادات خود تکوین جهان را نتیجه "امر" یک مرکز دانش غیبی به جهان غیرانسانی بیزبان می پندارند. آنها تغییر و پیدایش جهان را نه با عوامل مادی بلکه نتیجه اراده یک هوشمند ماورای طبیعت می دانند. در حالی که تاریخ جوامع و علوم طبیعی- تغییر کیفی را ناشی از

انباشت تغییرات تدریجی درونی یک سیستم تجربی جهانشمول می دانند؛ نه بنا به خواست یک نیروی جنی مجهول ماورای سیستم. انقلاب مانند یک پدیده طبیعی علل پیدایش خود را داشته؛ حاکمیت بخاطر قدرت مطلقه این را پیش بینی نمی تواند بکند؛ لذا در نقطه عطف پیشگیری پذیر نیست. {4}

نیروهای پیگیر سکولار یعنی چپها، از دولت آموزگار ببعد، با اندام شکنجه دیده از زندانهای ساواک آزاد شدند. آنها خود را در کوران جوشش انقلابی جامعه، بحران اقتصادی- سیاسی حاکمیت، نفرت شخصی از ساواک با راس آن یافتند. مرکز توجه 6دونگ آنها اعمال 2 شعار سرنگونی سلطنت و اخراج نیروهای بیگانه از کشور بود. دیگر فرصت حرف و جدل نبود؛ لحظه عمل بود. اینکه 30 سال بعد سلیقه خواننده این انقلاب را بر وفق منافع و آرزوهای خود نداند؛ ربطی به اتفاق و علل آن در 30 سال پیش ندارد؛ یک داوری کاملا شخصی و جهتدار است.

پس از نقطه عطف، وقوع انقلاب بستگی به رهبر ندارد؛ زیرا وضع عینی انقلاب در خیابانها، اعتصابات، گروه مسلح مردم به عامل ذهنی/ رهبری، قبضه قدرت را دیکته می کند. رهبر "وحدت کلمه" را در نیروی براندازِ تحکیم می کند؛ ولی جناحهای طیف برانداز می توانند خلاء رهبر ترور شده را پر کنند. بمب 7 تیر 60 دفتر حزب، با قتل 72 نفر از سران انقلاب شامل بهشتی، تغییری در حاکمیت شیعی پدید نیآورد. نمونه دیگر: ترور سران کرد در کافه میکونوس برلین تغییری در حزب دمکرات کردستان پدید نیآورد. قتل چریکها از جمله احمدزاده، پویان، حمید اشرف، جزنی- خللی در ادامه مشی آنها پدید نیآورد.

لذا ترور رهبر سرنگونی سلطنت را پیشگیری نمی توانست بکند. رئیس موساد در سال 57: چهار روز قبل از انقلاب، بختیار از موساد خواست خمینی را ترور کند؛ فقط یه جوری ترتیب خمینی را بدید! اما ما/ موساد/ درخواست او را رد کردیم. به او/ بختیار/ گفتیم اسرائیل، پلیس جهان نیست. اما اگر ما این کار را کرده بودیم، شاید ایران و جهان را از آنچه بعداً اتفاق افتاد، نجات می‌دادیم. دقیقه 43 فیلم با دانلود:
http://www.arznet.tv/2012/03/blog-post_31.html

چطور می شود- انقلابیونی که زندگی و استعداد خود را در خدمت ارتقای جنبش چپ گذاشته بودند حواسشان جمع نبود. آنها امکان زمانی و مادی برای بسیج توده ها نداشتند. نمی توان با کتمان فله ای و نفرین به گذشته، 3 دهه بعد، انقلاب عینی را نه نتیجه نیروهای عینی بلکه انحراف از انتظارات ذهنی خود دانست. تازه ادعای صحت نظر در جامعه

کافی نیست؛ بسیج بدور نظر صحیح شرط صحت و پیروزی آن است. بفرض اینکه انقلابیون چپ در گذشته نبودند؛ آنگاه باز می توان یقه چپ را گرفت که 33 سال پیش در عدم حمایت از یک دولت متزلزل- پس از دومینوی نخست وزیری هویدا، آموزگار، شریف امامی، ازهاری- باید نفرین شود. دولت بختیار -مانند دولت کرنسکی در روسیه- پاسخ دیر حاکمیت مطلقه برای اصلاحات جامعه بود که منجر به سرنگونی هر2 سلطنت شدند. {4}

منابع. 2018/09/12
http://www.rasekhoon.net/article/show-21660.aspx {1}
http://asre-nou.net/php/view.php?objnr=8016 {2}
علی شاکری زند: دولت بختیار و فروغ آزادی
http://www.asre-nou.org/php/view.php?objnr=16907
http://www.azadegi.com/ {3} شاپور بختیار.
http://www.zamaaneh.com/revolution/2008/12/post_187.h
tml
http://www.asre-nou.org/php/view.php?objnr=17047 {4}
انقلاب
پانویس. 2 سطر شعری کتیبه فوق از اخوان و نظامی- بیان مستقل بودن عامل ذهنی "گفتن" از عامل عینی "شب" است. دومی با استعاره تناسب نیرو یعنی کمیت و کیفیت/ سلاح را بیان می کند.

براندازی و سکولاریزم در خاور میانه

در سده 20م خاورمیانه، براندازان سکولار فراوان قدرت دولتی را قبضه کردند. در روند بعدی آنها استبداد برافتاده را با استبداد خشنتری جانشین کردند. در حالیکه جامعه بسوی بنیانگرایی دینی بقهقراء رفت. چرا این براندازان سکولار با حرص ثروت و قتل نقادان جامعه را به استبداد کشانده؛ سپس به اسلامگرایی با سقوط آزاد سوق دادند؟ دلیل عمده عدم شکوفانی اقتصادی یعنی گسترش طبقه متوسط و تحکیم طبقه کارگر می باشد.

عدم شکوفانی اقتصادی سده 20م خاور میانه 4 علت عمده دارد: 1- غلبه شریعت بر مناسبات سرمایه داری. 2- سنت خودکامگی و استبداد. 3- حضور استعمار. 4- سیاستهای نامطلوب آمریکا. عدم شکوفانی منجر به پیدایش بنیانگرایی اسلامی برای قبضه قدرت سیاسی و انطباق دین و دولت در جامعه شد.

همه این براندازان در آغاز نیت نیک برای جامعه عقبمانده داشتند. ولی آنها عزت نفس خود و کرامت انسانی جامعه را مخدوش کردند. آنها نتوانستند فقر را ریشه کن کرده؛ جامعه را به شکوفانی اقتصادی برسانند. دلایل این ناکامی کدامند؟ می توان 10ها نمونه از سرنوشت رهبران سکولار در خاور میانه را بررسی کرد. نمونه افغانستان گذار از یک جمهوری سکولار به یک دولت طالبانی: کودتای داوودخان، انقلاب ثور 1978، قتل تره کی، حمله شوروی، جنگ داخلی، پیروزی طالبان، جنگ داخلی 2001-1996، حمله آمریکا، کرزای رییس جمهوری اسلامی افغانستان.

برای نمونه رضا خان با کودتای 3 اسفند 1299 قدرت را قبضه کرد. تا شهریور 1320 او خود را ثروتمندترین فرد ایرانی کرد؛ با دستیاری پزشگ احمدی و سرپاس مختاری به قتل یزدی، ارانی، عشقی، کوچک خان، سردار اسعد، پسیان پرداخت. در حالیکه می توانست از حرص مالش بکاهد؛ با منقدین یک دولت تعاملی/ ائتلافی تشکیل دهد. تا در شهریور 20 بدون مقاومت بخارج تبعید نشود؛ مانند هوچی مین یا حتی صدام در مقابل استعمار بجنگد؛ تا شرافتمندانه در ایران دفن شود.

براندازی تضاد 2 نیروی اجتماعی است که برای حدوث نیاز به شرایط مشخص دارد. نیروی برانداز باید شعار براندازی را بین مردم ببرد؛ سازمان مسلح برای شکست نیروی مسلح دولت داشته؛ قدرت/ مشروعیت براندازی را هم صاحب باشد.

یکی از انقلابیون سده 20م 3 شرط برای براندازی دولت می
گذارد: حاکمیت نتواند به روال گذشته ادامه یابد. مردم
در اعتصاب/ تظاهرات پیوسته باشند. سازمان زبده هم آماده
قبضه قدرت باشد.

سکولاریزم ناشی از روند شکوفانی سرمایه داری باید باشد؛
نه به خواست برخی محافل روشنفکری برونمرزی. در حالیکه
در خاور میانه شکوفانی سرمایه داری عمدتا بخاطر شریعت
عقیم شده؛ لذا گسترش توده ای سکولاریزم عقیم است. در
بسیاری کشورهای منطقه دولت مرکزی با مالکیت نفت و گاز،
اکثریت مشاغل، تولیدات عمده را در دست دارد. مدیران کلان
در حرص ثروت و مقام اکثرا خرافاتی بوده؛ آنها استراتژی/
راهبرد شکوفانی اقتصادی جامعه را سابوتاژ/ مختل می
کنند.

البته مدل سرمایه داری چین و کره شمالی هم در ایران و
مصر بکار رفته؛ یعنی قوای مسلح، مستقل، صاحب ساختارهای
تولیدی، کانی، ساختمانی اند. لذا مرکزیت راس دولت مادام
العمری متکی به نظامیها و امنیتیها- اعتقادات خود و قشر
حامی ش را تبلیغ می کند.

سکولاریزم با سرکوب مذهبیون به استبداد یا حتی فاشیزم
نوع آلمان نازی منجر می شود. استبداد در خاور میانه
توام با حرص مال و قتل منقدان شکوفانی اقتصادی را کند
می کند. تازه بحران و انقلاب را در پی دارد که تولید را
افت می بخشند. لذا براندازی، دراز مدت بصرف اقتصاد ملی
نیست. بخش برانداز سکولارهای برونمرز محقند؛ چون استبداد
و بنیانگرایان دینی تن به اصلاحات نمیدهند. ولی این نوع
سکولاریزم هم پس از چندی در قدرت بسوی استبداد نزول
خواهد کرد.

یک نمونه مصر است که با سلطه کودتای 1952 ناصر سکولار
بضد ملک فاروق تا سقوط مبارک در 2011 در روال 6 دهه به
استبداد ختم شد. سکولاریزم بمعنی جدایی دین از دولت کافی
نبوده؛ نیمی از جمعیت، یعنی زنان را باید بوسیله مشارکت
اجتماعی به حقوق بشر رساند. مرکز مصری حقوق زنان گفت:
در بررسی 2010 زنان مصری حتی با نقاب و چادر تا 83% از
مزاحمت روزانه لفظی/ تنانه مردان شکایت داشتند.

مرسی در تیم مشاور 21 نفری 3 زن، در کابینه 35 نفری 2
زن را برگزیده؛ هنوز 2 ماه پس از انتخابات قول نایب
ریاست جمهور زن را اجرا نکرده است. تازه تا پایان دوره
مرسی چند سال مانده؛ نتیجه 60 سال سکولاریزم سرکوبگر مصر
اینست. باید گفت مِرسی آقای مُرسی.

عبدالرحمن الرشید نشان می دهد که سکولاریزم از بالا ظرف چند دهه با بنیانگرایی جابجا می شود: چه کسی می تواند تصور کند که ریاض، این شهر محافظه کار، مردمانش در گذشته از تسامح بیشتری برخوردار بودند. سه دهه پیش، در مدارس ریاض سالن های نمایش وجود داشت، در باشگاه هایش، سالن های سینما بود، گروه های موسیقی نظامی در خیابانها به حرکت در می آمدند، اعیادش همراه بود با جشن های گروه های مردمی؛ تلویزیونش عرصه ای بود برای نمایش محافل هنری.

درباره قاهره در ده های شصت و هفتاد نیز سخنان مشابهی گفته می شود. درباره کویت بیشتر و بیشتر این تصاویر نقل می شود. از بغداد تصاویری وجود دارد که تصور آنها در بغداد امروز باور کردنی نیست. خیابان الرشید بغداد، مملو بود از مراکز هنری، فرهنگی و مذهبی. عکس هایی متعلق به دهه چهل از دفتر شرکت تولیدات سینمایی متروگولدن در این خیابان در اختیار دارم. چه کسی می تواند آن چه را که امروز روی می دهد باور کند؟
http://www.alarabiya.net/views/2012/09/11/237445.html

جدایی دین از دولت در خاور میانه کند و تدریجی است. واقعیات اجتماعی در تمام کشورهای اسلامی نشان می دهند که سایه شریعت بر سر دولت در کل مانند عربستان، ایران، غزه یا کمی ضعیفتر مانند افغانستان، پاکستان، عراق، مصر می باشد. لذا اگرچه جدایی دین و دولت یک راهبرد روشنفکران مدرنیته-خواه است؛ ولی در سطح محفل می ماند؛ بین توده های وسیع نشت نمی کند. کودتای سکولار هم منجر به استبداد می شود. استبداد شرقی هم با حرص مال و قتل منقدان همراه است.

برای قبضه قدرت سیاسی در خدمت تلفیق دین و دولت، 2 شیوه براندازی خشن سریع و انتخاباتی بطئی بکار می روند. حقانیت دینی می تواند بیواسطه مانند آخوندها در ولایت فقیه و شاید امیر المومنین ملا عمر طالبان، یا با واسطه مفتیان سلفی مانند ملکهای آل سعود عربستان و نظامیان پاکستان مانند ژنرال ضیاء با کودتای 1977 و اعدام دکتر بوتو رییس جمهور انتخابی و پدر بمب اتم باشند. لذا داشتن بمب اتمی جمهوری اسلامی پاکستان و هند با 60 میلیون مسلمان منافات با اسلام ندارد. القاعده و طالبان افغانستان حامی شیوه خشن بوده؛ حزب توسعه و عدالت ترکیه و اخوان المسلمین مصر حامی انتخابات اند.

چند نمونه از مبارزات 3دهه گذشته بنیانگرایی اسلام خاور میانه بقرار زیرند. در انقلاب 57ش ایران در آغاز مذهبیون با نیروهای سکولار همراه بوده؛ با کودتای جناحی 30 خرداد

213

60 انحصارگران شیعی بر دولت غالب شدند. تسخیر مسجد بزرگ کعبه عربستان سعودی. بروز ناآرامی های استان شرقی عربستان. جنگ مجاهدان و طالبان افغانستان بضد اشغالگران شوروی و آمریکایی. ترور انور سادات رئیس جمهور مصر. حملات مسلحانه علیه نیروهای اسرائیل، آمریکا و فرانسه در لبنان. قیام علیه رژیم بعثی در سوریه. مبارزه مسلحانه با رژیم بعثی عراق. بروز ناآرامی ها در بحرین. بمب گذاری در کویت. تظاهرات در الجزایر، تونس، مراکش. http://www.socio-religion.blogfa.com/post-12.aspx

در یک جامعه ناموزون سقوط حاکمیت بنا به یک فرمول ساده نیست؛ بلکه از مجموع اشکال تغییر دولت پدید می آید. سرنگونی با وجود نامشروعیت رژیم، عدم انسجام درونی/ ضعف عملی رژیم/ تحریمها، سازماندهی مخالفان ممکن است. فروپاشی بخاطر فرسودگی رژیم، سوء مدیریت اقتصادی/ سیاسی/ در امور بین المللی، اختلاس مافیایی/ عدم پرداخت دستمزد/ یارانه، تعمیق فساد، شورش فقیران می باشد.

سرنگونی یک رژیم بوسیله یک نیروی سازماندار هدفمند بیرون از حاکمیت -چه از خارج چه داخل- بضد یک دولت است. فروپاشی یک رژیم در اثر خبط و فرسودگی رژیم از داخل در بقای قدرت است. براندازی ضربت از خارج از حاکمیت بوده؛ فروپاشی ناشی از تضاد درون حاکمیت بوده؛ باهم مترادف نیستند. براندازی در تاریخ یک استبداد را جانشین استبداد بعدی می کند.

در عراق از کودتای 1958 سرهنگ قاسم تا سقوط بعث صدام توسط نیروی خارجی و ظهور نور المالکی با حمایت صدر شیعی سیر به دولت اسلامی دیده می شود. سقوط رژیم شاه در 1357/1979 سرنگونی بود. فروپاشی اتحاد جماهیر شوروی در 1993 از درون بود.

براندازی خشن هم 2 نوع است: 1- کودتای نظامی که براندازان بگواه تاریخ مستبدان بعدی می شوند. نمونه ها: صدام عراق، قذافی لیبی. کودتاهای پیدرپی ایوب خان 1337، یحیی خان 1348 با جدایی بنگلادش و افزودن اسلامی به نام کشور، ضیاء الحق 1356، پرویز مشرف 1378 در پاکستان. نیمی از عمر پاکستان، 25 سال از تاریخ 52 ساله اش، با حکومت کودتایی اداره شده. در مورد ایران پانویس زیر، انقلاب مشروطیت، دیده شود. 2- حمله خارجی/ تغییر رژیم در 2 نمونه عراق و افغانستان را می توان دید که خیلی زود دولت رقابتی گذاری اسلامی می آید؛ شاید لیبی، لبنان، سومالی را هم بتوان نام برد.

براندازی در آغاز برای بیان دمکراسی گروههای کلان و نه فردیت شهروندان بوده؛ سپس با ساختارهای قدرت شرقی خودکامگی بازسازی می شود. در 100 سال گذشته خاور میانه چند 10 نمونه براندازی وجود داشته که هیچکدام، تکرار هیچکدام، منجر به دموکراسی نشدند:

کودتای اسفند 1299 رضاخان-ضیا، کودتای مرداد 1332 محمدرضا-سیا، کودتای داوود خان در افغانستان، کودتای 1958 عبدالکریم قاسم در عراق، کودتاهای سوریه، مصر، یمن، عمان، لیبی، الجزیره، پاکستان، عمان، حتی یورش یانکی به عراق و افغانستان دموکراسی شهروندی را نتیجه ندادند.

براندازان گفتار فریبنده ولی کردار خودکامه، مستبد، اقتدارگرا دارند. قبضه قدرت با براندازی برای نوکیسه های برانداز سریعتر ولی برای شهروندان نامطمئن است. معمولا گروه برونمرزی برانداز سابقه فساد، ظلم، جبن، قتل، غارت، پولشویی در رژیم ساقط دارد.

شیوه 2 برای قبضه قدرت سیاسی بوسیله انتخابات است. اصلاحات، طرفداران رنگارنگ خود را دارد: اخوان المسلمین مصر و لیبی، حماس در غزه، حزب الله در لبنان، ولایت فقیه پس از انقلاب 57 یعنی 30 خرداد 60 در ایران.

بهرجهت اصلاحات و انتخابات بطئی ولی مطمئنتر اند. دولتمردان آن معمولا از زندان به حاکمیت در ترددند. شهروندان رفتار این نوع سیاسیون را می شناسند که معتقد به رقابت جناحی می باشند؛ اگرچه کاملا حقوق مدرن شهروندی را بخاطر اعتقاداتشان درک نمی کنند. نمونه های دولتمردان آتی: تاجزاده، شعله سعدی، دکتر محمدرضا خاتمی.

اصلاحات یک سوپاپ امن هم دارد که در مقابل انحصارگرایان، بدیل کودتای نظامی درون حاکمیت را تضعیف می کند. این را بوضوح در ترکیه با روی کار آمدن دینکاران مصلح و عقیم شدن کودتای نظامی، یعنی واکنش ژنرالها برای قبضه قدرت غیرقانونی، می توان دید.

آینده سیاسی خاور میانه با ترویج تجدد رسانه های اینترنتی/ ماهواره ای عقاید دینی مدرنیزه خواهند شد. دانش سده 20م متعلق به نخبگان بود؛ در سده 21م عموم مردم به دانش دسترسی دارند. لذا عامل عمده در شکوفانی اقتصاد سرمایه داری خاور میانه توان مغزی جوانان به یافتن راههای نوین برای اختراعات، خدمات، کشفیات، تجارت، تولیدات، بهینه کردن روند اجتماعی کسب و صنعت خواهد بود.

در سده 20م آگاهی بوسیله احزاب، سازمانهای مخفی، نشریات مترقی به مردم داده می شد. در سده 21م بخاطر سرکوب و خفقان خاور میانه رسانه شبکه ای تبلور فردیت، خلاقیت، ارتباط گیری برخط جامعه مدرن است. رسانه های جهانی/ ماهواره ای هم فرهنگ مدرن را بین توده ها ترویج می کنند؛ سطح انتظارات آنان را ارتقاء می دهند. ازینرو گاهی گشت ارشاد دیشهای گیرنده برنامه های تلویزیونی/ اینترنتی مردم را از بامها کنده و برده تا مردم را از فرهنگ مدرن محروم کند. روزانه در فیسبوک هزاران نقل قول مشاهیر مدرن برای کاربران درج شده؛ خوانندگان از آیات/ احادیث عتیق دور می شوند.

در 100 سال گذشته پیدایش "رسانه نقطه ای" به "رسانه پخشی" دگرگون شد. رسانه نقطه ای یک ساختمان آجر-سیمانی دارد که برای دولت خودکامه کنترل و سانسورش آسان است. رسانه های نقطه ای نخبه گرا همراه جامعه گذاری از امت به فردیت بوده؛ بنا به سلیقه رییس می توانند مروج نظرات عتیق یا مدرن باشند. رسانه های پخشی دیجیتال در جهان از طریق ماهواره ها گسترده و کنترل ناپذیر اند. آنها عمدتا شامل تلفن همراه تصویر-صوت-متن، دیش ماهواره ای، شبکه اینترنت می باشند.

تاثیر رسانه های دیجیتال را در بهار عربی در قیاس با سازمانهای زبده مخفی آغاز سده 20م مثلا در اروپا، روسیه، ایران و شرق می توان دید. بهار عربی پروسه شل کن سفت کن تقلای استبداد و اصلاحات و پراندن خودکامه می باشد. شکست حزب عدالت 1920م ایران بیانگر عدم توازن قوا بین استبداد و اصلاحات/ انقلاب می توان انگاشت. پیروزی انقلابیون در شوروی، چین، افغانستان، یمن با پیشرفت نیروهای مولد همراه بود؛ ولی به دموکراسی نرسیده، فروپاشیدند.

وقوع یک پدیده تابع احتمال حدوث و کمیت نیروهای درونش است. احتمالات عینی و ذهنی کنونی برای سکولاریزم در منطقه مانند سوسیالیزم دهه 50ش غیرواقعی، تخیلی، محفلی اند. اسلامگرایی در خاور میانه دیر و زود دارد ولی سوخت و سوز ندارد/ حتمی است. چند نمونه: حکومت دکتر مصدق هم مانند حکومت مهندس بازرگان و دکتر بنی صدر بدلیل مسایل مربوط به عدم شکوفانی سرمایه داری در خاور میانه/ ایران نمی توانست مستدام باشد. حتی سکولاریزم آبکی نظامی بعثی عراق و سوریه و اشتراکی پان عربیزم مصر عهد ناصر مضمحل شده؛ دینکاران خود را در حاکمیت نشاندند.

کمیت نیروها نکته دیگر است. طیف سکولار اپوزیسیون خارج فعلی ایران از چند 100 کنشگر چپ تا راست، چند 10هزار

هوادار رنگین کمانی، چند 100 هزار شهریان غیرسیاسی تشکیل شده. سکولاریزم فعلی مانند سوسیالیزم دهه 50ش، در برابر خیل شیعیان بسیار ناچیز است. طیف سکولار در مقابل 20 میلیون شیعه اصلاحطلب کمی کمتر شیعه انحصارگرا/ اصولگرا، کاری از دستش بر نمی آید. رفراندوم، انتخابات آزاد، حتی حمله نظامی غرب و تغییر رژیم پس از اینکه آبها از آسیاب افتاد، منجر به حاکمیت دوباره شیعیان در ایران خواهد شد.

البته اصولگرایان نیروهای سرکوب را هم دارند. هر 2 جناح میانه ای با سکولاریزم ندارند؛ ولی اصلاحگرایان به برخی حقوق مدنی روی خوش نشان می دهند. این ارقام از روی نتایج انتخابات مجلس و ریاست جمهوری دهه گذشته می باشند.

طیف اصلاحطلبان هم در انتظارات سیاسی گسترده است. این ناچیزی سکولارها را در انتخابات غزه، عراق، افغانستان، لبنان، بویژه مصر، تاحدودی در ترکیه می توان دید. در ایران تضاد عمده برای حل عاجل سکولاریزم نبوده؛ بلکه اتحاد بزرگ احزاب سکولار است تا از طریق انتخابات برای برنامه شکوفانی اقتصادی بکوشند. سکولاریزم بدون شکوفانی اقتصادی شعاری غیرعینی، کوتاه-عمر، کتابی است.

چپها خواهان بهبود معیشت کارگران، آزادی سندیکاها، عدالت اجتماعی، رفع آپارتید جنسی و قومی، شکوفانی اقتصادی می باشند. سکولارها در نهایت می توانند یکی از اقلیتهای چند درصدی در کش و قوس 20 میلیون طرفدار اصلاحات در مقابل 15 میلیون اصولگرا باشند. دورنمای ائتلاف سکولارها با یکی از این 2 جناح شیعی در موارد خاص قانونگزاری زیاد چنگی بدل نمی زند. ولی مدل تعامل و نسبت سکولارها و دینکاران را در 29 حزب کنست اسراییل، از 1948 تا کنون، می توان دید.

منابع. 08:37 12/09/2018 ق.ظ.
http://en.wikipedia.org/wiki/List of Muslim-majority countries
http://news.gooya.com/politics/archives/2012/09/14674 2.php کورش عرفانی
http://www.akhbar-rooz.com/article.jsp?essayId=47688 بنیانگرایی در خاور میانه

پانویس. انقلاب مشروطیت ایران در 1285ش/ 1906م با جنبش مردم تبریز، تهران، مشهد، اصفهان، باکو، استانبول، نجف در یک روند خونین به تفکیک قوای مقننه، اجراییه، قضاییه و ایجاد مجلس شورای ملی منجر شد. 10 سال پس از کشف حجاب

در افغانستان، کشف حجاب ایران در 1314ش اجباری شد. در افغانستان، شاهزاده امان الله با سفر به اروپا، با تمدن غرب آشنا شد. در بازگشت، در 1305ش/ ۱۹۲۶م او فرمان مشروطیت را توشیح کرد. این فرمان برای اجرای اصلاحات سریع سیاسی مانند مساوات قاطبه مردم، اجتماعی مانند کشف حجاب، فرهنگی مانند تاسیس مدارس پسرانه و دخترانه بود.

امان‌الله خان و ملکه ثریا، شاه و ملکه در ۱۳۰۸ به ایران آمدند. ملکه بی‌حجاب بود. جنجالی در میان روحانیون ایران برانگیخت. آنان از رضاشاه خواستند ملکه افغانستان را در ایران مجبور به داشتن حجاب کند که او نپذیرفت. او تحت تاثیر اصلاحات دموکراتیک افغانستان قرار گرفته بود؛ پس از تنها سفر خارجی‌اش به ترکیه در ۱۲ خرداد ۱۳۱۳، تحت تأثیر اقدامات غربگرایانه آتاتورک قرار گرفت.

همن سیدی، تحلیلگر سیاسی در بریتانیا، می نویسد، جمهوری اسلامی ریشه در خودکامگی رضا شاه بخاطر منویات اش دارد: غیرقانونی شدن مشروبات، توصیه به "عفت عمومی" زنان، آرزوی اجرای شرع مقدس اسلام، اعدام نماینده یهودیها و زرتشتیها، تعطیل مدارس مسیحی و بهایی، ممنوعیت مرام اشتراکی یعنی اندیشه مادی/ علمی/ الحادی، عدم حق رای و انتخاب و طلاق زنان، تعدد تا 4 زوجه برای مردان، رگبار گلوله و قتل 100 تحصن کننده ضد کشف حجاب در مشهد.

پس از شهریور 20 سازمانهای مسلح فداییان اسلام، جامعه مجاهدین اسلام، هیاتهای موتلفه اسلامی تاسیس شدند. این تحلیلگر توضیح نمی دهد چرا پس از شهریور 20ش با حضور متفقین، وجه غالب جنبش سکولار بود؛ در حالیکه انقلاب 57 ش با حضور 92 هزار مستشار آمریکایی، بنیانگرایان شیعی تمام رهبری، شورای انقلاب، را در دست داشتند.

رشد بنیانگرایی شیعی در دهه های 40 و 50 ش چند دلیل عمده دارد. یکی خرافاتی بودن شاه و کمک دولت به مذهبیون. سرگرد پرویز انصاری در رابطه با کتاب در دامگه حادثه می نویسد: روحانیون در 1340 جامعه مدرسین را از اتحاد 2 گروه موتلفه اسلامی و انجمن اسلامی بازار برای فعالیتهای سیاسی و حزبی مبارزه با رژیم زیر لوای تبلیغ اسلام/ شیعی در داخل و خارج تاسیس کردند. جامعه مدرسین با اعزام طلاب به شهرها و روستاهای مختلف برای سخنرانی و نوآوری در کمک به مبارزه فعال بود. ساواک آنها را نمی پایید.

نیز از ص 602-600 کتاب فوق نقلی می آورد دال بر امر پاکروان، ریس ساواک، به مقام امنیتی ثابتی در نوشتن بیانیه جعلی/ کنتر بامضای جامعه روحانیت قم و پخش آن در

تهران و شهرستانها. بیانیه ساواک با استناد به 2 سوره،
خواسته های روحانیون را در 12 ماده بقرار زیر نوشت: 1-
ولایت و حکومت بر مردم باید به عهده روحانیت شیعه باشد.
2- املاک فروخته شده به زارعین غیرشرعی/ حرام است. 3-
دخالت دولت در موقوفات ممنوع است. 4- بی حجابی فحشا
تولید می کند. 5- مومنان و مومنات از سفر به خارج پرهیز
کنند. 6- اعطای حق رای دادن به زنان برای فساد و فحشا
ست. 7- دادگاههای عرفی باید منحل شده؛ امور قضا به
روحانیت واگذار شوند. 8- رجم/ سنگسار و بریدن دست از
جنایات جنسی و زنا جلوگیری می کنند. 9- روحانیت باید
آموزش و پرورش را عهده دار شود. 10- گروه نهی از منکر
مبارزه با فحشا در ادارات را انجام دهد. 11- کاباره،
رستوران با فروش مسکرات برچیده شوند. 12- تفکیک جنسیتی
در قطار و اتوبوس همراه با جلوگیری از امتزاج زن و مرد
نامحرم در معابر عمومی اجرا شود.

این بیانیه با مفاد ساده فهم ولایت فقیه را ساواک در
تیراژ وسیع در سراسر ایران نزدیک انقلاب پخش کرد. کی به
ژنرال پاکروان امر به نوشتن آن کرده بود؟ چرا اینکار را
ساواک کرد؟ اگر به ص 602-600 فوق در آدرس زیر بروید
مفصل اصل محتوای بیانیه آمده. بنظر می رسد مقام امنیتی
پرونده ای با اوراق دیگر را در اختیار داشته باشد.

همو می گوید گزارش دفتر ویژه اطلاعات، 19 بهمن 1356 به
بزرگ ارتشتاران، نشان از عدم دقت ساواک در مورد مدرسین
بقرار زیر است: تعدادی طلاب در گروه های 3-2 نفری به
روستاهای استان فارس اظهار نموده اند که در آینده نزدیک
یک قیام عمومی برپا خواهد شد. دفتر ویژه جدا از ساواک
بود؛ شاه امر می کند: همه سازمانها با دقت در همه نقاط
موظب باشند. نصیری اظهار داشت: اطاعت می شود.. طلاب قم
در تمام نقاط کشور برای روضه خوانی در عزاداری پراکنده
شده اند. دی 1357 مقاله رشیدی مطلق {اسم مستعار در
روزنامه آیندگان} را جامعه مدرسین دستاویز تعطیلی
درسهای حوزه علمیه قم قرار داده؛ تظاهرات وسیعی را
سازماندهی کرده؛ دامنه مبارزات را به سایر شهرها کشاند.

شاه راس تمام سازمانهای جاسوسی از جمله ساواک بود.
گزارش هفتگی آنها را می خواند. البته مشکل نه تنها خنگی
دیوانسالاری شاهنشاهی بود؛ بلکه تمرکز ساواک روی جنبش
چریکی، عدم تجربه کل نظام در برخورد با سازمانهای حزبی،
سیاسی، صنفی را نشان داد. بیانیه 12 ماده فوق ساواک
ولایت فقیه را بزبان عامه فهم وسیع در ایران پخش کرد.

نصیری وضع بحرانی 57-56 را تشخیص نداد. ساواک تصویری از
انقلاب بهمن در سال قبلش هم ندارد. سیا 6 ماه پیش از

انقلاب/ مهر 57 نتیجه گرفته بود که کشور در وضع انقلابی یا حتی پیشا-انقلابی نیست. ماه مهر 10 شب شعر گوته 100 هزار نفر در سالن و باغ زیر باران به خواست آزادی 40-50 شاعر و نویسنده سراپا شور شرکت کردند.

*

در علوم انسانی مانند تاریخ اگر هر رویداد در خود مداقه شده؛ یعنی فقط عوامل و نتایج آن بررسی شود؛ یک نتیجه بدست می آید. ولی اگر در متن منطقه ای، قیاس با رویدادهای همگن، در روال چند دهه - رویداد واشکافی شود؛ آنگاه نتیجه ای کاملا متفاوت حاصل می شود. نمونه: تاریخنویسی با شیوه روایت خطی تاریخ و دید لحظه ای در سیر حوادث زندگی رهبر نتیجه می گیرد که "رضاخان قهرمان مشروطیت بود."

در حالیکه همن سیدی در فوق نتیجه می گیرد که پایه های بنیانگرایی در دهه 1310، خلاف انقلاب مشروطیت، ریخته شد. ایران از انقلاب 1906 ظرف 70 سال به بنیانگرایی نزول کرد. ولی اگر با شیوه پویشی زیر، همین زندگی مداقه شود؛ می توان افزود: اگر رضاخان نظامیگر میهن پرستی بود نباید بخاطر حرص مال و جبن ذاتی در مقابل حمله انگلیس تسلیم می شد. هر دو این عارضه های شخصیتی رهبر در انقلاب 57ش دیده می شود. آیا برخی خصایل شخصیتی ارثی اند؟ مولفی دیگر با شیوه شیعی "نقل قول از منابع معتبر" مخالفان به آسیب شناسی یک سیاستمدار تراز جهانی می پردازد.

در این سری جستارها خاور میانه در 100 سال گذشته از نظر علوم انسانی واشکافی میشود. این شیوه کنکاش در آغاز روایت خطی سنتی را ندارد. از متن پرتلاطم و گسترده خاور میانه نمونه های مشابه آورده می شوند. روال پویش پدیده استنتاج شده؛ تا بتوان آینده سیاسی خاور میانه را پیش بینی کرد. این رویکرد تاریخ را از روایت نام و نیت افراد به تحلیل روند عینی پویش جوامع ترابری می کند.

این شیوه نیاز به اطلاعات دامنه دار موجود در اینترنت و اصول سیستم دارد. اصول یعنی تعریف سیستم، ورودیها، خروجیها، عوامل درونی/ بیرونی، پارامترها، رفتار سیستم برای رسیدن به نقطه ثبات می باشد. این رویکرد/ برخورد برای راهکار/ تاکتیک، راهبرد/ استراتژی در علوم طبیعی، رایانه ای، اقتصادی به پیشرفت این علوم کمک می کند.

ثنویت و ایستایی در سیاست

دست از طلب ندارم تا کام من برآید./ یا تن رسد بجانان
یا جان ز تن برآید. حافظ. کسی که همیشه هم رنگ جماعت می
شود معمولا فراتر از آن ها پیش نمیرود، کسانی که "تنها"،
مسیری را طی می کنند احتمالا به جاهایی میروند که کسی
قبلا در آنجا نبوده است. آینشتاین

فرهنگ پیشامدرن بلایای فراوانی مانند ایستایی، ثنویت،
عدم شفافیت، قصاص، اعتقادات، ناموسی، غیرعقلایی، و منش
خانی دارد. در این کنکاش ۲ مسئله ثنویت و ایستایی
واشکافی می شوند. ثنویت در پندار، گفتار، و کردار یک
حامل نامریی از فرهنگ پیشامدرن است. ثنویت یعنی انسان
در پندار، و گفتار، کردار تابع ۲گانگی بوده؛ یعنی جهان
بیرون را به ۲ اردو تقسیم بندی کند. هرکه را با او نیست
برخود بیانگارد. برای این فرد مصالحه، سازش، مدارا، و
تشکیک ناسزا بوده؛ به عواطف و اعتقادات اش توهین تلقی
می شوند. ثنویت یا این یا آن، در کتیبه بالا در زوج
کلامی طلب/ کام، تن/ جان، رسد/ برآید، بکن/ نکن آمد.
ایستایی بمعنی انکار تغییر در فرد و جامعه است. تغییر
دلایل فراوان دارد: افزایش شناخت فرد، تحول در عوامل
بیرونی، بلوغ فکری/ اجتماعی، جابجایی علل درونی، تراکم
شرایط محیطی. تبلور طرز فکر ایستا را در اصطلاحات "حرف
مرد یکی است،" "سر موضع ایستادن، عدم تغییر در دیدگاه
اجتماعی، تکرار در تاریخ، ناستالوژی برای بازسازی
امپراتوری هخامنشی یا خلفای راشدین صدر اسلام می توان
دید.

۱- ثنویت در فرهنگ یک پدیده پیشامدرن است که زرتشت بنحو
درخشانی آنرا در گاهان/ گاتها بکار برد؛ در اوستا تدوین
شد. این ثنویت بدوی در سده ۷م در مدینه و مکه جان جدید
گرفت؛ به جامعه درحال زوال اعتقادی ایران برگشت. جامعه
قرون ۶- ۷م ایران با جنبشهای ماندایی، مانی، صائبی،
میترایی، مزدکی، مسیحی، بودایی، زرتشتی، شقه شقه
فرهنگی- دینی شده بود؛ در آتش نفاق می سوخت. یورش
مسلمانان این آتش را مدتی خاموش کرد. ثنویت در شیعه
شیوع وسیع دارد بصورت: اجبار/ اختیار، خیر/ شر، حرام/
حلال، کفر/ دین، کذب/ صدق، مومن/ کافر، فردوس/ جهنم.
ثنویت بمرور در شریعت و آگاهی فرد دینخو به منزله یکی
از ارکان اعتقادی درآمد. البته مباح هم مقوله ای در
گفتار بوده؛ ولی در تصمیمگیری کرداری "یا این یا آن"
بکار نمی رود.

در جامعه مدرن شک اولویت دارد؛ یعنی بین خیر و شر بدیل
سوم را مطرح می کند. شک پایه اکتشافات و اختراعات عصر

221

روشنگری می باشد. یک نمونه شک در دادگاه مدرن است که اتهام مطرح می شود. وکیل مدافع و دادستان می کوشند در هییت منصفه/ ژوری شک نسبت به نظرات مقابل تولید کنند. البته برای عضویت در هییت منصفه/ ژوری در این قضاوت باید از مردم عادی بود. همچنین روال دادگاه با قانون قضا و موارد قضایی گذشته مدون در مجلدهای قطوری با اصول منطق، شواهد مادی، مصالح جامعه پیش میرود.

در دنیای مدرن شک، بینابینی، و خاکستری بین سیاه و سفید، تصمیم گیری و قوه تمیز را عقلایی می کند. تجلی پیروزمند راه سوم برونرفت از ثنویت جهان اول سرمایه داری و جهان دوم اردوگاه سده گذشته نیز، در سده 20 ، نمونه های سترگی دارد: گاندی در جنبش ضد استعماری انگلیس، هوچی مین در جنگ رهاییبخش ضد امپریالیزم در ویتنام، مارتین لوتر کینگ در جنبش مدنی آمریکا، نلسون مندلا در رفع آپارتاید/ تبعیض نژادی آفریقای جنوبی.

پدیده ساده گرای ثنوی مذهبی مومن/ کافر یا سکولار ما/ دیگران خسران عمیقی به بشریت زد. نمونه اول جنایات کلیسا در قرون وسطای غرب با محاکم تفتیش عقاید و سپس در عصر روشنگری با کشف 2 قاره نو با بومیان بت پرست می باشد. نمونه دوم فاشیزم هیتلری با برتری نژاد آرین، در تقابل با نژادهای سامی و اسلاو با پیامدهای گزاف اجتماعی، باوج رسید. در سده 20 حکومتهای راست و چپ در امور ملی و بین المللی این شیوه سفید/ سیاه را بکار بردند. آنها طرفدار پر و پا قرص گزینه "یا این یا آن" بوده؛ در تصمیمات کلان ملی همیشه با استدلال "از دو امکان، فقط این" یا "از 2 حال خارج نیست" را هم بکار می بردند.

نمونه دیگر کارکرد خونین ثنویت "یا با ما یا بر ما" در حزب و جامعه دهه 30م شوروی بود. یک نمونه دیگر ثنویت راست: تز برزینسکی در ایجاد کمربند سبز اسلامی در برابر تهاجم سکولاریسم سرخ چپها بود. کمک مادی به اشاعه این تز یکی از دلایل اوج بنیانگرایی در خاور میانه شد: انقلاب اسلامی ایران، قبضه قدرت طالبان افغانستان، پشت جبهه وزیرستان شمالی و جنوبی پاکستان، تصفیه سکولارها در غزه بوسیله حماس، رشد حزب الله جنوب لبنان، شاید رشد حزب مذهبی راست عدالت و توسعه حاکم در ترکیه، زوال دولت در سومالی و شمال پاکستان، بقدرت رسیدن حزب مذهبی راست لیکود در اسراییل، گسترش سازمانهای القاعده و حقانی در جهان.

در هنر و شعر- بخاطر فضای تقلیلگرای ایندو- ثنویت برای غلو و تاثیر عاطفی اجتناب ناپذیر است. لذا به ثنویت در هنر نمی توان خرده گرفت. ولی برای برنامه سیاسی کشوری

یا یارگیری سازمان های سیاسی، ثنویت برابر با طرز فکر دینی است که به دنیوی بودن سیاست ربطی ندارد؛ بلکه جهان بینی ساده گرای بدوی مذهبی، فاشیستی، کیش شخصیتی است.

2- ایستایی. ثنویت گرایان منکر تغییر اند. در حالیکه تغییر هم در فرد است؛ هم جامعه را دربر می گیرد. آیا یک فرد می تواند بمرور ایام، یا حتی سریع، تغییر موضع سیاسی یا ایده الوژیک بدهد؟ از این رو نظام تادیبی بورژوایی، زندانی را اعدام نکرده؛ در روال تربیت نوین قرار میدهد که در انسانهای نرمال اثرگذار و شفابخش است. نمونه های فراوانی در 100 سال گذشته تاریخ سیاسی ایران می توان یافت که نشان دهنده تغییر سیاسی در فرد اند.

البته علل و عوامل این تغییر میتواند خصوصی- در اثر بیداری وجدان، غریزه صیانت نفس، فشار شکنجه، خردگرایی، عافیت طلبی، تجارب مبارزاتی، مطالعات فلسفی- باشند. معهذا تعداد کمتری به عقاید خود پایبند بوده؛ با اعتقادات خود تا پای مرگ می روند. نمونه کلاسیک طاهره/ قره العین، زن شوریده زاده 1817 در ایران است. در اوت 1852 وقتی بچنگ ناصرالدین شاه افتاد؛ پیشنهاد شاهانه در برابر تغییر دین و پیوستن به حرمسرای ضل الله را اینگونه پاسخ داد که منجر به قتل این زن فرهیخته شد: تو و ملک و جاه سکندری/ من و رسم و راه قلندری. اگر آن نکوست تو در خوری/ وگر این بد است مرا سزا.

کوچک خان به مبارزه خود تا قتل خود پیش رفت. دکتر ارانی، سردار اسعد، پسیان، خیابانی نمونه های دیگر پس از کودتای 29 اسفند ند. در کودتای 28 مرداد هر 2 نمونه- هم پایداری در مواضع بوسیله دکتر فاطمی، دکتر مصدق، وارطان، کیوان؛ هم سازش در خط سیاسی با خیل توابان- دیده می شوند. تا دهه 50 که نمونه های جانفشانی چریکهایی چون نابدل و رضایی فرهنگ مبارزه را تغییر داد. ولی در دهه 50 امثال لاشایی، نهاوندی، میلانی، عاصمی، نیکخواه، دیگران خط عوض کرده؛ از اندیشه مائو به حزب رستاخیز و عافیت چندساله رسیدند. سرنگونی رژیم شاهنشاهی ثابت کرد که تحلیلهای بریدگان جنبش مثلا در ماهنامه دولتی تلاش غلط بودند. در پی انقلاب هم همین 2 واکنش مخالفان به حاکمیت دیده می شود: توماج، مختوم، ماموستا عزالدین حسینی، سیرجانی، مختاری، همراه با 4 تا 10 هزار انسان روشن ضمیر بر سر مواضع خود ایستادند- در برابر توابین و ذوب شدگان در ولایت- نابود شدند.

آیا زمان ما اکنون متفاوت است؟ آیا باید تقاص قبیلوی را کنار نگذاشت؟ آیا باید ثنویت سیاه/ سپیدی و عدم تغییر در فرد را نپذیرفت - تا نظرات با داده های روزمره در

تقابل نباشند؟ گاهی اگر فرد تغییر ایده الوژیک بدهد او سست عنصر قلمداد می شود. اگر روی مواضع گذشته اصرار کند او را متحجر می خوانند. آیا راه دیگری برای این رجعتگرایی مذهبی در دیدن جهان بطور ثنوی در فرد و سازمان وجود دارد؟ پاسخ بستگی به فرد دارد؛ پاسخ عمومی نتوان داد.

اگر یک فرد به 2 عامل شناختی و شخصیتی تجرید شود؛ اولی از محیط کسب می شود؛ دومی ارثی می باشد. نوع دیگر این ثنویت خودشیفتگی و دشمن بینی است. پس شاید همه عوامل این نوع جهانبینی، رشناختی و آگاهانه نبوده؛ مربوط به شخصیت و روان فرد هم می شوند. اگر به شخصیت و روحیه فرد ربط دارند؛ نیاز به مداوای بالینی و دارویی دارند. البته پیشنهاد التیام را این گونه شخصیتها دشنام نامیده؛ بطور عاطفی با پرخاش پاسخ می گویند.

اگر ثنویت بعلل شخصیتی است؛ با استدلال، براهین، داده ها، فاکتها از طرف مقابل، شناخت فرد عارضه دار تصحیح نمی شود؛ بلکه کینه هم بفرد توضیح دهنده به عذر و بهانه های طرف افزون می شود. ولی اگر ثنویت شناختی باشد آنرا می توان با بحث، مطالعه، غور، در روالی طولانی به روز کرد تا فرد در جهان امروز با شک و مدارا برخورد کند.

ممکن است گذشته یک فرد دمکرات فعلی بسیار مسئله دار باشد. او می تواند با مماشات با رژیم یا جنایت و دزدی متهم شود. این بینش ممکن است ناشی از ته مانده فکر ثنوی در آدمهایی باشد که این فرد را داوری می کنند. این آدمها با گذشته فرهنگ زرتشتی/ شیعی، عدالتهواهی شان نسبت به مرگ و زندان بسیاری از آزادگان دهه 60 جریحه دار شده است. آنها بخاطر حقوق پایمال شده جوانان شوریده آن دهه خونبار- با امثال افراد منتقد اصلاح طلب حاکمیت انحصارگر مشکل عاطفی دارند؛ نمی توانند منصفانه برخورد کنند. آنها اتهام، سوء ظن، خیر مطلق تجریدی، منزه بودن خود را که در حاکمیت کاره ای نبوده اند، از افراد منتقد اصلاح طلب حاکمیت انحصارگر توقع دارند.

آنها همنیشنی association افراد منتقد اصلاح طلب حاکمیت انحصارگر با مهره های قتال و غارتی حاکمیت همه را یک کیسه کرده؛ فتوای نجسی متهم را می دهند. برای آنها تجسم جناحهای رقیب در حاکمیت مشکل است؛ زیرا اکثر شان آبشخور فرهنگ سیاسی انحصارگرای رژیم ساقط داشته؛ از دیدن جناحهای رقیب در حاکمیت عاجزند. داده های بصری و حسی توسط ایده الوژی راست شان فیلتر می شوند. آنها از همکاری سیاسی که بیشتر قلمی و حضور در جمع سخنرانی است تا قدمی پرهیز می کنند. باید منصف مدرن بود: علیرغم

اشتباهات شناختی، تحلیلی، یا حتی اعتقادی افراد منتقد اصلاح طلب حاکمیت انحصارگر، نفس جنایت و قتل را دیگران در حاکمیت انجام داده اند. آنها پولشویی در خارج اعضای 62 نفری دربار ساقط را زیر سیبیلی رد می کنند؛ متهم به شریک دزد نمی کنند.

گروهی برونمرز راستگرا کمپرادور اعضای جناحهای حاکمیت را نجس می انگارند؛ حاضر به دست دادن با افراد منتقد اصلاح طلب حاکمیت انحصارگر نیستند. اینها اکثرا کسانی اند که یک روز زندان نبوده اند – نه در رژیم ساقط گذشته؛ نه در رژیم مسلط فعلی. جوانان از روی صداقت ذاتی دهن بین اند؛ گذشته، کردار، تمامیت این گونه عوامفریبان را مد نظر قرار نمی دهند. این را عوامفریبان میدانند. البته دراز مدت نتیجه ای برای آنها ندارد؛ ولی کوتاه مدت معرکه گیری می کنند.

در همین رابطه باید نقش این دیگران را در ذهن خود تعیین کرد. آیا آمران و مأموران، درون قدرت و بیرون قدرت سیاسی، حاکمیت و اپوزیسیون توفیر ندارند؟ ندامت گفتاری یا آبکی را چگونه از ندای برخاسته از وجدان می توان تفکیک کرد؟ پاسخ ساده نیست؛ بستگی به دانش، وجدان، شخصیت، اعتقادات، هدف در دست و آینده ناشی از تصمیم دارد. پس از آزادی از اوین شاهنشاهی و بعد از 26 سال غربت برخی چپها به مناظره آخوند مصباح یزدی و دکتر سروش در تلویزیون تهران رفتند. این مبارزه جویی و شجاعت آنها را می رساند که در کارزار انتخاباتی نامزدهای حوزه هایی از تهران شوند.

میتوان با افکار امروز امثال آنها موافق بود یا نبود– البته با ته مانده گس گذشته اشتباهات انسانهای کوتوله در مسند بزرگ تاریخی ورای استعداد فردیشان. ولی این گزینه فردی ربطی به تضییع حقوق مدنی آنها نمی تواند داشته باشد. باید کوشید گذشته راست و چپ سیاسی در ایران را با اغماض قضاوت کرد. گزینه دادگاه حقیقت یاب مانند آنچه در آرژانتین، شیلی، آفریقای جنوبی اتفاق افتاد روحیه قصاص خواه ناظران را سیر نمی کند. ولی اغماض پدران و مادران شهیدان خرداد 1388 پس از فاجعه کهریزک و خیابانها قوت قلب می دهد تا در کینخواهی تاریخی خود تجدید نظر شود– اگرچه بسختی و توأم با جریحه داری عواطف باشد. در بهمن 58 مردم گل میخک به سربازان میدادند؛ اگرچه در میدان ژاله، مردم کشته داده بودند.

در جامعه فردای ایران نمی توان برای 13% یا شاید بیشتر از جناح راست سرمایه در حاکمیت فعلی، خط و نشان کشید آنها را به تخته مرده شویخانه حواله داد. یا حتی به

1000 فامیل عهد طاغوت که برای پولشویی 33 ساله آنها در غرب، در اجماع ملی پاسخ گوی غارت سرمایه ملی در دهه 50 شمسی از ایران باشند. ولی دادگاه نورنبرگ در مورد مهره های آدمکش فاشیزم هیتلری با قتل 50 میلیون و دادگاه لاهه در مورد ناسیونال-شوونیزم صربی میلوسویچ 1941-2006 با کشتار 200 هزار انسان عطش تقاص را تاحدی فرو می نشاند. این فرد پرزیدنت لیگ کمونیستهای شهر بلگراد در 1984 بود؛ 10 سال بعد قصاب خلقهای غیرصرب و عاملی در فروپاشی خونین دولت فدرال یوگسلاوی شد- گردش در حاکمیت از چپ به راست در یک دهه.

در مجلس/ کنست اسراییل 29 حزب مذهبی و سکولار باهم بضد فلسطین کار می کنند. ولی در فلسطین 2 گروه فتح سکولار و حماس مذهبی نمی توانند یک برنامه مشترک سیاسی داشته باشند. در 100 سال گذشته ایران، دولتمردان قبلی در دور بعدی حکومت گاهی زندان میروند- اپوزیسیون که جای خود را دارد. نمونه تیمورتاش پیشاز شهریور 20، هویدا و نصیری در دهه 50، ابطحی و تاجزاده در اواخر دهه 80.

ولی بهرجهت صورت مسئله روی دست مانده: چگونه در اپوزیسیون و حاکمیت یک کشور سرمایه داری در حال گذار با اصول قانونی، قراردادهای مدنی، و رفتار تجار منش و بیزینس-مآب بورژوایی با مخالفین خود برخورد شود؟ در فرهنگ فعلی گذاری، بقایای مقوله های پیشامدرن قصاص و غیض قبیلوی در حال ذوب شدن اند. چگونه با گذشته افراد متهم/ "مجرم" بنظر اپوزیسیون- که مدتی است وجدان آنها بیدار شده؛ جنایت و غارت را طرد کرده- کنار بیآییم؟ بویژه اگر این افراد سیاسی 80 ساله مریض یا در اعتصاب غذا در زندان هم باشند.

تردیدی نیست که مصالحه، ابزار کار سیاستمداران و گروه های سیاسی است. برخلاف سنت حاکم در عرصه سیاست ایران که مصالحه و گفت و گو با خیانت و گذشتن از ارزشهای طرف سازش یکی دانسته می شود، مخالفان سیاسی در کشورهای دموکراتیک حتی در بدترین شرایط نیز با یکدیگر گفت و گو می کنند؛ به امتیازدهی و امتیاز گیری مشغولند. http://www.bbc.co.uk/persian/iran/2011/06/110607_om_i ran_political_compromise.shtml

معمولا در کانون استبداد با جنایت و غارت قانون شکنانه وجدان سخت متجر است. اما کسانیکه در حاشیه این کانون جنایت و غارت در حاکمیت می پلکند؛ وجدان اجتماعی شان گاهی بیدار می شود. شاید یک تلنگر باعث این بیداری می شود. علل این بیداری شک به رفتار خود در اطاعت از آمران، معیارهای اخلاقی خفته در ذهن فرد، آگاهی به

قانونمداری می توانند باشند . وجدان اجتماعی هیچ دیکتاتوری- از رضاخان، محمدرضا، صدام، مبارک، بن علی، قذافی، صالح در یمن گرفته تا دهها دیگر در تاریخ- تا دم مرگ بیدار نمی شود . کانون استبداد صدام با 2 پسرش و مبارک با 2 پسرش بخوبی بیانگر تجحر خودکامگی است. این سرابی است که با یک خودکامه می توان از تعامل، مماشات، انتظار اصلاحات دم زد . شخصیت یک خودکامه خارج از هنجار انسانهای نرمال است . یک خودکامه با اطرافیان چاپلوس، از واقعیات پیرامون خود بمرور جدا می شود . اگر دزد نباشد به اجرای منویات من درآوردیش و طرحهای بداهه ای اجتماعی ورای قانون با نوعی خودبزرگ بینی و حق ویژه برای خود، دولت را بسوی فروپاشی و انهدام حاکمیت می کشاند . نمونه های تاریخی: هیتلر، پال پات، ایدی امین . افراد حاشیه دیکتاتور در روالی با فرد خودکامه زاویه سیاسی پیدا می کنند . در نهایت از حاکمیت بیرون می زنند .

برخی انسانها در روال زندگی سیاسی خود، تغییر کرده؛ از فرهنگ پیشامدرن ثنویت به شک فرهنگ مدرن می رسند . صورت مسئله وجود تصاحب مادی ثروت و قدرت در حاکمیت است . هر از گاهی پوسته ای از راس هرم قدرت جدا شده با وجدان جدید انسانی خود به نقد گذشته خود و هرم حاکمیت می نشیند؛ قانونمداری و یا انسانمداری را توصیه می کند . در عین حال نیروی های جدید از درون دهانه حکومت بالا آمده؛ جای زاویه داران را گرفته؛ بقدرت و ثروت میرسند . شاید اقتراح رسانه ای برای بازشدن این مسئله و یافتن پاسخ برای آن گام نخستین باشد . ولی قدر مسلم اینست که لایه های بیشتری از حاکمیت جدا می شوند؛ لایه های درونجوش آن کفاف نیروهای از دست رفته را نمی کنند؛ لذا توسل به سرکوب تشدید می شود .

آیا می توان جانیان و غارتگران رژیم سابق و رژیم فعلی را نجس ندانست؛ با آنها در مجلس ملی، ادارات مختلف، مراکز علمی همکاری کرد؟ آیا می توان با دشمن کار کنی؛ با او شریک شوی؟ بگذارید برگردیم به گزینه گویی از نلسون مندلا: اگر می خواهی با دشمنت صلح کنی، تو باید با دشمنت کار کنی . سپس او شریک تو خواهد شد .

2- ایستایی . ثنویت گرایان منکر تغییر اند؛ برای آنها 2گانگی از ازل تا ابد همیشه بوده و هست . در حالیکه تغییر هم در فرد از گهواره تا گور است؛ هم جامعه را دربر می گیرد . آیا یک فرد می تواند بمرور ایام، یا حتی سریع، تغییر موضع سیاسی یا ایده الوژیک بدهد؟ از این رو نظام تادیبی بورژوایی، زندانی را اعدام نکرده؛ در روال تربیت نوین قرار میدهد که در انسانهای نرمال اثرگذار و شفابخش است . نمونه های فراوانی در 100 سال گذشته تاریخ

سیاسی ایران می توان یافت که نشان دهنده تغییر سیاسی در فرد اند.

اگر یک فرد به ۲ عامل شناختی و شخصیتی تجرید شود؛ اولی از محیط کسب می شود؛ دومی ارثی می باشد. نوع دیگر این ثنویت خودشیفتگی و دشمن بینی است. پس شاید همه عوامل این نوع جهانبینی، شناختی و آگاهانه نبوده؛ مربوط به شخصیت و روان فرد هم می شوند. اگر به شخصیت و روحیه فرد ربط دارند؛ نیاز به مداوای بالینی و دارویی دارند. البته پیشنهاد التیام را این گونه شخصیتها دشنام نامیده؛ بطور عاطفی با پرخاش پاسخ می گویند.

اگر ثنویت بعلل شخصیتی فرد است؛ با استدلال، براهین، داده ها، فاکتها از طرف مقابل، شناخت فرد عارضه دار تصحیح نمی شود؛ بلکه کینه هم بطرف توضیح دهنده به عذر و بهانه های فرد افزون می شود. ولی اگر ثنویت شناختی باشد آنرا با بحث، مطالعه، غور، در روالی طولانی می توان به روز کرد تا فرد در جهان فعلی با شک و مدارا برخورد کند.

در همین رابطه باید نقش این دیگران را در ذهن خود تعیین کرد. آیا توفیری بین آمران و ماموران، درون قدرت و بیرون قدرت سیاسی، حاکمیت و اپوزیسیون وجود ندارند؟ ندامت گفتاری یا آبکی را از ندای برخاسته از وجدان می توان تفکیک کرد؟ پاسخ ساده نیست؛ بستگی به دانش، وجدان، شخصیت، اعتقادات، هدف در دست و آینده ناشی از تصمیم دارد. پس از آزادی از اوین شاهنشاهی و بعد از ۲۶ سال غربت برخی چپها به مناظره آخوند مصباح یزدی و دکتر سروش در تلویزیون تهران رفتند. این مبارزه جویی و شجاعت آنها را می رساند که برای کارزار انتخاباتی نامزدهای حوزه هایی از تهران آماده شوند.

در جامعه فردای ایران نمی توان برای ۱۳٪ یا شاید بیشتر از جناح راست سرمایه در حاکمیت فعلی، خط و نشان کشید آنها را به تخته مرده شویخانه حواله داد. یا حتی برای ۱۰۰۰ فامیل عهد طاغوت خط و نشان کشید. در اجماع ملی و مناسبات بین المللی در باره غارت سرمایه ملی در دهه ۵۰ از ایران، پولشویی ۳۳ ساله آنها در غرب پاسخ گویی خواهد طلبید. ولی دادگاه نورنبرگ در مورد مهره های آدمکش هیتلری با قتل ۵۰ میلیون و دادگاه لاهه در مورد ناسیونال -شوونیزم صربی میلوسویج ۱۹۴۱-۲۰۰۶ با کشتار ۲۰۰ هزار انسان عطش تقاص را تاحدی فرو می نشاند. این فرد پرزیدنت لیگ کمونیستهای شهر بلگراد در ۱۹۸۴ بود؛ ۱۰ سال بعد قصاب خلقهای غیرصرب و عامل فروپاشی خونین دولت فدرال یوگسلاوی شد- گردش در حاکمیت از چپ به راست در یک دهه.

معمولا در کانون استبداد با جنایت و غارت قانون شکنانه وجدان سخت متحجر است. اما کسانیکه در حاشیه این کانون- جنایت، غارت، حیف و میل، تخطی از قانون- در حاکمیت می پلکند؛ وجدان اجتماعی شان گاهی بیدار می شود. شاید یک تلنگر باعث این بیداری می شود. علل این بیداری شک به رفتار خود در اطاعت از آمران، معیارهای اخلاقی خفته در ذهن فرد، آگاهی به قانونمداری می توانند باشند. وجدان اجتماعی هیچ دیکتاتوری- از رضاخان، محمدرضا، صدام، مبارک، بن علی، قذافی، صالح در یمن گرفته تا دهها دیگر در تاریخ- تا دم مرگ بیدار نمی شود. کانون استبداد صدام با 2 پسرش و مبارک با 2 پسرش بخوبی بیانگر تحجر خودکامگی است. این سرابی است که با یک خودکامه می توان از تعامل، مماشات، انتظار اصلاحات دم زد. شخصیت یک خودکامه خارج از هنجار انسانهای نرمال است. یک خودکامه با اطرافیان چاپلوس، از واقعیات پیرامون خود بمرور جدا می شود. اگر دزد نباشد به اجرای منویات سلیقه ای، من درآوردیش و غیرقانونی طرحهای بداهه ای اجتماعی ورای قانون با نوعی خودبزرگ بینی و حق ویژه برای خود، دولت را بسوی فروپاشی و انهدام حاکمیت می کشاند. نمونه های تاریخی: هیتلر، پال پات، ایدی امین. افراد حاشیه دیکتاتور در روالی با فرد خودکامه زاویه سیاسی پیدا می کنند. در نهایت از حاکمیت بیرون می زنند.

آیا می توان مخالفان خود را دوست داشت؟

اگر می خواهی با دشمنت صلح کنی، تو باید با دشمنت کار کنی. سپس او شریک تو خواهد شد. مندلا - متولد 1918 2018، 27 سال زندان، دارنده جایزه نوبل 1993 صلح، پرزیدنت آفریقای جنوبی 1999-1994.
باید که دوست بداریم یاران
باید که قلب ما
سرود و پرچم ما باشد. خسرو گلسرخی 1352-1322.

عام. در جامعه گذاری- طبقات، اقشار، افراد در یک بازه زمانی از جایگاه اجتماعی خود ریزش کرده؛ به مخالفان قبلی خود می پیوندند؛ خط سیاسی عوض می کنند. در این ترافیک 2سویه تفکر و رفتار، برخی دولتمردان از حاکمیت جداشده؛ یا از اپوزیسیون به حاکمیت می پیوندند. این تغییر در دمکراسی سابقه دار طبیعی است. اصولا اپوزیسیون گاردن پارتی نیست که برای ورود بلیت نقد از خود به صاحب آن ارائه شود. کردار فرد در مبارزه اجتماعی است که نیروهای سیاسی را بسوی او رهنمون می کند نه گفتار انتقاد از خود. حتی آثار کلامی او اگر منجر به جذب نیروی اجتماعی نشود؛ بصرف نقد از سازمان تنها در سطح داوری سلیقه ای فرد ثالث بوده؛ یک اثر تاریخی است. نمونه های نقد در چپ سده 20 آثار اپریم و شعاعیان اند که جذب نیروی سیاسی نداشته؛ تنها مبین شهامت یا سلیقه فردی سیاسی آنهاست.

فرد در حاکمیت. وقتی افرادی از حاکمیت میبُرند؛ شرایط پذیریش این افراد در اپوزیسیون کدامند؟ برای پذیرش آنها، تا چه اندازه در گذشته اشان باید کنجکاو بود؟ آیا آنها در حاکمیت گذشته یا فعلی چه مقام و منزلتی داشته اند؛ در قتل و غارت در یکی از دو رژیم دست داشته اند؟

فرد منقد. کسی که از حاکمیت می برد؛ از آزمایش در قدرت بودن فارغ شده؛ با کسی که در حاکمیت نبوده و انتقاد می کند فرق دارد. چگونه می توان به ایقان در مورد پیشینه افراد، بدون دسترسی به اسناد دولتی، رسید؟ کسی که این پرسش را دارد پیشینه خود او چیست؟ آیا او کاره ای بوده؛ مبارزه ای کرده، زندان رفته؟ آیا صرف ادعای منقد، بدون عمل مبارزاتی و احیانا یافتن تضاد بین حرف کنونی و عمل گذشته کسی که از حاکمیت بریده- دلیل صحت گفتار منقد می شود؟ این یک مغالطه است. چه تضمینی برای درستکاری این پرسنده در مقام قدرت آتی وجود دارد؟ زیرا در دو حاکمیت قبلی و فعلی، در حاشیه بودن انفعالی و مبارزه نکردن،

ملاک درستی برای عمل فرد نیست. در موضع قدرت است که بیقانونی فرد قادر، بروز کرده، قابل محک زدن می شود.

انتقاد ازخود. آیا سابقه سیاسی در حاکمیت سیاسی منقد با نقد گذشته خود صادقانه است؟ اصولا انتقاد از گذشته خود چه معنی میدهد؟ آیا مثلا بمعنی از پولهای دزدی خود یا پدر صرفنظر کردن است؟ کمک مالی به خانواده زندانیان سیاسی است؟ یا فقط حرف زدن و مصاحبه های رسانه ای کردن است؟ آیا در دو نظام گذشته و فعلی، او مورد ستم واقع شده؟ آیا او در خارج از کشور منزه بودن خود را حفظ کرده؛ یا هنوز با پولشوییهای غیرقانونی خود و تماس با مراکز اطلاعاتی اجنبی، در حرف مخالف رژیم است؟ بیرون از گود بمعنی خارج از حاکمیت و گاهی زندگی در خارج است.

دلیل. کسیکه در یکی از دو رژیم در قتل و غارت دست داشته؛ چرا اکنون منزه شده؟ بیداری وجدان بوده؛ طرد از حاکمیت بوده؛ مبارزه و زندان بوده؟
آمرزش. پیشینه فرد تا چند سال قبل باید بررسی شود؟ چه کسی این را بررسی می کند؟ اگر در قتل و غارت شرکت داشته؛ چگونه می تواند با انتقاد از خود و گذشته خود طلب مغفرت کرده؛ از چه کسی باید عذر بخواهد؟ آیا تنها گفتار کافیست یا پندار و کردار او باید محک زده شوند؟ اعتقادات فرد به ماورای طبیعت/ تقاص اخروی، آینده مردم، سیاست در جامعه چگونه باید باشند؟

پرسنده. آیا فرد باید هرسال طلب مغفرت را تکرار کند تا نوآمدگان به اپوزیسیون، همه آنرا ببینند؟ هر کس خواست محتوای آنرا بخواند. صداقت و شفافیت او را چگونه می توان محک زد؟ چه کسی صداقت او را تضمین می کند؟ آیا در آرشیوی سند مغفرت باید نگهداری شود تا در دسترس دیگران قرار گیرد؟ آیا طلب مغفرت آیینی ایرانی، اسلامی، خاورمیانه ای است یا جهانی، غربی، تاریخی؟
مفاد انتقاد. آیا متن انتقاد از خود را کسی/ گروهی نوشته است؟ مفاد این متن چه نکاتی را دربر دارد؟ مثلا مک نامارا 2009-1916 وزیر دفاع آمریکای دهه 60م، در کتاب عطف بماسبق/ خاطرات، 20 سال بعد از شکست آمریکا در ویتنام، می نویسد جنگ ویتنام " خطابود، خطایی وحشتناک." یعنی قتل 4.5 میلیون بومی و 57 هزار سرباز مهاجم یک "خطا" توسط حاکمیت آمریکا قلمداد می شود. همین؛ مرگ میلیونها انسان، ویرانی ساختارهای مدنی، تخریب محیط زیستی. خب، آیا این نیم-جمله را می توان انتقاد از خود یا حاکمیت دانست؟ تازه اگر آنرا انتقاد از خود ندانسته، چه بدیل دیگری وجود دارد؟

محکمه . افشای اتهام ، بررسی اسناد ، عرضه شاهدان ، طبقه بندی جرم را- چه ارگانی ، مثلا بین المللی ، ملی یا ان جی او- راه می اندازد؟ آیا در دادگاه عذر خواهی متهم برای عفو در عقوبت ، ابطال بزه ، بخشودگی کافیست؟ تا ثابت کردن جرم در دادگاه ، اپوزیسیون چگونه می تواند حکمی دال بر بیگناهی او بدهد؟ اصولا در زندان ، حقوق مدنی فرد خاطی محدود می شود . ولی پس از اجرای حکم تعزیری ، فرد دارای حقوق مدنی است . چه بسا در سیاست هم ، مثلا رای دادن ، شرکت می کند . بقول مندلا ، در جهان سوم ، رهبر از زندان به حاکمیت وارد می شود .

اپوزیسیون . در جنبش سیاسی فعلی- آیا می توان مخالفان خود را تحمل کرد؟ به آنها احترام گذاشت؟ با آنها کار حرفه ای یا سیاسی کرد؟ در گرفتاریهای آنها کمک رسانی کرد؟ آیا می توان با اعضای حاکمیت ، کارکنان دولتی ، هنرمندان رسانه های دولتی ، علمای اعظام ، آخوندهای حوزوی،زندانبانان ، بازجوها ، شکنجه گران ، هتاکان ، لباس شخصیهای چاقوکش ، استادان دانشگاهها ، نیروهای نظامی- امنیتی ، دلالان تجاری و بانکی ، ارباب رسانه ها ، وکلای مجلس ، قضات شیعی ، اعضای شوراهای 3-گانه هرم قدرت سیاسی ، امیران سپاهی ، وزیران و سفیران دولت حاکم مراوده مدنی داشت؟ مثلا افرادی که در لیست تحریم دول غربی قرار دارند حقوق شهروندی هم دارایند. اگر همه در یک نظام سرمایه داری با همین چشم انداز آتی فعالیت دارند- آن چیست که موجب عدم رعایت رسوم مدنی می شود؟ شاید وجدان اجتماعی ، قانونمداری ، و خردگرایی پاسخهایی باشند. البته مسئولیت جنایت و دزدی در نظام بورژوایی تا پایان حیات مجرم ، او را تحت تعقیب وجدانی ، اجتماعی ، قضایی قرار خواهد داد.

در مقطع انقلاب 57 ، نظرات گوناگونی در باره رژیم جمهوری آتی در میان روشنفکران وجود داشت: سوسیالیستی ، دمکراتیک ، دمکراتیک خلق/ توده ای ، اسلامی. از اینرو جناحهای مخالف اپوزیسیون لزومی بر دوستی بیرون از جبهه ضد دیکتاتوری با هم نمی دیدند؛ زیرا هر یک ، نوع حکومت آتی متفاوتی را تصور می کردند. تازه وضع انقلابی در جامعه سریع تغییر می کند؛ مانند مبارزه پارلمانی و حزبی طولانی نیست. در وضع انقلابی نیروهای انقلابی نوعی جبهه میدانی و عملیاتی بداهه گر در مقابل دشمن دارند. آنها وقت تعامل ، اقناعگری ، و جدل سیاسی رسانه ای از بالا را ندارند.

برای پاسخ به پرسشهای بالا باید سه مقوله را واشکافی کرد. 1- خود پرسنده ، همکاران آشکار و پنهان او چه کسان حقیقی یا حقوقی اند؟ گذشته ، فعالیت فعلی ، برنامه آینده آنها چیست؟ داوری نتیجه شناخت اکتسابی و شخصیت ذاتی فرد

است. 2- همین پرسشها برای طرف مقابل، یعنی متهم، نیز مطرح اند. 3- هدف از مشارکت و تعامل را باید روشن کرد. کسی که داوری می کند باید تخصص دانشی، سابقه سیاسی، عدم سوء پیشینه، زندگی مالی شفاف، ورقه صحت روحی در ملاء عام داشته باشد.

هر 2 رژیم قبلی و فعلی مخالفان خود را متقاعد به عافیتجویی، ترک وجدان اجتماعی، بفکر خود بودن وا داشته و وا می دارد؛ در غیر این صورت آنهارا شکنجه، زندان، اعدام میکرد و می کند. کادرهای بفهم مهم امنیتی در رژیم گذشته از اپوزیسیون، بویژه چپ، یارگیری می شدند. زیرا علوم سیاسی دانشگاههای ایران پس از کودتای 28 مرداد فرمالیته و عقیم بودند. در رژیم فعلی توبه و ترک اعتقادات قبلی هم به روند حصر زندانی افزوده شده اند. در دادگاه بورژوایی مدرن استغفار و توبه ربطی به دادگاه ندارد. چه بسا مجرمانی که در زندان بسوی نظرات مخالف قبلی خود در غور فردی رسیده؛ به انسانی دیگر استحاله می کنند. یک نمونه ملکم ایکس، یکی از رهبران آزاده سیاهان دهه 60م، بود. اقلیتی برسر موضع خود می ایستند. مردم و تاریخ به گفتار مصلح اجتماعی کمتر از شجاعت و کردار او اهمیت می دهند. گفتار تابع بسیاری شرایط موضعی و محلی است؛ تا مرحله عوامفریبی و زبانبازی می رسد؛ولی کردار و شجاعت جهانی و ماناست. این دو ناشی از شخصیت فرد اند؛ نه زبانبازی که شاید از روی عوامفریبی و منافع فردی باشد.

تعامل با مخالفان سیاسی

تمام اصلهای حقوق بشر را خواندم
و جای یک اصل را خالی یافتم، اصل دیگری را به آن افزودم
عزیز من، اصل سی و یکم:
هر انسانی حق دارد هر کسی را که می خواهد دوست داشته
باشد. نرودا 1904-1973.
در این خاک در این خاک در این مزرعه پاک/ به جز مهر به
جز عشق دگر تخم نکاریم. مولانا 1207-1273م.

در کتیبه در فوق 2 برش ادبی، سیاسی، عرفانی از جهان
هزاره گذشته آمده اند. همه آنها در جهت عشق، تعامل،
اغماض، انسانگرایی می باشند. این جهت تعامل با دشمن،
مخالف تقاص قبیلوی و قهر انقلابی پیشامدرن می باشد. این
مقاله بیشتر برای اندیشیدن، پرسش، مکاشفه می باشد. برخی
اخگرهای جهان سیاسی، عرفانی، ادبی گذشته در جهت خط
میانه سیاسی اند. خط میانه، در برابر خط راست محافظه کا
و خط چپ انقلابی، خواهان عدم اعدام، حقیقت یابی، گذشت،
ساختن آینده شکوفان، عدم تقاص از گذشته تلخ می باشد.

"چشم در مقابل چشم و دندان در مقابل دندان"مکافات برای
جرم آمده- در منشور حمورآبی، انجیل عهد قدیم/ تورات -
5:38 متی. عین برابر عین עין חחת עין، فرمول 2هزارسال
پیش یهوه کشور را نابینا و معلول خواهد کرد؛ در عین حال
متناقض با 10فرمان موسی شامل "تو نباید بکشی" می باشد.
اغماض در انسان از هزاره های دور بوده؛ عیسی در انجیل
39 :5 متی گفت: اگر کسی گونه ی راست ترا سیلی زد، گونه ی
دیگر را نشان بده. چون هابیل به قابیل گفت: اگر دستت را
به من دراز کنی تا مرا بکشی، من دستم را به سویت دراز
نمی‌کنم تا تو را بکشم. سوره‌ی مائده؟

در قرون وسطا رای، انتخاب، رسانه ارتباط بین حاکمیت و
مردم وجود نداشت. با ادبیات و عرفان کمی اغماض با تاخیر
به مردم می رسید. در شرق سده 20 با پیدایش مدرنیته،
انتخابات، قانون- عرفان و ادبیات تغزلی در سیاست خط
میانه تبلور یافتند. چند شخصیت ادبی، سیاسی در ترابری
این خط تعامل با دشمن آورده می شوند. اصلاحات برای تعالی
جامعه کم هزینه تر از انقلاب است. بخشی از اصلاحات
ادبیات، عرفان، انساندوستی است.

در جنبش سیاسی فعلی- آیا می توان مخالفان خود را تحمل
کرد؟ به آنها احترام گذاشت؟ با آنها کار حرفه ای یا
سیاسی کرد؟ در گرفتاریهای آنها کمک رسانی کرد؟ چرخه
انتقام سیری ناپذیر است؛ قاتلان آزادگان پس از 28 مرداد

در بهمن ۵۷ اعدام شده؛ قاتلان بهمن ۵۷ در تاریخی دیگر بدار زده شوند؛ آن قاتلان آتی در تاریخی بعدتر اعدام شوند- تا کی این چرخه مرگ باید ادامه یابد؟ جین شارپ متولد ۱۹۲۸، هوادار عدم خشونت، نشان داد: در بررسی ۱۱۰ سال گذشته جهان، ۵۳٪ جنبشها به دمکراسی رسیده اند اگر خشونت پرهیز بوده باشند؛ ولی فقط نیمی یعنی ۲۶٪ به دمکراسی می رسند اگر باخشونت باشند. نمونه اول هند، نمونه دوم روسیه.

آیا می توان با اینها مراوده مدنی داشت؟ اعضای حاکمیت، کارکنان دولتی، مداحان، هنرمندان رسانه های دولتی، جلدان، علمای اعظام، زندانبانان، مدیران کلان، بازجوها، شکنجه گرها، لباس شخصیها، چاقوکشها، آخوندهای حوزوی، استادان دانشگاهی، نیروهای نظامی- امنیتی، دلالان تجاری، اختلاسگران بانکی، خارج کنندگان ارز مردم، ارباب رسانه ها، وکلای مجلس، قضات شیعی، اعضای شوراهای ۳گانه نگهبان- خبرگان بیت رهبری-تشخیص مصلحت هرم قدرت سیاسی، امیران سپاهی، وزیران و سفیران دولت حاکم.

در پاسخ باید کمیت این نیروها و مشابهت بافت سیاسی ایران با کشورهای همسایه مانند جمهوریهای ترکیه، عراق، ترکمنستان، آذربایجان شیعه سکولار، اسلامی افغانستان، اسلامی پاکستان را در نظر گرفت. راس دولت صاحب بودجه و خیل شاغلان دولتی امکان تنفس سیاسی به دیگران نمی دهد.

چشم انداز آتی همه در نظام سرمایه داری رانتیر کدام است؟ چیست که موجب عدم رعایت قوانین مدنی می شود؟ مثلا افرادی که در لیست تحریم دول غربی قرار دارند حقوق شهروندی هم دارایند. شاید وجدان انسانی، قانونمداری، خردگرایی، حقیقتجویی پاسخهایی می باشند. البته مسئولیت جنایت و دزدی در نظام بورژوایی تا پایان حیات مجرم، او را تحت تعقیب وجدانی، اجتماعی، قضایی قرار خواهد داد.

در مقطع انقلاب ۵۷، نظرات گوناگونی در باره رژیم جمهوری آتی در میان روشنفکران وجود داشت: شورایی، اسلامی، سوسیالیستی، دمکراتیک، دمکراتیک خلق/ توده ای. از اینرو جناحهای مخالف اپوزیسیون لزومی بر دوستی بیرون از جبهه ضد دیکتاتور- ضد امپریالیزم با هم نمی دیدند؛ زیرا هر یک، نوع حکومت آتی متفاوتی را تصور می کرد. ولی اکنون لازمه دمکراسی تحمل اقلیتها، از جمله اقلیت حاکمیت است. آنها یک بلوک ۱۵٪ در مجلس خواهند داشت. چگونه اصولگرایان، انحصارگرایان، اعتدالگرایان، اصلاحات گرایان با طیف ۷خط سکولار چپ تا راست می توانند تعامل کنند؟

در وضع انقلابی نیروهای انقلابی نوعی جبهه میدانی و عملیاتی بداهه ای در مقابل دشمن دارند. آنها وقت تعامل، اقناعگری، جدل سیاسی رسانه ای از بالا را ندارند. تازه وضع انقلابی در جامعه سریع تغییر می کند؛ مانند مبارزه پارلمانی و حزبی طولانی نیست. در خاور میانه عامل استعمار همیشه در کمین برای منافع خود، با لایه هایی از حاکمیت و اپوزیسیون مراوده دارد.

هر ۲ رژیم قبلی و فعلی مخالفان خود را متقاعد به عافیتجویی، ترک وجدان و انسانیت، بفکر خود بودن- وا داشته و وا می دارد؛ در غیر این صورت آنها را شکنجه، زندان، اعدام میکرد و می کند. کادرهای بفهم مهم امنیتی در رژیم گذشته از اپوزیسیون، بویژه چپ، یارگیری می شدند. زیرا علوم سیاسی دانشگاههای ایران پس از کودتای ۲۸ مرداد فرمالیته و عقیم بودند. در رژیم فعلی توبه و ترک اعتقادات قبلی هم به روند آزار زندانی افزوده شده اند. در دادگاه بورژوایی مدرن استغفار و توبه ربطی به دادگاه ندارد.

چه بسا مجرمانی در غور فردی در زندان بضد نظرات قبلی خود رسیده؛ به انسانی دیگر استحاله می کنند. یک نمونه ملکم ایکس، یکی از رهبران آزاده سیاهان دهه ۶۰م، بود. او نخست یک طرار خیابانی بود؛ در زندان با مطالعه و غور به آزاده تبدیل شد. اقلیتی برسر موضع خود می ایستند. مردم و تاریخ به گفتار مصلح اجتماعی کمتر از شجاعت و کردار او اهمیت می دهند. گفتار تابع بسیاری از شرایط موضعی و محلی است؛ تا مرحله عوامفریبی و زبانبازی می رسد؛ ولی کردار و شجاعت جهانی و ماناست. این دو ناشی از شخصیت فرد اند؛ نه زبانبازی که شاید بخاطر فرصت طلبی، عوامفریبی و منافع فردی باشد.

عام. در جامعه گذاری- طبقات، اقشار، افراد در یک بازه زمانی خط سیاسی عوض کرده، با ریزش از جایگاه اجتماعی خود به مخالفان قبلی خود پیوسته؛ با آنها جبهه واحد می سازند. در این ترافیک ۲سویه تفکر و رفتار، برخی دولتمردان از حاکمیت جداشده؛ یا از اپوزیسیون به حاکمیت می پیوندند. در دمکراسی سابقه دار این تغییر موضع طبیعی است. در جامعه گذاری یا قبیلوی تغییر موضع برچسب نامردانه، از ضعف، مذذب، مزاج متلون می خورد.

در دمکراسی تعامل با مخالفان از راه مبارزات حزبی، انتخابات کشوری برای مدیریت جامعه- توافق اکثریت و اقلیت در مجلس انجام می شود. در دولتهای پیشامدرن این تعامل یک اشکال عمده دارد: قتل معترضان سیاسی بوسیله حاکمیت قانونگریز فردی یا جناحی. در این جوامع بازنده

انتخابات گاهی زندانی شده؛ استبداد فردی یا جناحی بر اکثریت چند خطی اپوزیسیون چند دهه با خشونت و فساد حکومت می کند.

فرد در حاکمیت. وقتی افرادی از حاکمیت میبُرند؛ شرایط پذیریش این افراد در اپوزیسیون کدامند؟ برای پذیرش آنها، تا چه اندازه در گذشته اشان باید کنجکاو بود؟ چه مقام و منزلتی آنها در حاکمیت گذشته یا فعلی داشته اند؟ آیا در قتل و غارت در یکی از دو رژیم دست داشته اند؟

برای پاسخ به پرسشهای- منتقد کیست و مفاد انتقاد کدامند- باید سه مقوله را واشکافی کرد. ۱- خود پرسنده، همکاران آشکار و پنهان او چه کسان حقیقی یا حقوقی اند؟ گذشته، فعالیت فعلی، برنامه آینده آنها چیست؟ داوری نتیجه شناخت اکتسابی و شخصیت ذاتی فرد است. ۲- همین پرسشها برای طرف مقابل، یعنی متهم، نیز مطرح اند. ۳- هدف از مشارکت و تعامل را باید روشن کرد. کسی که داوری می کند باید تخصص دانشی، سابقه سیاسی، عدم سوء پیشینه، زندگی مالی شفاف، ورقه صحت روحی در ملاء عام داشته باشد.

فرد منقد. کسی که از حاکمیت می برد؛ از آزمایش در قدرت بودن فارغ شده؛ با کسی که در حاکمیت نبوده و انتقاد می کند فرق دارد. چگونه می توان به ایقان در مورد پیشینه افراد، بدون دسترسی به اسناد دولتی، رسید؟ کسی که این پرسش را دارد پیشینه خود او چیست؟ آیا او کاره ای بوده؛ مبارزه ای کرده، زندان رفته؟ آیا صحت گفتار منقد در ادعای او، بدون مسند قدرت و عمل مبارزاتی، احیانا یافتن تضاد بین حرف کنونی و عمل گذشته کسی که از حاکمیت بریده- دلیل می باشد؟

پرسنده. آیا فرد باید هرسال طلب مغفرت را تکرار کند تا نوآمدگان به اپوزیسیون، همه آنرا ببینند؟ هر کس خواست محتوای آنرا بخواند. چگونه صداقت و شفافیت او را می توان محک زد؟ چه کسی صداقت او را تضمین می کند؟ آیا سند مغفرت در آرشیوی بر سروری در اینترنت باید نگهداری شود تا در دسترس دیگران قرار گیرد؟ آیا طلب مغفرت آیینی ایرانی، اسلامی، خاورمیانه ای است یا جهانی، غربی، تاریخی؟ آیا یک نمونه مشخص از فردی با گذشته بد، ولی با معذرت کنونی، در اپوزیسیون پذیرفته شده؟

تبیین تضاد گفتار و کردار یک مغالطه است. چه تضمینی برای درستکاری این پرسنده در مقام قدرت آتی وجود دارد؟ زیرا در دو حاکمیت قبلی و فعلی، در حاشیه بودن انفعالی و مبارزه نکردن، ملاک درستی برای عمل فرد نیست. در موضع

قدرت است که بیقانونی فرد قادر، بروز کرده، قابل محک زدن می شود.

انتقاد ازخود. آیا سابقه سیاسی در حاکمیت منقد با نقد گذشته خود صادقانه است؟ اصولا انتقاد از گذشته خود چه معنی میدهد؟ آیا مثلا بمعنی از پولهای دزدی خود یا پدر صرفنظر کردن است؟ یا کمک مالی به خانواده زندانیان و پناهندگان سیاسی است؟ یا فقط حرف زدن و مصاحبه های رسانه ای کردن است؟ آیا در دو نظام گذشته و فعلی، او مورد ستم واقع شده؟ آیا او در خارج از کشور منزه بودن خود را حفظ کرده؛ یا هنوز با پولشوییهای غیرقانونی خود و تماس با مراکز اطلاعاتی اجنبی، در حرف مخالف رژیم است؟ بیرون از گود بمعنی خارج از حاکمیت و گاهی زندگی در خارج است.

مفاد انتقاد. آیا متن انتقاد از خود را کسی/ گروهی نوشته است؟ مفاد این متن چه نکاتی را دربر دارد؟ مثلا مک نامارا 1916-2009 وزیر دفاع آمریکای دهه 60م در کتاب عطف بماسبق/ خاطرات، 20 سال بعد از شکست آمریکا در ویتنام، می نویسد جنگ ویتنام "خطابود، خطایی وحشتناک." یعنی قتل 4.5 میلیون بومی و 57 هزار سرباز مهاجم یک "خطا" توسط حاکمیت آمریکا قلمداد می شود. همین؛ مرگ میلیونها انسان، ویرانی ساختارهای مدنی، تخریب محیط زیستی- ابراز نمی شود. خب، آیا این نیم-جمله را می توان انتقاد از خود یا حاکمیت دانست؟ تازه اگر آنرا انتقاد از خود ندانسته، چه بدیل دیگری وجود دارد؟

دلیل. کسیکه در یکی از دو رژیم در قتل و غارت دست داشته؛ چرا اکنون منزه شده؟ بیداری وجدان، بلوغ انسانیت، حقیقتگویی بوده؛ طرد از حاکمیت بوده؛ مبارزه و زندان بوده؟ آیا اختلاف منافع و سیاست بوده؟

محکمه. افشای اتهام، بررسی اسناد، عرضه شاهدان، طبقه بندی جرم را- چه ارگانی، مثلا بین المللی مانند حقوق بشر سازمان ملل، ملی مانند شورای سازمانهای برونمرزی یا ان جی او مانند عفو بین الملل- راه می اندازد؟ آیا در دادگاه عذر خواهی متهم برای عفو در عقوبت، ابطال بزه، بخشودگی کافیست؟ تا ثابت کردن جرم در دادگاه، اپوزیسیون چگونه می تواند حکمی دال بر بیگناهی او بدهد؟ اصولا در زندان، حقوق مدنی فرد خاطی محدود می شود. ولی پس از اجرای حکم تعزیری، فرد دارای حقوق مدنی است. چه بسا در سیاست هم، مثلا رای دادن، شرکت می کند. بقول مندلا، در جهان سوم، رهبر از زندان به حاکمیت وارد می شود.

آمرزش. تا چند سال قبل پیشینه فرد باید بررسی شود؟ چه کسی این را بررسی می کند؟ اگر در قتل و غارت شرکت داشته؛ چگونه می تواند با انتقاد از خود و گذشته خود طلب مغفرت کرده؛ از چه کسی باید عذر بخواهد؟ مثلا از خانواده شهیدان و زندانیان سیاسی؟ آیا باید خسارت به بازماندگان از جیب خاطی یا خزانه دولت داده شود؟ آیا تنها گفتار کافی ست یا پندار و کردار او باید محک زده شوند؟ اعتقادات فرد به ماورای طبیعت/ تقاص اخروی، آینده مردم، سیاست در جامعه چگونه باید باشند؟ چگونه تخطی از قانون دنبال می شود؟

اپوزیسیون. اصولا اپوزیسیون گاردن پارتی نیست که برای ورود به صاحب آن بلیت ارائه شود. کردار فرد در مبارزه اجتماعی است که نیروهای سیاسی را بسوی او رهنمون می کند نه گفتار انتقاد از خود. حتی آثار کلامی او اگر منجر به جذب نیروی اجتماعی نشود؛ بصرف نقد از سازمان تنها در سطح داوری سلیقه ای فرد ثالث بوده؛ یک اثر تاریخی است. نمونه های نقد در چپ سده 20 م آثار دکتر اپریم و شعاعیان اند که نیروی سیاسی جذب نکرده؛ تنها مبین شهامت یا سلیقه فردی سیاسی آنهایند.

منابع. 2014/04/17

Chenoweth, E. & Stephan, M. J. 2011. Why civil resistance works: The strategic logic of nonviolent conflict. New York: Columbia University Press.

افسردگی و سیاست

مقدمه . سلامتی 3 وجه دارد: جسمی، روحی، فکری که بر صحت مزاجی اثر می گذارند. جسمی شامل اختلال عضو، حمله ویروسی/ باکتری، سانحه می شود. دفاع بدن عمدتا ارثی است که شامل تقابل درونی با اختلالات روحی و فکری هم می شود. از اینرو باید از حاکمیت وراثتی پرهیز کرد؛ رهبری مدرن باید ادواری، انتخابی، تخصصی باشد. نیز باید مطابق قوانین کشورهای مدرن مدارک مالی، پزشگی، کیفری گذشته فردی که میخواهد رهبر سیاسی بشود در رسانه ها رو شوند؛ تا رای دهندگان آنها را بررسی و مداقه کنند. این گونه رهبر مسئول پاسخگویی قانونی به اتهامات مالی و جنایی گذشته خود است. او بحران شخصی، اجتماعی، سیاسی را نباید با ساده گویی نتیجه عوامل بیرونی، صوری، اعتقادی، توطئه ای قلمداد و تبلیغ کرد. او به عوامل درونی بخاطر ساده نگری و عدم تخصص مشعر نیست. قتل نفس- چه دکتر ارانی و اسعد بختیار در زندان قصر و همبندان جزنی در اوین باشد چه اعدام 4 هزار جوان محبوس سیاسی و 200 قتل زنجیره ای باشد- در جهان مدرن قبیح بوده؛ تعقیب دادگاهی آمران بدون شمول مرور زمان دارد. واضح است که در جامعه، اقلیتی دارای وجدان اجتماعی اند؛ از تضیع حقوق فرودستان، عدم عدالت اجتماعی، فقر و بینوایی محرومان، بیوجدانی قدرتمندان، اجحاف زورگویان، تزویر و کتمان حقیقت مبلغان رسمی رنج می برند.

مسئله . یکی از اختلالات روحی افسردگی است. ده درصد جمعیت نوجوان و پیر در آمریکا از افسردگی خفیف و حاد رنج می برند. علل این مرض روحی ترشحات ناموزون مغزی یا عدم کنترل مشعر بر فکرهای ویرشی/ وسواسی اند. مریض کنترلی بر روحیه خود ندارد. داروهایی مانند پکسیل، پروزک، زولوفت و مسکنهایی مانند والیوم برای برخی مفیدند. بهرجهت از دید مریض روحی با افسردگی یا اضطراب شدید و مزمن، در مرحله طولانی در یک لحظه دنیا واقعا به آخر می رسد. او تمرکز بر تسلسل تک فکری قتل نفس را که در روزهای گذشته در ذهن بیمار خود بارها مرور کرده؛ در یک لحظه بحرانی به مرحله اجرا در میآورد. ولی بقول زرتشت پندار، گفتار، رفتار او با این مرکزیت فکر نابودی خود برای پایان دادن به الم روحی برای خانواده رویت پذیراند.

مریض. اگر محیط تاثیر این حمله به مریض را خنثی نکند؛ مریض از پای در می آید. در دینای امروزی با انفجار اطلاعات رسانه های دیجیتال، مریض در باره گذشته خود و

خانواده اش پیگیری مطالعاتی می کند. نظرات مخالف را می خواند و می شنود. این اطلاعات گاهی او را جدیتر در تصمیم به خاتمه حیات بخاطر اجحافات گذشته می کند. صادق هدایت، ویرجینیا وولف، سیلویا پلاث و دهها نام دیگر موارد مستند خودکشی میانسالی در تاریخ هنر و ادبیات اند. مرگ مرلین مونرو، آننا نیکول اسمیث، مایکل جاکسون نمونه های افراط در مسکنها و عدم توان تن مریض در هضم این دواهایند که منجر به مرگش می شود. برای بازماندگان فردی که خود را کشته احساس گناه، تقصیر، ناامیدی لحظه ای، افسردگی، غم عارض می شود که گاهی خود منجر به خودکشی دیگر در حلقه آشنایان می شود. در همه ادیان و جوامع خودکشی تابو بوده؛ تقبیح می‌شود.

مسئولیت. محیط فرد شامل خانواده، دوستان، جامعه می شود. فرد افسرده باید در محیط خانوادگی با مداوایش توسط تیم روانشناس، قرار گیرد تا علایم خودکشی او را از پیش خوانده شوند. نه اینکه او را بامان خدا رها کرد. خانواده باید مریض را بپآید؛ افسردگی او را معالجه کند تا بمرحله انتحار نرسد. خانواده نمی تواند از خود سلب مسئولیت کند؛ وقتی 2 فرزندش، خود را در تنهایی می کشند. این نارسایی در تیمار بیمار در خانوده ثروتمند، در تقابل با خانوارهای میانحال و فقیر، بسیار رایج است. ثروتمندان اعضای مریض خود را- بویژه در برزخ صحت و مریضی پرستاری نمی کنند؛ آنها را با پول ول می کنند. در این برزخ بیمار غالبا ظاهری سالم دارد ولی هر روز در معرض حمله روحی است. این رها کردن مریض بامان خدا را بوفور در هالیوود بورلی هیلز، رسانه ها بخاطر خبرسازی مستند می کنند. ثروتمندان به فرودستان بهنگام بیماری در جامعه امروزی هم رحم نمی کنند. در کنگره جمهوریخواه غالب آمریکا، ژانویه 2011، راس برنامه سیاسی جنبش چایخوری طبقه مرفه، الغای بیمه پزشگی شبه-عمومی اوباما است.

بحران. افسردگی در نوجوانی و میانسالی بنام بحران بلوغ و وسط-عمر حاد می شود. اگر حریم شخصی مریض در خلاء مهر و دانش خانوادگی باشد؛ مریض تنها، به خودکشی دست می برد. اخوی فرد خودکشی کرده در اعلانیه اول اصول اعتقادی سیاسی خود به دولت یعنی عامل بیرونی را علت خودکشی آورد؛ ولی این موضع را بعد با روخوانی از یک نوشته درجلوی خود در رسانه های غربی بدین گونه تصحیح کرد: افسردگی ارثی و شخصی یعنی عامل درونی را علت خودکشی اعلان نمود. پرسش در این است که چرا او و مادر مرحوم در باره افسردگی فرد انتحاری چیزی نمی دانستند. اگر دانش ایشان در باره مردم ایران هم، این اندازه باشد که بهتر است بیشتر در انجمن ایرانیان و سفر به کشورهای خاور میانه شرکت کرده تا اطلاعات بهتر در باره مردم بدست آورند. مثلا صندوق پول

برونمرزی برای کمک به خانواده زندانیان درون درست کنند؛ تا هم خود هم دیگران باین صندوق کمک خیره ای کنند.

قتل خود می تواند موفق یا ناموفق باشد که دومی فراموش می شود. تاریخ نمونه های فراوانی از خودکشی افراد دارای قدرت، منزلت، ثروت، فرهنگ را ضبط کرده است. روشن است که انتحار عوام در حافظه خانوادگی می ماند؛ در تاریخ بنام آنها ثبت نمی شود. بابایی از دبیرستان شرف در دهه 40، احمد رنجبران در اراک با تریاک پس از کودتای تابستانی بخاطرم می آیند. در اسطوره و تاریخ آنتیگون، امپدوکلس- فیلسوف یونانی، دی زین قدرتمند چینی، نرو، هانیبال خودکشی کردند. در هنر و ادبیات شهرگان معدود زیر خودکشی کردند: رینالدو آرناس- شاعر کوبایی، والتر بنیامین- فیلسوف آلمانی، اشتفان تسوایک- نویسنده اتریشی، استیگ داگرمن- نویسنده سوئدی، در فرانسه ژیل دلوز- فیلسوف، ژرار دو نروال- شاعر؛ در روسیه یسه نین و ولادیمیر مایاکوفسکی- شاعر، ویرجینیا وولف- نویسنده انگلیسی، ایوانا برلیچ ماژورانیچ- نویسنده کروات، در آمریکا ارنست همینگوی- نویسنده، سیلویا پلات، جک لندن، فاستر والاس- نویسنده؛ ونسان ونگوگ- نقاش هلندی، آرتور کستلر، کلایست، توخولسکی، کلاوس مان، سلان.

در ایران - چه درون چه در غربت- بیکسی، روانپریشی مزمن، عسرت، پیری، بیماری فرد را به بنبست حیاتی کشیده؛ لیست طولانی است: جهانگیر جلیلی، رضا کمال شهرزاد، صادق هدایت، دکتر حسن هنرمندی، اسلام کاظمیه، مجتبی میر میران- عراق، ژاله/ مرضیه پ- پاریس، فدایی خلیل رحمتی، دکتر ناصر یگانه، غزاله علیزاده- دهه هفتاد، شاعر مبارز منصور خاکسار 1388، منصور خوشخبری، نیوشا فرهی، فدایی مریم /فرشته بزچلو، حسین جامعی- انگلیس، منصور خوش خبری، کامران فرمانده.

علل. در سده 20 نظریات غریزه مرگ و زندگی فروید و خصایل شخصیتی خودخواهانه، ایثارگرایانه، نابهنجارانه، تقدیری دورکهایم برای توضیح خودکشی بکار میرفتند. اکنون باید عوامل ارثی و درونی مبنی بر روانپریشی فرد و عدم اعتنا به تیمار او در خانواده و جامعه را به آنها افزود. پندار، گفتار، کردار فرد سیگنالهایی مبنی بر فکر مرکزی مرگ برای انسانهای پیرامونش بروز می دهند. مثلا آثار 9 نویسنده آمریکایی، روسی، انگلیسی که خود را کشتند بررسی شده اند. این پژوهش با کمک رایانه های دیجیتال نتایج زیر را آشکار می کند: 1- شخصیتهای خودشیفته و جدا از دیگران با کاربرد فراوان ضمایر شخصی من، بمن، مرا، مال من در آثارشان، بخودکشی نزدیکترند. گاهی خودپسندی منجر به خودکشی می شود. 2- در آثار نزدیک به مرگ نویسنده

بسآمد/ تکرار این ضمایر بیشتر می شود. این حاکی از انزوانشینی در این بازه زمانی زندگی قبل از مرگ نویسنده است. 3- واژه های دربرگیرنده معنای تلویحی جنسی و القای فعل باه در آثار این بازه زمانی افزون می شوند.

داوری. آدم سالم در قضاوت در باره فرد انتحاری، شرایط مریضی روحی او را از نظر دور میدارد. البته روانشناس در باره مریض داوری نمی کند بلکه با دارو و جلسات بالینی برای شفای مریض می کوشد. در قضاوت باید ناتوانی فرد افسرده را در عدم توان صیانت نفس در نظر گرفت. لذا خانوده او مسئولیت وجدانی، نه قانونی، در قبال غفلت در امور حیاتی مریض روحی دارد. چرا برادر و مادر، عضو مریض خانواده خود را بامان خدا می سپرند؟ این کنش اعضای خانواده یا از عدم آگاهی است یا از شخصیت خودشیفتگی که وقت صدها کار تبلیغی و رسانه ای دارند ولی وقت تیمار بیمار را ندارند. لذا ترک خانوده، عدم ملاحظه، نبود مراقبت در لحظه بحرانی و عود ترشحات مغزی بیمار را بسوی انتحار سوق می دهد. اگر بیمار در مهر محیط خانوادگی قرار داشت این گرایش به مرگ در او تقلیل یا تعویق می یآفت؛ به آستانه عمل نمی رسید.

آمار. خودکشی پدیده اجتماعی است؛ پس جدا از تراژدی برای خانواده، در جهان اندازه پذیر بوده؛ آماری در این باره تهیه می شود. این آمار امکان قیاسهای دوره ای نسبت به فازهای اجتماعی، مقوله ای بنا به ابزار و نوع خودکشی، تطبیقی برای مقایسه با دیگر کشورها را امکان پذیر می کنند: 1- تعداد خودکشی در مردها 2برابر زنها ست؛ ولی زنها 3 برابر مردها اقدام به انتحار می کنند. معمولا مرد سلاح گرم و زن قرص خواب آور بکار می برد. 2- در آمریکا هر نیم ساعت یک نفر دست به خودکشی می‌زند؛ در 2005 بیش از 32 هزار نفر خود را کشتند؛ در همان سال در 3 ایالت مونتانا، نوادا، آلاسکا بالاترین نرخ خودکشی نزدیک به 20 % بود. 3- در انگلستان شیر گاز، در اتریش به دار آویختن، در کشورهای اسکاندیناوی خوردن سم رایج تر است. 4- خودکشی‌ها در چکسلواکی، فنلاند و اتریش بیشینه اند. کمترین تعداد خودکشی در یونان و ایرلند است. 5- با رکود اقتصادی تعداد خودکشی بالا می‌رود؛ با رونق اقتصادی ثابت می‌ماند؛ در دوران جنگ کم می‌شود. 6- معتادین به دارو، الکل، مواد مخدر بیشتر از بقیه به خودکشی کشش دارند.

خانواده. در سده 20م امراض روحی قدرتمندان در غرب پستویی/ غیرشفاف بودند. یک نمونه: توماس ایگلتون، سیاستگر دهه 60 در ایالت میسوری آمریکا، پرونده مداوی روحی او با محتوای اختلال افسردگی حاد مانیک با عارضه گرایش به خودکشی به رسانه ها درز کرد. پشتیبانهای مالی

و لابی او را به عدم شرکت در انتخابات مجبور کردند. ولی بمرور این تابوی حرام شکسته و شفاف شده؛ مریض را تیمار و مداوا می کنند. وظیفه خانواده در روال شفای بیمار بسیار مهم است. باید بیمار را مد نظر قرار داد؛ نه او را بامان خدا سپرد. روشنفکران بخاطر وجدان و متخصصان بخاطر اتیک حرفه ای مسایل روحی را باید در رسانه های گروهی و شبکه وب جهانی باز کرده؛ علایم، انواع، تشخیص، مداوای آنها را در اختیار عموم و خانواده ها قرار دهند.

منابع. 2011/01/07

http://helpguide.org/mental/depression_signs_types_di
agnosis_treatment.htm

http://zamaaneh.com/literature/2010/03/post_578.html

خودکشی، علتها و پاسخ‌های ممکن -ناصر غیاثی.

http://news.gooya.com/politics/archives/2010/03/10222
9.php

خودکشی منصور خاکسار، همنشین بهار.

http://www.suicide.org/suicide-statistics.html

شخصیت استبدادی

خودکامگی در سطح روانشناسی، جامعه شناسی، سازمانی بررسی می شود. خودکامگی پایه روانشناختی فردی دارد. زیرا در شرایط اجتماعی یکسان، 2 مدل خودکامه و مردمگرا بسته به 2 شخصیت در رهبری سیاسی بروز می کنند. خودکامگی جنبه جامعه شناسی گروهی دارد. زیرا پیروان خودکامه در جامعه دلایل خود را دارند. خودکامگی جنبه سازمانی هم دارد. زیرا رابطه خودکامه با مردم از طریق تشکیلات دولتی است.

از اینرو خودکامگی در خطوط سیاسی راست، میانه، چپ در سده 20م بروز کرد. می توان دید که در هر مورد خودکامه رقیب را از میدان بدر می کند؛ با توطئه قوای 3گانه دولت را مادام العمر قبضه می کند. پس خودکامگی پایه روانی- شخصیتی فردی دارد؛ ربطی به خواستگاه طبقاتی و دیکتاتوری قشر اقلیت در قاب برخی قوانین گزینشی ندارد. توجه شود: هر خودکامه هواداران هم داشته که مقولات اکثریت، ادواری، انتخابی در جامعه مدرن را ندید می گیرند.

1- روانشناسی. پندار، گفتار، کردار خودکامه با غرایز، محرکات، اعمال زیر بروز می کنند: تحقیر اطرافیان، بروز خشم/ غیض، تهاجم، فساد، دستبرد به ثروت ملی، تهمت، تقاص، عدم کنترل پرخاش، تجاوز، سلطه گری، خشونت، عدم همدردی و دوستی به دیگران. خودکامه در سطح رهبری شخصیت خود را در لایه ای ای خوشظاهر می پوشاند؛ در خفا امر به زندان و شکنجه معترضان می کند.

لذا خودکامگی عریان را در اعمال ارگانهای سرکوب، شکنجه در زندانها، تهاجم نظامیان به صفوف تظاهرات مسالمت آمیز مردم می توان دید. وقتی بدنهای آش و لاش زندانیان سیاسی، اعدام دگراندیشان، کشتار دانشجویان بارها بوسیله تصاویر، ویدیو، اعترافات ناظران مستند می شوند.

خودکامه با حسابگری ماکیاولی به دیگران ارزش نگذاشته؛ گاهی افسردگی پیدا می کند. خودکامه به ظاهر، پوشاک با مدالهای الکی مانند دلقکهای سیرک، علاقه دارد. انگیزه قوی برای نائل آمدن به اهداف خود و نتیجه مورد نظرش دارد. چرخه قبضه قدرت خودکامه 3 مرحله آغاز با پندارهای انسانی بسلیقه خود، قدرتگیری همراه با قلع و قمع رقیبان و معترضان، سقوط همراه با دادگاهی شدن، تبعید، اعدام.

روانشناسی خودکامه این امکان را میدهد که در بررسی شخصیت او، برخی اختلالات روانی از نوع هراس/ پارانویا یا

افسردگی را هم رصد کرد. گاهی خودکامه می تواند اختلالات شخصیتی/ خُلقی هم داشته باشد. این اختلالارت در طول قدرت 3-2 دهه چگونه ظهور می کنند؟ شخصیت مستبد خودشیفتگی را هم نشان میدهد: کیش شخصیت، ستایش، غلو، تمثال و نام خود بر هر گذر، تشتک و تکمه/ مدال به کت خود آویزان کردن، تفرعن، خودستایی، غرور.

برخی صفات شخصیت اجتماعی خودکامه بقرار زیرند: اوهام قدرت ابدی، دروغگویی، سلطه مادام العمری، عدم وجدان، حمایت از خانوار خود بخرج دولت، وعده آینده جذاب، دشمن تراشی، سرکوب و تحقیر رقیبان، جذب چاپلوسان، عدم رعایت قانون، بداهه گویی، تقلب، ظلم، فساد، خودبزرگ بینی، خود-شیفتگی، خود برتری در بالا انگاشتن خود در هرم قدرت دائمی. تمام این صفات برای ملک سعودی، امیر طالبان، ولی فقیه، رییس جمهور عرفی آذربایجان نیز صدق می کنند.

2- جامعه شناسی. مطالعه محیط او کمک به دریافت خصایل اطرافیان و وجوه اشتراک خودکامگان در جهان می کند. در نظام خودکامه تبلیغ سیادت رهبر بمثابه تثبیت عدم تساوی حقوق اجتماعی یک اصل می باشد که بر تمام جامعه با قهر اعمال می شود. عامل اجتماعی هم در گزینش رهبر بوسیله مردم اثرگذار است. در یک مرحله آنارشی اجتماعی، مانند مرداد 32 یا بهمن 57، بخشی عمده از مردم بخاطر احساس امنیت با قوای قهری خودکامه همراه می شوند.

باید گفت حاکمیت مادام العمری و خودکامگی لازم و ملزوم اند. خودکامه در مرکز تار عنکبوت/ شبکه قدرت قرار دارد. در نظام او اوهام بداهه ای، چاپلوسی دوروبریها، حیف و میل دارایهای ملی، عدم کاردانی مدرن اقتصادی/ سیاسی- جلوی رقابت با همگنان را سد می کنند. این شبکه قدرت در بعث اسد سوریه و صدام عراق، نیروی امنیتی با کتاب سبز قذافی لیبی، امنیتیهای مبارک مصر، ساواک شاه ایران، قوای شرطه ملک سعودی، سرکوبگران خلیفه امارات - ماهیت واحد خودکامگی است.

مدام العمری یکی از صفات ثابت انواع حکومتهای خودکامه است. چرا در ولایت فقیه، ولی برای 4 سال انتخاب نمی شود؟ چرا باید مقام ولایت غیرادواری، غیرانتخابی، غیرتخصصی، نامسئول، مدام العمری، کنترلچی امور عمده حکومت باشد؟ چرا هزینه سالانه بیت در بودجه کشور داده نمی شود؟ درست مانند سلطنت مطلقه و جمهوریهای عرفی استبدادی. در حکومتهای ادواری ظهور خودکامه نادر است.

بخاطر بسط و تحکیم ارگانهای سرکوب دولتی، تشکیلات حزبی در خاور میانه علنی نبوده؛ فعالیت اجتماعی ندارند. لذا

رسانه های ماهواره ای، اینترنت، پیامک- انتظارات،
اطلاعات، ارتباط گیری مردم را ارتقاء می دهند. از اینرو،
بهار عربی بوسیله تشکیلات سنتی حزبی چون چپها و اخوان
المسلمین پدید نیآمد. بلکه بوسیله شبکه های مجازی
جوانان برای تجمع و مراوده متن/ تصویر برنامه ریزی شد.
این شبکه شامل توییتر، فیسبوک، سکایپ، یاهو مسنجر، تلفن
همراه می شود.

۳- دیدگاه سازمانی. برخی سازمانهای اجتماعی نقش مهمی در
خودکامگی دارند. در ارتش، مذهب، برخی احزاب-
اقتدارگرایی اصل و اساس است. در سازمانهای حزبی گاهی
باندبازی/ جناح بندی باعث می شود خودکامگی دوام یابد.
ولی در نهایت پس از چند دهه این سازمان فرو می پاشد.
نمونه بسیاری سازمانهای بعثی، پان-ملیتی، مائوییستی،
چپی طرفدار شوروی سابق - در یک روند چند دهه ای، بویژه
بخاطر مخفی کاری در تقابل با دشمن راست، فرو پاشیدند.

اصولا رهبر عصب پندار و گفتار است. عضله کردار او
ارگانهای مالی و قهری ند که منویات او را اجرا می کنند.
چون رهبر راس آپارات دولت قرار دارد؛ توان اجرایی یک
فرد رهبر، با کارکنان دولت چند میلیون برابر شده. البته
خودکامه در هرم قدرت سیاسی، هزاران فرد فرصت طلب برای
خوشرقصی، آماده دارد. کسانیکه دنبال خودکامه ها راه می
افتند یا چیزی گیرشان می آید یا فقر فرهنگی رابطه
ارباب-رعیتی داشته؛ از مفاد قانون و حقوق شهروندی
بیخبرند.

استبداد اینها را قلع و قمع می کند: ۱- اصلاحگرایان در
به روز کردن سنت برای روشنفکران دینی. ۲- اشاعه ماهواره
و اینترنت برای مردم. ۳- کمکهای نیروهای مترقی جهان
مانند عفو بین الملل، سازمان جهانی کار به کنشگران حقوق
بشری. ۴- ترویج فردیت در پندار، گفتار، کردار. دین رسمی
استبداد اقلیتی بوده؛ صور چندگانه دارد: نبود دادگاه
مدرن با وکیل مدافع و هییت منصفه، نبود رسانه های آزاد،
تضییع حقوق زنان و تمام اقلیتها، خشونت گشت ارشاد،
سانسور مطبوعات و هنر فیلم، نهی مشروبات و زیبایی،
کنترل سلیقه پوشاک و آمیزش.

اسطوره "سوارکار سفیدپوش" کنایه از استعاره خودکامه
اقتدارگراست. تشویش اجتماعی منشاء فاشیزم ایتالیا،
استالینیزم شوروی، نازیزم آلمان در سده ۲۰م بود. قهرمان
قدرتمند در بحران، کنترل سیاسی را در دست می گیرد.
هیتلر در دهه های ۲۰- ۳۰م دموکراسی ارمغان نیآورد؛ او
قدرت خودکامگی را در لوای غرور ملی، نظم و ثبات، سرکوب
مسببان خفت گذشته ظاهرسازی کرد. ولی دردهه ۴۰م بیکاری،

شکست، تورم، بحران سراسری را برای آلمان ببار آورد. همین سناریو را میلوسویچ در یوگسلاوی دهه 90م اجرا کرد.

در 1929 آمریکا با بحران، بیکاری، تورم دست به گریبان بود. ولی هنجار دموکراتیک را ول نکرده؛ دنبال رهبری خودکامه با وجود چند عوامفریب، نرفت. تئودور روزولت برنامه نو New Deal را به مردم ارائه داد؛ ورود 1941 آمریکا به جنگ، مردم را متحد کرد.

خودکامه در جامعه مدرن هم دارد. در یک آزمون، دانشجویان آمریکایی که طرفدار اقتدارگرایی بودند یک سرکرده ظاهری مانند ژنرال مک آرتور 1880-1964 را برای کاندیدایی ریاست جمهوری ترجیح دادند. یعنی کسانی که شخصیت اقتدارگرا دارند؛ یک شخصیت مقتدرنمای سیاسی، اجتماعی، دینی، شغلی را ترجیح می دهند که وظیفه را در 4چوب منضبط آمرانه تکلیف می کند.

البته این مورد آزمایشگاهی غیرواقعی است. زیرا در آمریکا هزینه انتخابات بوسیله لابیهای عمدتا از 1% اغنیا تامین می شود. اغنیا شامل ثروتمندان کلان، مدیران موسسات تجاری، صاحبان شرکتها می باشند. لذا ریاست جمهور عمدتا در جهت منافع آنها عمل می کند.

گاهی در بحران، عدم امنیت، خلاء سیاسی- نیاز کشور به رهبر قدرتمند هست؛ ولی نه برای همیشه با حرص مال شخصی و قتل مخالفان. پینوشه در 1973 شیلی نمونه دیکتاتوری ایست که خانواده او چندین میلیون دلار بجیب زدند؛ خودش هم متهم به فرمان قتل هزاران آزادیخواه بود.*

همه خودکامگان مذکر بوده؛ خواهان فرمانروایی مدام العمری، موروثی، عدم تعامل با رقیبان اند. آنها شکوفانی اقتصادی جامعه را کند می کنند. چگونه می توان رهبری دائم العمری را به یک فرد مذکر دیپلمه بدون تخصص در علوم انسانی/ طبیعی داد؛ توقع داشت جامعه به وضع مدرن سده 21می برسد؟ چرا سلطنت سعودی، امارات، طالبان، ولایت نمی توانند ادواری، انتخابی، تخصصی باشند؟

این نشان می دهد که اسلامگرایی طایفه گی پدرسالارانه عتیق بوده؛ یعنی قدرت در نهادهای درون قشر حاکمیت انتقال ناپذیر است. فساد زعیم در این است که حق ویژه خود می داند که بهترین سبک زندگی را داشته باشد؛ به خزانه ملی دستبرد بزند؛ اعضای خانوار را در مقامهای پردرآمد و منزلت دار بکارد. ظلم او در کاربرد غیرقانونی ابزار سرکوب دولتی بضد مردم است.

خودکامه قدرت را دائم العمر و هرچه بیشتر تا مطلقه بیقانون می خواهد. این سیری ناپذیری قدرت منطق بقایش را مختل می کند. به صدام پیشنهاد کناره گیری از طرف آمریکا شد؛ ولی او تا مرحله اعدام خود، قتل 2 پسر نانجیبش، نابودی حزب بعث، فروپاشی ارتش عراق ادامه داد. خودکامه علاقه به رسیدن هدف دارد تا رضای مردم؛ البته با حرص مال، عیاشی، کاربرد قوای امنیتی و مسلح برای سرکوب مردم. در مقابل دموکرات علاقه بیشتر به رضای مردم دارد تا هدف سیاسی.

مدلهای حاکمیت خودکامه های جهان مدرن وجوه اشتراک و صفات منحصر بفرد دارند. در تاریخ مدل تداوم خودکامگی واحد با کپی برداری برای یک قلدر دیگر یا برای انتقال قدرت از پدر به پسر نیست. گاهی فردی با کودتا یا سوار موج انقلاب به قدرت می رسد که در آغاز پندارهای ضداستعماری، عدالتگرا، پیشرفت، دینخویی دارد. ولی در روال چند سال به قانون شکنی که در آغاز خوب هم جلوه می کرد؛ سپس به خودکامگی ابدی می گراید. قذافی در 40 سال حاکمیت لیبی نمونه چرخه کامل این نوع خودکامگی از گهواره تا گور است. هر خودکامگی یکبار اتفاق می افتد؛ ولی با دیگر خودکامه ها شباهت دارد. وجوه اشتراک خودکامه ها بقرار زیرند:

1- آغازی محقرانه داشته؛ پس از مدتی در قدرت به غنیترین فرد کشور بدل می شود. 2- قانون را زیر پا گذاشته؛ بخش عمده قوای قضایی، مقننه، اجرایی را با ارگانهای تبلیغی، امنیتی، سرکوب قبضه می کند. 3- نیروهای امنیتی و نظامی را برای امحای رقیبان و مخالفان بکار میبرد. 3- قدرت دائم العمری می خواهد. 4- ضیافتهای مجلل با ماکولات و مشروبات اعلاء، سفرهای تشریفاتی، پوشاک گرانبها، شیوه زندگی اشرافی، هزینه بیسقف سالانه دارد. 5- در آغاز قدرت خود را پیرو یک مدل قبلی برای مدتی میداند؛ ولی بزودی مستقل شده؛ راه خود را می رود. 6- شیوه یک خودکامه در کشورش و جهان مستدام، تقلیدپذیر نیست.

هر خودکامه قدرت دائم العمری می خواهد؛ در مسند قدرت زیر بار اصلاحات و انتخابات ادواری نمی رود. او رقیب را از میدان خارج می کند؛ ولی در انتها سقوط اش محتوم است. در جهان مدرن هیچ خودکامه ای قدرت را به وارث خود نمی تواند انتقال دهد. البته سلطان مطلقه حاکمیت قرون وسطایی است که در چند کشور خاور میانه مانند عربستان بکمک استعمار، مفتیان، نیروهای مسلح/ امنیتی، رایج اند. 2 نمونه سوریه بخاطر مسئله فلسطین و کره شمالی با مدل اقتصاد ویژه خودکامگی از پدر به پسر رسید.

خودکامگان فساد و ظلم را بوسیله خانوار و اطرافیان خود اعمال کرده؛ آنها با حرص ثروت و حشر قدرت درآمد ملی اکثریت شهروندان را با نیروی قهر مصادره می کنند. گاهی هم با ظلم و فساد سلیقه شخصی را بر کشور حقنه می کنند. ویژه گیهای رهبر خودکامه کشوری بقرار زیرند:
1- تمام تصمیمات کلان را او می گیرد.
2- فاصله متناابه/ معتنابه/ قابل اعتناء/ زیاد خود با مردم را حفظ می کند.
3- مردم را با تهدید و جزا نه پاداش می انگیزد. جز حزب خود- بقیه احزاب، سندیکاهای صنفی، نهادهای اجتماعی غیردولتی را تارومار می کند.
4- در اجرای هدف، نه رضای مردم، می کوشد.
5- قدرت دائم فراقانونی می طلبد.
6- با شرکت زنان در سیاست مخالف است. زیرا زنان گرایش به مردمگرایی دارند.
7- حق اقلیتها را پایمال می کند. از فساد مالی خانواده خود حمایت می کند.

مضار. رهبری خودکامه خلاقیت شهروندان را نهی کرده؛ پیشرفت اجتماعی را کند می کند. رهبری با حرص مال و شخصیت ظالم، خیلی زود به غارت ثروت ملی، غصب املاک ثروتمندان، قتل مخالفان می پردازد. قتل برخی خانهای متمول جنوب توسط رضا خان؛ قتل بهروز دهقانی، حمید اشرف، بیژن جزنی در دهه 50ش بنا به دستور شاه به ثابتی؛ فتوای قتل زندانیان سیاسی تابستان 67ش با افشاگری منتظری- نتیجه قانونگریزی رهبر وقت می باشند. اطلاعات درباره 3 فدایی از مقاله اشرف دهقانی در باره کتاب دامگه حادثه، خود این کتاب، مقالات سرگرد پرویز انصاری استنتاج شده. این ظلم و فساد در مورد افراد در نهایت بضرر کشور تمام می شوند. اگرچه رهبر خودکامه فرار می کند؛ ولی قدرت دودمانش هم بر باد می رود.

منابع. 08:37 12/09/2018 ق.ظ.
http://psychology.about.com/od/leadership/f/autocrati
c-leadership.htm
http://en.wikipedia.org/wiki/Dictatorship

پانویس. در زبان روزمره برخی واژه ها برای مدح، ذم، توهین، نفرین با غلو بکار برده می شوند. واژه های سیاسی هم گاهی بصورت مترادف، استعاره، مجاز، مجاز مرسل در بیان عاطفی نویسنده آورده می شوند. برخی مقالات ماهیت تبلیغی، تهیجی، عاطفی داشته؛ لذا واژه ها در این رابطه نه در رابطه با واقعیت بکار می روند. گاهی هم چند صفت مشترک برای تعمیم یک پدیده نسبت به پدیده دیگر بکار می روند. مثلا خودکامه با حرص مال و حشر قدرت بر رهبری با

حشر فقط قدرت ولی بدون حرص مال تعمیم داده می شود. نمونه حرص ثروت تا 3-5 بیلیون/ میلیارد دلار موبوتو کنگو با سقوطش در 1996م و حشر قدرت پال پات در کامبوج دهه 70م بود.

در خاور میانه واژه های استبداد، خودکامگی، سلطانی، مطلقه، دیکتاتوری، انحصارگرایی/ توتالترینیزم دولت با قدرت مطلق در کنترل زندگی خصوصی و اجتماعی مردم، بیدادگری، اقتدارگرایی، جباریت، محافظه کاری، اصلاحات، بنیانگرایی در بستر بومی-تاریخی نیاز به تعریف دارند. خودکامه می تواند فردی، گروهی/ الیگارشی، مطلقه، بیدادگری باشد. دیکتاتوری هم می تواند نظامی، تک-حزبی/ دینی، اقتدارگرا، انحصارگرا باشد. این واژه ها عمدتا صفات دولتمردان راس قدرت و اقشار اقلیت حاکمیت را دربر می گیرند. در تاریخ پیشامدرن خودکامگی و استبداد نحوه غالب قدرت سیاسی-دینی بود. در عصر مدرن خودکامگی از مد افتاده؛ شیوه انسانگرایی/ مردمگرایی رایج شده.

استبداد سنتی هم در اشکال سلطنتی، جمهوری موروثی، دینی- یعنی حاکمیت اقلیت با فساد و ظلم همراه می باشد. استبداد پدیده شخصیتی و اجتماعی می باشد؛ زیرا در خط سیاسی چپ و راست-چه در رهبری چه در اقلیت حاکم- رصد می شود. البته عدم استبداد و قانونگرایی هم در هر 2 خط دیده می شود. بیشترین تعداد خودکامگان ورای قانون و معترضان در آفریقا و آسیایند. گاهی ایده الوژی هم نقش مخرب در تداوم خودکامگی دارد.

* در کودتای 1973 ژنرال پینوشه بضد دکتر آلینده کمک سیا و حمایت نیکسون دخیل بودند. ولی در 1988 سفیر آمریکا در شیلی بهنگام ریاست ریگن، هری بارنز 1926-2012 در سفارت را برای کمک به آزادیخواهان باز کرد. تا جاییکه در رفراندم 1988 و سقوط پینوشه در 1990 بقول آندرس زالدیوار، سناتور شیلی، "او عاملی بسیار مهم در گذار روند دموکراتیک بود." واشنگتن پست، اوت 2012، بخش وفاتها.

صفات استبداد

با مرور تاریخ کشورها، راس هرم قدرت سیاسی در اغلب کشورهای خاورمیانه یک مذکر خودکامه با نیروهای سرکوب دیده می شود. آیا صفات مشترکی بین خودکامگان وجود دارند؟ شاید شرایط عضویت باشگاه خودکامگان بقرار زیر باشند: سلطه مادام العمری، قانونگریزی، قلع و قمع مخالفان، حرص ثروت/ قدرت، زندان شکنجه معترضان، هزینه سالانه بیسقف، عدم پاسخگویی به مردم، تصمیمات ویاری فردی، نتایج هولناک برای جامعه، میهمانیهای مجلل پرهزینه، کاخها و وسایل لوکس فردی، خدمه فراوان، عدم وجدان و انصاف، ظلم به فقیران و ستمکشان؛ سرانجام سقوط محتوم، تبعید خانواده اشان، فرار، اعدام.

پرسشی مطرح است: چگونه در کشورهای اقتدارگرا مانند آلمان، ایتالیا، ژاپن پس از شکست در ج ج 2 جامعه دموکراتیک ساخته شد. عوامل و علل گذار فرهنگی از اقتدارگرایی به مردمگرایی این جوامع از دهه 40 م به دهه 50 م چیستند. خودکامه همیشه سقوط می کند؛ گاهی گورش هم بخاطر غیض مردم از نابکاریش نامعلوم یا در خارج از موطنش قرار می گیرد.

گاهی دیکتاتوری با خودکامگی مذکری در هرم قدرت می آمیزد. گاهی هم خودکامه کارهای بزرگ اجتماعی انجام داده؛ همزمان به غارت و قتل مبادرت می کند. اصولا در دادگاه متهم نه بخاطر مهر خانوادگی، خوبی به نوکران، خیرات خرما در شب جمعه بلکه بخاطر موارد مشخص قتل و غارت محاکمه می شود. در جامعه مدرن دزدی، پولشویی، غصب مالکیت بوسیله هر کس حتی راس هرم قدرت سیاسی، جرم کبیره مانند قتل است که شامل مرور زمان نمی شود.

گاهی خود کامه اقتدارگرا هم هست؛ زیرا اقتدار نظامی، دینی، بندرت فنی در کشورهای جهان سوم هم با خودکامگی می آمیزد. حکومت نظامی ژنرالها در ترکیه و پاکستان، سرهنگان در یونان- چند نمونه گذار ورود نظامیها به سیاست است. در حکومت دینی هم نمونه های اقتدارگرایی دینی-سیاسی در خاورمیانه از جمله وهابی ها، طالبان، ولایت فقیه هستند.

خودکامگان نامی چپ و راست سده 20م با تاریخ تولد-مرگ، نوع مرگ، کشور متبوع بقرار زیرند: هیتلر 1889-1945 خودکشی- آلمان، استالین 1878-1953 فوت- روسیه، مائو 1893-1976 فوت-چین، ایوب خان 1907-1974 فوت-پاکستان،

شاه 1919-1980 فوت تبعید-ایران، صدام 1937-2006 اعدام-عراق، چائوشسکو 1990- 1929 اعدام-رومانی، ایدی امین 1925-2003 تبعید-اوگاندا، کیم جانگ ایل 1941-2012 فوت-کره شمالی، مبارک 1928- محاکمه-مصر. بسیاری چپها و راست های در قدرت خودکامه نبوده اند: هو چی مین، آلنده، لالو، گاندی، نهرو، چوئن لای، مندلا، جفرسون، لینکلن، 100ها رییس جمهور ادواری و 10ها شاه تشریفاتی نظامهای پارلمانی در 5 قاره.

همه خودکامگان در این موارد مشترکند: یک مرد با قدرت سیاسی نامحدود، سلطه دائم المعری، ظلم و فساد بدیگران، بیداد، مطلق الرای، خشن، بدون مسئولیت. مردم حق انتقاد، ابراز نظر، اعتراض ندارند. کدام صفات عمده و بیانگر خودکامگی اند؟ برای نمونه اگر خودکامه ای حرص ثروت نداشته؛ ولی برنامه من درآوردی برای جامعه داشته باشد که بانیروی سرکوب اعمال می شود- آیا او خودکامه است؟ مانند هیتلر، پال پات کامبوج، ملا عمر افغان طالبان. برخی صفات خودکامگان بقرار زیرند:

1- برای رسیدن به قدرت مطلق در توطئه، فریب دیگران، دستکاریmanipulate رویدادها، تفسیر کشدار spin امور هوشمندند.

2- عاشق جاه و مقام دائمی قدرتند. آنها از بیقدرتی و مکافات هراس دارند. لذا بهیچ قیمتی قدرت را ترک نمی کنند.

3- خود را جانشین ناپذیر می دانند. اوهام و تخیلات شان دراز مدت کشور را به آشوب و خرابی می کشاند. به کسی اعتماد ندارند. گاهی قانون را تغییر می دهند تا قدرت دائم العمری را قانونی کنند.

4- آنها هراس دارند. لذا نیروی امنیتی- نظامی را با حقوق و مقام تطمیع کرده؛ آنها را بجان مردم می اندازند؛ در زندانها شکنجه، اعدام، توهین را نثار معترضان می کنند. دشمن در همه جا- بیرون از کشور، درون کشور، توی نظام، در هرم قدرت- مترصد است. باید دشمن را رسوا و داغان کرد. آنها مقام، ثروت، منزلت را به گزیدگان خود داده؛ به اکثریت وقعی نمی گذارند.

5- تقاص گرند. از مخالفان، رقیبان، دشمنان انتقام می گیرند. اضطراب داشته؛ پس از انتقام آرامش پیدا می کنند.

6- جنون بزرگنمایی، خودبزرگبینی، حضور در همه جا دارند. عکس، تمثال، مجسمه، نام خود را در خیابانها، ادارات، ملاء عام، بیلبوردها، رسانه ها، اسکناس، تمبر تکثیر می کنند. کارهای بزرگنما مانند سدسازی، رونمایی بنیادها، تسلیحات غول پیکر را با تبلیغ راهاندازی می کنند. تعداد امنیتیها، خبرچینها/ استخبارات، پلیس، ارتشی را زیاد می کنند. برای جنگ با دیگر کشورها شهروندان خود را مجبور

می کنند. لبخند می زنند- وقتی شهروندان آنها را ستایش می کنند.

7- ثروت ملی را برای سانسور فرهنگی بکار می برند. عاشق تضییع حقوق مدنی در قدغنی تجمعات و رسانه های منتقد، عدم دادگستری خردگرای مردم اند.

8- عقده حقارت بخاطر اصل و نسب دارند که با کارهای بزرگنما و زورگویی به دیگران جبران می کنند.

9- حالات لطیف مانند عشق، خیرات، احترام، کرامت، حرمت حقوق دیگران، پاسخگویی به قانون و دیگران، همدردی، آزادی، پوزش، عفو، مساوات، اصول دموکراتیک در مغز آنها خطور نمی کنند. در حالیکه حالات لطیف نشانه بلوغ فکری اند.

10- عاشق بیدریغ حبس، اقرار، اعدام اند. به شکنجه گران در زندانها اجازه می دهند تا منتقدان، رقیبان، دشمنان، معترضان خود را ترسانده؛ آسیب برسانند.

11- شخصیت عصبانی و خودخواه دارند. به منتقد و مخالف نظر خود با پرخاش و تحکم برخورد می کنند. نقد را توهین خوانده؛ قابل مجازات می دانند. پس از شکنجه، توابان را در شو تلویزیونی به انکار مواضع قبلی و مجیزگویی قدرت حاکمه می کشانند.

12- پلیس و نیروهای نظامی را بمثابه تیول/ تیم اوباش و جاهلان شخصی بکار می برند تا به معترضان، رقیبان، دشمنان آسیب برسانند. خودکامه خود را مساوی دولت دائم انگاشته؛ تمام ارگانهای سرکوب دولت را برای منظور خود یعنی قدرت دائم مصادره می کند. در حالیکه دولت مدرن بطور ادواری باید به منتخبان مردم واگذار شود. لذا دستگاه سرکوب تبدیل می شود به گرگان و کفتاران دستآموز که بجان مردم بیسلاح می افتند.

13- برای وراث خود به غارت ثروت ملی پرداخته؛ حرص مال، حشر قدرت، تمتع لذایذ حیات، تحقق اوهام مالیخولیایی سیریناپذیر دارند. هزینه سالانه دربار، مقر، بیت آنها بیسقف می باشد. کش رفتن از خزانه ملی را دزدی ندانسته؛ حق خود می دانند. میلیونها دلار در بانکهای خارجی با نامهای مستعار ذخیره می کنند. آنها طفیل، عاطل، پرمدعا بوده؛ تخصصی ندارند. لذا از آینده هراس داشته مال اندوزی غیرقانونی را دنبال می کنند.

14- در امتیازگیری از حکومتهای دول بزرگ برای حمایت خود هوش بکار می برند. نیروهای بزرگ خارجی برای منافع مالی و سیاسی، فروش اسلحه به ارتش و پلیس- خودکامه را حمایت می کنند. خودکامه ثبات و عدم آشوب را با زور برای بیگانگان برای 3-2 دهه تضمین می کند. این ثبات برای استعمار پسندیده است.

15- گاهی خودکامه با امواج ناراضیان و انقلاب سکان قدرت را می گیرد؛ بیشتر با کودتا به قدرت می رسد. لذا اگر شرایط عینی ایجاب کنند؛ باید عامل ذهنی از براندازی حذر

کند. زیرا بگواه تاریخ براندازان خود نیروهای پیشامدرن سلطه گر از آب در می آیند.

16- خودکامه در کشورش اثرات بد بیشتر از خوب می گذارد. او بجای شادی، آرامش، پیشرفت به مردم ستم، رنج، مرگ هدیه می کند.

17- همسر خودکامه یتیم خانه ها، بیمارستانها، موسسات خیریه را افتتاح می کند. پس از فرار با ثروت کلان کارهای خیریه را فراموش می کند؛ به ضیافتهای تشریفاتی با پوشکا فاخر می رود.

کنکاش استبداد. استبداد مانند هر مقوله عینی دیگر در تاریخ، نخست اتفاق می افتد. سپس فرزانگان آنرا تجزیه به عوامل، تحلیل روندهای درونی کرده؛ علل انشکاف و تغییر را می یابند. البته در علوم انسانی نمی توان پیش بینی بموقع پدیده را بخاطر پیچیدگی مسئله با قوای دماغی انجام داد؛ یا توان پیشگیری آنرا با قوای مادی/ قهری داشت. لذا استبداد هم نخست اتفاق افتاد؛ سپس فرزانگان آنرا پژوهش کردند؛ یا با قیاس در چند کشور صفات مشترک را واشکافی می کنند.

هانا آرنت Hannah Arendt 1906-1975 نظریه پرداز در باره سیاست، اراده، منشاء توتالرینیزم/ انحصارگرایی 1958 نوشت. او بین اقتدار و قدرت تمایز گذاشت: اقتدار با تمایز قهر بمثابه اقدام دولت برای مشروعیت بوده؛ قدرت بمثابه اراده جمعی است. در باره بیدادگری استالینیزم و نازیم بمثابه قدرت مطلق دولت کنکاش کرد. آرنت نوشت: شرارت اجتماعی ناشی از بیفکری، گرایش مردم عوام به اجرای دستور رهبر و انطباق با عقاید خلقی بدون ارزیابی نقادانه نتایج اعمال/ بیعملی شان است. او، معشوق هایدگر فیلسوف بوده، از ایده جفرسون در تقسیم ایالت به کانتیها و کانتی به شهرکها بمثابه "نظام شورایی" استقبال کرد.

آدرنو Theodor W. Adorno 1969-1903 از مکتب فرانکفورت در کتاب جامعه شناسی شخصیت اقتدارگرا 1950 می گوید: خودکامه گی با اقتدارگرایی و محافظه گرایی دینی و سیاسی آمیخته است. او عامل اف/ فاشیزم در خصایل 9گانه شخصیتی یک اقتدارگرا را مربوط به کودکی اش بقرار زیر می داند: هنجارگرایی/ نظم، تسلیم و پرخاش اقتدار گرایانه، ضد-روشنفکری، ضد-همدردی، خرافات و ستریوتایپ، رسامی، قدرت و کله شقی، تخریب/ سینیسیزم، توجه زیاد به سکس.

او گفت: اختلال اقتدارگرایی گرایش به آرمان راست و حکومت فاشیست داشته؛ اقتدارگرایی ضد اقلیت نژادی، دینی، قومی، جنسی است. راستگرایی اقتدارگرایانه 4 صفت دارد: 1- ذوب

پیروان در مقام مقتدر رسمی، 2- هجمه/ سرکوب اقلیتها، 3- حقنه کردن ارزشها/ باورهای رهبر به مردم. 4- طلب تسلیم/ چاکری مطلق مردم به رهبر. اعتقاد اقتدارگرا به کردار اقتدارگرا می انجامد؛ ضدمردمگرا می باشد. 12/09/2018

منابع. هانا آرنت: توتالیتاریزم، مسئولیت شخصی در دوران دیکتاتوری. آدورنو: شخصیت اقتدارگرا 1950.
http://shahrvand-yar.com/media/3556
http://bangladeshcanadaandbeyond.blogspot.com/2011/02/psychology-of-autocratic-dictators.html
http://cheragheazadi.org/index.php/archives/3460?
مجید نجّدی

پانویس. با وجود استعمار خارجی، اکثریت جوامع خاور میانه در فقر معیشتی با فرهنگ پیشامدرن و اقلیت خرده پا با چند فرهنگ نامتجانس مذهبی، مدرن، شخصی- خواستهای نامتجانس فقرزدایی و دموکراسی دارند. روشن است که این 2 گروه اجتماعی با 2 خواست متفاوت فقرزدایی و دموکراسی در برابر راست انحصارگرا وابسته بهع استعمار- ملغمه حکومتهای طولانی خودکامگی و کوتاه مردمگرایی در تاریخشان پدید می آورند. بعلاوه دولتمردان نوکیسه این منطقه عمدتا با حرص ثروت و حشر قدرت به سرکوب اقلیت رقیب باوجدان اجتماعی و تخصص مبادرت می کنند.

بنا به دوره بندی تاریخ جدید ایران در زیر، 5 موج دموکراسی خواهی رویهم 2+2+2+2+1 = 9 سال در 100 سال یعنی 10% تاریخ جدید می باشد؛ 90 سال حاکمیت خودکامه یا اقتدارگرا با حرص ثروت اندوزی نامشروع، قتل منقدان، عدم رقابت سیاسی همراه بوده. خود این تاریخ ایستایی/ ثقل خودکامگی را در کند کردن پیشرفت نشان می دهد. تشکلات اجتماعی و بیان عقاید فردی زیر سرکوب و سانسور دولتی ناممکن اند. خوشبختانه با پیدایش مخابرات بیسیم و اینترنتی اطلاعات و ارتباط گیری از خزانه نخبگان دولتی خارج شده بدست مردم افتاده؛ این مفری بسوی جنبش دموکراسی خواهد بود.

مجید نجّدی در 7 موج دیرپای اقتدارگرایی در ایران معاصر، جستاری روایی-تاریخی نه تحلیلی-عللی، می نویسد:این اقتدارگرائی چیست و از کجاست که در هر دوره به صورتی رخ می نماید؛ بساط خود را پهن می کند؛ چنان سیال و تیزپا و زبردست است که همواره پس از یکی از خیزش های دمکراسی خواهی ناگهان همه را از نو غافلگیر می کند، تمام قد نمایان می شود؛ رشته امور را دوباره بدست می گیرد.

در ایران پنج موج دموکراسی خواهی در دوران مشروطه
(۱۹۰۶-۱۹۰۷)، ملی شدن صنعت نفت (۱۹۵۱-۱۹۵۳)، انقلاب
ایران (۱۹۷۸-۱۹۸۰)، جنبش اصلاح طلبی (۱۹۹۷-۱۹۹۹) و جنبش
سبز (۱۳۸۸) تجربه شد. علی رغم ایجاد شور و امید بهبود،
هیچ یک در تاسیس نهادهای دموکراتیک و ایجاد یک نظام
دموکراتیک پایدار و همه جانبه موفق نبودند. در این
جنبش‌های اجتماعی و سیاسی هزاران نفر جان خود را از دست
دادند، هزاران نفر مجموعا دهها هزار سال را در زندان‌ها
گذراندند؛ هزاران نفر شکنجه شدند، هزاران مقاله و صدها
کتاب در مورد دمکراسی و حاکمیت مردم منتشر شد، صدها
گروه و انجمن و حزب سیاسی تشکیل شد. اما حتی پس از
پیروزی‌های مقطعی نیروهای دمکرات، اقتدار گرایی با شدت و
قوت به صحنه‌ی سیاست بازگشت.

جوهر اقتدار گرایی که حکومت یک فرد یا گروه و نفی رای
مردم به عنوان تعیین کننده‌ی سیاست‌ها و ملاک اصلی در عزل
و نصب مدیران و قانون گذاران جامعه است، صور و امواج
گوناگون آن در هر دوره در این نوشته مد نظر قرار می
گیرد. جامعه‌ی ایران در 7 دوره {تقویمی از دهه 10ش تا
دهه 90ش} با اوج گیری اقتدارگرایی با مضامین و صور
گوناگون مواجه بوده است: ۱- نوسازی محور. ۲- هویت محور.
۳- عدالت محور. ۴- استقلال محور. ۵- فره محور. ۶- توسعه
محور. ۷- قهر محور. سپس هر یک از این 7 نوع اقتدارگرایی
توصیف شده.

استبداد در خاور میانه

استبداد خصلتی فردی، شخصیتی، روانی می باشد؛ نه قشری، طبقاتی، اجتماعی. نمونه هایی را می توان شاهد آورد که در یک مقطع زمانی حاکمیت سیاسی، 2 شخصیت متضاد آزاده و مستبد ظهور می کنند. برای نمونه: در دهه 30ش، دکتر مصدق مردمگرا و شاه خودکامه، در دهه 60ش خمینی/ خلخالی آرمانگرا و منتظری/ طالقانی مردمگرا.

استبداد عدم تعامل در تبادل نظر طرفین بوده؛ امر و اجبار است. مردم با حاکمیت حرف نمی زنند؛ فرمان و فتوا باید اجرا شده؛ وگرنه سرکوب می شوند. استبداد در 4 سطح ظاهر می شود: فردی، خانوادگی، اجتماعی، سیاسی. در هر 4 سطح افراد دور و بر فرد مستبد تمکین و تملق می کنند. استبداد فردی بیشتر در پندار و گفتار بصورت خودمرکز بینی در محیط بروز می کند. استبداد سیاسی بمعنی کنترل 3 قوه مقننه، قضایی، اجرایی بوسیله یک خودکامه ورای قانون اساسی است.

استبداد خانوادگی بیشتر بصورت سنت پدر/ خان سالاری قدرت مذکر در امر و نهی، تهدید و ترس، کتک و فشار، گاهی قتل ناموسی بروز می کند. استبداد اجتماعی بشکل اِعمال قدرت یک فرد در جامعه، تحمیل سلیقه اش، طرد مخالفان تجلی می کند. استبداد سیاسی در سده 20م بشکل یک شبکه قدرت با فردی در راس در مقابل مردم خارج از حاکمیت می باشد. طرف غالب امر می کند؛ طرف بیقدرت اجبار در اجرا دارد.

مستبد اگر ثروت، منزلت، قدرت داشته باشد؛ اطرافیان چاپلوسی، پاچه خواری، خایه مالی، مدح، ثنا، غلو، فرصت طلبی، چاکری، بله قربان، نوکری، خانزادی، تحسین، تمجید، تعریف، تعارف، خوشگویی را دائما تکرار می کنند. در کره شمالی رهبر مستبد می میرد؛ رهبر جوان قدرت سیاسی را بدست می گیرد. آیا حاکمیت استبدادی رهبر جوان را بکام خودکامگی می کشاند؟ در سوریه رهبر جوان در مسند قدرت بعثی پدر به استبداد گرایید. دیکتاتور مقوله ای نزدیک به مستبد است؛ ولی ضوابط گروهی مشخصی را می پذیرد. نمونه: دیکتاتورهای نظامی چون فرانکوی اسپانیا، سالازار پرتغال، پرون آرژانتین.

مستبد خودرای، قُد، قلدر بوده؛ لحن آمرانه و تحکم بخود می گیرد. مستبد چون در شخصیت فرد است؛ بنا به محیط نامساعد/ مساعد، پنهان و آشکار می شود. شاه در دبیرستان له روزی پس از چند بار کتک کاری با چند شاگرد، با ضوابط

دبیرستان خود را منطبق نشان داد. در ایران در فاصله 20-
32 ملعبه دربار- مادر و اشرف- برادران، خدمه، نظامیان
بادمجان دورقاپچی، وزرای فرصت طلب شد. در فاصله 32-42
در دست استعمار و نظامیها به قلع و قمع آزدایخواهان
پرداخت. ولی در 42-57 خودکامگیش عود کرد.

تفرعن او در تحقیر روشنفکران به "عن تلکتوئل"، مقام دون
زن در آشپزی، توطئه ثروتمندان یهودی، لافزنی در باره
تبحر سیاسی، اقتصادی، نظامی، بیعرضگی دولتمردان غربی در
کتاب شاه میلانی به تفصیل آمده. تا جاییکه کیسینجر و
راکفلر بنا به توصیه سیا رگ خواب شاه را دانسته؛ با
تملق از او برای مدیریت آمریکا کمک تعارف می کردند/
بفرما می زدند. به یک دیپلمه جهان سومی در مدیریت
آمریکا که انتخابی، ادواری، تخصصی است.

در محیط آکنده از تعارفات، فرد مستبد در فنر اوجگیری تا
سقوط، اعدام، فرار، مرگ خویش پیش می رود. او نمی تواند
در محیط مساعد استبداد راه آزادگی پیش گیرد. در استبداد
خرد، منطق، وجدان دور زده می شوند. نمونه: هیتلر، شاه،
صدام، قذافی. لذا باید گفت مستبد را نمی توان اصلاح کرد؛
یا مرگ یا براندازی راه سقوط استبداد است.

البته در فرد بعدی بر همان مسند استبداد تکرار می شود.
استبداد سلطنتی در جمهوری بازسازی می شود. در ایران
اگرچه انقلاب شد؛ ولی بخاطر عقبماندگی جامعه هنوز به
مرحله مردمگرایی نرسیده. البته روشن است که انقلاب
جابجایی طبقاتی در حاکمیت است؛ اقشار جدید حاکمیت
معیارهای خود را در تقابل با انتظارات طبقات متوسط
دارند. پس انقلاب بیانگر رهایی طبقات و اقشار روستایی
بخاطر شکست اصلاحات ارضی بوقوع پیوست؛ جابجایی طبقاتی
اتفاق افتاد. ولی از دید سیاسی، استبداد بعدی جمهوری
بیانگر ماهیت جامعه پیشامدرن است.

نوع رهبری. رهبری نهاد انتفاعی، دولتی، صنعتی، سیاسی می
تواند قانونمدار یا خودکامه باشد. رهبر تعاملی در جامعه
مدرن برای یک دوره معین با نظر مشاوران و خواست نهادها
همکاری می کند. خودکامه مادام العمر آمرانه فرمان/ فتوا
می دهد.

رهبر در دولت می تواند دیکتاتور، خودکامه/ آتوکرات/
مستبد، مطلقه/ دسپوتیک، اقتدارگرا/ آتوریترین، مردمگرا/
دموکرات، انحصارگرا/ توتالیترین باشد. اینها با رنگ
بومی، دینی، عرفی- در خاور میانه 100 سال است که به
قتل، غارت، کیش شخصیت می پردازند. همه شان حکومت مادام
العمری و موروثی، بودجه بیسقف، عدم مسئولیت، قانون شکنی

را دوست دارند. آنها تا آستان مرگ به قدرت می چسبند. مبارک با برونکا به دادگاه آورده می شد.

بخاطر حفظ قدرت به قتل مخالفان تا لحظه آخر حیات خود می پردازند. چرا؟ آیا مافیا وجدان و انصاف اجتماعی دارد؟ مافیا در خانواده مهربان، خوش پوش، خندان، شاد است. ولی در جامعه به قتل و غارت می پردازد. یک شخصیت با گرایش قتل مانند آندرس بریویک نروژ و دزدی مانند هری مداف نیویورک در مسند قدرت دائم المعمر مبادرت به قتل و دزدی می کنند. شاید راس هرم قدرت فقط یک فرد را جای می دهد؛ زیرا نفرهای 2 و 3 در قدرت گاهی بسوی مردم سوق می کنند.

دیکتاتوری حکومت اقلیت است. در راس آن یک فرد مقتدر است که قانون را گزینشی مراعات می کند. دیکتاتوری حکومت طبقات فرادست یا هیأت حاکمه است. در حالی که در نظام استبدادی هیأت حاکمه ای وجود ندارد؛ مناسبات ارباب-رعیتی رایج است؛ حکومت فردی/ دلبخواهی است که منوط به ارگانهای سرکوب است. ه کاتوزیان مصاحبه2012 بی بی سی.

سبک رهبری 3 نوع است: 1- خودکامه/ اقتدارگرا autocratic/ authoritarian مادام العمری، غیرمسئول، نقدناپذیر است. رهبر از مردم متمایز است؛ با انتظارات روشن آنچه باید انجام دهند، کی باید انجام دهند، چگونه باید انجام دهند. خودکامه تصمیمات را فردی و مستقل از دیگران گرفته؛ ابراز می کند. 2- مشارکتی/ مردمگرا democratic رهبر راهنمایی به اعضای گروه خود کرده؛ ولی از آنها هم نظرخواهی می کند. این نوع رهبری مدرن و کارآمدترین است. 3- مسئولگرا laissez-faire به اعضا مسئولیت داده؛ آنها در تصمیمات خود مستقل اند. این نوع رهبری در کارهای فنی با اعضای متخصص بهینه است.

رهبر مستبد کنترل چی، ریاست طلب، دیکتاتور است. این نوع رهبری با ظلم و فساد آمیخته؛ شبکه ای غیرپاسخگو بدور خود پدید می آورد. ناهنجاری و ظلم در تمام سطوح جامعه اتفاق می افتد؛ مگر افراد باوجدان که حق طلب اند. اقلیتی فطرت پاک، امین، نیکوکار دارند. نظام این حقیقتگویان را در مضیقه قرار می دهد. گاهی از نحوه ی سخنگویی می توان پی به شخصیت خودکامه برد.

برای نمونه، مقام امنیتی رژیم ساقط ادعا می کند: ساواک در دهه های 40 و 50 ش شکنجه نمی کرد. این لحن آمرانه "من میگویم" فرسنگها از لحن واقعگرا "آنها میگویند" دور است. او می بایست بگوید باستناد رسانه های گروهی وقت، گزارشات وکیلان مدافع، عدم خسارت مصدومان زندان در

دادگاه، نهادهای جهانی حقوق بشر- شکنجه در 2 دهه فوق بود/ نبود.

در زندانها بازجو هر چه بخواهد بسر زندانی می آورد. رسانه ها، وکیلان، بازرسان دولتی اجازه ورود به زندانها را ندارند. وکیل زندانی- چه در روند بازجویی چه در بیرون از زندان- نمی تواند بازجوها را برای رسیدگی به خشونت، شکنجه، قتل به دادگاه به برد. مصدومان شکنجه حق احضار بازجوها به دادگاه را ندارند. بازجوها پاسخگو به قانون نبوده، خارج از حیطه رسانه ها بوده، وکلای مدافع متهمان را گاهی هم بزندان می اندازد. در 1391 عبدالفتاح سلطانی، وکیل مدافع زندانیان سیاسی، خود به 13 سال حبس محکوم شد.

نظام خودکامه در مرحله ای از جامعه سریعتر، بهینه تر از تعامل کار می کند. ولی نتیجه آن درازمدت بضرر جامعه است. چون خودکامه جامعه را با آغازی تاکتیکی بهینه کرده؛ در پایان به جنگ و نابودی می کشد. در دادگاه آغاز نیک یک مجرم ربطی به مورد مشخص قتل و غارت دادگاهی ندارد. علیرغم گذشته 3 خودکامه زیر، با چند نمونه از "کارهای خوب"، آنها جهنم و عاقبت بد برای جامعه ارمغان آوردند:

میلوسویچ با تجزیه کشور یوگسلاوی به 7 کشور مستقل کوچک صربستان، کوسووو، سلوانی، مونتنگرو، بوسنی، کروات، مقدونیه؛ صدام با تحریض دول خارجی به حمله بی امان به عراق؛ قذافی با غارت ثروت ملی، قتل معترضان، بمباران هوایی ناتو.

خودکامه خود را مستحقرتر، متخصصتر، مرجحتر از بقیه می داند. تصمیمات او پستویی، مخفی، غیررسانه ای اند؛ لذا دیگران نمی توانند روال تصمیم گیری، سود/ زیان، بدیلها را بحث کنند. معمولا پس از مدتی برای جامعه نتیجه مضر می نماید. بلیه خودکامگی، مادام العمری آن است. زیرا با تحکیم ابزارهای سرکوب در دست خود راهی برای تغییر نمی گذارد. خودکامه در گرداب نزولی به مطلقه گرایی، خود و گاهی اطرافیان خود، را نابود می کند.

خودکامه مردم را داخل آدم حساب نکرده؛ از این نظر نظام پهلوی با نظام ولایت در ساختار ژرفای مفاهیم همگن بوده؛ فقط واژه های بیانگر مفاهیم متفاوتند. هر 2 نظام، رهبر، همه - از دولتمردان تا مردم عامی- را جزو قازورات، صغیر، فقیر، ناقابل دانسته. نظام پهلوی در مقابل استعمار با خواسته های مشخص بنفع اجانب- کرنش می کرد.

نظام ولایت در مقابل الله با بیانات تعبیرپذیر بوسیله ولی عبد مردم را تکلیف میکند.

هر 2 رهبر گرایشات ضد-سامی، نفرت از تغییر، سردی عاطفی، حرص قدرت، حشر ثروت، زندانهای متعدد با شکنجه داشته؛ ضد مساوات، محافظه کار بوده؛ با تصمیم خودسرانه، تنبیه دیگران، خشونت به اقلیتها، دشمن موهوم- مشاوره و تعامل را تحقیر می کردند.

رهبر مردمگرا شفافیت نشان می دهد؛ تیم او شخصیتهای لایق پرورش می دهد. نمونه: در جبهه ملی جدا از دکتر مصدق سران جبهه هر کدام فرهیختگان لایق چون دکتر فاطمی، دکتر صدیق، دکتر بختیار- امکان بروز شخصیت سیاسی یافتند. رهبر انگیزه، خلاقیت، مشارکت، عزت نفس را در اعضای تیم دامن می زد.

ترک استبداد. شخصیت شامل وجدان اجتماعی با احترام به حقوق دیگران می شود. تغییر خُلق از مستبد به تعاملی در سطوح فردی، خانودگی، اجتماعی، سیاسی بررسی می شود. در سطح فردی تحصیل، تجربه، سفر در محیط دموکراتیک با روابط افقی رفتار استبدادی را تعدیل می کنند. باید گفت استبداد فردی وجدان، انصاف، انسانیت، خرد، قانونمداری، احترام به نوع را از مدار ذهنی خارج می کند.

استبداد عارضه شخصیتی بوده؛ نیاز به فرهنگ مناسب برای رشد دارد. چون شخصیتی است در موضع قدرت فرد، بلایای اجتماعی سهمگین تولید می کند؛ چون فرهنگی است در یک روند 2-3 دهه ای در معرض فرهنگ جدیدتر شفاپذیر می باشد. در سطح فردی روند شفا چند دهه طول کشیده؛ امور زیر تسهیل می کنند: تحصیلات عالی، اسکان در محیط دموکراتیک با روابط افقی، مشاوره با روانشناس، در معرض فرهنگ آزادگی بوسیله رسانه ها، تحکیم وجدان اجتماعی، تحمل نظرات دیگران و قانون، کاربرد خرد/ منطق، ارزیابی واقعبینانه از وضع موجود و تاریخ.

در سطح خانوادگی ازدواج، نقش زن و کودکان، میهمانیهای خانوادگی، سفر و سیاحت با خانواده، رفت و برگشت خانوادگی با وابستگان، فرد مستبد را نرم می کند. در سطح اجتماعی افراد شغلی، اخبار رسانه ها، زندگی دیگران -چه قلدر چه آزاده - فرد مستبد را نرم می کند. تناقضی در سده 20م هست. اگر توهین به کسی شود؛ متهم دادگاهی می شود. ولی اگر رهبر اشاره به قتل مخالفان با ارگانهای سرکوب کند؛ هیچ دادگاهی ادعای مکافات و خسارت شاکی را نمی پذیرد.

در سطح سیاسی فرد مستبد می تواند علیرغم 3 سطح دیگر بسته به محیط، گرایش به هر 2 سوی آزادگی و استبداد را داشته باشد. در رابطه دکتر مصدق و شاه در روال 3 دهه شاه به بیدادگری، مطلقه، خودکامگی نزول کرد تا جاییکه 2 حزب خودساخته را تبدیل به حزب فراگیر رستاخیز کرد؛ بعد هم منحل کرد. جوانان باوجدان و استعداد سیاسی را بارل دستیاری نصیری و ثابتی بقتل رساند. اطرافیان احترام زیاد، کرنش، القاب دهن پر کن، خودکم بینی، بنده زادی، تملق، تعارف، دروغ پیشه می کنند.

در کتاب شاه میلانی می توان تبلور وجه خودکامگی را از دوره دبیرستان له روزی تا دهه 20ش، دهه های 30 تا 50ش بروشنی می توان دید که استبداد تبلور شخصیت تابع محیط است. شبکه تنظیم گفتار و رفتار در کورتکس مفز قرار دارد. کنترل حفظ ظاهر پروتوکل با دولتمردان جهان، رکیک بودن اندرونی با علم یا برخی امیران و وزیران در کاخ، یادداشتهای غربیان از وجنات خُلقی او مستند شده اند. در مقابل مستبد، شخصیت آزاده از نوع وارطان، دکتر فاطمی، گلسرخی، جزنی نیز تغییرناپذیر، وسوسه ناپذیر، سازش ناپذیر است.

دکتر مصدق در دادگاه لاهه و سازمان ملل بالیاقت و تخصص از منافع ملی دفاع کرده؛ نقش تاریخی از خود نشان داد. طرف مقابل روی نیروهای امنیت و کنترل بیشتر نهادهای سیاسی تاکید می کند. روابط اولی از روی ضوابط و مقررات، دومی باندبازی، مفسدانه، ظالمانه می باشد. قانونمداری و آزادی انتقاد خاتمی نمونه دیگر است.

آیا بنا به محیط فردی مستبد می تواند مردمگرا شود؟ گذار از خودکامه گی به دموکراسی/ مردمسالاری در سطح فرد مشکل بوده؛ در سطح دولت طولانی است. هیچ خود کامه ای در قدرت به مردمسالاری رو نمی کند. در سطح فردی در سده 20م مستبدی را نمی توان دید که خودسرانه روش خود را عوض کند. غالبا او تا مرحله مرگ، استبداد و قانونگریزی را ادامه می دهد.

آیا مستبد در قدرت به مشارکت میل می کند؟ آیا حاضر می شود حدی برای ثروت، منزلت، قدرت مادام العمر خود و خانوار گسترده اش بنا به قانون بپذیرد؟ پاسخ تاریخ منفی است. مستبد در گرداب قدرت دامنه استبداد خود را بیشتر و ژرفتر کرده؛ تا سقوط یا اعدام خود پیش می رود. خود کامگان برای مردم خود- برخی بدترین، برخی بدتر، برخی بدند. آنها چند دهه یا چند سال، مثل بختک به حکومت می چسبند.

خودکامه توبه اش مرگ است؛ رفرم ناپذیر است. کردار و گفتارش بیانگر روانپریشی و سوء استفاده از قدرت و مقام، بی‌احترامی به حقوق بشر، عدم مسئولیت نسبت به شهروندان می باشند. چه شغلی قدرت، ثروت، منزلت مادام العمر به فرد و خانواده میدهد؟ امتیازات دائم خودکامگی عبارتند از: بهترین غذا، پوشاک، تفریحات، کاخها، ماشینهای گرانبها، میهمانیهای مجلل، نشست و برخاست با بزرگان جهان. 12/09/2018

شکنجه و استبداد

استبداد انتزاع لطمه به حقوق دیگریست. برای درک آن باید جنبه های حسی آنرا برشمرد. لطمه به حقوق دیگری یعنی اِعمال قدرت فرد مستبد بدون حق بیان فرد دیگر است. یکی از مظاهر استبداد شکنجه است. در پستوی مُقُر آمر شکنجه و خشونت است که با دور زدن قانون به مامور شکنجه گر و مزدور دستوراتی نسبت به تضییع حقوق زندانی صادر می شوند. البته در زندگی خانوادگی قبیلگی هم زعیم قوم به زن و اطفال اعمال خشونت در حصر می کند. در استبداد پدرسالاری فحاشی، بددهنی، عدم احترام، کتک، عدم تملک زن در مستغلات، بیگاری، برخی شکنجه های روحی، رفتاری، کلامی، جسمی مرد بر زن و اطفال وارد می شوند.

پس یکی از مظاهر اِعمال قدرت خشونت مستبد به دیگری شکنجه است. شکنجه یعنی اِعمال قدرت مامور در اجرای منویات آمری نامریی نسبت به اسیر می باشد. این عمل بدون ضبط ابزار صحنه مانند دوربین عکاسی، ضبط صوت، ویدیو، رسانه های گروهی، وکیل مدافع انجام می شود. البته در موارد غایی برخی مدارک طبی در کلینیکهای جنب زندان برای مداوای جراحات قربانی- شکنجه را ضبط می کنند.

استبداد طیف حاوی خودکامگی، دیکتاتوری، اقتدارگرایی، مطلقه گرایی، تمام خواهی، انحصارگرایی را با دستگاه سرکوب دولتی همراه می کند. شکنجه هم معمولی جسمی و روحی، سفید برای تخریب اراده، سیاه تا مرگ قربانی می باشد. شکنجه با توهین، تهدید، شخصیت کوبی، آزار خانوده، قطع معیشت- همراه است. در حالیکه آمر و مامور شکنجه از بودجه دولتی حقوق، پاداش، ترفیع دریافت می کنند.

برخی تبلورات استبداد- شکنجه، سانسور، خشونت اند. استبداد کلام لطیف غیرحسی است؛ ولی خشونت دردآور بوده که نتیجه آن دلمردگی در جامعه می شود. در جامعه ی استبداد زده، خودکامه گی و عدم پاسخگویی به قانون همه جا بوده؛ اعمال استبداد هم در سطوح گوناگون ظاهر می شوند. لذا مبارزه بر علیه شکنجه از پیکار بضد استبداد جدا نیست. در جامعه استبدادی ثنویت یا با ما یا بر ما وجود دارد؛ جامعه مدرن موارد بینابینی کثرت گرایی هم دارد.

شکنجه تولید درد جسمی و روحی بمنظور تنبیه، قصاص، اقرار، عبودیت، انقیاد، اعتراف فرد دیگر با عمل قساوت شکنجه گر بر اسیر/ قربانی می باشد. در سراسر تاریخ، شکنجه اشکال و اهداف گوناگون داشته: برای تربیت ۲باره،

بازجویی، تنبیه، برای انطباق با ایده الوژی حاکم، ترک اعتقاد فردی، ترساندن با درد روحی و جسمی تا حد مرگ. شکنجه بوسیله ماموران دولتی هم مشمول این تعریف شده؛ گاهی با سادیسم، قدرتنمایی بر فرد بی پناه، حظ از درد دیگری همراه می باشد.

چون شکنجه غیرقانونی است؛ لذا نظام مستبد آنرا مخفی می کند. آمران وقوع شکنجه زندانیان را در کشور تکذیب می کنند. ولی در تاریخ از دوران صفوی، قاجار و بعد دولت شکنجه را بکار می برده است. در دهه 50 دولتیان اتاق شکنجه را تمشیت و در دهه 60 تعزیر می نامیدند. در جهان حتی در آمریکا - چه در خارج مانند زندان ابوغریب عراق در 2004، بازداشتگاه گوانتانامو، زندانهای افغانستان برای گرفتن اطلاعات تروریستی؛ چه در خود آمریکا بخاطر غلو خشم پلیس هم در خلوت بازداشتگاه، هم در ملاء عام، شکنجه انجام می شود. در مورد زندانهای خارج چند مهره ریز به چند سال زندان در دادگاه نظامی محکوم شدند؛ ولی آبروریزی ارتش آمریکا در رسانه های جهانی همه گیر بود.
http://en.wikipedia.org/wiki/Abu Ghraib torture and prisoner abuse

آمریکا قرار داد ضد شکنجه را امضاء نکرده است. رئوس کلی شکنجه در خارج را امیران ارتش بصورت رمزی/ گنگ به زیردستان گفته؛ به آنها در امر شکنجه/ بدرفتاری آزادی عمل می دهند. اکثر پرسنل نظامی/ امنیتی وجدان انسانی دارند؛ ولی 3% خصایل نژادپرستانه، ضدخارجی، سادیست دارند. در ادارائت داخلی مانند پلیس، شریف، اف بی آی شکنجه مردود است؛ ولی 3% از غیض یا جنون لحظه ای شکنجه/ بدرفتاری با اسیر می کنند. رسانه ها و دادگاهها مراتب احترام به حقوق اسیر را مد نظر دارند. این روال انسانی در 100 سال گذشته رو به بهبود برای اسیر است.

در هر صورت قربانی می تواند از سازمان خاطی آمریکا تقاضای خسارت در دادگاه بکند. هر اداره پلیس محلی دارای بیمه خسارتی میباشد که قسط آن از بودجه سالانه تامین می شود. در زیر 3 مورد شکنجه ماموران دولتی نسبت به شهروند، دادگاه مجرمان، گرفتن خسارت پولی می آیند. باید توجه داشت که آمریکا با جمعیت 314 میلیون نفر رسمی و 6- 12 میلیون نفر هم مهاجر غیرقانونی، 10% شهروندان اختلالات فکری، روحی، ژنتیک داشته؛ در آزمونهای ورودی به ادارات این نوع شهروندان به 3% جمعیت کاهش می یابند. این درصد قلیل در موارد نژادی کنترل دماغی را از دست داده؛ شکنجه یا کارهای تروریستی می کنند. ولی رسانه ها، نهادهای حقوق بشری، دادگاهها به خاطیان قلیل برخورد می کنند.

1- در اوت 1997 پلیس سفیدرو نیویورک مهاجر سیاه هایتی، ابنار لویما، را با اِعماله دسته جارو، کتک و فحش شکنجه کرده؛ او را تهدید به قتل کرد- اگر در اینمورد بکسی حرفی بزند. افسر مقصر بجرم نقض حقوق مدنی، انسداد عدالت، اظهارات کذب- 30 سال زندان گرفت. در دادگاه خسارت، قربانی و وکیل 8.75 میلیون دلار گرفتند. 2- چند پلیس نیویورک 41 گلوله در بدن سیاهپوست 23 ساله گینه ای، آمادو دیالو در 1999 خالی کردند؛ در دادگاه جنایی برائت شدند. ولی در دادگاه civil suit خسران مالی، خانواده مقتول و وکلایش 3 میلیون دلار خسارت از اداره پلیس گرفتند. 3- کتک و فحاشی 1992 پلیس سفید نسبت به رادنی کینگ سیاه در لوس آنجلس که توسط فردی روی نوار ضبط شد. برائت 4 پلیس سفید در دادگاه منجر به بدترین شورش شهری با خسارت 1 میلیارد دلار، 53 کشته شد. در دادگاه خسران مالی، کینگ و وکلا 3.8 میلیون دلار خسارت از اداره پلیس بابت نقض حقوق مدنی دریافت کردند.

در خاور میانه نمی توان گفت که شکنجه نیست؛ چون این معنی برداشت می شود که پس دمکراسی وجود دارد. یعنی رسانه ها، نمایندگان حقوق بشر، وکلا- آزادی تردد به زندانهای را دارند. معیارهای دمکراسی اندازه پذیر، رسانه ای، مریی اند. مثلا بودجه سالانه کاخ آمر عددی مشخص است که مجلس آنرا هر سال تصویب می کند. پادشاه اسپانیا، کارلوس در ژوییه 2012 بخاطر وضع بداقتصادی کشور خواستار کاهش مستمری سالانه خود از 380 هزار دلار شد. دیده می شود که بیسقف بودن هزینه سالانه کاخ مقر آمر در نظام استبدادی امر جهانشمولی است. میلانی در کتاب 500 صفحه ای شاه، بودجه سالیانه دربار را از قلم انداخته!

در خاور میانه هم نمونه های شکنجه بصورت عکس، ویدیو، خاطره نویسی، گزارشات سازمانهای حقوق بشر از جمله سازمان ملل و عفو بین الملل ضبط شده اند. ماموران شکنجه هم پس از برگشت ورق در تلویزیون یا خاطرات خود شکنجه و قتل در زندان را اذعان کرده اند؛ گاهی با گریه و پشیمانی. حتی خود شاه در تلویزیون وقتی از "ظلم و فساد" دوره پهلوی حرف می زد گریه کرد. اشرف دهقانی از درجریان بودن شاه در شکنجه منجر به قتل بهروز دهقانی گفته؛ در نوشته دیگری از دستور شاه در قتل حمید اشرف در تیر 55 سخن بمیان آمده.

http://www.asre-nou.net/php/view.php?objnr=22162

ولی روشن نیست که شاه قانون اساسی را خوانده بود یانه. او فارغ التحصیل دیپلم دبیرستان له روزی لوزان سوییس بود؛ تخصص قضایی نداشته؛ لذا کلمات انتزاعی "بیقانونی و ظلم و فساد" در نطق آخرش را بدون در نظر گرفتن مفاد

قانون و خسارات برای افراد و خانوده های مورد "ظلم و فساد" عوامانه بیان کرد. یعنی حواسش نبود که این مقولات در دادگاه پیامد قانونی زندان و جریمه مالی برای خاطیان از جمله خودش و خواهرش در بر دارند.

ظلم یعنی تضییع حقوق شهروندی فردی مشخص در زمانی معین در جایی با مقررات قانونی؛ فساد یعنی افزایش ثروت از طرق غیرقانونی توسط فرد/ گروهی مشخص در موردی معین. در دولت مدرن دادگاه باید برای این مقو لات تجریدی در موارد مشخص پرونده تشکیل دهد. این موارد مشخص می توانند قتل وارطان، شوشتری، قندچی، دکتر خانعلی، جزنی، بهروز دهقانی، یا حتی مرگ تختی، بهرنگی باشند. این دادگاه می تواند به رشوه گیری سپهبد کیا، طوفانیان، اشرف خواهرش در مورد مشخص بانکی، کارخانه، زمین رسیدگی کند؛ خاطیان را جریمه کرده؛ خسارت از محل ثروت خاطیان یا بودجه دربار به قربانیان داده شود. در 35 سال "بیقانونی و ظلم و فساد" نقض مستمر حقوق بشر، اعدامها، ترورها، تجاوزهای جنسی، شکنجه- ادامه سرکوب رژیم گذشته با نفرات بیشتر در رژیم پساانقلاب. مستند علامه زاده در مورد تجاوز جنسی در زندان <u>http://www.balatarin.com/permlink/2009/8/18/1709835</u>

این نیست که مرگ جسمی و خسارات مالی را با چند کلمه گفتاری ماستمالی کرد. چون خودکامه قانون را زیر پا می گذارد؛ همچون مافیا در اختفا و با چراغ خاموش فعالیت می کند؛ لذا حرکات غیرقانونی او با شیوه های غیرمستقیم استنتاج می شوند. در مورد فساد مالی هم ثروت وراث بوسیله دادگاه برای خسارت به قربانیان مصادره و توزیع می شود. ظلم و فساد راس حکومت مسایل قضایی اند؛ با انتقاد گفتاری وراث ماستمالی نشده؛ باید در دادگاه مطرح شوند.

در کاخ، محل سکونت آمر مستبد، ابزار ضبط رویدادها یعنی فرمان شکنجه نیست؛ نیز در اتاق شکنجه هم چنین ابزاری نیست. لذا برای ادراک وجود شکنجه میماند شهادت شکنجه شده، شهود برخی شکنجه گرها با بیداری وجدان اجتماعی در شرایط جدید، خود اتاق شکنجه با ادوات فشار بازجو بر زندانی. نیز کاربرد شکنجه در جهان، جهانشمولی رابطه استبداد با شکنجه در دیگر نقاط جهان در برهه های تاریخ در آرشیو دولتی هر کشور، کتابخانه ها، پرونده پزشگی- قانونی درج شده اند.

در سطح فردی هم روانشناسی قدرت استبداد، سلطه فرهنگ استبدادی، رانشهای غیض، تکانه های سادیستی ارایه شده اند. در کتب، عکسها، فیلمها، ادبیات- شکنجه باز آفریده شده. سازندگان ادوات شکنجه در جهان و در کشور را می

توان ردیف و تشریح کرد. با این قراین و شهود برخی وجدانهای انسانی/ هنری به بازسازی گذشته متروک با ابزار حسی مانند کلام، فیلم، عکس می پردازند. یک نمونه تصویری فیلم زد، به یونانی بمعنی او زنده است، می باشد. لومپنهای ضربتی و شکنجه گر در فیلم زد بسیار واقعی اند. فیلم زد در باره ترور 1963 لامبراکیس، نماینده دمکرات یونان، اثر کوستا گاوراس می باشد.

مبارزه با عمله جات و ابزار ظاهری استبداد مهم بوده؛ ولی مهمتر مبارزه با مرکز استبداد است. مبارزه با استبداد با تغییر ساختارهای فرهنگی، اقتصادی جامعه در روندی تدریجی و طولانی به ثمر می نشیند. بهرجهت برای تقلیل استبداد باید فرهیختگان جامعه جستارهای خود را نشر کنند؛ در همایشها تعامل کنند. افراد فرهیخته مانند جامعه شناس، روانشناس، کنشگر اجتماعی، حقوقدان، اقتصاددان، تاریخدان، دینکار خردگرا، روزنامه نویس، وکیل دفاع، مدیر زندان، پلیس- نظرات خود را ارایه دهند. نماینده اقشار و طبقات مانند زن، دانشجو، کارگر، کارمند، مدرس نظرات خود را برای جمعبندی عرضه کنند.

شکنجه در قانون بین المللی غدغن است- بخاطر غیراخلاقی یا ناکارآمدی. بنا به اعلانیه حقوق بشر 1984 ماده 5، و قرارداد ژنو در مورد زندانی جنگی- اسیر نباید شکنجه شود. ساواک چریکها را چون زندانیان جنگی در دادگاه نظامی محاکمه کرده؛ ولی آنها را برخلاف قرارداد ژنو، شکنجه می کرد. قرارداد منع شکنجه سازمان ملل را 147 کشور امضاء کرده اند؛ ولی ضامن اجرایی ندارد. سازمانهای جهانی مانند عفو بین الملل و صلیب سرخ نقض حقوق بشر و شکنجه در 200 کشور جهان را زیرنظر دارند؛ 81 دولت شکنجه می کنند؛ برخی در ملاء عام. شکنجه دولتی، دینی، سازمانی، فردی می تواند باشد. آزار جانوران هم در کشورهای مدرن جرم است.

شکنجه در قانون اساسی هر 200 کشور عضو و منشور سازمان ملل متحد ممنوع است. یعنی شکنجه گر در دادگاه اگر نتواند رفع اتهام کند؛ مجرم اعلان شده؛ معمولا او به حبس طولانی محکوم می شود. لذا هم آمر و هم مامور بخاطر غریزه صیانت نفس خود در برابر رسانه های گروهی و تاریخنویسی به دروغ شکنجه را انکار کرده؛ می گویند: در مثلث آمر- مامور- زندانی، شکنجه وجود ندارد. با برهان خلف اگر کسی بگوید در خاور میانه شکنجه وجود ندارد؛ او می گوید استبداد وجود ندارد.

با ادعای فوق در عدم شکنجه، پس باید گفت: زندانی دروغ می گوید که شکنجه شده؛ تمام شهود گذشته در کشور بومی و

در جهان دروغ اند. این کتمان کذب بدین معنی است که در جامعه حقوق قانونی اجرا می شوند. ولی نبود رسانه های مستقل از دولت، وکلای مدافع، حق خسارت قربانی بوسیله دادگاه، مدارک پزشگی جراحات قربانی در کلینیکها- این جامعه را استبدادی مقوله بندی می کنند.

لذا در جامعه استبدادی شکنجه وجود دارد. این نیست که مقام امنیتی، یعنی یکی از مستبدان، با ارقه گی و توضیح واضحات شکنجه را در دهه 50ش "غیرقانونی" خوانده؛ ولی در ژرفا آنرا تلویحی اقرار کند. این انکار شکنجه بمثابه غیرقانونی قلمداد کردن رشوه، فساد مالی، دزدی است؛ ولی در دولت دکتر امینی سرلشگر کیا بجرم فساد مالی به زندان افتاد. پس "غیرقانونی" خواندن "فساد و ظلم" اظهار واضحات است. مسئله این ست که برخی دولتمردان دزد -چه در ایران چه در آمریکا- فساد مالی انجام داده؛ گاهی گیر افتاده؛ گاهی زندان هم می روند. پس باید دادگاه به مورد مشخص شکنجه قربانی رسیدگی کند. لذا رای دادگاه و نه ادعای مقام امنیتی فراری حجت است. ولی با منطق می توان گفت امور "ظلم و فساد" غیرقانونی بودند؛ شاه در نطق تلویزیونی آخرش به وجود "بیقانونی و ظلم و فساد" در سلطنت پس از کودتای 28 مرداد 32 اذعان کرد.

استبداد فکر می کرد با قتل جوانان آزادیخواه دوام خود را تضمین می کند. ولی با هر قتل نفرت مردم را از خود برای سرنگونی استبداد تعمیق می کرد. قتل یک شهروند مانند حمید اشرف یا جزنی در لحظه ترور برای دستگاه سرکوب آسان است. ولی در زمان انقلاب آمران و ماموران "ظلم و فساد" یا متواری می شوند یا اعدام. لذا در نهایت استبداد سقوط می کند.

شکنجه چون غیرقانونی بوده؛ از دید عموم مخفی است. لذا آمر و مامور وجود آنرا در دستگاه حاکمیت تکذیب می کنند. با این تکذیب آنها منکر استبداد در جامعه می شوند. ولی شاه در نطق آخرش از "استبداد" در گذشته می گوید. پس انکار استبداد را شاه نفی می کند. این نفی گفته مقام امنیتی است. اگر در جامعه آزادی بود؛ آنگاه می توان پرسید: پس چرا رسانه ها، روزنامه نگاران تحقیقی، وکلای مدافع، سازمانهای حقوق بشر به زندانها رفت و آمد نداشته اند؟ اگر شکنجه نبوده؛ چرا درهای زندانها بروی رسانه ها قفل بودند؟ چرا انقلابیون کپسول سیانور در دهان داشته؛ تا بهنگام خطر زنده بدست ساواک سفاک نیافتند؟

چرا یک شکایت به دادگاه برای تحقیق دادگستری یا گزارش نتایج مستند این تحقیق در جامعه وجود ندارد؟ چرا زندان فراموشخانه، تاریکخانه، سیاهچاله نامریی، ورای قانون

است؟ چرا زندانی نمی تواند از بازجو/ شکنجه گر شکایت
کند؛ تا دادگاه تشخیص دهد که شکنجه بوده یا نه؛ نه
کتمان آمر و مامور شکنجه در جامعه استبدادی؟ اگر شکنجه
نبود، چرا در دهه 50ش قربانیان نمی توانستند در دادگاه
تقاضای خسارت از ساواک بکنند؟ آنگاه دادگاه در مورد
شکنجه تشخیص بدهد. چرا شکایات شکنجه شدگان در مجلس مطرح
نمی شدند؟

در تقابل با 100 ها زندانی سیاسی، آمر و مامور می گویند
شکنجه نبود. قربانیان آثار شکنجه را روی پوست، اعصاب،
مفاصل، روان خود در ادبیات گواهی دادند. در کلینیکها
جنب زندانها اسناد جراحت زندانیان موجود اند. چرا ساواک
منفور مردم بود؟ در آمریکا سیا/ اف بی آی در جامعه
مانند دیگر ادارات دولتی فدرال فعالیت کرده؛ اطلاعات
بازجویی و تجسس را به دادگاه برای جلب متهم می دهند. در
دادگاه با ثبوت جرم، متهم حبس یا جریمه می شود. در روند
قضایی شکنجه دیده نمی شود؛ تازه وکیل مدافع و رسانه ها
سلامت روند قضایی را به اذهان عمومی می رسانند. دفاع
حقوقی بنا به قانون جزا یا سیاسی بنا به آرمانهای مبارز
بود. جان ثورن در گزارشی به کنفدرسیون دانشجویان شهادت
داد بمثابه وکیل ناظر 1351 در دادگاه نظامی احمدزاده ها
برای ضدیت با رژیم شاهنشاهی نه مشروطه سلطنتی گفت:
مسعود پشت سوخته اش با منقل برقی و شکنجه ساواک ثابتی
را با در آوردن پیراهن در دادگاه باو نشان داد.

در جامعه مختنق، با نبود رسانه ها، وکیلان مدافع مستقل،
حق درخواست خسارت، نهادهای حقوق بشر- ادبیات سند جنایت
استبداد است. لذا برای درک جنایت به سراغ ادبیات باید
رفت. با تورق در صفحات ادبیات شکنجه، توهین، درد،
تجاوز، هتک حرمت، تب، نقص عضو، اعدام، بی پناهی، ستم،
جور، دهها اجحاف اجتماعی دیگر را می توان رصد کرد. روشن
است شاعران بنا به تعهد خود به جامعه، حقیقت، عدالت،
تاریخ- چون دوایر متحد المرکزند که فجایع و ستم رژیم
مستبد را تبیین می کنند. در نیود رسانه های به زندان
شاعران وضع زندان، شکنجه، اعدام را "ثبت بر جریده عالم"
کرده اند. شاملو میگوید: کباب قناری/ بر آتش سوسن و
یاس/ روزگار غریبی ست نازنین. سعید سلطانپور در زندان
قصر 1356-1353می گوید: زندانها
از شبنم و شقایق
سرشاراند
و بازماندگان شهیدان
انبوه ابرهای پریشان وسوگوار
درسوگ لاله های سوخته
می بارند.

271

چون آمر و مامور در مسند قدرت، به شکنجه در نظام اقرار نمی کنند تا حفظ ظاهر کرده؛ مکافات قضایی را دور بزنند؛ لذا باید شهود و منطق را بکار برد. معمولا در هر دادگاهی متهم خود را بیگناه اعلان می کند. در اتاق دادرسی متهم، خانواده مقتول، هیئت ژوری/ منصفه، چند وکیل مدافع و قاضی- منطق و موارد مشابه جنایت در تاریخ، برخی اقلام بجامانده forensic بکار می برند. بخاطر نبود دوربین فیلمبرداری از ارتکاب جنایت، صحنه جنایت در اتاق شکنجه، شاهدان صحنه در دادگاه بازسازی می شوند. در باره جرم تبادل آراء شده؛ تصمیم می گیرند. دادگاه پس از ارتکاب جنایت برای تصویر جنایت در برابر هیت ژوری/ منصفه می باشد تا بگناه/ بیگناهی متهم رای داده شود.

خودکامه ها، هم در راس حکومت هم در راس ساواک، می گویند شکنجه نبود. قربانیان میگویند شکنجه بوفور وجود دارد. چرا دادگاههایی بتعداد دادگاههای ساواک تشکیل نشد تا اتهامات قربانیان را بررسی حقوقی کنند. بخاطر ماهیت مافیایی استبداد شواهد اجتماعی غیرشفافند؛ لذا با منطق استنتاجی، شواهد بین المللی، اسناد تاریخی، کتب و مقالات قربانیان، تکذیب آمران و مزدوران موارد شکنجه بررسی حقوقی می شوند. مصاحبه مایک والاس- شاه 1978 در باره شکنجه در ساواک. به چهره و چشمان نگران شاه توجه شود که با تکرار پرسش برای گرفتن زمان بیشتر، می گوید در گذشته شکنجه در ساواک بوده. پس باید می گفت که آمران و ماموران شکنجه را دادگاهی خواهد کرد.
http://www.youtube.com/watch?v=u8u2UKWCHtM

در مصاحبه ثابتی با دهقانپور از صدای آمریکا، پرویز ثابتی فراری، بدون چهره، پس از 30 سال شکنجه را "غیرقانونی" اعلان می کند. این ساواکی متواری با غریزه بدوی صیانت نفس، یعنی کتمان حقیقت با واکنش غیرارادی هر تبهکار در دادگاه، اظهار نظر می کند. اصلا هر دادگاه مدرن اصل را بر بیگناهی متهم می گذارد؛ در آنجا نظرات طرفهای متخالف ماجرا مطرح می شوند؛ شواهد عینی/ مادی، حضور رسانه ها، وکلای نهادی های حقوق بشر جهانی، شهود و اسناد طبی، اطلاعات در باره سرنخهای عناصر شکنجه سیا و موساد- ارایه می شوند. هیت منصفه جرم/ برائت را اعلان می کند. خب خیلی از دولتمردان کارهای غیرقانونی کردند؛ از جمله خود شاه و نصیری که زندان هم افتاد. در یک دادگاه اسناد عفو بین الملل و صلیب سرخ در دهه 1970 میلادی ثابتی می تواند بدون آنکه هیچ واکنشی از سوی خبرنگار/ دهقانپور/ برانگیزد، بگوید: بنده همیشه به سهم خودم با شکنجه که یک چیز غیرقانونی بود مخالفت کرده ام و چون حقوق خوانده بودم به سهم خودم همیشه با هرچیزی که منجر به شکنجه شود مخالفت کرده ام و هیچ وقت هم خودم نه

شکنجه دیده ام (منظور این است که شاهد شکنجه نبوده است
- س.م.) و نه بازجویی کرده ام .
http://www.akhbar-rooz.com/article.jsp?essayId=43628

ساواک نخست برای شناسایی و بازداشت اعضای حزب توده از
رکن 2 جدا شد. کمی بعد جمع‌آوری اطلاعات، انبار تشکیل
پرونده های سران لشگری و کشوری، زیر نظر گرفتن مخالفان
و منقدان حکومت به کارکرد ساواک افزوده شدند. تا انحلالش
سانسور کتب، مطبوعات، آثار هنری، تخریب احزاب و
سندیکاها - جامعه را از نظر سیاسی به عصر جنبش شیعی
تنباکو 1880 عقب برد. در قیام 15 خرداد 42 و سپس کمی پس
از بهار آزادی بهمن 57 تا 30 خرداد 60، این فرهنگ سیاسی
قرون وسطایی ردیف سلفیان عربستان و طالبان افغانستان
تبلور یافت.

چتر سیاه ساواک سپس بر دانشگاهیان، اتحادیه‌های کارگری،
ایلات، روحانیون شیعه، نویسندگان، خوانندگان، هنرمندان
فیلم و تئاتر، ژورنالیست‌ها، ادیبان گسترش یافت. ساواک
نیز در دهه 40ش در خبرچینی برون مرزی دانشجویان ایرانی
مخالف مانند کنفدراسیون دانشجویان، سازمانهای جبهه ملی
و چپ را هم تحت نظر داشت.

از ۱۳۴۲ به بعد شاه سازمانهای امنیتی از جمله ساواک را
بجان جوانان انداخت. شاغلان ساواک از ۵۳۰۰ مامور تمام‌وقت
و تعداد بسیار اما نامعلومی از خبرچینان پاره‌وقت تشکیل
می‌شد. ساواک در سرکوب عناصر ضدنظام سلطنتی فعالیت
گسترده‌ای داشت؛ ولی پس از هدر دادن بودجه های سالانه و
قتل جوانان در بهمن 57 شکست خورده؛ سرانش یا متواری شده
یا اعدام شدند. ساواک عامل شکنجه اعدام مخالفین به ویژه
انقلابیون ایران شناخته می‌شد. چنانکه بین ۱۳۵۰ تا ۱۳۵۵،
۳۶۸ چریک مخالف حکومت را به قتل رساند. بین ۱۳۵۰ تا
۱۳۵۷ یعنی سرنگونی شاهنشاهی حدود ۱۰۰ زندانی سیاسی را
اعدام کرد. این جوانان از پراستعدادترین وجدانهای بیدار
جامعه بودند.

شیوه های شکنجه جسمانی ساواک اینها بودند: وارد آوردن
شوک الکتریکی، کلاهخود آپولو، شلاق‌زدن، کتک‌زدن، داخل
نمودن خرده‌شیشه/ آب جوش در مقعد، بستن وزنه‌های سنگین به
بیضه، کندن/ کشیدن دندان و ناخن. عدم تیمار جراحات
مصدومین، دریغ حمام/ مستراح، کتک، فحاشی، تهدید،
انفرادی، بیخوابی، گرسنگی- برای عذاب روح و شکستن عزت
نفس و شخصیت هم بکار می رفتند. شکنجه و اعدام برای
زندانیان سیاسی مرد و زن بود. رک به گوشه هایی از شکنجه
ساواک نوشته فاطمه سعیدی/ مادر شایگان. نظر شاه در باره
انجام اعدام زنان سیاسی هم، در سری مقالات 2012 سرگرد

پرویز انصاری در افشای کتاب مقام امنیتی، ثابتی، آمده است. زمانی بازه در 1353-1355: خود من به دستور مستقیم ثابتی در همان دوران مورد شکنجه واقع شدم. از گفتگوی تلفنی مهدی اصلانی با ویدا حاجبی
http://www.asre-nou.net/php/view.php?objnr=22225
http://www.akhbar-rooz.com/article.jsp?essayId=46926
http://fa.wikipedia.org/wiki/

زندانیان سیاسی از پراستعدادترین و باوجدانترین جوانان میهن اند. شکنجه، قتل در زندان و اعدام آنها نه تنها این استعدادهای بزرگ را خاموش می کند؛ بلکه فرزندان آنها را هم از جامعه دریغ می کند. وقتی دکتر پردیس ثابتی، دختر مقام امینی دهه 50ش، مقامی علمی و هنری در آمریکا می شود؛ چرا فرزندان پویان، احمدزاده، و 468 شهید دیگر نتوانستند به دنیا آمده؛ مقامهای علمی، هنری، ورزشی، مدیریت، ادبی تحصیل کنند. لذا رژیم با شکنجه و قتل، جوانان سیاسی و نسل بعدیشان را هم در نطفه هلاک می کند.

منابع. 12/09/2018
عاطفه جعفری. http://www.dw.de/
پانویس. ‌محمّد رضا پهلوی در ساعت 10 صبح 16 آبان ۱۳۵۷در تلویزیون آخرین نطقش را روخوانی کرد: ملت عزیز ایران در فضای باز سیاسی که از ۲ سال پیش به تدریج ایجاد می شد شما ملت ایران علیه ظلم و فساد به پا خاستید. انقلاب ملت ایران نمی تواند مورد تأیید من بعنوان پادشاه ایران و به عنوان یک فرد ایرانی نباشد.. بار دیگر در برابر ملت ایران سوگند خود را تکرار میکنم و "متعهد" می شوم که خطاهای گذشته و بی قانونی و ظلم و فساد دیگر تکرار نشده بلکه خطاها از هر جهت جبران نیز گردد "متعهد" میشوم که پس از برقراری نظم و آرامش در اسرع وقت یک دولت ملی برای برقراری آزادی های اساسی و اجرای انتخابات آزاد تعیین شود تا قانون اساسی که خون بهای انقلاب مشروطیت است بصورت کامل بمرحله اجرا در آید.

من نیز پیام انقلاب شما ملت ایران را شنیدم. من حافظ سلطنت مشروطه که موهبتی است الهی که از طرف ملت به پادشاه تفویض شده است هستم و آنچه را که شما برای بدست آوردنش قربانی داده اید تضمین می کنم. تضمین می کنم که حکومت ایران در آینده بر اساس قانون اساسی، عدالت اجتماعی و اراده ملی بدور از استبداد و ظلم و فساد خواهد بود.

من از شما "پدران و مادران" ایرانی که مانند من نگران آینده ایران و فرزندان خود هستید میخواهم که با

راهنمایی آنان مانع شوید تا از راه شور و احساسات در آشوب و اغتشاش شرکت کنند و بخود و میهنشان لطمه وارد سازند . من از شما جوانان و نوجوانان که آینده ایران متعلق به شماست می خواهم تا میهنمان را به خون و آتش نکشید و به امروز خود و فردای ایران ضرر نزنید.. من از همه شما هموطنان عزیزم می خواهم تا به ایران فکر کنید . همه به ایران فکر می کنیم . در این لحظات تاریخی بگذارید همه به ایران فکر کنیم ... امیدوارم در روزهای خطیری که در پیش داریم خداوند متعال ما را مورد عنایت و لطف خود قرار داده و همواره موید و حافظ ملک و ملت ایران باشد .

توجه شود به عوامانه گی و بیخبری از کارشناسی قضایی محمد رضا پهلوی از قانون . او "متعهد" می شود دیگر " بی قانونی و ظلم و فساد" نباشد . ضامن اجرایی این تعهد کجاست؛ تضییع حقوق شهروندان در گذشته چه می شود؟ در حالیکه باید دادگاهی حقیقت یاب با حضور وکلای حقوق بشر سازمانهای بین المللی به تضییع ، شکنجه ، اعدام جوانان رسیدگی می کرد؛ خسارت مالی یا از بودجه ناروشن دربار یا از دولت به زندانیان سیاسی یا وارثان مقتولین پرداخت می شد؛ آمران و ماموران محکوم شده یا زندان یا عفو می شدند- ولی برای عبرت تاریخ شناخته می شدند . در این صورت بود که شورای سلطنت می توانست موج انقلاب سیاسی و بحران اقتصادی را قبل از بهمن 57 از سر رد کند . وجود شکنجه و قتل در زندانهای دولت شاهنشاهی با شعار "بیقانونی و ظلم و فساد" در محکمه تاریخ مستند می شد؛ بقول حافظ به "ثبت در جریده عالم" می رسید .

ممیزی و جامعه

در یک نظام ایده الوژیک ممیزی در پندار، گفتار، کردار شهروندان در جامعه بنا به معیارهای حاکمیت رخ می دهد. در پندار بوسیله اعتقادات تحمیلی، دکترین حاکمیت، ادبیات مروج تک نظری گذشته گرا همراه ایجاد ترس، گناه، تهدید می باشد. در گفتار از طریق وزارت ارشاد که شرایین خلاقیت ادبی و هنری نخبگان و برنامه تحصیلی ملی را قبضه کرده؛ آنها را می فشرد و بیرمق می کند. در کردار از طریق گشت عناصر دولتی انواع پلیس و ماموران لباس شخصی در خیابانها. جوانان را بخاطر چند سانت کوتاهی شلوار یا مانتو که اکثریت قریب باتفاق 200 کشور عضو سازمان ملل عادی است و در قانون تصویب نشده آزار می دهند.

نظام استبداد ایده الوژیک در هر 3 حوزه پندار، گفتار، کردار شهروندان ممیزی می کند. معیار حزبی می تواند فاشیسم نژادپرستانه باشد. نمونه: آلمان نازی، آفریقای جنوبی قبل از مندلا، اسرائیل با تضییع حقوق فلسطینیان از 1948، یوگسلاوی سابق. می تواند تقدیس پرولتاریای انتزاعی باشد. نمونه: گولاگ اختناق استالینی، کوچ اجباری در کامبوج، انقلاب فرهنگی و هتک حرمت نخبگان در چین توده ای. ممیزی میتواند مذهبی باشد. نمونه: سلطه کاتولیکها در قرون وسطا، فتوای مفتی ها در عربستان، طالبان در افغانستان. خاخامهای ارتودکس یهود در نحوه پوشاک، تغذیه، عدم تحصیل عالی زنان. عدم مجوز ارشاد به 50 هزار عنوان در 1392، آثار هدایت، شاملو، دولت آبادی.

با درآمد نفت دولت بنیه مالی کافی برای گسترش سانسور در 3 حیطه پندار، گفتار، کردار شهروندان دارد. در کشور های غرب سانسور در حیطه عفت عمومی و سیاست خارجی بنا به قانون که در مجلس نمایندگان ملت تصویب شده، اجرا می شود. البته گاهی موارد با سلیقه ی پیشامدرن بوروکرات حق شهروندی را اینجا و آنجا تضییع می کند. ولی خیلی زود بخاطر افشاگری رسانه های گروهی و نهادهای صنفی عقب نشینی می کند. همزمان شهروند حق بردن مورد تضییع حقوق خود را به دادگاه داشته؛ در دادگاه از مرحله بدوی ایالتی تا دیوان عالی کشور میرود که در نهایت از حقوق قانونی صیانت شود.

در رژیم ایده الوژیک جامعه به خودی و غیرخودی تقسیم می شود. حاکمیت متمرکز و صاحب بودجه ملی در برابر شهروند بی پناه، پراکنده، با منابع مالی ناچیز قرار دارد. شهروندی که نمی تواند بمصاف قدرت دولتی برود. تضیع حقوق

در ذهن مردم انباشت می شود؛ تا در اعتراضات خیابانی تجلی کند. در دولت متمرکز ثروتمند ممیزی سلیقه ای، محلی، قروق گر می باشد؛ قانونی، کشوری، تعاملی نیست. ممیزی بازوی اجرایی خود را در کتب آموزشی، ادبیات، هنرها، دانشگاهها، خیابانها، نهادهای صدور اجازه نشر و پخش اِعمال می کند. گاهی پس از مجوز پخش به فروشگاهها یورش برده؛ نسخ کتاب، فیلم، ویدیدو را نابود می کنند.

قانون از نظر متن روشن است؛ اجرای موارد گوناگون آن در گذشته مکتوب اند. مجریان مسئولیت اجرایی هم دارند. تعدی کنندگان به حقوق مردم پیگرد جزایی دارند. رسانه ها اخبار نقض قانون را به مردم می رسانند. قانون بداهه سرایی نیست. قانون قراردادی است که نمایندگان مردم با شور به تدوین و تصویب آن همت می گذارند. این نیست که یک مامور عالیرتبه به زیر دستانش بگوید جوانان با پاچه کوتاه شلوار چند سانت بالای قوزک پا با خشونت جلب شوند؛ بدون پشتوانه قانونی مورد توهین، تهمت، تهدید قرار بگیرند. کجای قانون تصویب شده که چند سانت کوتاهی شلوار منجر به جلب شهروند، جرم تلقی می شود.

سانسور حذف یک کلمه در متن نیست؛ حذف ایده های خلاق و تنگی عرصه بر آفرینش هنری است. سانسور لگام گسیختگی، بی بندو باری، قلدری دولت است که قانون را دور می زند. سانسور اجرای قانون و معادله بازار فروش عقاید را بطور سلیقه ای، بیرویه، بطور محلی تعدیل می کند. سانسور تیغ قدرت لحظه ای بر خلاقیت نیست؛ بداهه گرایی فردی قادر است که آینده جامعه را سرگردان و بداهه گرا می کند. لذا آسیبهای آن بمراتب مهیبتر از تغییر کلمه است.

در دراز مدت بخشهایی از جامعه را بسوی فساد اخلاق و تباهی شخصیت می برد. سانسور اثرات مخرب بر جامعه در روال استدام خود دارد. تیغ ممیزی در بریدن کلمه در لحظه مرور سلیقه ممیزچی در حذف کلمه روی کاغذ در دست او نبوده؛ فروپاشی اخلاق و فرهنگ در جامعه را بدنبال دارد. کلمه کلید گشایش آزادی اجرای قانون است. کلمه سیاهی بر سفیدی کتاب نیست؛ صاعقه ای در فردای جامعه است. حذف کلمات تخریب فرهنگ و اخلاق جامعه است. خمیر کردن/ سوزندان کتاب نابودی خلاقیت ملی را در پی دارد. سانسوز سکوت انسان باوجدان بدست شیطان است.

سانسور واژه فرانسوی بمعنای تنبه / توبیخ فرد یا تحکم به فرد بوسیله نهاد بااقتدار یا محدودیت/ حذف سخن است که عضو دولت بآن اعتراض دارد، آنرا حساس، زیانبخش، ناراحت کننده می یابد. علت سانسور میتواند اخلاقی، نظامی، سیاسی، مذهبی، اطلاعات محرمانه دولتی، چم خم صنعتی،

تجاری، کارخانه باشد. سانسور سیاسی در کشورهای استبداد فردی/ حزبی فراگیر است؛ زیرا روزنامه نگاری مستقل از دولت وجود ندارد.

نشریه سامیزدات زیرزمینی بود؛ اخبار مبارزه در شوروی را محدود پخش میکرد. اکنون چین توده ای 30 هزار پلیس اینترنتی دارند. کدام حاکمیت، سانسور مانا بود؟ اختناق شوروی، پرونده سازی بضد شهروندان بلوک شرق، ساواک شاهنشاهی- همه ورچیده شدند. سانسوز بعثی، خونتای نظامی یونان، سانسور موسیقی، نقاشی، هنر بوسیله مذهب

این گذار مراحل زیر را دارد. اگر رشد یک نویسنده از سن بلوغ به بعد مداقه شود؛ دیده می شود که او در چرخه ادبی از 4 فاز عمده عبور می کند. 1- ادیب جوان از درون/ ذهن به بیرون/ عین می خزد. بروز استعداد و خلاقیت ارثی، مطالعه آثار گذشتگان، بحث با دوستان یا گاهی با معلمان، تولید دستنوشته ها در قدیم، تحریر ایمیل/ چت/ پرونده متنی از دهه 80ش ببعد. او در ضمیر خود پذیرش، امر، نهی، توبیخ، تشر، سانسور خفیف، تقیه را در برخورد با محیط خانوادگی، دوستی، مدرسه سبک سنگین می کند. برخی عواطف، احساسات، محرکات مانند تنهایی، حسادت، رقابت، پاداش، تقاص، غم، شهرت در ذهن او شکلگیری کرده؛ رفتار او را بکنترل می کشند.

2- اگر ادیب شخصیتی برونگرا داشته باشد به ترویج و تبلیغ اثر خود می پردازد. اگر نوگرا باشد محیط در برابر اثر او مقاومت، مذمت، شماتت پیشه می کند؛ اگر اثر مشق کار گذشتگان در صافی فرهنگ رایج باشد شاید با به به چهچه روبرو شود. علل اینکه فرد به پخش آثار ادبی خود در اجتماع می پردازد؛ خارج از حوصله جستار کنونی است.

ولی این عبور از ذهن/ پندار فردی به عین/ گفتار و رفتار اجتماعی علل خود را داشته؛ درگیریهایی با محیط صاحب اثر تولید کرده؛ پاداش/ تنبیه بدنبال داشته؛ راهکارهای خلاقانه برای تبلیغ و پذیرش اثر در محیط بسته بوسیله صاحب اثر می طلبد. ادیب محصول تولیدی خود را در جامعه باید آب کند، بفروشد. این ارایه محصول فردی در جامعه از خوانهای فرهنگی، رسومات تاریخی، منافع مالی، منزلت طلبی، سلیقه های مختلف باید بگذرد.

3- زمانی است که ادیب آثار انباشت شده خود را برای گرفتن جوایز دولتی یا محفلی بیرون از خانه خود میفرستد؛ آنرا به نشریات کاغذی/ مجازی ارسال می کند. با نشر آن، نظرات دیگران در باره اثرش ارایه می شوند. او در تقابل با ثقل فکری خانواده خود قرار می گیرد. خوانندگان در

مورد زندگی ادبی یا حتی خصوصی ادیب جوان کنجکاو می شوند. آنها میخواهند اثر در دست را با معیارهای زندگی ادیب محک بزنند. تاثیر دیگران را در کارهای او ارزیابی کنند؛ ابداعات او را تجزیه و تحلیل کنند. او را یا به محفل خود با تعارفات بچسبانند یا با حسادت و زبان منفی از آن دفع کنند. ادیب از خود، اثرش دفاع کرده؛ توضیح می دهد.

در پروسه درگیری با اجتماع، سایر شبکه های مغزی ادیب روشن می شوند. این شبکه ها میتوانند منزلت طلبی، تمایز، هدف از نوشتن، حقیقت گویی، وجدان برای افشای ستم، ذوق برای بیان زیبایی طبیعت، لذت، پذیرش اجتماعی، حل مسایل برای پیشرفت، هدفمندی، برنامه ریزی باشند. در کله ادیب برای رسیدن به مقام اجتماعی، صدها مقوله دیگر در ناخودآگاه ادیب سربلند می کنند. گاهی نخاله هایی در مناصب قدرت پیدا می شوند؛ آنها تقاضاهای نامشروع از جوان ادیب یا هنرمند سینمایی را در لفافه یا رک مطرح می کنند. بویژه اگر دختر سر و شکل داری باشد با وعده مساعدت در آینده بقول صادق هدایت آب خود را تو کمر جوان خالی می کنند. بعد هم می روند سراغ بعدی.

4- ادیب با بلوغ اجتماعی، استقلال مالی از خانواده، چشیدن مزه شهرت/ مذمت اجتماعی، تخیلات راهبردی/ تاکتیک و راهکاری/ استراتژیک برای خود نقشه آینده ای را می کشد. او با درگیری با آپارات دولتی در کنترل اشاعه افکار در جامعه با گرفتن مجوز نشر، هزینه تولید و چاپخش کتاب، پاسخ به نقدهای در سطح استانی، پایتختی، ملی، جهانی روبرو می شود. خلاقیت او در برابر محافظه کاری و بقای شرایط موجود از طرف خودیهای حاکمیت و نخبگان فرهنگی در کنترل شریانهای ادبی کشور قرار می گیرد. خاطرات فرد، مشاهدات تناقضات در محیط، حقیقت جویی، روشنگری، عدالت، سدها مقوله دیگر در شخصیت ادیب جمع و تفریق می شوند تا پاسخی مطابق معیارهای اخلاقی و وضع مالی ش بدست آیند.

کنفرانسها، سفر بخارج، شرکت در هئیت ژوری ادبی، دفاع از برخی هنجارهای اخلاقی، صنفی، قشری، طبقاتی مسایلی می شوند که رفتار ادیب را تنظیم می کنند؛ پندارهای او را کانالیزه می کنند. در این بازه زمانی در حیات ادبی ادیب گاهی به مهاجرت از موطن خود مجبور می شود. مهاجرت می تواند داخلی یا حتی خط عوض کردن به مشغله دیگری یا بخارج باشد که مسایل جدیدتری از جمله زبان کشور مقصد برای ادیب مطرح می شود. در کنار زندگی ادبی حیات خانوادگی، کش و قوسها با اولیا، همسر، فرزندان، دوستان، دشمنان، منقدان، نهادهای ادبی، حقوقی، انتفاعی برای او پدیدار می شوند. ادیب مانند قواصی در اقیانوس واقعیات

محیط و تخیلات فردی باید زمانبندی زیرآبی را با روآبی برای خود تنظیم کند.

در دوایر ممیزی، تضادی وجود دارد: در حل المسایل آخوندها واژه های تناسلی بعربی نه طبی لاتین پشت سرهم ردیف اند؛ واریاسیونهای آن با حیوانات اهلی، محارم، تصادفی، عمدی، در بهشت استفتاء می شوند. ممیزی خم به ابرو نمی آورد. ولی اگر یک کلمه، مفهوم، اصطلاح مربوط به پایین تنه یا حتی بالا تنه مربوط به عشق در آثار زنان بیاید؛ تیغ سانسور آنرا بکل حذف کرده، یا مترادفی خنثی بجای آن گذاشته شده، یا جانشینی بیربط بکار باید برد.

البته منظور از سانسور یک فرد اجیر دولتی است که با حقوق مشتق از درآمد ملی نفت حق شهروند را تضییع می کند. هنوز لیست واژه های خط قرمزدار را دولت بیرون نداده تا خود نویسنده اثرش را سانسور کند. البته حکمت این عدم وجود لیست کلمات ضاله این است که نویسنده خودسانسوری کند؛ تا اثر ادبی از 2 صافی سانسور فرد و دولت عبور کند. سانسور واژه های جنسی، ضاله، سیاسی را در کتاب حذف می کند. شگفتی در این است که واقعیت در باره عمل لقاح در جانواران، انسان، حتی در گیاهان در تمام جهان وجود دارد. ولی بیان این عمل حرام/ تابو است. این عکس وردخوانی است که بیان برای تغییر واقعیت مد نظر است.

دنبال کلمات ضاله گشتن در اثر ادبی، پروسه تولید کتاب را طولانی، پرهزینه، نامطمئن می کند. تعلل منتجه، شوق نویسنده جوان را تقلیل میدهد. نمونه دور زدن سانسور: پیرزاد در داستان عادت می کنیم، برای خواننده غیر مستقیم بوسه بین آرزو و سهراب را تصویر می کند. آرزو از سهراب می پرسد مزه خمیر دندان را دوست داری یا روژ لب را؟ پاسخ سهراب: "هر سه را." این معنی بوسه برلب آرزو و 2 دیگر را می رساند. اینگونه تیغ سانسور دور زده می شود؛ ولی انرژی نویسنده برای ابداع شگرد و خواننده برای رمزگشایی هدر می رود. نکته دیگر اینکه سبک نویسش را غیرمستقیم و غامض می کند.

البته این نوع سانسور سلیقه ای بوده؛ معیار مشخص مانند غرب ندارد. نمونه: در آمریکا اسم آلتهای ورودی/ خروجی تناسلی و چند فعل مربوطه در رسانه ها و کتب پرتیراژ خط قرمزند - همین. ولی در ایران موی زن، دست و پا، دست دادن جهانی زن و مرد، ابراز تمایل طبیعی جنسی، نزدیکی با مرد حتی با لباس هم جزو منکرات اند. سانسور خانواده هم قوز بالا قوز است؛ زیرا زن نباید از احساسات، جذبه، تجارب خودش تو داستان بنویسد. شاید تاثیر این حجب

فرهنگی بر گزینه راوی در داستان دیده شود. زنان بناچار راوی کل، سوم شخص بکار می برند؛ تا روایت خصوصی نشود.

سدها مقوله دیگر مانند همخانه بودن ۲ شخصیت برادر و خواهر در فیلم، قوسهای اندام زن در پوشش رسمی، شنا در دریا، پوشاک ورزشی متعارف در جهان امروزی- سانسور و منع می شوند. چگونه است که پوشاک زنان را باید گروه پیرمردان بهزینه دولت، بدون مشارکت نسوان، با تعبیر سنت هزار سال پیش تعیین کنند؟ نور خورشید برای پوست برای ساختن ویتامین د برای مصونیت بصد امراض قلب در بدن مفید است. نیاز پوست زنان به نور خورشید با صحت مادران برای تولید نوزاد- اکثریت جامعه را تشکیل می دهند.

بررسی آسیبهای اجتماعی این امر و نهی های ناهماهنگ با جهان مدرن، نیاز به جستاری دیگر دارد. این فشارها جامعه را در حال انفجار قرار داده. تاجاییکه ابراز محبت بین ۲ طرف مجذوب ممنوع است. دست دادن، بوسیدن پیشانی، دست در دست گذاشتن زن و مرد جزو منکرات اند. شگفتی در این است که این رفتار بین ۲ همجنس آزاد است! در یک میهمانی مدعوین مرد هم دیگر میبوسند؛ ولی زنها را نمیتوان بوسید. در میهمانی/پارتی در غرب برعکس است: مرد و زن همدیگر را می بوسند؛ مردها بهم دست میدهند.

وقتی شهرنو را در ۱۳۵۸خراب کردند؛ مدتی گیجی جنسی در تهران زیر مهمیز کمیته ها حاکم شد. ولی پس از جنگ ۸ ساله، تن فروشی خیابانی، تاخت زدن زنا/ "خوابیدن" با فرد قدرتمند برای حل مشکل اجتماعی طرف نیازمند که گاهی به تجاوز بعنف هم میرسد بدون جزای قضایی رایج شد. مستندهای تصویری این تجاوزات در یوتیوب وجود دارند. نمونه: استاد و دانشجوی دختر زنجان، آخوند و خواهر مقنعه ای جوان در کرج، تجاوز جنسی به جوانان در زندان های مشهد، کهریزک، اوین. علامه زاده فیلمساز مترقی چند نمونه از این موارد را در یوتیوب گذاشت.

دولتمردان غالبن وجدان متوسط هم ندارند که بحال جوانی دربند، زیر شکنجه تنش لت و پار شده، ترحم کنند. مرتکبین جرم تجاوز مشمول رحمت دولتی می شوند. ولی شاهدان و متهمان در پنجه غضب دولت قرار می گیرند. البته این سنت ۱۰۰ سال است که در فلات جریان دارد؛ از آمپول هوا به دکتر ارانی، سردار اسعد و برادرش، فر خی یزدی تا خود آپولوی ساواک آریامهری، تا اسیدپاشی بر صورت زنان، سنگسار، تجاوز جنسی بعد سوزاندن مقتول برای پاکسازی صحنه جنایت در ۳۰ سال گذشته ادامه دارد.

البته در غرب هم درصد ناچیزی افراد مریض روحی وجود دارند که در لباس پلیس، مذهبی، معمولی شهروندی را دسته جمعی شکنجه کرده، باو تجاوز جنسی کرده، او را بقتل می رسانند. معمولا اگر مورد آفتابی شد، کلانتری پس از دوره طولانی دادگاهی بهزینه مردم یا بیمه شغلی به وکیل متهم خسارت دهد. در آمریکا 95% جنایات را 5% جمعیت می کنند.

نمونه ها: کتک زدن شبانه رادنی کینگ سیاه در لوس آنجلس بتوسط 4 پلیس سفید در بهار 1991 که در کلیپ شهروندی هوشیار ضبط؛ سپس در رسانه ها بطور وسیع پخش شد. این حادثه منجر به تظاهرات خشن سیاهان و قتل 50 نفر بتوسط گارد ضد شورش شد. تجاوز با دسته جارو به یک مرد جوان سیاهپوست مهاجر در مستراح کلانتری نیویورک در زمان جولیانی در 1999 بوسیله 3 پلیس شهری. تجاوز با باتوم به یک مرد جوان سیاهپوست مهاجر در کلانتری نیویورک در 2008 بوسیله 3 پلیس شهری.

موارد جنایت یا بخاطر اختلالات شخصیتی با رانش های دگرآزاری/ سادیستی یا نفرت ایده الوژیک از غیرخودی- معمولن اقلیتها- یا نفع طلبی بیوجدان در محیط شهری یا روستایی روزانه ماشین خبری را پر از مطالب جنایی، قضایی، داستانی می کنند. هرچه در زمان عقبتر رفته شود نمونه های تجاوز و قتل به اقلیتهای نژادی، جنسی، دگرباشان، مهاجران، مذهبی- فراوانتر اند. نقش افشاگرانه رسانه ها و پیگیری ان جی اوها، سپس وضع قوانین و اجرای آن، در تقلیل این گونه جرایم بسیار موثر اند.

سانسور لطمه به گسترش داستان / فیلمنامه می زند. وقتی زوج عاشق به در اتاق خواب می رسند؛ سکوت، تاریکی، تقیه حاکم می شود. در ادبیات رایج فلات سیر داستان توقف می کند. در ادبیات مدرن باز شدن در اتاق منجر به ظهور عواطف زوج در بیان تجربه باه- جامعه را تلطیف، آگاه، غیرخشن، باتجربه می کند. زیرا زوجهای خواننده/ بیننده اثر مدرن نمونه های گفتاری، کرداری برای احترام متقابل و ارضای خواستهای خصوصی دریافت کرده؛ بهنگام قرار گرفتن در شرایط همخوابگی با طرف آگاهی بیشتری نسبت به خود و طرف دارند.

لذا تصویر اجتماعی روال لقاح/ باه روابط زن و مرد را تلطیف و 2سویه می کند. این دریافت، درونسازی، درونبری ابژه کتابی/ فیلمی به ذهن فرد، در خانواده و اجتماع احترام متقابل را پدید می آورد. اصولن نقش زنان در تلطیف جامعه ی مدرن اولویت خاصی دارد. سکوت در تصویر کردن این نقش، آسیبهای اجتماعی در پرورش کودکان تولید می کند. در بازه کوتاهی منجر به بلبشوی جنسی شده؛ در

این بازه زمانی حقوق زنان، جوانان، کودکان از طرف صاحبان زور و زر اینجا و آنجا پایمال می شوند. این بلبشوی جنسی در فیلمهای ایتالیایی پس از ج ج 2 بروشنی تصویر شد.

پاره کردن/ گسلیدن بخشی از زندگی سالم مربوط به باه و جذبه جنسی در زنجیره پیوسته حیات و تصویر آن در هنر، اجتماع را به تاریکی کشانده؛ بداهه گری، خشونت، نادانمکاری ترویج می شود. نتیجه این که حیات فلات بطور وحشتناکی از لطافت عشق دور شده؛ بحمله چند دقیقه ای تخلیه جنسی تعمیم پیدا کرده؛ این نه تنها آسیب اجتماعی روزمره است بلکه آینده ملی را هم تهدید می کند. نمونه های شعر عشقی اخوان، مشیری یا تغزلی شاملو، فروغ در دهه 40ش؛ به خلاء تا تخدیر غیرواقعی در باره عشق در ادبیات کنونی منجر شده.

بدتر رابطه 2 طرف در عشق را به تفریح و انزال یک طرفه در جامعه تقلیل داده. وقتی در تمام رسانه ها، هنرها، ادبیات مظاهر عشق مدام مذموم شوند؛ نتیجه یک اردوی حشری انسان پدید می آید. هدف این اردو تفریح جنسی، تجاوز بعنف، آتو گرفتن برای تهدید یا سوء استفاده از ضعیفان، توهین به طرف ضعیفتر است. ضعیفان دستشان هم بجایی/ قانونی بند نیست. ترویج دروغ، کلاشی، کلک، تابلو کردن، گاف گیری، زبان متلکی خشن، توهین، کتک نتیجه می شوند. افراد با رانش جنسی عارضه آنی، زوال مفاهیم اخلاقی سنتی مانند مروت، انصاف، کمک، عدالت فردی قرار می گیرند.

در این جا هنر در تصویر آسیبهای اجتماعی در مرحله گذار در جامعه منظور است نه تاثیر این فیلمها بر احاد جامعه. ویتوریو دسیکا طنز را چاشنی این بی بندو باری می کرد. این شگرد فیلم را موثرتر برای تغییر جامعه با معیار تساوی حقوق همه شهروندان از نظر جنسی، مذهبی، سنی، قومی، نژادی می کرد. ادبیات زنان بطور غریزی یا آگاهانه پنجره ای را در مشعر جامعه بسوی وضع، نیازها، عقده ها، انتظارات، امیال زنان باز می کند. این تعامل، مدارا، شکیبایی کمک ارزنده ای به گذار از نخالگی حیات قبیله ای به مراعات حقوق همه-زن، مرد، کودک، پیر، جانور- می کند.

این تجربه تاریخی مکتوب در غرب است که حضور زنان در اجتماع، جامعه مدرن را تلطیف کرد. حضور آنان مسایل نوینی چون محیط زیستی، پرورش سالم کودکان، مراقبت پیران/ بیماران، امنیت محیط کار، زیبایی شهرها/ پارکها را در جامعه مطرح کرد. زنان به تعامل منطقه ای/ جهانی دامن زدند. آستانه سده 21م را میتوان با نژادپرستی/ جنگ افروزی نوع فاشیزم مذکر آلمان، آپارتاید آفریقای جنوبی،

اشغال فلسطین، بمباران با عنصر پرتغالی/ سم شیمیایی در هندوچین دهه 60 م تحت کنترل دولتمردان مذکر، نسل کشی قومی در یوگسلاوی سابق مقایسه کرد. این لگام گسیختگی فرهنگ قبیله ای مذکر- مرکز در آفریقا غوغای خونین رنج آوری بپا کرده.

در فلات بنا به سنن کهن، روال تصویر مرحله گذار جامعه بداهه گرا، درست برعکس تجربه غرب خردگرا، است. هنرمندان تصویرساز، زندگی گذاری امروز را با مقایسه با استاندارد کشورهای غربی، با هوش و خرد خود در می یابند. البته زندگی عالیتر در کشورهای اسکاندیناوی، سوسیال دمکرات اروپای غربی، برخی کشورهای دیگر مانند کانادا و زلاند نو را هم رسانه های جهانی تصویر می کنند. این تصاویر خبری، هنری، ادبی در دسترس فرهیختگان شرقی قرار می گیرد. آنها را با جامعه بومی خود که پر از نارساییهاست، محک می زنند. وجدان، شجاعت، استعداد هنری، خلاقیت آنها را بسوی تصویر نارسایهای اجتماع بومی، انتقادها، چالشها، گاهی راهکارها و پندها می کشاند.

در خاور میانه بخاطر نوجوانی علوم انسانی، هنوز عالمان این علوم ظهور نکرده اند. بیشینه چند استاد ارزنده مانند آرین پور، براهنی، شمیسا پیدا شده اند. در این منطقه، البته در علوم دقیقه و طبیعی فیزیک، طب، دارو سازی، هوایی هم، پرورش دانشمندان تراز اول بسیار ضعیف است. هوا آنقدر پس است که از نظر تخصصی، شاعران پیر بازنشسته، حرافان حرفه ای نظریه پردازان سیاسی شده اند.

آنها دیپلمه بوده، تحصیلات رسمی در حقوق سیاسی، بین المللی، قضایی، تاریخ، اقتصاد، جامعه شناسی ندارند؛ در ژورنالیسم درسی نخوانده اند؛ تجربه سیاسی در احزاب ندارند. صرفن با دیدن تناقضات کلامی، بیان روضه خوانی، عواطف، منافع فردی، محرکات، مکاشفات گاهی دربرابر دستمزد از صاحبان ثروت گاهی هم بخاطر رانش های آنی روحی در پایگاههای فرهنگی، سیاسی، منبرها، پودیمهای اجتماعی عرض اندام میکنند. این گونه مزدبگیران سیاست را تفریحی کرده؛ بسیاق محافظه کاران راست مشهور در آمریکا مانند راش لیمبا، شان هنتی کار می کنند.

نقد این شخصیتها و آثارشان جستار دیگری می طلبد. سبک نگارش آنها عوامانه، همراه با سفسطه غریزی، مغالطه ناآگاهانه می باشد. آنها بخاطر نبود دانش مدرن، فحاشی به دیگران، نقل قول از آتوریته های تاریخی بیربط با فراز دربرگیرنده نگینه کلامی بزرگان پیشه کرده اند. برای آنها حرافی تا مرحله عوامفریبی، قشقرق، قرق رسانه ها، خط

و نشان کشیدن، پته رقیبان رو آب انداختن، مچگیری خارج از موضوع، ترور شخصیتی رسیده است.

بخاطر عدم آشنایی با اصول علمی، ممارست در پژوهشهای علمی، عدم حضور در مجامع جهانی، عدم تجربه تخصصی به روضه خوانی می پردازند. جملات آنها یک مفصل/ پاراگراف طولانی، بی سرو ته بوده؛ با تعاریف من در آوردی، صغرا کبرای نامربوط به استنتاج یا استقراء برای شانتاژ رقیبان سخن پراکنی می کنند. روشن است که این نظریه پردازان مادرزاد غیرتخصصی چون قطب مغناطیسی در جامعه افراد نظیر خود را جذب کرده، تا مقالات آنها را برای مردم ایمیل کرده، بازتولید/ نشخوار کنند.

ولی در علوم انسانی در خاور میانه، هنرمندان و نویسندگان متحدین یا حتی پیشقراولان دانشمندان علوم اجتماعی - که هنوز پیدایشان نیست- میباشند. این استعدادهای حساس، بیانگر، تیزبین، هنرور- نارسایهای جامعه گذاری را حس کرده. آنها را به داستان یا فیلم ترابری کرده؛ تا استادان، دانشجویان، کارمندان، کارگران با خواندن /دیدن این آثار به فکر فرو رفته؛ راهکارهای نوین بیآبند.

هنوز بنیه تخصصی، مالی، مستقل، تاریخچه ای علم مدرن در خاورمیانه ضعیف است. لذا نمی تواند آفرینندگان تراز نوین تولید کند. پس آثار هنری به گفتمان مسایل اجتماعی کمک موثری می کنند. بدبختانه سنت کهن و منابع مالی ملت را دولتمردان داشته؛ در مبارزه با هنرمندان نستوه بسیج می کنند. البته در جامعه سرمایه داری غربی حمایت از "هنرمند گرسنه" بلسان کافکا، یک یوتوپیای ایده آل است؛ ولی کمینه چوب لای چرخ پخش آثار هنرمند نمی گذارد.

ولی در فلات، دولت بجای حمایت از هنرمندان، به آنها مجوز نشر نمی دهد؛ پروانه پخش صادر نمی کند؛ پاسپورت هنرمند را در فرودگاه مصادره میکند. نمونه: در آمریکا پروانه اجازه برای اثر هنری وجود ندارد؛ بخاطر حقوق مالی اثر هنری به ثبت میرسد تا پروانه نشر بگیرد. در خاور میانه برای هر خلاقیتی باید پروانه/ اجازه گرفت. این همان الگوی آقابالاسر/ مبصر است که در تمام شئون اجتماعی بویژه در امور خلاقیت هنری مزاحمت تولید میکند. البته این مزاحمت آقابالاسری از کشورهای چپی شوروی سابق، کوبا، کره، چین کمتر است؛ ولی بهرجهت در پویش تاریخ در فلات نقش کند کننده دارد.

منابع. 12.09.18

http://www.persianpersia.com/artandculture/adetails.php?articleid=18526&parentid=1&catid=10 با این گره کور چه باید کرد؟ / نگاهی به تاریخ ممیزی در ایران.
اصل ۲۴ قانون اساسی هم کتب غیر قابل نشر را چنین تعریف کرد: الف ـ تبلیغ و ترویج الحاد و انکار مبانی دین
ب ـ ترویج فحشا و فساد اخلاقی.
ج ـ برانگیختن جامعه به قیام علیه جمهوری اسلامی.
د ـ ترویج و تبلیغ مراسم گروه‌های محارب و غیرقانونی و فرق ضاله، همچنین دفاع از نظام سلطنتی و استبدادی و استکباری.

انقلاب

انقلاب بمعنی تغییر بنیانی یا تغییر سیاسی در حاکمیت جامعه در یک زمان کوتاه است. این تغییر می تواند به جایگزینی قانون اساسی یا متممات نوین منجر شود. نتایج آن تغییرات عمده در فرهنگ، اقتصاد، نهادهای اجتماعی- سیاسی می باشد. تفاوتهای بین کودتای از بالا، قبضه قدرت سیاسی، جنگ داخلی، قیام، انقلاب وجود دارند. انقلاب می تواند پیروزمند یا شکستخورده باشد.

انقلاب توطئه فرد یا نخبگان نبوده؛ علل مادی و شرایط عینی دارد. گاهی انقلاب در محتوای غیرسیاسی مانند صنعتی، تکنولوژیک، بطی/ کند هم بکار می رود. روند فروپاشی دولت انقلاب پیروزمند، پس از یک دوره طولانی، کمتر مداقه شده- اردوگاه. روشن است که در این دوره طولانی اقشار و طبقات نوینی در جامعه پدیدار می شوند؛ نیز برخی از اقشار و طبقات رژیم ساقط از نقطه عطف انقلاب ببعد زوال می یابند.

در طول تاریخ انقلابات مکرری در جهان اتفاق افتاده که نشان از جهانشمولی آنست. هر انقلاب با شیوه، طول زمان، انگیزه، ایده الوژی ویژه خود انجام شده که از دیدگاه روانشناسی، جامعه شناسی، علوم اجتماعی/ سیاسی بررسی می شود. در عصر مدرن انواع انقلاب پیشا-سرمایه داری، بورژوایی اولیه، بورژوایی، بورژوا-دمکراتیک، پرولتاری اولیه، سوسیالیست شناخته شده اند.

در سده 20م انقلابات قهرآمیز بوده؛ در 2 دهه گذشته آنها غیرخشن می باشند. نمونه های تاریخی انقلاب 1776 آمریکا یعنی نخستین جمهوری مدرن، 1789 کبیر فرانسه بضد سلطنت مطلقه، اکتبر 1917 روسیه بضد سلطنت خودکامه، 1979 جمهوری اسلامی ایران بضد سلطنت استبدادی و نواستعمار می باشند.

علل انقلاب را می توان بطور عام به درونی/ بیرونی، شرایط/ موقعیت انقلابی، تضادها/ نیروها تقسیم کرد؛ بطور خاص در هر انقلاب مشخص، این علل را بررسی کرد. در سده 20م 4 شرط پیروزی انقلاب اکتبر روسیه بقرار زیر آمده: 1- تضادها در رژیم شدید شده؛ بحران آنرا فرا گرفت. 2- طبقه متوسط بین نیروهای انقلاب و حاکمیت نوسان می کرد. 3- طبقه کارگر آماده جنگ و ایثار شد. 4- حزب و رهبری انقلابی وجود داشت. انقلابی دیگری هم 4 شرط زیر را آورد:

خشونت رژیم به مردم، وجود حزب مخالف آشتی ناپذیر، حمایت گسترده توده ها از حزب، بحران اعتماد رژیم.

انقلاب پدیده عینی است؛ جدا از ذهن در تاریخ- مانند سیل، زلزله، سونامی که قوانین طبیعی مولد خود را دارد. آن را نمی توان با دعا و سطح تئوریک درخشان چند دانشمند علوم طبیعی پیشگیری کرد. بهنگام رسیدن به نقطه عطف/ غلیان، روند انقلاب ایرریورسیبل/ برگشت ناپذیر می شود. این عدم توان پیش بینی و پیش گیری در دستگاه عریض و طویل ام آی 6 استعمار در چین و هند و سیا استعمار نو در ویتنام و کوبا و ایران در تاریخ ضبط شده است.

در طبیعت مرگ را می توان با طب و دوا به عقب انداخت؛ ولی از پایان محتوم حیات فرد نمی توان جلوگیری کرد. در سده گذشته، 10 ها حکومت سلطنتی یا حتی جمهوری دایم العمری با انواع و اقسام روشنفکران راست، میانه، چپ در اروپا، آسیا، آفریقا فروپاشیدند. نمونه های زیر را در شکست یا انحراف انقلاب می توان آورد: پارتیزانهای ایتالیا، یونان پس از ج 2؛ مصر، عراق، افغانستان، سوریه پس از کودتاهای ضد استعماری دهه های 50 و 60م؛ مبارزات مسلحانه در حبشه، اریتره، رودیزیا/ زیمبابوه در دهه های 60 و 70م.

روشنفکران این کشورها را نمی توان مذمت کرد که اشتباه کرده اند. مگر در یمن، صالح- با سر و صورت زخمی بخاطر سوء قصد بجانش- زیر بار خواستهای تظاهرات خیابانی مخالف، با قربان و صدقه از قدرت 30 ساله کنار می رود. قذافی، صدام نمونه های دیگر اند که دیکتاتور توان تعامل با نیروهای منقد خود را ندارد. برای نمونه قذافی مخالفان و خواستاران سهیم شدن در قدرت 42 ساله اش را "موش" می نامد؛ نه انسانهایی برای تعامل و ائتلاف. گویا موش در زبان عربی لیبیایی مذمومترین جانوار است.

انقراض حاکمیت را نمی توان بگردن چند 10 هزار روشنفکر انداخت. خطا/ خبط این روشنفکران در نقطه عطف انقلاب در نتیجه محتوم و ایرریورسیبل/ برگشت ناپذیر یکسویه آن تاثیر ندارد. دیگر این که در صف انقلابیون نیروهای متضاد ولی متحد خواهان سرنگونی وجود دارند که بطبع در روند تکوین حکومت انقلابی جوان، یک جناح به قلع و قمع رقیبان می پردازد. چون روند انقلاب با خونریزی همراه بوده؛ در ذهن این جناح انحصارگرا خونریزی یاران و رقیبان پس از انقلاب هم جایز است.

حاکمیت در جامعه مانند خود رهبر موجودی زنده است که از 3 فاز عمده زایش-رشد-مرگ می گذرد. لذا همانطور که مرگ

رهبر مثلا کوروش یا یک پیامبر، محتوم است؛ حاکمیت هم دیر یا زود ملغاء می شود. انقلاب پایان محتوم یک حاکمیت است. البته حاکمیت این امکان را دارد که با اصلاحات در راستای نیازهای جامعه انقلاب را معوق کند. نمونه های سلطنت در انگلیس و جمهوری در آمریکا تداوم حاکمیت را از طریق اصلاحات بموقع نشان می دهند. در این 2 کشور چند سده است که با اصلاحات از انقلاب حذر شده.

حاکمیت با اصلاحات به عمر خود می افزاید؛ ولی این اصلاحات باید دائمی باشند؛ مانند آمریکا که قانون اساسی آن با حاکمیت مردان سفید پوست مالک با مقبولیت برده داری در 1776 ظرف 240 سال بعد حق رای زنان، حقوق مدنی برای همه شهروندان بدون تضییع بخاطر جنسیت، نژاد، مذهب، قومیت، سن اصلاح شد. لذا اصلاحات باید در خدمت نیازهای جامعه باشد نه از بیرون دیکته شده باشد.

شکست انقلاب امری نسبی است؛ برای جناحهای برنده شیعی پیروزی بود؛ برای نیروهای سکولار شکست بود. روشن است که نیروهای کمپرادر فراری در این معادله در نقطه عطف انقلاب تارومار شدند. ایده الوژی دهقانی ذهنیت لمپن پرولتاریای بیرون از تولید صنعتی اردوی مخرب انقلاب بودند. عناصری از آن در کمیته های محلی، صفوف فالانژها و لاتها از خیابانها به زندانبانها استحاله یافتند.

می توان حاکمیت را به خورشیدی شبیه دانست که در ساعت معهود منفجر می شود. هر شب در گیتی با کهکشانهای بینهایتش، چند خورشید متلاشی می شوند. این خبط محاسباتی، خطای مدار یا اشتباه حدوث در نظم گیتی نیست. در 21 میلیون سال پیش، خورشید SN2011FE در همسایگی کهکشان راه شیری حاوی منظومه شمسی ما متلاشی شد. نور آن این روزها به تلسکوپهای زمین و هابل فضا می رسد. پس حتی خورشیدها هم عمر محدود دارند؛ مانند یک موجود زنده یا حاکمیت سیاسی با انقلاب با مرگ برگشت ناپذیر خاتمه می یابند.

روشن است که توضیح روند برگشت ناپذیری یا عدم توقف قطار انقلاب علاقه به برخی نتایج مخرب این روند نیست. بکرات ثابت شده که رهبر خودکامه همچون نرون در بالکن کاخ واقع بر تپه ای مشرف به حریق رم به نواختن چنگ می پردازد- یعنی از صحنه حیات انقلابی فاصله داشته، حتی فهم، انگیزه، توان پیشگیری انقلاب را ندارد.

نرون نماد دیکتاتور بیوجدان ناظر تخریب جامعه است. جامعه مانند طبیعت وقتی به نقطه عطف انقلابی می رسد؛ درمانی بجز خونریزی آنرا تسکین نمی دهد. در این خونریزی

کسی اشتباه یا خبط نمی کند که گناهکار قلمداد شود. از اینرو انقلاب به زایمان و خونریزی ناشی از آن تشبیه شده.

هیچ نیرویی، حتی تهاجم ارتشهای امپریالیستی غربی نمی تواند انقلاب در نقطه عطف را متوقف کند. این را تهاجم نظامی- گویا 23 کشور غربی- به شوروی جوان پس از ج 1 و به چین توده ای و ویتنام پس از ج 2 می توان دید. در هر 2 مورد ارتشهای امپریالیستی یا شکست خورده یا ترک مخاصمه کردند.

دولت پساز انقلاب نتیجه شرایط سیاسی-اقتصادی جامعه پیش از انقلاب است؛ همانطور که مرگ نتیجه مرض یا تصادم است. این رهبری حاکمیت پیشین است که مسئول وقوع انقلاب است. معمولا خودکامگان سلطنتی مانند شاه فرانسه، تزار روسیه، شاه ایران مسئول پیدایش انقلاب بخاطر عدم اصلاحات بموقع اند. می توان وقوع انقلاب را حاصل عملکردهای قدرت حاکمه ساقط و عدم انعطاف به خواستها و انتظارات مردم دانست.

انقلابات روسیه، چین، ویتنام، کوبا، الجزیره، ایران در تاریخ بکرات مستند شده اند؛ بویژه ایران که روزانه در زمستان 57 روی صفحه تلویزیونها در سراسر گیتی تصویر می شد؛ متخصصان علوم انسانی آنرا از زوایای گوناگون حلاجی می کردند. آنها نشان دادند که نقطه عطف انقلاب حاصل شرایط پیش از انقلاب و تکوین جامعه بوده که در لحظه تاریخی انقلاب حتی با اصلاحات روی کاغذ مجلس هم پیش گیری ناپذیر است. هیچ نیروی قهاری از جمله ارتش ابرقدرتی نمی تواند نقطه عطف انقلاب را مهار کند.

روشن است که ضد امپریالیستی بودن یک انقلاب یا کودتا منجر به شکوفانی اقتصاد سرمایه داری دولتی یا خصوصی در یک کشور نمی شود؛ ولی در خدمت شکوفانی اقشار نزدیک بقدرت سیاسی می باشد.

مردود شدن تز غلط رکود اقتصادی بخاطر حضور امپریالیزم، در نمونه های زیر مستند شده اند. ترکیه، کره جنوبی، چین ملی/ فرمز با وجود پایگاههای نظامی امپریالیستی به شکوفانی اقتصاد سرمایه داری خصوصی رسیده اند. ولی نبود نیروی نظامی امپریالیستی حاضر در دول بعثی عراق صدام و سوریه اسد منجر به شکوفانی اقتصاد سرمایه داری مخلوط نشد.

نمونه های کودتاهای پیدرپی چپی حزب دمکراتیک خلق با نشریه پرچم در افغانستان با ورود ارتش شوروی سپس طالبان و آمریکا و حکومت انقلابی خلق گرانادا با حمله 1983 یانکی- قلع و قمع شدند. بهرجهت این نمونه های عراق و

گراناد ا هم ، حاکمیتها در جهت بر آوردن خواستهای لایه های محروم از قدرت سیاسی بوده؛ ولی نتوانستند اکثریت جامعه را در بر گرفته؛ فروپاشیدند؛ یا در نمونه های حزب کارگران کره شمالی و کوبا پس از شکوفانی آغازین انقلاب در دهه های گذشته اکنون وراثتی مثل خر در گل مانده اند.

روند تکوین، قیام مسلحانه، سقوط سلطنت، نضج حاکمیت نوین شوراها در انقلاب اکتبر روسیه بخوبی مستند شده. اس آرها و چندین نیروی معتنابه در انقلاب اکتبر، نظرات سیاسی مخالف تمامخواهی بلشویکها را داشته؛ ولی همه تاروماز شده؛ حتی روسهای سفید با حمایت امپریالیستها هم توان پیشگیری یا سقط انقلاب اکتبر را نداشتند.

در انقلاب فوریه 1917 کرنسکی عضو کمیته موقت دومای دولت، نایب شورای پتروگراد، وزیر دادگستری حکومت موقت، وزیر جنگ در حکومت ائتلافی سوسیال-دمکرات بود. نطقهای او برای نیروهای مسلح تهیج کننده بوده؛ ولی اثر دیرپا نداشتند.

در واقعه کرنلیوف، بدستور کرنسکی اسلحه به کارگران پتروگراد داده شد که بعد بدست بلشویکها رسید. با قیام مسلحانه کارگران پتروگراد در اکتبر، کرنسکی برای سازمان دهی سلطنت طلبان به پشکوف فرار کرد؛ در نهایت به فرانسه گریخت. خواندن زندگی او در پاریس تا 1940 بخاطر کتابت زندگی او در تاریخ، کمک به فهم بختیار در تهران یا پاریس در حول و حوش انقلاب 57 ایران می کند. با ورود نازیها به پاریس، کرنسکی به آمریکا و استرالیا گریخت. او در 1970 مرد؛ کلیسای ارتودوکس روسی نیویورک اجازه دفن او را نداد؛ جنازه به لندن برای تدفین فرستاده شد.

باید افزود که نیروی عینی انقلاب خواسته های تاریخی خود را دارد. نمونه خواسته ها در روسیه: رفرم ارضی، حق رای زنان، کار-نان-مسکن-بهداشت-ورزش-هنر برای همه، مسئله فرهنگ ملیتهای غیرروس و دهها دیگر. این خواسته ها بتدریج انباشته شدند، در نقطه عطف انفجار اجتماعی انقلاب اتفاق افتاد. اینها شعارهای حاد انقلاب بودند که بسیاری از آنها در دهه های پس از انقلاب اکتبر اجرا شدند.

شبیه همین خواسته ها را در ایران هم می توان دید. خواسته های انباشت شده مردم عبارت بودند از: آزادی احزاب و رسانه ها، عدالت اجتماعی، ایجاد دانشگاه در تمام شهرستانها با میلیونها دانشجوی سالانه، سیاست مسقل از آمریکا، داشتن مترو در کلانشهرها، رساندن آب- برق- جاده- گاز- اینترنت- تلفن به تمام شهرها و شهرستانها، چرخاندن صنایع نفت و گاز بدون مستشاران غربی با حقوق هنگفت و حق قضایی ویژه، اخراج 92 هزار مستشار نظامی و

غیرنظامی آمریکا در ایران، سرنگونی بختک 1000 فامیل کمپرادوری بر شریانهای اقتصادی کشور، آزادی ساختمان و مسکن.

خفقان سیاسی، اعدام آزادیخواهان، قلع و قمع سکولارها، اصلاحات ارضی، اشاعه خرافات قرون وسطایی مبتنی بر تز کمربند سبز یانکی در خاورمیانه برای محاصره شوروی، تک حزبی فاشیستی - خطوط برجسته 25 سال پس از کودتای 32 اند. این خطوط روند انقلاب ایران را تسهیل کرده؛ در این مدت شرایط عینی - اقتصادی، اجتماعی، فرهنگی برای محتوای انقلاب 57 تکوین یافتند. تنفس سیاسی 42-39 آخرین شانس خودکامه خرافی بود که نیروهای سکولار مردمی را در قدرت سیاسی سهیم کند تا بتواند دوام یابد.

در همین رابطه باید گفت: از شهریور 20 تا کودتای 32 جنبش ملی کردن صنعت نفت در وجه غالب سکولار بود. پس از سرکوب 15 خرداد 42، سرنگونی رژیم وابسته ذهنیت اکثریت مردم شد. این نشان داد که عامل عینی یعنی وجود نیروهای پشت رهبری شیعی در آنروز، آماده نبود. نتایج رفرم ارضی 41 نیروهای پیشامدرن دهقانی را از زمینهای کشاورزی و دامی کنده؛ آنها را به حومه ی شهرها کشاند. در واقع رفرم ارضی 41 منجر به آمادگی عامل عینی یعنی نیروهای اکثریت انقلاب در بهمن 57 شد.

اصلاحات ارضی بهمن 41 ایران کشاورزی را داغان کرد؛ با بانکهای استقراضی روستایی دهقانها را به حاشیه شهرها در حلبی آبادها، زاغه نشینها، کارهای روزانه بدون تامین بیمه، فرهنگ لمپنی کشاند. رهبر خودکامه این اصلاحات را با تکرار واژه "انقلاب" ملکه ذهن توده های خرافی دهقانی و خرده بورژوای شهری کرد. سپس در اواخر دهه 40 اصلاحات عقیم شد؛ بفراموشی سپرده شد. از این پس تراکم خواستهای مردم شدت گرفت؛ به نقطه انفجار در بهمن 57 رسید.

پس از رفرم ارضی 41، نیروهای بریده شده از کشاورزی در حاشیه شهرها بیتوته می کردند؛ این نیروی عقب مانده از دهه 50 زیر بار حرفهای نهضت آزادی و مجاهدین که بزبان آنها حرف می زدند نمی رفتند؛ چه برسد به حرفهای سکولار جبهه ملی و فدائیان گوش کنند. در انقلاب ایران، نیروهای مخالف خط شیعی سیاسی بسیار ضعیف بودند. با اینکه آنها نظرات سکولار مترقی داشتند؛ نیروی معتنابه مادی اجتماعی برای سهم گیری در حاکمیت تمام خواه شیعی نداشتند. حاکمیت جدید زیر بار حکومت ائتلافی نمی رفت. این را می توان در لیست 21-15 نفره کمیته انقلاب دید که همه شیعی بودند. در این لیست 2 تیمسار ارتشی شیعی از جمله قرنی نیز وجود دارند.

در حکومت 37 روزه، تظاهرات طرفداران بختیار 130 هزار
نفر در تهران بودند. بختیار از پشتیبانی ارتش برخوردار
نبود؛ نیز به تلفنهای او به شاه در پاناما بیمحلی میشد.
بختیار از جبهه ملی اخراج یا خارج شده بود؛ بصورت منفرد
نخست وزیری را قبول کرده بود. کابینه او هم ائتلافی
نبود؛ یک آخوند شیعی، مفتی سنی، درویش علی علایی، یا عضو
جبهه ملی و فدایی نداشت. مارش سراسری در عاشورای انقلاب
57، با 12 میلیون در خیابان بزرگترین تظاهرات تاریخ
نامیده شد. در برابر این مارش سراسری نیم میلیون سکولار
7رنگ نامتجانس پراکنده، چپ و دمکرات مجروح از شکنجه
ساواک ولی آزاد شده از بند- نیروی عرض اندام کنی نیست.

اعتصاب کمرشکن کارگران نفت سراسر ایران، اعتصاب
کارمندان دولت، بیطرفی ارتش 800 هزار نفری حاکمیت ساقط-
امواج انسانی بودند که کشورهای سرمایه داری بزرگ جهانی
را به تحسین واداشتند؛ برای چند هفته - روزانه نیمی از
برنامه اخبار رسانه ای متنی- سمعی- تصویری غرب برای
پوشش انقلاب ایران در غرب بود که پیش چشمان بینندگان
ساعت به ساعت گشوده می شد. در اردوگاه شرق سر و ته این
اخبار زده می شد.

در بررسی انقلاب باید عامل ذهنی، آرمانی/ پنداری را در
برابر عامل عینی مادی، کمیت/ کیفیت، تناسب نیروهای
درگیر سرنگونی، برد جناح انحصارگرا در مغلوب کردن یاران
انقلاب- همه را بدقت مداقه کرد. انقلاب پیروزمند تابع
عنصر ذهنی برآمده از نیروی اصلی عینی خود همان انقلاب
است. پس سطح تئوریک عالی یا "فقر فرهنگی و فلسفی" بلسان
ژورنالیستی بکمک جناحهای انقلابی نیامده، بلکه کمیت و
اراده جناح برنده پیروزی را تامین می کند. اصولا رهبری
در خاورمیانه دیپلمه دبیرستانی، بدون تخصص در علوم
انسانی، است.

ارگانهای ضدانقلاب در سیا، هوور استانفورد، ام آی 6 و
دانشگاههای رده اول متروپل نه تنها انقلاب را نمی توانند
پیش بینی کرده، آشکارا راه سرکوب آنرا هم ندارند. لذا
برعکس کودتا- مثلا 28 مرداد در ایران یا 11 سپتامبر در
شیلی- انقلاب از حیطه توطئه مراکز اطلاعاتی ابرقدرتها
بیرون است. ولی قلیلی ذهنیت توطه کودتا را به انقلاب
تعمیم می دهند؛ آرنا نتیجه ساخت و پاخت اجانب یا خبط و
خطای نیروهای درون می انگارند.

ژورنالیستهایی هستند که 32 سال پس از انقلاب با اما و
اگر نتیجه تحمیل شیعی بر انقلاب، بویژه پس 30 خرداد 60،
را بگردن نیروهای چپ و سکولار می اندازند. این

ژورنالیستها به سرکوب مادی نیروهای انقلابی برخورد جدلی و شرطی می کنند. یعنی بجای تحلیل علمی از عوامل عینی، تکوین این عوامل به نقطه انفجار، صف‌آرایی نیروهای متخالف به نقل قول از افراد، اگر و اما، کاسه و کوزه را سر شخصیتها یا گروههای تشخص personification داده شده می شکنند. این سرکوب شامل کودتاهای راست، نیروهای ضربتی مسلح و عملیات ویژه می باشند. نمونه های سرکوب کانونهای انقلاب: ایران پیشا انقلاب 57، بلیوی، گواتمالا، شیلی، آرژانتین، گینه بیسائو، ظفار/ عمان، یمن جنوبی، فلسطین، آنگولا، موزامبیک، ساندینیتسهای نیکاراگوئه، صحرا/ پلیسارو، گرانادا.

در لحظه انقلابی، بخاطر هیجان وضع انقلابی انعطاف نیروهای صف انقلاب از دست می رود. در کمون پاریس، انقلاب اکتبر روسیه، انقلاب 57 ایران این روندِ عدمِ سازش با حاکمیت ضدانقلاب دیده می شود. سپس با وقوع انقلاب، در نهایت برای جناحی تمام خواه امکان تاریخی عرض اندام انحصارگرانه بوجود می یاید؛ دیگر زیر بار سازش نمی رود؛ بقلع و قمع رقیبان می پردازد. هنوز هم پس از گذشت 35 سال از انقلاب، حاکمیت جناحهای رقیب را "فتنه" و انحراف می خواند؛ نه نیرویی برای تعامل.

قلع و قمع انقلابیون بیرون از حاکمیت در 30 خرداد 60 در خیابانها کلید خورد؛ سپس در زندانها، اعدامهای گروهی، تحدید رسانه ها و احزاب باوج رسید. البته حمله حاکمیت جدید به کردستان و ترکمن صحرا را هم باید در نظر داشت. نیز فالانژها، حزب اللهی ها، کمیته های محلی بویژه با عناصر لمپن شهرها را در قرق داشتند.

از پروسه انقلاب در نهایت ائتلاف بیرون نمی آید؛ بلکه جناحی تمامیت خواه و قتال قدرت را قبضه می کند. ائتلاف و خردگرایی در پروسه اصلاحات پارلمانتاریسم تکوین می یابد تا جاییکه در حکومت ائتلافی اسراییل در 2011 تعداد 29 حزب راست و چپ در کنست/ مجلس شرکت دارند؛ حتی خود حاکمیت فعلی، ائتلاف 2 جناح راست لیکود و چپ کار است.

انقلاب 57 ایران در اجرای شعار ضدامپریالیستی- ضدسلطنتی موفق شد. ولی آزادی احزاب و رسانه ها، برابری کامل جنسی، حقوق ملیتها و غیرشیعیان، عدالت اجتماعی بدست نیآمدند. ضدامپریالیستی آن هم طیف ناهمگون چپ فدایی، توده ای، مجاهد تا ضد غربزدگی آل احمد، شریعتی، مطهری و انبوه نیروهای شیعی را در بر می گرفت. ضد سلطنت زوال خودکامگی موروثی هم دیگر با مرگ طبیعی شاه مصادف بود؛ هیچ نیرویی از جمله کارتر- برزنیسکی و نهادهای تحت فرمانشان سرنوشت محتوم سلطنت را نمی توانستند تغییر

بدهند. چرا مستبد مریض شورای سلطنت بنیابت شهبانو را چند سال پیش از فرار، بجای حزب رستاخیز، پروبال نداد؟

در 3 انقلاب کبیر فرانسه، اکتبر روسیه و بهمن 57 ایران- برخی نیروهای شرکت کننده انقلاب، فردای انقلاب فدای انقلاب شدند. این تمامخواهی یک جناح انحصارگرا ربطی به مذهب ندارد؛ بنیان آن کاملا مادی بوده؛ انحصارگری پیشامدرن است. این عدم تکثرگرایی خونین را در هر 3 انقلاب بورژوا، پرولتری، شیعی می توان دید. آنرا در کودتاهای ملی ناصر، قذافی، صدام، تیم اسد هم می توان دید.

منابع. 12/09/2018

انقلاب و گوته

هیچیک از طبقات اجتماع نمی تواند به "شعور طبقاتی" برسد مگر اینکه خود را هم از داخل و هم از خارج ببیند، یا به عبارت دیگر: از همکاری عوامل بیرونی بهره مند شود. این کار روشنفکران است که همیشه از طبقهٔ خود بیرون می افتند. ژان پل سارتر: ادبیات چیست؟ ص۱۴۹، انتشارات زمان آنکه حقیقت را نمی داند فقط بی شعور است، اما آنکه حقیقت را می داند و آنرا دروغ می نامد تبهکار است! برشت

گوته بخاطر مقام اجتماعی، شخصیت عرفانی، بصیرت فردی جنبه خونین و خرابی انقلاب کبیر فرانسه ۱۷۸۹ را می دید ولی جنبه مثبت و خلاق آنرا در خدمت تکامل اجتماعی نمی دید. مانند زایمان که خونریزی و درد زائو عمده شود؛ ولی تولد نوزاد برای ادامه نسل نادیده گرفته شود. لذا آگاهانه یا ناآگاهانه گوته از روی غریزه صیانت نفس مخالف انقلاب بود؛ مانند ژرف دمایستر فرانسوی. علت مخالفت با انقلاب بهر دلیلی می تواند باشد؛ یک فرهیخته می تواند در قالب ایده الوژیک، مذهبی، ملی، قومی، هنری، فلسفی آنرا شاخه و برگ داده به یک سامانه شبه-منطقی، عاطفی، عقلانی بزک کند. لذا برای گوته با حافظه وسیع ادبی، تاریخی، فرهنگی ساده تر بود که صفحات فراوانی در رد انقلاب بنویسد.

گوته متولد فرانکفورت، دکتر حقوق، صاحب ۶۰ جلد کتاب در ادبیات، نقد هنر، نمایش، غزل است. او راس دانشگاه ینا بود با فرهیختگان ی چون هگل، فیخته، شلینگ، شیلر، هومبلت. در این زمان آلمان از ۲۳۴ کشور، ۵۲ آزاد شهر، ۱۵۰۰ کاخ مستقل تشکیل شده بود که زود برای وحدت قیام کردند. او بیتهوفن، ناپلئون را در خانه اش در وایمار دید؛ او علیه دولت مرکزی، خواهان استقلال ایالتها برای شکوفانی هنر بود. او علیه بوروکراسی برای مردم، خواهان یک واحد پولی، مقیاسات واحد بود- شبیه آنچه اتحادیه اروپای امروز با ۲۸ عضو با مرز باز برای سفر، محصولات، سرمایه می باشد.

انقلاب کبیر فرانسه ۱۷۸۹ زلزله سیاسی اروپا انداخت. مجلس ملی موسس فرانسه اشرافیت ارثی، عنوانها، القاب را الغا کرد. در این مجلس جناحهای سیاسی چپ، راست، میانه با روبسپیر، مارات، دانتون، سان ژوست در سالن می نشستند. لافایت ۱۷۵۷-۱۸۳۴ قهرمان انقلاب جمهوری ظفرنمون ۱۷۷۶ آمریکا، پیروزی در فرانسه برای "نژاد انسان" را علیه سلطنت خواند. روزنامه های فرانسه، آلمان، سویس اخبار

انقلاب مردم را پخش می کردند. شکاف در دربار اشراف با 2 انقلاب آمریکا و فرانسه تاریخ انسانها را بسوی جمهور مردم رقم زد؛ اوقاف کلیسا ملی شدند. انقلاب مد شد؛ مد مسری شد.

در آوریل 1791 انقلاب نه در خدمت مردم بلکه بازیچه حاکمیت شد. دسامبر 1792 جمهوری ماینتز تاثیر انقلاب کبیر را در آلمان نشان داد که در ژوییه سال بعد سقوط کرد. گوته رویدادها، فعالان، شعارها می پایید. او با شیلر شاعر آزادی در 1798 به اوج دوستی پایدار رسید. شیلر تاثیر رویدادهای بزرگ بر فرد را در "تاریخ جهانشمول،" آموزش حیات اجتماعی خواند. انقلاب کبیر تاثیر 2گانه مکاشفه فلسفی بر شیلر و عدم تمایل به توضیح پدیده های طبیعی با شکاف عمیق بر گوته داشت. برای گوته انقلاب آتشفشان اجتماعی بود که توده ها بلوغ سیاسی نداشته؛ وقتی تحریک می شوند الویتهای حیاتی برایشان مخدوش می شوند. او در 1793 در جنگ با فرانسه شرکت کرد؛ سالیکه شیلر تقاضای بی نتیجه توقف حکم اعدام شاه را به پاریس برد.

اندیشه سیاسی گوته- ناصر پسآنیده، کوشش ارزنده ای برای روشنی خط سیاسی گوته است. این مورد نیاز خوانندگان است؛ تا فهم دراز مدت فرهنگی نه مقطعی سیاسی از پدیده ها در جامعه فارسی زبان ارتقا یابد. توجه شود که بسیاری از فرهیختگان افغان، روشنفکران تاجیک، کردان عراق- این آثار را می خوانند. در فهم جهانبینی گوته، زیرساخت شعر و نمایش او، این کوشش برای فارسی زبانان مهم است.

چند پیشنهاد برای کمک به فهم آن برای خواننده: اول- برابرهای آلمانی به فارسی آورده شوند: ریختشناسی morphology، تکامل evolution، شک گرا agnostic، کانشناسی = مینرولوگی Mineralogy، گیاهشناسی = بوتانیک Botany، استخوانشناسی = اوستولوگی Osteology، زمین شناسی = گئولوگی Geology، تشریح = آناتومیک Anatomy، معیوب = دفورماسیون Deformation. میتوان گوگل را بکار برد تا کلمات فارسی مناسب را یافت. نیز رسم بر اینست که واژه فرانسوی بخط فارسی بکاربرده شود، مانند پاتولوژی؛ نه برابرهای انگلیسی، آلمانی، سوئدی، ایتالیایی، اسپانیولی، روسی.

دوم- عبارات معترضه را با فاعل اصلی نه ضمیر بصورت جمله مستقل نوشتن. سوم- مفصلهای بلند چندین سطری را به جملات 1 سطری شکسته که فاصله فاعل و فعل در جمله نزدیک هم باشند. چهارم- ساختار جستار را تیتربندی کرده؛ زیرا به یک نظم ساختاری نیاز دارد. ساختار را می توان بنا به یک

دوجین سرخط تنظیم کرد: زندگی گوته Goethe 1749-1832، شرح مختصر انقلاب کبیر فرانسه 1789-1799، جنگ آلمان/ پروس و فرانسه، عصر روشنگری، تراژدی دکتر فاوست. بعد سرخطهای ریختشناسی، جبر کور، جبر هدفمند/ شعورمند، این گونگی، آنگونگی، چند گونگی، تغییر، انقلاب، عوامل انقلاب، جنگ آورده شوند. مفصل/ پاراگراف 1-2 صفحه ای را شکستن به 10 مفصل چند خطی که از نظر بصری برای پس و پیش رفتن در خواندن و یافتن، تسهیل کننده باشد.

پنجم- دقت بیشتر در تاریخها. "جنگهای فرانسه و آلمان/ پروس 1870_1871" با شکست فرانسه، کمون پاریس 18 مارس تا 28 مه 1871 نخستین شورای کارگری برپا شد. ششم- کمانه/ پرانتز بکار نبردن، چون در اینترنت با دهها پردازشگر واسطه دیکودینگ چرخش چپ- به- راست و راست- به - چپ خط لاتین و فارسی درست انجام نمی شود. ششم- دادن نوشته به دوستی برای خواندن و ویرایش. هفتم- تفکیک زندگی روزمره گوته از نظرات او در جمله بندی. برای نمونه می توان در اول مفصل زندگی متناظر با نظرات او را داد. در قسمت دوم آن نظر گوته را نوشت. این تفکیک کمک به نظم محتوا در ذهن خواننده می کند. در جمله بندی مبتداء- خبر، علت- معلول، دال- مدلول در ساختار جمله و چینش کلمات فکر ذهنی نویسنده، باید در بیان کلامی مراعات شوند.

هشتم- برخی واژه ها برابرهای بهتری در فارسی دارند. برای نمونه: "تعالی و تکامل" یا "انحطاط و اضمحلال-" پَست گونه شدن. اولا نیازی به علامت نقل قول نیست. ثانیا متضاد تعالی قهقرا است. برابر بهتر فارسی اضمحلال- فروپاشی، منسوخ، انهدام، نابودی، مرگ، رجعت می تواند باشد. ثالثا مترادفات در فارسی مد است؛ ولی می توان غالبا یک واژه برابر زبان غربی بکار برد تا تسبیح چند مترادف.

در جستار ارزنده آقای ناصر پسانیده در باره گوته و انقلاب آقای بینش زیباروز پرسید: چرا گوته مخالف انقلاب بود؟ در جستار زیر این پرسش از 3 دید بررسی می شود. 1- انقلاب بمثابه پدیده عینی. 2- گوته بمثابه عنصر ذهنی. 3- پژوهشگر بعنوان راوی کلان در غور تاریخ.

انقلاب اجتماعی خصایل زیر را دارد:
1-عینی و جبری است که دارای کنشگرها، شعارها، عملکرد، نتایج در انتهای یک بازه چند دهه ای است.
2-انقلاب پیروزمند 3 شرط طلب می کند: 1-حاکمیت نمی تواند بروال گذشته ادامه دهد. 2- لایه های عاصی فرودست در تغییر دولت می کوشند. 3-برای پیروز آنها به رهبری فردی- تشکیلاتی نیاز داشته؛ رهبری نظری سوار بر موج نارضایتی

حکومت را سرنگون می کند. این عوامل در داخل و خارج کشور قرار دارند.

۳-نظرات ذهنی متخالف در باره انقلاب در فازهای پیش، هنگام و پس از آن ترویج می شود.

۴-جناحهای انقلاب برای غلبه برهم به مبارزه تا مرگ می کوشند.

۵-کیش شخصیت، تداوم چند دهه قدرت رهبر، تصویه های خونین مخالفان، پیدایش اقشار و طبقات جدید در نتیجه تغییر انقلابی در جامعه.

۶-ترس همسایگان از صدور انقلاب و حمله نظامی آنها برای تضعیف آن.

۷-هر جناح متنازع دارای لایه ها و افراد با شخصیتهای ویژه باوجدان و بیوجدان می باشد.

۸-جناح مغلوب اگر غالب شود؛ روال انقلاب تغییری معتنابه نخواهد کرد. جناح خروشچف پس از مرگ استالین در مارس ۱۹۵۳، دان شیاپینگ در چین عهد مائو.

۹-در حین انقلاب طیف نظرات موافق تا مخالف در باره پندار، گفتار، کردار انقلاب وجود دارند؛ ولی قدرت سیاسی یکسان ندارند. آنها نظرات خود را مطرح می کنند؛ یکی طرفدار دارد؛ دیگری کسی به آن وقع نمی گذارد.

۱۰-الگوی انقلاب در تاریخ و کشورهای مختلف یکی است که از فازهای مشابه می گذرد.

گوته را نه از دید ادبی که غولی در ادبیات جهان است؛ بلکه از نظر اجتماعی، روانی، تاریخی ارزیابی داورانه می توان کرد. همانطور که شخصیت ادبی یک متهم ربطی به عمل غیرقانونی او در دادگاه قضایی ندارد. روشن است که نظرات اجتماعی فرد تابع موقعیت اجتماعی، شخصیت/ شجاعت، آگاهی سیاسی می باشند.

یک پژوهشگر می تواند انقلاب را در ۳ بازه پیش، هنگام، پس از آن بررسی کند. در این جا او با ۲نوع داده روبرو است. نوع اول سیر حوادث که ضبط شده اند. نوع دوم نظرات در باره این حوادث اند که از ۳ موضع درون انقلاب، مخالف، موافق با دلایل و عواطف خود اند. باید در بررسی انقلاب یا رهبر را در خود بطور مقطعی، با مقایسه با نظرات مخالفان و دیگران مد نظر داشت. نیز در روال تکوینی در چند دهه پس از انقلاب با عملکرد آن با عملکرد کشور همگن دیگری مقایسه شود. نمونه نتایج انقلاب ایران با کره جنوبی یا ترکیه در ۴ دهه گذشته. می توان شعارها، برنامه سیاسی، گفتار لحظه ای، خسرانها، دستآوردهایی آن را بررسی کرد.

می توان رئوس انقلاب کبیر فرانسه، انقلابات قرون ۱۸، ۱۹، ۲۰ را برشمرد. انقلاب قرن ۲۱م ۳ وجهی و ۲ فازی می باشد. صفوف مقطع انقلاب ۳ وجه دارند: حاکمیت، ۲ جناح مردمی

پیشرو، واپسگرا. مراحل انقلاب 2فاز دارند: اتحاد بضد حاکمیت، سپس تضاد بین 2 جناح در کش و وقوس که اگر مدرن باشند باهم تعامل می کنند. اگر جناحی پیشامدرن و انحصارگرا باشد به کشتار خیابانی و اسیرکشی می کشاند. این را در گرجستان، اوکراین، مصر می توان دید. در فاز اول همه متحد حاکمیت استبداد را ساقط کردند. ولی در فاز 2م اختلاف صفوف مردم مانع از رسیدن به قانون اساسی مدرن با حق اقلیتها شد.

انقلاب نفی حاکمیت از طریق تلفیق عامل ذهنی قاطع خواستن و عینی تعیین کننده توانستن می باشد. در این جا عامل ذهنی از طریق فهم اقتصادی جامعه، تظاهرات، تشکیلات، فداکاری، کنشگری پروسه انقلاب را تسریع می کند. عامل عینی مجموعه افزایش انتظارات مردم، اختلاف در حاکمیت، بحران اقتصادی دولت، عدم امکان ادامه حاکمیت است که با نشر عقاید تغییر، تشکیلات مردمی، خنثی کردن دولت حاکم، آگاهی به شعارها- انقلاب پیروز می شود.

تفاوت تغییر جبری در طبیعت و اجتماع این ست که در طبیعت تغییر کور و جبری است در اجتماع تسریعی بوسیله درک و پراتیک انسان می باشد. مثلا انقلاب وقتی رخ می دهد که حاکمیت اصلاحات مردمی را انجام نداده؛ فشار مطالبات مردم افزایش بافته، بمرحله انفجار می رسد. عامل ذهن و عین برهم اثر متقابل دارند. جامعه با فعالیت تولیدی و آگاهی انسان با طبیعت فرق دارد. در تغییر طبیعی زلزله، سیل، گردش زمین بدور خورشید- نه تولید نه آگاهی وجود دارد؛ یک سری عوامل طبیعی منجر به پیدایش زلزله، سیل، فصول می شوند. در تغییر جامعه عمل، آگاهی، تشکل انسانها تکامل جامعه را تسریع می کند. البته عامل ذهنی 2 غایت تقدیرگرایی و اراده گرایی را هم دارد.

انقلاب پدیده اجتماعی جبریست که خارج از آمال نظری انقلابیون، با بحران حاکمیت همراه است. انقلاب بطور عینی حاکمیت را از یک نیروی اجتماعی گرفته به نیروی دیگر داده؛ نهادهای دولت ساقط را هم تبدیل می کند. انقلاب نیاز عینی جامعه به تفویض حاکمیت ملی و قبضه قدرت سیاسی بوسیله گروههای غیرخودی/ بیرون از حاکمیت است. انقلاب برای جوانان که خواهان تغییر سریع جامعه اند جذبه فراوان دارد. تمام چریکها از نظر سنی بین 20 تا 30 ساله بودند؛ برخی حتی زیر 20 سال عمر داشتند مانند برادر کوچک رضاییها.

آیا انقلاب برگشت ناپذیراست؟ هم انقلاب 1917 روسیه و هم انقلاب 1948 چین در روال 30 ساله به سرمایه داری دولتی، رجعت کردند. اروپای شرقی که طی چند ماه به سرمایه داری

خصوصی برگشت. در روسیه خروشچف در دهه 50م و در چین دون شیاپینگ در دهه 70م در رهبری نامبرده شده اند انقلاب نوید سریع برای تغییر اجتماعی است.

روشن است که تعداد انقلابهای شکست خورده در تاریخ 10ها برابر انقلابهای پیروزمند است. در ایران از رهبری مزدکیان، بابکیان، حسن صباح یا اسسینها/ حشیشیهای ترور کننده گرفته تا جنبش تنباکو، جبهه ملی برای صنایع سراسری نفت، 15 خرداد 42، 20 خرداد 60، 22 خرداد 88 همه بخاطر عدم وجود همزمان هر 3 شرط با هم شکست خوردند. البته نامهای دیگری به انقلابهای شکست خورده داده شده: جنبش، مبارزه، شورش، تحریکات، خیزش، قیام، نافرمانی مدنی، تمرد- ولی همه در نهایت برای قبضه قدرت سیاسی و سرنگونی حاکمیت فعلی اند.

حتی اصلاحات هم پروسه کندتر انقلاب است که در نهایت به نفی حاکمیت می انجامد. از اینرو حاکمیت تمام خواه، چه چپ چه راست، مخالف اصلاحاتند. اصلاحات امیر کبیر برای بقای قاجار مدرن و دکتر مصدق برای ادامه سلطنت مفیدتر از استبداد بودند. شاید شاه دائم مخلوع اگر سلطنت می کرد؛ نخست وزیر منتخب ادواری حکومت می کرد؛ سلطنت قاجار یا پهلوی مانند هلند، اردن، مراکش می ماند. مصونیت سلطنت با استعمار سکولار تضمین می شد. ولی تمام خواهی که مربوط به اختلال شخصیتی، حرص مال، قدرت تام است دیکتاتور را به ورطه سقوط محتوم می کشاند. با اینکه اصلاحات بطی است ولی دراز مدت منجر به تفویض مسالمت آمیز قدرت سیاسی می شود. البته در کشورهای متروپل غربی پیشرفته، اصلاحات با کشمکش انتخاباتی، ولخرجی لابیها، آوردن متممها به قانون اساسی پیش می رود.

در انقلاب کبیر فرانسه یک لایه نظریه پرداز پدید آمد که معتقد بود "رژیم عتیق" امنیت و ثبات جامعه را تضمین می کند؛ کسانیکه خواهان تغییرند آنارشی در جامعه پدید می آورند. طرفداران تغییر اجتماعی شامل نیروهای واپسگرای مذهبی برای رجعت به عصر اقتدار پوپ در برابر نیروهای پیشرو عدالتخواه برای آرمانهای طبقات نوین جامعه قرار می گرفتند. در حالی که عقاید نو لیبرالی و یوتوپیایی تخیلی مساوات گرانه خواهان انقلاب و تغییر حاکمیت بودند.

محافظه گران برای حفظ رژیم عتیق Ancien Regime می باشند. در مقطع انقلاب کبیر فرانسه، ایده اولوگ/ نظریه پرداز آنها ژزف دمایستر DeMaistre نوشت: اقتدارگرایی در سلطنت و مذهب از آنارشی لیبرالی جلوگیری می کند. او پیرو هابز Hobbes فیلسوف انگلیسی 1588 - 1679، مبلغ قدرت

مطلقه برای طرد آشوب اجتماعی، بود؛ بضد "اراده عامه"
روسو تبلیغ می کرد. راست- بیژن باران
http://archive.mashal.org/content.php?c=helmi&id=00482

شاید گوته با هابز در باره ضرر انقلاب اتفاق رای داشت.
هابز پس از جنگ داخلی انگلیس در 1642 بضد سلطنت طلبان
گفت: ستم گرترین حکومتها بهتر از هرج مرج انقلابی بوده؛
انقلاب ناموجه است. او در باره دولت، حکومت، قرارداد
اجتماعی، حقوق شهروندی، جامعه مدنی، برابری طبیعی
انسانها، موضوعات لیبرال دیگر نوشت. مدتی در پاریس
زندگی کرد. در 1666 در مجلس عوام آثارش مستهجن،
ردخدایی، ارتدادی- ممنوع النشر در انگلیس شده؛ لذا در
هلند نشر شدند.

پس از انقلاب کبیر فرانسه که الگوی آن در انقلابات 1917
روسیه، 1948 چین، 1978 ایران تکرار شد. یعنی در آغاز
پیروزی انقلاب به قلع و قمع سران "رژیم عتیق" گردن زدن
لویی 15 پرداخته؛ سپس به همکاران خود تاخته آنها را
خنثی کرده؛ بعد بهمه مخالفان توپیده به تک صدایی برای
مدتی جامعه را می کشاند. این پروسه خونین تا چند دهه
ادامه دارد. بقول بوخارین پرچم سرخ شوروی قطره ای از
خون او را دارد. بوخارین 1938-1888 یک انقلابی و نظریه
پرداز تراز اول در حاکمیت شوروی بود. او دوست نوجوانی
ایلیا ارنبورگ، مقیم نیویورک در 1916 با نشریه عصر نو،
نویسنده کتاب امپریالزم و اقتصاد جهان بود. او در 1917
در انقلاب شرکت کرده؛ در 1924در مرکزیت حزب قرار گرفت.
در انقلاب اکتبر جناح لنین-تراتسکی به استالین استحاله
شد که این رهبر نظری را اعدام کرد.

هیچ نیروی مادی جلوگیر انقلاب نمی تواند شود. نیروی
جاسوسی، نظامی، اقتصادی ابر قدرت آمریکا نتوانست انقلاب
کوبا، ویتنام، ایران را پیش بینی یا پیش گیری کند. این
نشان میدهد که انقلاب جبری است؛ مانند زلزله، آتشفشان،
سیل. ارتش تزاری و شاهنشاهی با ساواک مخوف، 800 هزار
نظامی، 90 هزار مستشار آمریکایی، ریچارد هلمز ریس سیا
و سفیر دولت خود در تهران همه پا به فرار گذاشتند.
دربار 62 نفره با چمدانهای پول مردم، سهام کمپانیها،
اوراق بهادار بخارج گریختند. یا تزار با خانواده اش
اعدام شد.

البته بعد از انقلاب یک پروسه خزنده اقتدارگرایی، کیش
شخصیت، کودتایی، خفقان پیدا می شود. در انقلاب کبیر
فرانسه 1799-1789 رئوس رویدادها با تغییر نامها همان
اند که در انقلاب اکتبر روسیه و انقلاب بهمن ایران اتفاق
افتادند. اگر بجای نامهای خاص اسمهای عام بکار روند

تصویر انقلاب این گونه می شود: سالیان ستمکاری حاکمیت، چپاول مردم بوسیله دولت، بلبشوی مقطعی شیرازه اقتصادی، شورش همگانی مردم، دست به دست گشتن تدارکچیهای دولتی مانند نخست وزیران و مشاوران دیکتاتور راس، پیشنهاد تغییر رادیکال دولت ائتلافی، نپذیرفتن آن توسط بساط سلطه گر تام الاختیار، اشراف و آخوندها زیر بار راهکارهای دولت وقت نمی روند.

سپس این روندها شکل می گیرند: نزاع جناحی در بالا، پیدایش کمیته تصمیمگیری انقلاب، آزادی زندانیان سیاسی باستیل/ اوین، تسلیح پیش آهنگان انقلاب، سرنگونی نمادهای حاکمیت مانند مجسمه ها، نام خیابانها، تصاحب ساختمانها، زمینهای زراعی، بلبشوی قضایی، اعدامهای سران حکومت گذشته، قبضه رسانه های گروهی بدست مردم، سرودهای انقلابی، کمیته های مسلح محلی، الغای قانون اساسی، فرار یا اعدام شاه، نابودی تخم وراثت سلطنتی، تشکیل مجلس موسسان، ایجاد قانون اساسی جدید، گروندیستهای سلطنت طلب، ژاکوبینهای جمهوریخواه، آماده باش نظامی همسایگان.

استعمار برای حمله به حکومت جوان انقلابی دسیسه کرده؛ جنگ با نیروهای بیگانه میشود. حکومت وحشت با زندان و اعدام مخالفان مانند حکومت ساقط در حکومت فعلی ادامه می یابد. رهبر پارانوید انقلاب هر معترضی را ضدانقلاب و دشمن نامیده؛ در قلع و قمع معترضان، کمیته های پیگرد ضدانقلاب اعدامهای گروهی راه می اندازند. در انقلاب کبیر فرانسه ۱۵ هزار نفر زیر گیوتین رفتند. در روسیه ۲۰ میلیون در دهه ۲۰ و ۳۰ تصفیه جسمانی شدند. در دهه ۶۰ ش ایران ۱۰هزار زندانی سیاسی اعدام شدند.

سپس واکنش به رخدادهای انقلاب، ترمیدوری با تثبیت حکومت نوین زیر لوای قانون اساسی جدید، یک دوره برای بنوا رسیدن اقشار و طبقات جدید در حاکمیت آغاز می شود. در روسیه گرفتن امتیازات مقامهای دولتی/ حزبی، مسکن، غذا، نوع کار، منزلت، بیمه درمانی اجرا شد. در ایران دست اندازی به املاک جماعتی مشاع و خصوصی افراد منجر به غصب، ایجاد بنیادها، پرونده سازیها، کنترل رسانه ها شد. در پی فروپاشی شوروی در ۱۹۸۹ ساختمان و املاک دولتی حراج مافیایی شده؛ سرمایه های جدید و فعال پدید آمدند.

انقلاب را کودتای خزنده یا جهشی ساقط می کند. انقلاب مشروطه ۱۹۰۶ منجر به کودتای ۱۲۹۹ ، دیکتاتوری، غصب ثروت مردم شد. در انقلاب ۱۹۱۷ روسیه رهبری با کیش شخصیت، حاکمیت مادام العمری راس مذکر، تصفیه های خونین حزبی، جنگ جهانی ۲ دولت امنیتی پدید آمد. در انقلاب کوبای ۱۹۵۹ رهبری خانوادگی ادامه دارد. در ایران با کودتای فتوایی

20 خرداد 60 و انتخاباتی 22 خرداد 88 قدرت اقلیت متمرکز با منابع دولتی بر اکثریت پراکنده حاکم شد.

ولی نمونه کامل تاریخی انحطاط انقلاب به دیکتاتوری که بخوبی ثبت شده ظهور ناپلئون بناپارت در تاریخ بود. ناپلئون بناپارت 1769-1821 سردار نظامی ژنی فرانسه بود؛ امپراتور در 1804-1814 بود. حمله به روسیه او در 1812 در جنگ و صلح تولستوی ابدی شد. شخصیت او در آغاز جنبه پویا داشت. پس از قبضه قدرت تام جنبه های دیکتاتوری و منحط ش شکوفان شدند؛ به سقوط و تبعید او منجر شد. او با شور انقلابی به حکومت رسید؛ سپس مزه قدرت بمذاقش با عنوانهای من درآوردی پروکنسول، امپراتور خوش آمد. او با حمله به ملل ضعیف، نظامیگری تمام عیار شکست در جنگها، به تبعید و عزلت رسید. این را در عاقبت صدام در عراق هم می توان دید. روشن است که برنامه فردی، بداهه ای، من درآوردی دیکتاتور ربطی به برنامه تل انبارشده ستم توده ها در آغاز انقلاب ندارد. آنها نان، مسکن، عدالت می خواستند. ولی حمله به کشورهای ضعیف به آنها تحمیل شد.

این دیکتاتور نوظهور که انقلاب را هایجک/ منحرف می کند خیلی از روشنفکران را در ابتدا سر در گم می کند. آزاده ای چون بتهوفن 1770- 1827 که شیفته عصر روشنگری بود؛ نخست سنفونی 3 خود را به ناپلئون، بمثابه قهرمان انقلاب، تقدیم می کند. ولی با دیکتاتوری ناپلئون نام او را از صفحه تقدیمی با خشم خط زده؛ آنرا "سنفونی اروبیکا، ساخته برای بزرگداشت خاطره یک مرد سترگ" نامید؛ به دیگری تقدیم کرد. این سنفونی با الهام از قصیده شادی شیللر خوشبینانه در مدح برادری انسانیت است.

نقش شخصیت در تاریخ تعالی جامعه است. عامل عینی- ذهنی به شکوفاتی شخصیت منجر می شود. عدم تناظر شخصیت با عینیت در تغییر را در برگشت ناپلئون و خوار شدن او می توان دید. گاهی اشتباه شخصیت در بازی قدرت منجر به حذف فرد می شود. منتظری در انقلاب ایران نمونه ای جدید است که چگونه فرد در رهبری بنا به اخلاق شخصیتی با حاکمیت زاویه پیدا می کند. قدرت عینی ربطی به خواست نظری ندارد. وقتی عامل عینی تغییر می کند؛ یک شخصیت تاریخی در شرایط جدید- اگرچه شخصیت ثابت است- موفقیتی کسب نمی کند. برعکس رهبری ثابت قیام 15 خرداد 42 و انقلاب بهمن 57 است که نبود شرایط عینی در 42 منجر به شکست شد. ولی در 15 سال بعد با انقلاب سفید، فروپاشی کشاورزی، گسیل رعیتها به حاشیه شهرها، نضج شرایط عینی همان رهبری سال 42 را به پیروزی در انقلاب 57 رساند.

یک استثناء در تاریخ ضبط شده : جورج واشنگتن در انقلاب
1776 آمریکا . شبی که جورج بایدتصمیم می گرفت تا روز بعد
جمهوری را اعلان کند؛ او می توانست خود را شاه جورج
واشنگتن بخواند تا حکومت سلطنتی موروثی برای ایالات
متحده بخواهد . ولی بخاطر مناعت طبع تصمیم به جمهوری
گرفت تا نخستین جمهوری مدرن با انتخابات هر 4 سال
بگزیند . در آن زمان فرصت طلبانی بودن که جورج را وسوسه
به شاهی می کردند . در موانت ورنن ایالت ویرجینیا ، جنوب
شهر واشنگتن در باغ بزرگی با ساختمان مجلل و شهرک برده
های او در ساحل رود پوتامک قرار دارد . اکنون این باغ
موزه است که بسیار بزرگ و تاریخی است . در گردش در این
باغ گردشگر به سده 18م رجعت کرده ؛ زندگی و شخصیتهای آن
دوره را می بیند . در محیط زیستی با اقلام ، اشیا ،
نقاشیها ، نوشتجات ، ساختمانها ، جالیزها ، ابزار تولیدی و
خانگی ، خلاصه همه چیز برای بررسی زندگی در سده 18م در
این پارک مفرح دست نخورده بجا مانده .

ترمیدور نام ماه تقویمی انقلابی و بازه زمانی بین مجلس
ملی تا مدیریت با رهبری پل بارراس ، ژان لامبر تالین ،
ژوزف فوشه است . پس از ترور مارات ، اعدام دانتون و ژاک
هربرت پایگاه روبسپیر در جناح راست تضعیف شد . پس از
سقوط روبسپیر در ژوییه 1794 واکنش ترمیدوری ، حصر خانگی
او شد . این واکنش ملایم به حکومت ترور و اعدام روبسپیر ،
سان ژوس ، دیگر اعضای رهبری بود . در 10 ترمیدور برابر 28
ژوییه 1794 خود روبسپیر با 21 نفر از دستیارانش بدون
دادگاه اعدام شدند . دوره ترمیدوری اگرچه با اعدام آغاز
شد ولی فشار بر مردم را کمتر کرد . ولی با ترور سفید و
حبس چپها همراه بود . پایان ترمیدور با آغاز برومر و
حاکمیت مدیریت همراه شد . واژه ترمیدور در تاریخ بمعنی
تغییر قدرت در حاکمیت از یک جناح به جناح دیگر است .

تشریح روند یک انقلاب ، الگویی را نشان میدهد که در
انقلابهای دیگر این الگو تکرار می شود . آیا می توان این
الگو را تغییر داد؟ پاسخ منفی و مثبت است! در برخی
انقلابهای خط سیاسی میانه مانند گاندی در هند و مندلا در
آفریقای جنوبی انحراف از الگوی انقلاب کبیر فرانسه دیده
می شود . این الگوی کامل یک انقلاب است . این الگو در
انقلاب افغانستان ، الجزیره ، اریتره ، ایران بطور کامل
اتفاق افتاد . البته این قرابت دلایل مادی خود را دارد .
نشان میدهد که عوامل پویش تاریخ در جغرافیای متفاوت
شبیه هم ن د ؛ با نامها متفاوت . قیاس تطبیقی 2 انقلاب برای
نشان دادن شباهتها و تفاوتها از حوصله این جستار خارج
است .

آیا وجدان انسانی می تواند پروسه انقلاب را از قهر پاکسازی کند؟ انقلاب ایران روی رسانه های بصری و خبری جهان ضبط شد؛ سپس پروسه استحاله آن به اقتدارگرایی و انحصارطلبی اقشار جدید با رسانه های دیجیتال اینترنتی ثبت شده است. در انقلاب ایران جناحی انسانگرا مخالف قهر و اعدام بودند. ولی عامل قهر انقلاب، این جناح را تارومار کرد. در ایران جناح بازرگان-بنی صدر به خامنه ای- رفسنجانی با دخالت رهبر داد. بنی صدر، بازرگان، طالقانی، دکتر یزدی، آیت الله منتظری تا خاتمی، موسوی، کروبی، رهنورد، کاظمینی بروجردی.

بررسی کارکرد این جناح انسانگرا نشان میدهد که جبر و عینیت قهر انقلاب را با مدارا، منطق، وجدان، نمیتوان جلوگیری کرد. تازه تضمینی هم وجود ندارد که اگر جناح قدرت سیاسی را قبضه کند خیلی بهتر از جناح انحصارطلب باشد. اینرا در گرجستان 2003 و اوکراین 204/ 2014 می توان دید که وکیل تحصیل کرده امریکایی بضد شواردنزه خود مرکز دیکتاتوری و فساد مالی خفیفتر در گرجستان شد. این مماشات را در دارودسته اخوان کرزی در افغانستان هم می توان دید.

منبع . 12.09.18
http://www.akhbar-rooz.com/article.jsp?essayId=33287
اندیشه سیاسی گوته- ناصر پسآنیده
https://www.youtube.com/watch?v=MsG2pxTG5Wk#t=40&hd=1
دکتر عطا صفوی در شوروی دهه 40-50م

ایده اولوژی

ایده الوژی مجموعه ایده های مشتمل بر اهداف، انتظارات،
اعمال یک گروه اجتماعی بخاطر منافع و آمال خود برای
سلطه بر دیگران است. ایده الوژی در استعاره پنجره یا
عینک جهانبینی یک گروه است که گرایشات فلسفی، اجتماعی،
سیاسی، مذهبی آنرا برای خود و دیگران تنظیم بکند. این
پنجره را نخبگان هر طبقه - چه در حاکمیت چه در
اپوزیسیون- بنا به شعور و منافع خود بمرور می سازند. در
حاکمیت ایده الوژی مجموعه ایده های طبقه حاکمه برای
تداوم قدرتش بر دیگر طبقات و پاسخ به تغییرات اجتماعی
است. ایده الوژی در جامعه و تاریخ باید در پندار،
گفتار، کردار در چرخه حیات یک فرد یا گروه با
درنظرگرفتن مخالفان این ایده الوژی تبیین شود. نتیجه
گیری از فقط گفتار آنها در یک مقطع زمانی بسیار
غیرحقیقی است.

شاید تاریخ ضبط تنازع ایده الوژیها باشد که منافع مادی
در پس آنها پنهان اند. بروز ایده الوژی در جامعه را می
توان در سطوح فردی، گروهی، جهانی بررسی کرد. برخورد
ایده الوژیها بصورت بحث شفاهی، جدل polemic کتبی،
تهدید/ جنگ روانی، جنگ نظامی بین 2 طرف ظاهر می شود.
شرایط برخورد آنها می تواند3 نوع باشند: 1- طرفین آزاد
برونمرزی خارج از حیطه قدرت، مثلا بحث 2 دانشجو، باشد.
2- یک طرف نیاز مادی داشته باشد؛ مانند مبلغان مذهبی در
آفریقا که با ارایه طب و دارو ایده الوژی بومیان را با
مال خود جایگزین می کنند. 3- طرف مقابل زندانی سیاسی
باشد که تیم بازجو بدون رعایت قانون تا مرحله بروز طبع
بهیمی سقوط می کند.

ابزار برخورد ایده الوژیک طیف گسترده ای از دانش،
محرکه، فعل را در بر می گیرد: منطق، اطلاعات، فحش،
عاطفه، محرکه، غریزه، عزت نفس، شخصیت، کتک، درد، ترس،
تهدید، شکنجه سپید، آزار، توهین، شکنجه خونین، قطع
اجزای بدن، قتل، توهین به مراسم تدفین، امر بسکوت در
خاکسپاری محکوم، سانسور خبر زندانی و مرگ، برخورد
غیرقانونی به بازماندگان.

در بحث ایده الوژیک هدف واقعی اقناع طرفین نیست؛ بلکه
تاثیر بر اطرافیان ثالث است. زیرا هیچکدام منطق،
تجربیات، اطلاعات عمومی، داده های تخصصی، فاکتهای مشهود،
عقل سلیم بکار نمی برند. بلکه با محرکات و عواطف خود
برای دفاع و حمله در مقابل طرف ایستادگی می کنند. تازه

این موقعی است که طرفین در موضع قدرت نباشند. وگرنه طرف قادر با ابزار قهر به امحاء طرف ضعیف می پردازد.

بافتار ایده الوژی بر ثنویت غریزی عمل- پاداش، مشترک در همه جانوران منجمله انسان، قرار دارد که از 2 بخش درونی و بیرونی تشکیل شده. بخش درونی شامل یک ساختار التقاطی از پندارها، گفتارها، کردارها، نظرات، شعارها، فعالیتها می باشد. بخش بیرونی تدوین ایده الوژی بصورت جزوات، سازماندهی اعضا، تبلیغ، تامین مخارج فعالیتهای اجتماعی، یک سری عملکردها می باشد. ایده الوژی را میتوان در سطح ریز Micro و کلان Macro بررسی کرد.

در سده 21م با گسترش رایانه های تصویری fMRI ضبط فعالیت مغز در زمان واقعی پردازش فکر همگانی شد. با این ابزار دیجیتال امکان مشاهده فعالیت مغز انسان با ورودیهای بصری- سمعی زبانی یا تصویری پدید آمد. لذا، در سطح ریز عصب شبکه های مغزی کنش- واکنش مغز انسان با ایده های پیرامونیش فیلمبرداری شده. سپس نتایج با علوم دیگر روانشناسی، عصبشناسی، جامعه شناسی تطبیق و تلخیص می شوند.

در مغز بمرور نظرات مکیده شده از محیط توسط فرد از حافظه زبانی به مراکز غیر زبانی تصعید می کنند. این مراکز شامل شبکه های عصب صیانت نفس، عاطفه، شخصیت می باشند. در پایان این نظرات به شبکه عصب اعتقادی با محتوای ثابت ایده الوژی پذیرفته شده انتقال می یابند. در این روند فرد در قسمت فعالیت مراکز عصب مربوط به ایده الوژی انعطاف ناپذیر، احساساتی، پرخاشگر می شود. از اینجا تا تحریک تکانه impulse های شکنجه گری، عذاب دیگران، تقاص، مرگ خود و غیرخودی فاصله چندانی ندارد. بویژه اگر معتقد در قدرت و طرف مقابل در حبس، انفرادی، تنها، بی پناه باشد.

در روند تحصیل ایده الوژی توسط فرد، بویژه در موضع قدرت، خیلی زود ربطهای عصب مراکز پندار، گفتار، کردار خود بیک "شبکه سیمکشی سخت" اتوماتیکوار تبدیل می شوند. از اینرو سختگیری، فحاشی، کتک، آزار، قتل بصورت بخشهای طیف رفتاری در فرد مقتدر ظاهر می شوند. در تمام این روندها پیوستگی رفتاری تحت کنترل هرمونهای درونریز غدد ترشحی و دستگاه عصب فرد بدون کاربرد منطق و هراس از عواقب قانونی هتک حرمت، تجاوز به ناموس، قتل نفس زندانی قرار می گیرد. تکانه دیگری در شکنجه گر بصورت رفلکس شرطی مانده از دوران شکار در تحول اجتماعی ظاهر می شود؛ "کار طرف را ساختن" و به سراغ فرد بعدی رفتن است. دیگر

روند بازجویی بدون قانون تبدیل به تکرار بازی آزار شکار می شود.

شبکه عصب مربوط به اعتقادات در غشاء بیرونی مغز قرار دارد. فعالیت این بخش مغز معتقد مسلط بر فعالیت منطق در نیمکره مغز چپ، مشعر، وجدان، تنظیم پندار، گفتار، کردار بنا به شرایط مناظره می شود. تنظیم گفتار و کردار انسان نرمال بنا به زایده عصبی ناظر بر کنش زیر پیشانی مغز است که جلوی حرفهای موهن و اعمال منافی عفت را می گیرد. در جامعه آزاد با رسانه های مستقل از دولت در حیطه قانونی، مامور دولتی از مقام خود نمی تواند سوء استفاده کند؛ زیرا عواقب قانونی برای گفتار و کردار او وجود دارند. ولی در استبداد فردی و عدم اطاعت مامور دولتی از قانون، این فرد از عرف قانون رایج در حیطه اجتماعی خارج شده به اِعمال قدرت قهار تنزل می کند. در اینجا ایده الوژی فرد سلطه گر نه مجاب کردن حرفی، بلکه برای امحای ایده الوژیک و جسمانی زندانی بکار می رود.

البته اخبار نقض قانون به کل دستگاه حاکمیت نشت می کند. ولی فرد درون حاکمیت با ثنویت خودی- غیرخودی، نقض قانون را در ادامه مقام و مستمری خود، اگر با انصاف باشد ندید و مکروه می گیرد. اگر اعتقادات او به تحجر گراییده باشند که نقض قانون مباح یا پذیرفته است. اگر خود این فرد در حاکمیت با عوارض اختلالات شخصیتی دست به گریبان باشد؛ از هتک حرمت، تجاوز به ناموس، قتل نفس زندانی کیفش کوک می شود؛ عصب معتاد مریضش تسکین لحظه ای می یابد.

در سده های 19 م و 20م در سطح کلان ایده الوژی از دید جامعه شناسی، روانشناسی، تاریخی تبیین شد. در این آثار، ایثار معتقدان به شعائر خود تا پای جان در پدیده های کلی طبقاتی، دینی، سیاسی، اجتماعی تشریح شد. تز مانای جامعه شناسی، پویش جامعه است. همه انسانها برای این پویش هدف فردی و گروهی خود را دارند. منتهی حاکمیت با دسترسی به نیروهای قهری و منابع مالی کلان دولتی در موضع قدرت نسبت به دیگران قرار دارد. بدون نظارات قانون، این حاکمیت اقتدارگرا برای نیروهای اجتماعی مخالف هلاکت بار می شود.

معتقدان ایده الوژیک در صف مخالف حاکمیت در دفاع از نظرات خود تا پای جان میروند. در برخی از این فرهیختگان وجدان بیدار برای ایجاد عدالت عمومی آنها را تا زندان، شکنجه، اعدام می کشاند. آنها چون دستگاه حاکمیت را برای آزمایش نظرات خود در اختیار ندارند؛ با تکیه بر تجارب مبارزاتی دیگر ملل اصول نظری خود را تدوین می کنند. همین را حاکمیت پیرهن عثمان کرده؛ آنها را زایده اجنبی

میخواند. معتقد مخالف، آموزه های ملل دیگر را در زندگی فردی و محفلی بکار می برد؛ آنها را تبلیغ می کند. برخی از این افراد سر بزنگاه، که هوا پس می شود، جا میزنند؛ تواب شده، خط عوض کرده، همراه حاکمیت می شوند.

حاکمیت در هر عصری بمعنای کنترل منابع مالی و اجرای نظرات خودی آن گروه اجتماعی است که به قبضه قدرت سیاسی نایل آمده باشد. ایده اولوژی هسته اصلی منظر قدرت اجتماعی است که پوسته های رنگارنگ فلسفی، مذهبی، سیاسی بخود می گیرد. لذا برای قبضه قدرت، ایده الوژیها در رقابت باهم بمبارزه تا مرگ خود و دیگران پیش میروند.

آلتوسر "ایده الوژی {بطور عام} را بدون تاریخ" دانسته؛ در حالیکه هر ایده الوژی خاص را صاحب تاریخچه بومی خواند. پس ایده الوژی وسیله "بازتولید اجتماعی" تداوم قدرت حاکمه است؛ ثابت نبوده؛ بنا به منافع طبقه حاکمه تعیین می شود. برای نمونه سرمایه داری در غرب از لیبرالیزم کلاسیک و مدرن، سوسیال دمکراسی، امپریالیزم، فاشیزم، لیبرالیزم نو متناظر با فازهای گسترش، تشدید، متاخر آن گذشته است. در سرمایه داری دولتی و خصوصی استعماری، کمپرادور، رانتی، مخلوط ایده الوژی با کیش شخصیت راس حاکمیت آمیخته می شود.

روشن است که حاکمیت جناحهای متعدد دارد؛ هر یک سلایق، ذوایق، اشتهای خود را برای ثروت، قدرت، منزلت دارند. ایده الوژی حاکمیت با تغذیه از منابع مالی فربه شده؛ خود را در تجربه حکومتی برای تعویق تغییر بهینه می کند. نخبگان طبقات تحت حاکمیت ایده الوژیهای خود را بنا به منافع و شعور فرهنگی خود تنظیم میکنند؛ در حالیکه حاکمیت با تکیه بر ارگانهای رسانه های دولتی و سرکوب یکه تازی می کند. نخبگان حاشیه حاکمیت بانحای گوناگون مجیز راس هرم در هیرارشی قدرت حاکمه را می گویند تا اعتقادات و منافع خود را تضمین کنند.

ایده الوژی را در اوضاع فعلی جهان و خاورمیانه می توان به 3 بخش عمده تقسیم کرد. هرکدام بنا به شرایط بومی دارای جناحها و لایه های ثانوی اند. ایده الوژی ثابت نبوده بنا به پیشرفت جامعه رنگ عوض می کند. انقلاب کبیر فرانسه 1789 نخستین تجلی تضاد ایده الوژیهای راست و چپ در تاریخ است. برای نمونه ایده الوژی راست در فرانسه سده 19 برای حفظ دربار و مذهب اکثریت بود. در حالیکه در آلمان سده 20 به نژادپرستی سکولار و انقیاد همسایگان تبدیل شد. اکنون در آمریکا ایده الوژی راست عمدتا دربرگیرنده نظامیگری جهانی است.

1-ایده الوژی راست از 2 سده پیش تا کنون در جهان استحاله پیدا کرده؛ نظریه پردازان گوناگون دارد. آنها روی مواضع محافظه گرایی سنتی، ملی گرایی، اقتصاد انحصاری، بسیج عوام، نظرات عتیق مذهب، ضد-سوسیالیسم می نویسند و عمل می کنند. راست در غرب سده 21 دربرگیرنده محافظه کاران لیبرال، تجارت بدون نظارت، رقابت تجاری بدون دخالت دولت، سرمایه داران است. اکنون راست لایه های 3گانه راست مرکز، راست افراطی، ضد-سوسیالیست را دربر می گیرد. ایده اولوگهای راست در مالکیت رسانه های جهانی چشمگیرند . 1

2-ایده الوژی میانه متعلق به طبقات خرده پا در جامعه با مالکیت فردی بر اقلام منقول و غیرمنقول است. شاید بتوان آنرا در 2 محور عدم خشونت گاندی و خشونت بعثی تجرید کرد. اولی در هند، آمریکا، آفریقای جنوبی منجر به دستآوردهایی برای بشریت و تقلیل تدریجی فقر و عقب ماندگی شد. دومی با کودتاهای خونین در سوریه، عراق، الجزایر به بن بست رسید. 2

3-ایده الوژی چپ 3 اصل دارد: ماتریالیزم دیالکتیکی درک تاریخ، نقد سرمایه داری برای تقلیل/ رفع ارزش اضافی، نظریه تکامل تاریخی بیگانگی کارگر در تولید. این 3 اصل در دانشگاههای غربی در رشته های آموزش، اقتصاد، انسان شناسی، بررسی رسانه ها، تاریخ، جامعه شناسی، زیبایی شناسی، علوم سیاسی، عتیقه شناسی، فلسفه، نمایش، نقد ادبی، نقد روانشناسی تدریس می شوند.

توجه شود که عقاید چپ در دانشگاههای غربی تدریس می شوند ولی نشر این نظرات در خاورمیانه جرم است. دولت راست در خاور میانه با سانسور آثار چپ، عقب ماندگی را ساختاری می کند؛ بهنگام بحرانهای اقتصادی- سیاسی امکان مانور راست بسیار محدود شده؛ اغلب قدرت از جناح حاکم به دیگر جناحهای سرمایه داری تفویض می گردد. در خاور میانه شاید رویگردانی از کتاب، بدلیل جرم در داشتن کتب چپی باشد. در خاورمیانه 3 اصل فوق اینچنین عینیت مییابند: ا- تجرید عینیات و تضادهای جامعه سرمایه داری در آثار متنی و هنری؛ 2- وجدان بیدار در دیدن ستم و آرزوی پایان دادن به حرمان بخش عظیمی از مردم . 3- تبدیل این نظرات به اعتقادات ثابت در ذهن منجر به کنشگری اجتماعی می شود . 3 منابع . 2018/09/12
توضیح در باره 3 ایده الوژی با عملکرد سیاسی در غرب و خاور میانه در زیر آمده:

    http://asre-nou.net/php/view.php?objnr=10968 -1
    http://asre-nou.net/php/view.php?objnr=11115 -2
    http://asre-nou.net/php/view.php?objnr=10856 -3

روشنفکر

جامعه ی یک کشور به گروههای مختلف با خواستها و منافع مختص خود تقسیم می شود. در جوامع کنونی، چندین گروه بزرگ اجتماعی باهم از طریق سنن تاریخی، قوانین مدنی، ابزار قهر در تعامل و تقابلند. این گروهها صاحبان سرمایه و کار، دیوانیان دولتی و نظامی، شاغلان خدمات و روزمزد، دارنده گان پیشه های آزاد و دکان و دکه، سلسله مراتب مذهبی و خیریه می باشند. این نیروها در جامعه به کسب و کار خود مشغولند؛ با یک دیگر در داد وستد دائمی اند. در حالیکه قیافه حق بجانب بخود میگیرند؛ برای قبضه قدرت با هم در تنازع اند.

قبضه قدرت بمعنای گرفتن اختیارات/ تصمیم گیریهای کلان در باره منابع مالی، مقامات عالی دولت، روابط خارجی است. در خاورمیانه عظیم ترین سرمایه در دست دولت است نه بخش خصوصی. این تنازع آشکار و پنهان، طیف گسترده ای از رفتارهای اجتماعی را در بر می گیرد: از باندبازی، پارتی بازی، لابی گری، بحث، مچگیری، افشاء، روشنگری، اقناع، تا خشونت، قتل، زندان، شکنجه، تجاوز، تبعید، ترور، اعدام.

جامعه هرچه به عصر مدرن نزدیکتر باشد این تنازعات جنبه جدلی، تعاملی، اقناعی، مقبولیت بیشتر پیدا می کنند. نمونه: در آمریکا در دهه های 20 – 30 سده گذشته خشونت داخلی مزمن بود. در دهه های 50 – 60 بجنگ و گریز خیابانی و دادگاهی کشید. در دهه 80 – 90 شرایط داخلی مدنی شد؛ ولی خشونت از داخل به خارج تسری کرد. این صدور خشونت به خارج دلایل خاص خود را دارد.

در مقابل سازمانهای مدنی و بشر دوست که بجهان سوم کمکهای مالی، فکری، طبی میکنند؛ نهادهای انتفاعی نظامی با 120 میلیون شاغل، سهامدار، کارخانه دار، نانخوار در 50 ایالت این خشونت را برای دفع تولید ابزار جنگی مدافع اند. نمونه: پنتاگون بزرگترین مصرف‌کننده نفت در جهان است. دفاع آمریکا بعهده پنتاگون است پس نفت در سیاست خارجی آمریکا بمثابه "امنیت ملی" قلمداد می شود.
*

متناظر با گروههای موجود در جامعه معاصر، نهادهای فرهنگی و رسانه های اجتماعی پدید می آیند. در خاور میانه بخاطر تملک کلان دولت، نهادهای فرهنگی و رسانه های اجتماعی هم عمدتا در کنترل دولت اند. این نهادها و رسانه ها برای توضیح کارکرد یک گروه به دیگر گروهها برای اقناع/ توجیه وضع موجود، قلمزنهای خود را دارند.

در نهادهای فرهنگی سیاست درازمدت و در رسانه ها سیاست روز حاکمیت تبلیغ می شود. این قلمزنها موازی منافع گروه خود در قدرت سیاسی یا توهم رسیدن به قدرت سیاسی با رسانه های گروهی به ترویج نظرات خود می پردازند. آنها آثار کلامی خود را تولید و توزیع میکنند.

در گذشته در ایران بخاطر اختناق دیکتاتوری وابسته/ کمپرادر، تضاد تعیین کننده ایکه منجر به انقلاب بهمن ۵۸ شد تمام عناصر سران مخفی، علنی، تقیه گر اپوزیسیون تحت مقوله فرهنگی روشنفکر تجرید می شدند. روشنفکران طیف نامتجانسی از راست تا میانه و چپ را در برمی گرفت. خانلری، شفا، نیکخواه، لاشایی، نهاوندی، آل احمد، بهرنگی، جزنی، پویان، احمدزاده، آرینپور، گلسرخی، رحیمی، آخوند شهید غفاری، طالقانی، شریعتی، آخوند مطهری، هزارخانی، بهبهانی، خواننده فرهاد- همه روشنفکر قلمداد شده اند.

البته برخی از این روشنفکران از طریق حرفه و شغل سیاسی امور زندگی خانوادگی را تامین می کردند. گاهی هم دستی در ادبیان داشتند. ولی با نگاهی از نزدیک باید در شخصیت، اعتقادات، آگاهی طبقاتی، وجدان اجتماعی، تحصیلات تخصصی، اطلاعات مدرن، منافع فردی آنها غور کرد.

انقلاب جمهوری نیروهای وسیعی از جامعه را آزاد کرد؛ آنرا از تمرکز نخبه گرایی به پخش نهادهای مدنی، فرهنگی در تمام ۳۱ استان ارتقاء داد- البته تحت لوای ولایت شیعه گرا. این استانها از تهران با جمعیت ۷-۸ میلیونی تا یزد نیم میلیونی و یاسوج ۱۰۰ هزار نفری. لذا اگرچه خشونت خونین پس از انقلاب با پیش بطور عینی حس می شود؛ ولی ماهیت ۲ رژیم از بن متفاوت است. اولی متمرکز تکمحوری، وابسته بغرب، نجبه گرا، تحفه ای/ توکنیسم بود؛ دومی پراشی، وابسته به سنت، امتگرا با چند جناح موازی.

لذا در دهه های ۳۰ تا ۴۰ تمام این "روشنفکران" با ابزار مختص خود برای تقلیل، تعدیل، سقوط دیکتاتوری فعال بودند. اکنون صفوف این روشنفکران هم از نظر سیاسی و هم از نظر تخصصی تجزیه شده: زنان، ملیتها، چپ، وکلا، مهندسان، روحانیون، راست، روزنامه نگاران، شاعران، حقوق بشریها، سبزها، اصلاحگران، اصولگرایان، کارگزاران، دانشجویان، سندیکاهای کارگری، حوزه ای. شاید تا سد گروه بتوان شمرد. محتوای سیاسی کنشهای آنها هم را میتوان مداقه کرد.

اکنون هر گروه اجتماعی قلمزنان خود را دارد؛ اگرچه گاهی با پول، زندان/ توبه، منافع فردی، قومی، منزلت آنها در مقامهای مختلف اجتماعی نصب می شوند. ماهیت گذاری سرمایه داری جامعه کنونی بر 2 محور عمده در حرکت است: پیاده کردن سرمایه داری غربی در استبداد شرقی و موازنه سرمایه داری دولتی با خصوصی. این محور 2می ارثیه انقلابات توده ای آغاز سده 20 در اروپا و آسیا می باشد.

گاهی گذشته این قلمزنان با رفتار فعلیشان در تناقض قرار می گیرد. ولی در شرایط فعلی مهمترین معیار برای ارزیابی این روشنفکران/ قلمزنان باید وجدان اجتماعی آنها باشد. سیر تکامل اجتماعی این قلمزنان سیال بوده؛ گاهی از خدمت به یک گروه به گروه دیگر نقل مکان میدهند.

نمونه: سروش، میرفطروس، بقراطی، ناطق، پاکدمن، گنجی، هزارخانی، حاج سیدجوادی. در محافل راست منابع مالی برای دستمزد به قلمزنان وجود دارد. روشن است که آنها هم مانند طرفین کسب و کار، گاهی کارشان به دعوا و مرافه می کشد. ولی خواننده همیشه باید بپرسد که مزد شخصی این قلمزن در یک رسانه از کجا و مربوط به کدام سرمایه است.

البته آگاهانه یا ناآگاهانه هر یک از این روشنفکران خود را سخنگوی تمام قاطبه مردم میخواند. ولی کیست که تفاوت همایون ساکن سویس، گنجی در حال اغماء در اوین را نداند. این افراد در خدمت منافع فعلی خود و آتی گروهی خود قلمزنی می کنند. واژه نویسنده جنبه غالب ادبی/ هنری دارد؛ قلمزن در ترجمه penman مناسبتر است؛ این واژه بلسان غربی دربرگیرنده ستوننویس columnist روزنامه/ سایت، مفسر commentator می باشد. اصطلاحات تحلیلگر، صاحبنظر، مقاله نویس، شارح، مروج، مبلغ، مقام امنیتی/ کارشناسی را هم بفراخور میتوان بجای قلمزن بکار برد.

این قلمزنان باهم به جدل polemic، مچگیری، بحث، اقناع، استدلال می ردازند. این کنش همراه با فرهنگ قشری مانند لمپنی، روضه خوانی، کمتر منطقی و علمی، تجربه فردی می باشد. خصایل شخصیتی مانند انصاف، بیوجدانی اجتماعی، غرایز و عواطف بغض، حب، مدح، رثاء، اخلاص، نفع شخصی، کمبود سواد تخصصی، وقاحت، کج فهمی، دروغ، بهتان نیز چاشنی نوشته های آنها می باشند.

آنها شیوه های استدلالی مانند التقاطی، اسکولاستیکی، نقل قولی، مکاشفه، اشراق، فکرهای کتره ای، من درآوردی بداهه گویی گذشته خود یا تجربی خود، تطبیقی، قیاسی، منطقی، روضه خوانی، علمی، آماری، ملغمه ای پدی می آورند. آنها با پژوهشها، جستارها، ترجمه ها، مشاهدات، دید تاریخی

نگری، روانشناسانه سطح فهم اجتماعی خود، گروه خود،
گروه‌های متنازع با جدل بضد آنها را ارتقاء می دهند. بقول
صمد هر نور کوچک باز هم روشنایی است. ولی خواننده در
خواندن این آثار اجتماعی همیشه باید آبشخور مالی، فکری،
گروهی قلمزن را مد نظر داشته باشد.

هر قلمزنی بنا به سواد و تجربه تخصصی خود در سیاست،
قانون، تاریخ، جامعه شناسی، اقتصاد، فرهنگشناسی،
روانشناسی، ادبیات به اشاعه نظرات فردی و گروهی می
پردازد. او در توجیه مسایل جاری اجتماع یا گروه خود
مسایل را از دید نفع خود حلاجی میکند. بسیاری از این
افراد و گروهها داعیه قبضه قدرت سیاسی ندارند. آنها از
روی تخصص، وجدان بیدار، خیرخواهی، مروت، حقیقتگویی به
نوشتن و ترویج آن با ایمیل، نشریه، سایت می پردازند.
ولی هستند افراد، سازمانها، گروههایی که برای قبضه قدرت
سیاسی فعالیت می کنند. اینها بسر و کول رقیبان پریدن را
نه با اصول منطق و انصاف بلکه بخاطر "مشتی پول" در حال
و توهم قدرت آتی با حیف و میل بیت المال، انجام می
دهند. آنها بسبک جنجالی در رسانه ها قشقرق راه
میاندازند.

روشنفکرکیست؟ روشنفکرواقعی ازنظرمن کسی است که مردم را
آگاه کند و درکارش درستی و صداقت باشد. وظیفه او در اصل
و اساس انتقاد است، با خرد و آگاهی و شرافت و صداقت
گذشته را نقدمیکند آینده را پیشبینی زمان حال را
میسازد. هرگز نان به نرخ روز نمی خورد. درهیچ شرایطی
ازگفتن حقیقت باکی ندارد. اما کسی که ازهر دروغی برای
منظور سیاسی خویش استفاده میکند، دیگر روشنفکر نیست،
سیاست پیشه است سیاست پیشه شارلتانی که محورفکری او
(تعصب) است. Zalmi Razmi fb07Feb14

روشنفکر سیاسی

روشنفکر سیاسی کسی است که بیشتر با کار فکری برای رسیدن به قدرت سیاسی فعالیت اجتماعی می کند. او منافع و خواستهای گروه خود را از نظر اقتصادی و فرهنگی تبلیغ می کند. پس طبقات، اقشار، جناحهای سیاسی روشنفکران خود را دارند. روشنفکران سیاسی گاهی منافع خود را با گروه خود ادغام می کنند. این نوع روشنفکران در حاکمیت بیشتر بخود میرسند.

چپ، میانه، راست خطوط اجتماعی اند که برای منافع بخصوصی حرکت میکنند. پرسش: چگونه فرد خود را با این خطوط تطبیق می دهد؟ باید عوامل ذهنی فرد را در شرایط عینی او و در جامعه مداقه کرد. عامل ذهنی فرد کارکردهای 100 گانه مغز اوست که شامل شخصیت، وجدان، اعتقادات، عواطف، احساس، محرکات، غرایز، منافع، انگیزه، جهتگیری، دانش، اطلاعات، علایق، بقای خانواده، برخی عوارض ژنتیک/ روحی، عادات او می شود. هر کدام از این مقولات قابل تامل اند. دوم عوامل عینی فرد است که شامل محیط، طبقه اجتماعی، تغذیه بویژه در دوره جنینی و کودکی می شود.

مغز فرد. زرتشت فرمول جهانشمولی در باره انسان اجتماعی دارد. او بشر را در پندار، گفتار، کردار تجرید می کند. پندار فعالیت ذهن زنده است که در مدارهای عصب غشاء بیرونی مغز یا کورتکس، حافظه، و برخی دیگر شبکه های مغزی فعال می شود. گفتار فعالیت عضلانی سر و تن است. منظور از کردار کنشهای اجتماعی فرد می باشد.

عامل ذهنی فرد است کارکردهای 100 گانه مغز اوست که شامل شخصیت، وجدان، اعتقادات، عواطف، احساس، محرکات، اطلاعات، منافع، انگیزه، جهتگیری، دانش، علایق، خانواده، برخی عوارض ژنتیک/ روحی، عادات او می شود. پندارها منشاء در این عوامل ذهنی و دیگر کارکردهای مغز مانند خلاقیت، پردازش اطلاعات، زبان، منطق دارند.

ذهن محاط بر اندیشه، گفتار، زنجیره سیگنالهای عصب برای کنش است. این عوامل ذهنی اند که دروغ گویی را بخشی از سلطه طلبی در شخص می کنند؛ یا نهیب وجدان فرد را تا پرتگاه اعدام برای دفاع از حقیقت می کشاند. برای نمونه: جوردانو، منجم ایتالیایی، برای بیان حقیقت در تقابل با عقاید غلط کلیسا که خورشید بدور زمین میگردد، سوزانده شد.

جهتگیری روشنفکر در جامعه می تواند برای منافع خود یا دیگر گروههای اجتماعی باشد. جزئی جهتگیری در راستای منافع کارگران داشت. هویدا در خدمت منافع دربار بود. گاهی روشنفکر به ثروت، منزلت، قدرت می رسد. بیل گیتز سهامدار مایکروسافت در باره فن آوری اطلاعات برای بشر و کمکهای خیریه 10 بیلیون دلار در افریقا نمونه روشنفکر صاحب ثروت است. استالین در راس ارتش سرخ در ج ج 2 نمونه روشنفکر با قدرت است. نرودا، سناتور دوره ای در شیلی، نمونه روشنفکر با منزلت است.

انگیزه یکی از کارکردهای مغز است که آغازگر رفتار اجتماعی انسان می شود. برای روشنفکر انگیزه می تواند فرهنگ، ثروت، منزلت باشد؛ فرهنگ برای خانلری، ثروت برای رفسنجانی، منزلت برای تقی زاده و بهار. گاهی روشنفکر بین فرهنگ و امیال دیگر تعادل را نگهمیدارد. دکتر خانلری در رژیم پیشین و دکتر مهاجرانی در رژیم فعلی نمونه این تعادلند.

تعاریف - انگیزه: کنش رفتار هدفمند فرد که می تواند از روی حقانیت، خودخواهی، اخلاق باشد. انگیزه می تواند درونی برای خودکفایی، بهترشدن و هدف بوده یا بیرونی برای پاداش، تخفیف فشار، توبیخ باشد.

شخصیت: صفات و کیفیتهای کنشی و رفتاری یک فرد مانند برونگرایی یا درونگرایی می باشد.

فرد: یک شخص در جامعه با حقوق و مسئولیت که بنا به وجدان و منافع خود عمل می کند.

طیف راست- میانه- چپ در 2 سده اخیر در غرب تجریدی برای تشریح سیاست شده است. در سده 20 در شرق عامل خارجی استعمار هم بر این طیف اثرگذار بود. چنانکه 3 جزء این طیف سیاسی در شرق یا خاور میانه خود با 3 جزء طیف سیاسی غرب در مراوده مادی و فکری قرار دارد. یعنی راست در خاورمیانه با راست در غرب تعامل می کند. گاهی منافع راست غرب ایجاب می کند که به کمک راست در جهان سوم آمده؛ بسرعت کودتایی بضد اجزای دیگر سیاسی کشور بومی انجام دهد.

باید توجه داشت که هر 3 بخش راست، میانه، چپ آبشخور واحد در فرهنگ پیشامدرن بومی دارند که پر از عقبماندگی فکری، استبداد پدرسالاری، حرص مالکیت خصوصی است. گاهی عناصری در طیف راست - چپ وجدان بیدار دارند. برای نمونه: طالقانی و منتظری که در حاکمیت بودند. ولی جنبه غالب- بویژه در حاکمیت- نبود وجدان، تخطئه قانون، نبود

فرهنگ مدرن انتخاباتی ادواری، نداشتن تحصیلات تخصصی در امور سیاسی و اقتصادی، نپذیرفتن حقوق شهروندی، فرمانروایی اخلاف ذکور خود با دید ایلیاتی حق موروثیت، تبعیت از رانه های روانی، فرمانهای من درآوردی، فتواهای بداهه ای، الویت خویش بر همقطاران خود است. این کمبودهای سیاسی- فرهنگی با عارضه های شخصیتی خودبزرگ بینی، روحی ترس از دشمن، ارثی منفعل-تهاجمی ترکیب می شوند.

رابطه چپ و میانه با غرب بیشتر تبلیغات راست است که 100 سال است در قدرت است. در اوضاع کنونی میانه بیشتر رابطه عاطفی با کشورهای اسکاندیناوی، فرانسه، جدیدا کانادا، استرالیا، آفریقای جنوبی دارد. رابطه بخشی از چپ در گذشته بخاطر انترناسیونال جهانی با شوروی بغلط مرید/ مرادی بوده.

شکوفانی اقتصادی با حضور دول غربی در یک کشور جهان سومی منافات ندارد. برای نمونه: ژاپن، کره، تایوان، آلمان، ترکیه. ولی وجود غرب در کشور جهان سومی هم تضمیمی برای مدرنیزم نیست. برای نمونه: عربستان، اردن، پاکستان.

پس حضور غرب در یک کشور نمی تواند شرط لازم و کافی برای تجدد باشد. در دهه 60م سده گذشته این تز پذیرفتنی نبود. استقلال یکی از خواسته های نیروهای رهایبخش بود. البته استقلال هم ضامن شکوفایی کشور نیست. برای نمونه: سوریه، عراق، لیبی، الجزایر، ایران، رودیزیا/ زیمبابوئه. این کشورهای 30 سال مستقل از مدار استعمار در ورطه استبداد شرقی غلطیدند.

جامعه از گروههای گوناگون تشکیل شده. هر کدام قلمزنان/ سخنگویان مزدبگیر یا همسوی منافع خود را دارد. این قلمزنان میتوانند برخاسته از گروه خود بوده؛ پیوند ارگانیک با آن داشته باشند. آنها می توانند از گروههای دیگر جدا شده؛ به یک گروه خاص پیوسته؛ یا بصرف کنجکاوی، ماجراجویی عناصری فرصت طلب و دمدمی مزاج باشند.

مقولات راست، میانه، چپ مطلق و ایستا نیستند؛ تابع عوامل 5 گانه شرایط محیطی، تاریخی، شخصیتی، فرهنگی، چرخه حیات فردی اند. این 5 عامل را در سرگذشت یا خودنگاری انسانهای بزرگ تاریخ می توان رصد کرد. معمولا انسان در جوانی پرشورتر از پیریست. برای نمونه نقش 2 شخصیت در مرحله حاد تاریخی آورده می شوند. جورج واشنگتن 1732- 1799 و ناپلئون بوناپارت 1769- 1821 هر 2 مسیر تاریخی آمریکا و فرانسه را تغییر دادند.

جورج واشنگتن، رهبر نظامی و سیاسی، در 1783 شبی تا صبح با خود بجدال بود که پس از جنگهای استقلال از استعمار انگلیس خود را شاه جورج بنامد یا برای جمهوری جوان براند. صبح تصمیم خود را گرفت. با این که بادامجان دورقاپچیها او را شاه می خواستند. او گزینه جمهوری ادواری را پی گرفت. مناعت شخصیت او منجر به ایجاد نخستین جمهوری جهان جدید شد؛ او در 1789 برای 2 دوره رییس جمهور شد. البته نقش شخصیت با بستر تاریخی رابطه دارد. چنانکه مناعت منتظری منجر به طرد او شد چون بستر تاریخی برای تجلی این شخصیت وجود نداشت.

ناپلئون بوناپارت رهبر نظامی و سیاسی فرانسه بود. در 1799 با کودتایی خود را کنسول اعظم جمهوری و 5 سال بعد امپراتور شد؛ تاج را خود بر سر خود نهاد. شخصیت مغرور و خودبین او دستآورد انقلاب کبیر فرانسه 1789- 1799 را به جنگ، سلطنت، شکست کشاند. تا جاییکه آزاده ای چون بتهوفن سنفونی 3 خود را بنام ارویبکا، بمعنی قهرمان، را در 1804 می خواست به ناپلئون تقدیم کند که نکرد. پس از مرگ ناپلئون در سن هلن، بتهوفن گفت مارش تشییع جنازه او را من 17 سال پیش نوشته بودم.

یک فرد راست تحت این عوامل 5 گانه می تواند خط عوض کرده؛ یا در شرایط ویژه ای گفتار چپ ولی پندار و رفتار راست یا تصمیمات میانه داشته باشد. پس از برگشتن ورق در 28 مرداد 32، یک توده ای چپ که از صافی زندان و شکنجه قصر گذشته بود راست می شود؛ در سرکوب خواستهای آزادیخوانه مردم در دهه 30 شرکت می کند. برای نمونه: عباس شهریاری و سیروس نهاوندی در دهه 50 تهران.

این گروهها و قلمزنان ایستا نیستند. در یک بازه زمانی ممکن است به ترک طبقه و تغییر نظرات خود برسند. رفتار آنها گاهی شامل خواسته های جدید یا تجلی لایه های فرهنگ گذشته و شخصیت پنهانشان می شود. گاهی در جستجوی عافیت به جایگاه اجتماعی جدید نایل می آیند.

در روال انکشاف حوادث و جامعه، یاران دیروز گاهی در برابر هم صف آرایی میکنند. برای نمونه: مصدق و کاشانی، ژنرال بختیار و شاه، خمینی و بازرگان، کروبی و احمد خاتمی. انشعابات سازمانی ثبت شده در تاریخ احزاب ناشی از اختلافات نوین و یارگیریهای چندباره سازمانی است. رک: زینویف یا استالین، تاریخچه حزب در روسیه؛ مقالات فراوان در باره جدال و جدایی در سازمان چریکها.

گاهی بخاطر تغییر شرایط اجتماعی و فردی، مخالفان دیروز موتلفان امروز می شوند. این پدیده در حکومتهای ائتلافی

مانند اسراییل سنتی دیرینه است؛ دولت راست فعلی در ائتلاف با حزب کار در مقابل حزب قدیما روی راست. برای نمونه: دکتر شاپور بختیار و شاه، کروبی و منتظری.

قشر روشنفکر را می توان در لایه های راست، میانی، چپ بخاطر انگیزه اجتماعی و فردی آنها، بررسی کرد. روشنفکر ارگانیک قلمزنی است که در گروه مولودی خود میماند. برای نمونه: مشیرالدوله پیرنیا از اشراف، هزارخانی از اقشار خرده پا، نابدل و اسانلو از میان کارگران.

کوچ از یک گروه به گروه دیگر علل خود را دارد: بیداری وجدان، نفع فردی، منزلت، ثروت، قدرت، حقیقت. ایرج میرزا و هدایت از راست اشرافی بریده بسوی قاطبه مردم آمده؛ در گروه دوم استعداد خود را بخدمت مردم گماردند تا علل عقبماندگی اجتماعی را واشکافی کنند.

هر 3 جناح گاهی با شکنجه تواب سازی میکنند؛ روشنفکر گروه دیگر را به خدمت برای خود در می آورند. برای نمونه از راست در ایران: رضا روستا، دکتر مرتضی یزدی، حسین جودت، احمد قاسمی، نادر شرمینی، دکتر بهرامی، لاشایی، نیکخواه، عاصمی، سیروس نهاوندی، پارسانژاد. گاهی هم موفق نمی شود؛ آنهارا اعدام میکند: دکتر ارانی، کیوان، روزبه، گلسرخی، سلطانپور، مختاری، سیرجانی.

روشنفکر نقشهای گوناگون در طیف صعود اجتماعی بازی می کند. این نقشها می توانند فرهنگی، اقتصادی، سیاسی، نظامی باشند. نمونه: فرهنگی- دهخدا، هدایت، دکتر رحیمی؛ سیاسی- ایرج اسکندری، احسان طبری، دکتر یزدی، دکتر مهاجرانی؛ نظامی- پسیان، حمید اشرف، چه گوارا.

قبضه قدرت سیاسی توسط چپ برای رسیدن به رفع ستم و استثمار، اگرچه لازم بود ولی کافی نبود. دلیل دیگر اینکه قبضه قدرت سیاسی در دیگر کشورها بوسیله گروهی میانه منجر به استبداد خشنتری شد؛ اگرچه وضع بخشی از شهروندان بهبود یافت. برای نمونه: سوریه، عراق، لیبی، مصر. برای نمونه چپها در قدرت: شوروی، چین، کوبا، ویتنام.

همان گونه که چپ در جهان وجود دارد؛ در برخی از کشورها هم حاکمیت را بدست داشته؛ ولی دیر یا زود قدرت را از دست داده است. راست در جهان وجه غالب سیاسی است. نمونه راست: استعمار انگلیس، فرانسه، پرتغال و فاشیزم آلمان، ایتالیا، اسپانیا، ژاپن در سده بیستم، آمریکا بویژه پس از ج ج 2.

قیاس کشتار چپها با کشتار راستها اگرچه از نظر تعداد خیلی کمتر است ولی بخاطر زمینه های فرهنگی پیشامدرن تقریبا شبیه است. زمینه این خونریزیها برای قبضه قدرت از دیگر نیروهای اجتماعی یا ابقای قدرت با قلع و قمع جناحهای رقیب میباشد. در زیر نمونه هایی از جنگهای سده 20م با تعداد کشته شده گان آنها در بازه زمانی متناظر آورده می شوند:

مقتولین تاریخ - راست:

در بازه زمانی 1914-1918 ج ج 1 تا 15 میلیون اروپایی و عثمانی ، در ج ج 2 در 1937-1945 تا 55 میلیون که 10 میلیون از شوروی بود؛ 5 میلیون در کوره های آدمسوزی خاکستر شدند؛ تا نیم میلیون نفر با 2 بمب اتمی در هیروشیما و ناکازاکی نابود شدند، جنگ کره 1950-1953 تا 3 میلیون؛ در جنگ 30 ساله هندوچین/ ویتنام 1975- 1945 تا 4 میلیون نفر بقتل رسیدند.

در جنگ آزادیخواهانه کنگو 1886-1908 تا 8 میلیون، انقلاب مکزیک 1910 - 1920 تا 1 میلیون، قتل عام ارامنه بوسیله ترکها در 1915-1923 تا 1و نیم میلیون، ملیون چین 1917- 1937 تا 4 میلیون، رواندا و بروندی 1959-1995 تا 1 و نیم میلیون، حبشه 1962- 1992 تا 1 و نیم میلیون، کودتای نیجریه 1966- 1970 تا ا میلیون، استقلال بنگلادش 1971 تا ا و نیم میلیون مسلمان، موزامبیک 1975-1992 تا ا میلیون، افغانستان 1979 - 2001 نزدیک 2 میلیون نفر، جنگ مسلمانان عراق و ایران 1980-1988 تا 1 میلیون نفر، سودان از 1983 تا 2010 تا 2 میلیون نفر، کینشاسای کنگو پس از 1998 تا 4 میلیون، استقلال الجزیره در 1954-1962 بیشاز نیم میلیون نفر، قتل عام چپها در کودتای راست اندونزی 1965-1966 تا نیم میلیون نفر، یوگسلاوی در 1992 تا 200 هزار نفر.

چپ:

در جنگ داخلی روسیه 9 میلیون 1917-1922 ، در تصفیه استالینی و قحطی 1924 -1953 تا 20 میلیون، تصفیه خمرهای سرخ کامبوج 1975-1978 نزدیک 2 میلیون، در اخراج آلمانها از اروپای شرقی 1945-1947 تا 2 میلیون نفر نابود شدند، در جنگ داخلی چین در 1945- 1949 بیشاز 2 و نیم میلیون هلاک شدند، در جمهوری توده ای چین 1949-1975 تا 40 میلیون نفر نابود شدند.

کشتار یا کشته شدن مسلمانان در الجزایر، فلسطین، افغانستان، عراق، لبنان، فیلیپین، سودان، اوگاندا، سومالی، زاییر را هم باید افزود. این جنگها نه فقط شامل

درگیریـهای مسلـحانـه بـین چنـد جنـاح نظامی داخلی و دول استعماری بـودنـد بـلکه جنایت بضد انـسانهای بـیسلاح و مـردم عادی – چه بـا بـمباران هوایـی و چه بـا قتل عام در گـورهای گروهی بـیـنام هم بـودنـد؛ تـعداد مـهاجران بـه دیـگر کشورها در ایـن ارقـام مـلحوظ نـشده.

http://www.nf13.blogfa.com/post-2.aspx

http://users.erols.com/mwhite28/warstat2.htm

طیف سیاسی

شاید بتوان با تجرید جامعه در 2 محور روبنایی فرهنگ-
اجتماع و زیربنایی اقتصاد گفت: چپ در امور فرهنگی-
اجتماعی فردگرا و آزاده است؛ در امور اقتصادی امتگرا یا
عامه گراست. راست در امور فرهنگی- اجتماعی امتگراست؛ در
امور اقتصادی فردگرا یا آزاده است. میانه موضع بینابینی
دارد که گاهی به چپ و گاهی به راست می چرخد. در سده
بیستم جناح میانه در جامعه شکل گرفت که بین راست و چپ
نوسان داشته؛ ندرتا قدرت سیاسی را قبضه می کند؛ اغلب به
اقتدارگرایی فردی و قانون شکنی جهتگیری می کند.

تاریخچه. نمایندگان مجلس فرانسه سده هژدهم به 2 بخش
تقسیم می شدند. در وسط مجلس سخنگو یا رییس می نشست.
نمایندگان عوام جمهوریخواه، سکولار، آزادیخواه و خواهان
نظم نوین در سمت چپ او جلوس می کردند. نمایندگان نظم
عتیق اشرافیت و دربار در سمت راست او می نشستند. در سده
نوزدهم احزاب سوسیالیست و کمونیست چپ خوانده شدند.

در سده بیستم احزاب انحصارگر و بعدها فاشیست راست
نامیده شدند. سپس میانه یا مرکز/ سنتر، بمثابه موضع
مطلوب و مورد توافق لایه هایی از 2 جناح دیگر، به سیاست
افزوده شد. اکنون این تقسیم بندی در رسانه ها، افواه،
تاریخنویسی، حکومت، جامعه شناسی بکار می رود.

باید توجه داشت که محتوای راست و چپ در زمان و کشورهای
گوناگون تغییر می کند. در قرن هژدهم بورژوازی دربرابر
اشرافیت درباری فرانسه چپ بود. در قرن نوزدهم خواستهای
کارگری در برابر بورژوازی چپ بود. در ایران بورژوازی و
کارگران در برابر استعمار انگلیس و روسیه در سده های 19
و 20 رویاروی عناصر کمپرادر و ملاکان کلان چپ بودند.

محتوای 2 غایت طیف سیاسی تابع زمان و مکان است. نمونه:
در ایران بین 2 انقلاب مشروطه و جمهوری، راست بمعنی
کمپرادورهای استعمار و درباریان بود. هر 2 انقلاب پس از
کوتاه زمانی با کودتایی هایجک و از مسیر شعارهای خود
منحرف شدند. پس از انقلاب 2م راست بمعنی اصول گرا یا
بنیادگرا که خواهان حفظ سلطه خود و شرایط موجود است
استحاله پیدا کرد. بررسی این استحاله نیاز به پژوهشهای
اقتصادی، اجتماعی، تاریخی در فلات دارد.

تعاریف.

انتخابات: حق یا توان انتخاب یک گزینه؛ انتخابات عمومی برای پرکردن جای خالی فرد در حاکمیت برای مدتی معین.

انقلاب: تغییر ناگهانی در فکر یا رفتار. در جامعه یک جهش عینی، جبری و اجتناب ناپذیر برای تعویض قدرت از یک گروه به گروه دیگر است. برای نمونه: انقلاب کبیر فرانسه 1789، انقلاب/ استقلال آمریکا 1776، کمون پاریس 1871، شوروی 1917، مکزیک 1921، ایران 1906 و 1978، چین 1948، ویتنام 75-1945، کوبا 1953.

ایده اولوژی: یک گروه ایده اند که محاط بر اهداف، انتظارات و اعمال فردند برای تغییر جامعه. پس ایده اولوژی ابزار بازتولید در مناسبات اجتماعی است. لوکاچ آنرا تجسم آگاهیهای طبقاتی حاکمیت نامید.

جمهوری: حکومت محدود قانونی با نماینده گان مردم بنا به قانون اساسی یک کشور را که مردم پذیرفته اند.

چپ: طرفداران عدالت اجتماعی اند که بنا بوجدان، منافع، فرصت طلبی در این صف قرار می گیرند.

خیزش همگانی یا رنگین: در 2 دهه گذشته بسیج عمومی در روالی منجر به تعویض حاکمیت از یک جناح به جناح دیگر شد. نمونه: اوکراین، گرجستان، قرقیزستان. شاید در آینده سبز در ایران.

راست: صاحبان نظرهای سیاسی افراطی، انحصارگر، گذشته گرا، تمامخواه، اقتدارگرا.

روشنفکر: عضوی از جامعه است که بیشتر کار فکری می کند تا کار یدی. یک پزشگ، مهندس، آخوند یا شاعر نمونه روشنفکر است. برخی روشنفکر را کنشگر برای تغییر وضع موجود می خوانند. روشنفکر به 3 گروه راست، میانه، چپ تقسیم می شود. در کار یک مقنی، نانوا، باربر، بنا، راننده اتوبوس، کارگر ذوب فولاد یا تراکتورسازی کار یدی بر فکری می چربد.

سلطنتی: راس حاکمیت تشریفاتی؛ در کشورهای جهان 3م 3 قوه فرمان، اجرا، و قضا را در دست یک فرد قرار می دهد. در سده 19م این فرد با خانواده اش کلان مالک زمین بود.

طبقه: گروهی از مردم که مقام اجتماعی، اقتصادی مشترک دارند؛ یا در رابطه با ابزار تولید وضع مشترک دارند.

قشر: گروهی از مردم که وجه مشترک سنی، جنسی، صنفی باهم دارند. نمونه: قشر دانشجویان، زنان، جوانان.

کودتا: سقوط ناگهانی حکومت بتوسط یک گروه معمولا نظامی. نمونه: کودتا در اردوی چپ- خروشچف بضد مالنکف دسامبر 1953 و ژنرالها بضد گورباچف تابستان 1991.

موروثی: حکومتی که در مبداء با قهر و زور دولت را گرفته؛ سپس در خاندان خود آنرا تا چند نسل موروثی می خواهد. نمونه: موروثی راست- کشورهای اسکاندیناوی؛ چپ و میانه- کوبا، کره شمالی، لیبی، سوریه، مصر.

میانه: صاحبان عقاید میانه رو بین کار و سرمایه. در خاور میانه معتقد به مدرنیزم اجتماعی اند.

در سده بیست و یکم در جهان سرمایه داری استوار شده؛ لذا 3 خط راست، میانه، چپ سیاست را می توان تشریح کرد. اگرچه در هر حزبی میتوان این جناحبندی ثلاثه را هم بکار برد. زیرا جناح راست خواهان حفظ شرایط موجود یا تغییرات بطی است؛ جناح میانه مواضع بینابینی دارد. جناح چپ خواهان تغییر یا تسریع در آن است. خطوط 3گانه فوق هر کدام در جناحهای مختلف که همه سرمایه داری را پذیرایند پخش شده اند.

فرمول پندار، گفتار، کردار انسان اجتماعی زرتشت را می توان با کمک روشهای ریاضی تحلیل فاکتوری، فرکانس مقوله ها و طبقه بندی آثار متنی به نتیجه رساند. در 1973 رکیچ Rokeach 4متن از نازیسم هیتلر، کمونیسم لنین، کاپیتالیسم گلدواتر، سوسیالیسم مکتب فرانکفورت را تحلیل و تقطیع کرد. او در این متون جملات شامل یا مترادفات آزادی و برابری را شمرد. فرکانس وجود این 2 واژه را برای 4 متن جدول بندی کرد. وفور این 2 واژه را در متنها مقام بندی کرد. او باین نتیجه رسید که برای سوسیالیستها آزادی مهمترین خواسته؛ سپس برابری در اجتماع است:

سوسیالیستها: آزادی مقام 1 و برابری مقام 2
هیتلر: آزادی مقام 16 و برابری مقام 17
گلدواتر: آزادی مقام 1 و برابری مقام 16
لنین: آزادی مقام 17 و برابری مقام ۱

البته اینها گفتار و شعارند؛ باید در عمل و کردار، ظرف 30 سال بعد از این آثار متنی، عمل ایده اولوژیهایشان را بمحک زد. دید که این شعارها در جامعه پس از چند دهه چه نتایجی ببار آورده اند. در پس انقلابات سده بیستم، برابری در شوروی بدست نیآمد. پس حرف لنین حرف ماند و

عمل نشد. در کشورهای اسکاندیناوی آزادی وجود دارد؛ ولی برابری هنوز بدست نیامده. تنها هیتلر در آلمان با اختناق و گلدواتر در آمریکا با وفور فقر بشعارهایشان وفادار بوده؛ بضد بشریت عمل کردند.2018/09/12.

میانه

میانه موضعی بینابینی در طیف سیاسی راست-چپ دارد؛ اغلب خواستار مدرنیزاسیون برای راحتی بدنش است. بندرت هم مدرنیته را برای راحتی وجدان میخواهد. نمونه: کویت یا بحرین- توجه شود عمر این 2 کشور چند ده بیشتر نیست. همانجور که وسایل مدرن از غرب می آیند فرهنگ مدرن هم از غرب به شرق/ خاورمیانه میاید. میانه در جهان 3م نخست به سخنرانیهای جمال عبدالناصر، نظرات گاندی، آثار غربی روسو و کامو؛ اکنون به اعمال لوتر کینگ و مندلا گرایش دارد.

در سده 20م گاندی و مندلا نمونه های عالی خط میانه هستند که تعادلی بین آزادی از استعمار یا آپارتاید با چاشنی عدالت اجتماعی بطئی را زیر لوای قانون مطرح کردند. این نوع رهبری ادواری بوده؛ لذا نسل جوان که در شرایط آزاد جامعه جدید رشد کرده به گزینه قدرت سیاسی خود رای میدهد. نمونه دیگر مارتین لوتر کینگ، مصلح مذهبی سیاهان، زنان، اقلیتها در دهه 60 م آمریکاست.

میانه در رهبری نهایتا به راست میپیوندد. میانه در مسند قدرت قتلهای انبوه نکرده؛ زیرا در پروسه دگردیسی به راست، در آغاز مخالفان و رفقای خود را تارومار میکند؛ سپس در موضع راست هم، قتلهایش بحساب راست گذاشته می شوند. برای نمونه: صدام در عراق با کشتار کردها، چپها، شیعیان بصره، ایرانیان و کویتها؛ اسد پدر در سوریه با کشتار فلسطنینها و سوریها.

ایده الوژی میانه متعلق به طبقات خرده پا در جامعه با مالکیت فردی بر اقلام منقول و غیرمنقول است. شاید بتوان آنرا در 2 محور عدم خشونت گاندی و خشونت بعثی تجرید کرد. اولی در هند، اپوزیسیون آمریکا، آفریقای جنوبی منجر به دستآوردهایی برای بشریت و تقلیل تدریجی فقر و عقب ماندگی شد. دومی با کودتاهای خونین در سوریه، عراق، الجزایر به بن بست رسید.

در سده 21 برزیل، روسیه، هند، چین، آفریقای جنوبی رهبران بلوک جدید اقتصاد جهانی BRICS را تشکیل میدهند که بزودی قطب جدیدی در برابر آمریکا و اروپا خواهند شد. در آمد سالانه چین اکنون پس از آمریکا در جهان 2م است؛ چای ژاپن را گرفت. پیشرفتهای اقتصادی و صنعتی در شوروی و چین نیازی به شکنجه، زندان، اعدام مخالفان و منقدان نداشت. چنانکه در هند و برزیل چند ده پس از انقلاب

روسیه این قلع و قمع شوم رخ نداد. فقر مزمن و جنایات اقتصادی سده 20م در کشورهای اخیر بیداد می کردند.

اکنون روسیه با 70 سال سرمایه داری دولتی و اختناق و هند با سرمایه داری خصوصی و فقر مزمن، از نظر اقتصادی و صنعتی همگن اند. دهه 30 تا 50 هم سبعیت ساواک در شکنجه و اعدام جوانان لزومی نداشت زیرا نتیجه نه پیشرفت صنعتی بلکه پسرفت سیاسی به قرون وسطا شد. آنهمه تبلیغات رستاخیزی دهه 50 که ما به سوئد رسیده؛ از ژاپن جلو میزنیم؛ 5مین نیروی جهان شده ایم؛ نتیجه اش حاکمیت بنیادگرایی مستدام بعدی شد. این نتیجه با پایان استبداد رضاخان در شهریور 20 و شکوفانی جنبش سکولار صنعت نفت در تقابل است.

خط میانه در جهان تبلورات گوناگون دارد. در غرب با انتخابات و در خاور میانه با کودتا بقدرت می رسد؛ با خفقان تداوم می یابد. در سده 20 ایده الوژی میانه در 2 محور، عدم قهر گاندی در هند، لوتر کینگ در آمریکا، مندلا در آفریقای جنوبی؛ قهر خونین در عراق و سوریه بعثی تبیین شد.

میانه در قدرت در تاریخ مدرن 2 بخش غیرخشن و قهرآمیز می شود: نمونه بخش اول گاندی با اتکائ مردمی، ورای فرد و رهبری می باشد. اسد پدر در سوریه، صدام معدوم، قذافی قدرت فردی را موروثی در خانواده خود با خشونت در گفتار و کردار در جامعه می آمیزند. قذافی منتقدان را نه انسان برای تعامل بلکه "بدتر از موش" برای نابودیشان می خواند.

انگیزه های میانه در جناح غیرخشن: اجرای قانون، تعدیل فقر، بهبود و رفاه زندگی مردم، نفع شخصی محدود، اجرای عقاید فردی، رقابت. در جناح دیگر خشونت، اقتدارگرایی، ریاست مادام العمری، راستگرایی افراطی، ملی گرایی حاد. این قهر به مخالفان را درجناحهای میانه در اسراییل در تقابل با اعراب، هند در تقابل هندوان راست و اسلامیون افراطی، هلند در تقابل با مهاجران جهان3می هم می توان دید.

میانه غیرخشن. شاید بتوان بسیاری از جنبشهای ناکام سده 20م را هم از نوع میانه غیر خشن انگاشت. لذا می توان جنبشهای برهبری دکتر مصدق، سوکارنو، نکرومه را نیز در طیف میانه غیرخشن قرار داد. در زیر 3 نمونه از رهبری میانه موفق می آیند.

گاندی 1869- 1948 نخست در آفریقای جنوبی بعنوان حقوقدان از 1893 تا 1914 سپس در شبه قاره هند با روش عدم تمکین Ahisma بضد استعمار مبارزه کرد. از تاکتیکهای او مارش نمک و نافرمانی مدنی را می توان نام برد. اصول ایمانی او حقیقت، طرق غیرخشن، گیاهخواری، سادگی، تبعیت قانون بودند. او باخرده گیری به تورات گفت: تقاص "چشم در برابر چشم" جهان را کور می کند. در زبانهای هندواروپایی پیشوند ا معنی واژه را منفی می کند. این قاعده را در فارسی امرداد منفی مرداد هم می توان دید.

لوتر کینگ 1929- 1968 مذهبی کنشگر اجتماعی در جنبش حقوق مدنی دهه 60 م آمریکا بود. در مارش عظیم طرفدارانش در 1963 به واشنگتن جمله معروف "رویایی در سر دارم.." را تکرار کرد. سبک کار سیاسی او نافرمانی مدنی، تبلیغ نظرات مذهبی حقوق بشری در رسانه ها برای پایان دادن به تبعیضات نژادی، جنسی و جنگ هندوچین بود.

او سنت غیرخشونت Quaker های سده 18م آمریکا را برای آزادی بردگان سیاه، با فرستادن مخفیانه آنها از جنوب به شمال، تداوم بخشید. او دکتر فلسفه از دانشگاه بوستون بود؛ صاحب جایزه صلح نوبل بود؛ مانند گاندی ترور شد. اکنون زادروزش تعطیل همگانی است.

مندلا متولد 1918 در مبارزه بضد آپارتاید/ تبعیض نژادی آفریقای جنوبی، بیشتر جوانی خود را در زندان بود. او فعال حزب کنگره ملی آفریقا ANC بوده؛ در 1990 از زندان آزاد شد. پس از بقدرت رسیدن، او محدودیت دوره ریاست و نتیجه انتخابات را پذیرفت. بیش از 250 جایزه جهانی شامل نوبل صلح برای انسانیت خود گرفته است. او همیشه منتقد سیاست خارجی انگلیس و آمریکاست. کردارش در تقابل با موگابه، رهبر استقلال زیمبابوئه که از 1980 تاکنون در حاکمیتی خشن بوده، ضبط در تاریخ است.

چند نگینه از گفتار مندلا: در کشور ما اول زندان باید رفت بعد رییس جمهور شد. اگر صلح با دشمنت می خواهی، باید با او کار کنی؛ آنگاه او همکارت می شود. هیچ چیز مانند برگشت به مکانی ثابت نیست تا دریابی که تو چقدر تغییر کرده ای. وقتی آب بجوش آمده ابلهانه است که تنور را خاموش کنی {باید آب داغ را بمصرف رساند.} این استعاره شاید برای مرحله غیرقابل برگشت انقلابی است که دیگر برای چاره کار دیر شده است.
*

میانه قهرآمیز. بعث بمعنی تجدد، احیاء، یک حزب سکولار ملی گراست. این ایده الوژی در 1940 توسط افلق و بیطار، 2 دانشجوی سوریه ای در دانشگاه سوربون پاریس، تحت تاثیر

329

ژاکوبینهای انقلاب کبیر فرانسه تدوین شد. شعار آنها "وحدة، حریه، اشتراکیه" بمعنی وحدت اعراب، آزادی از استعمار، دولتی کردن معادن و صنایع یا نوعی سوسیالیسم بود. توجه شود که در این کشور اقلیتها و اقوام دیگر هم وجود دارند که تحت ستم این شعار نژادپرستانه قرار گرفتند؛ آزادی هم از یوغ استعمار است – نه آزادی بیان و اجتماعات. دولتی کردن معادن و صنایع سنگین دولتمردان دائم را فربه تر با دستگاه سرکوب بضد مردم خواهان تغییر می کند.

ژاکوبینها با خواست جمهوری رادیکال و دمکراسی منشاء در جناح روحانیون کلیسای سن ژاک پاریس داشتند. آنها زن و غیر فرانسوی را مساوی با خود نمی دانستند. در قدرت 1792-1793 برای قلع و قمع مخالفان حکومت ترور را بکار بردند.

بعث در سوریه از 1954 تا 1963 با انتخابات به مجلس وارد شد. خرده بورژوازی بعثی در کودتای 1963 باز بقدرت رسید. در عراق کودتای عارف در 1963 با کودتای البکر 1968 منجر به ورود صدام به قدرت شد. از این پس بعث از روی حزب نازی سکولار شکل گرفت. در 2003 صدام شکست خورد؛ در 2009 اعدام شد. بعث در لبنان، یمن، بحرین فعالیت محدود دارد.

از گزینه های 10 گانه برای قبضه قدرت در اوضاع کنونی چندتا بیشتر مورد عنایت میانه نیست: وراثت، کودتا، انتخابات، خیزش همگانی. حکومت مادام العمری و سپس موروثی در میانه هم مد شده. برای نمونه: صدام در عراق، خاندان اسد در سوریه، قذافی در لیبی قبل از قتلش.

بدیل مورد علاقه میانه برای قبضه قدرت سیاسی کودتا است؛ که در بازه چند ساله سرانجام خود به راست خودکامه می رسد. کودتاها برای نمونه: سوریه 1949، 1966، 1970؛ عبدلکریم قاسم در عراق با سرنگونی سلطنت 1956، کودتای ناصر در مصر 1952و ملی کردن کانال سوئز با الهام از دکتر مصدق، قذافی در لیبی 1969، داوود خان در افغانستان. گاهی کودتا در چند کودتای زنجیره ای تکرار می شود: برای نمونه: سوریه، عراق، مصر.

کودتاهای پیدرپی در پاکستان، ترکیه، عراق، سوریه در نیمه سده 20م همه براست گراییدند. گاهی در ترکیه و پاکستان وقتی که راست درمانده می شود؛ میانه معمولا نظامی با کودتا قدرت را مدتی قبضه می کند؛ در راستای سیاست راست حکومت می کند. تا راست نفس تازه کند؛ از طریق انتخابات یا اعتراضات عمومی زمام امور را قانونی بدست بگیرد.

انتخابات. در سده 21م امکان دوام گزینه انتخابات برای میانه در جهان سوم بیشتر شده. راست جهانی این نوع انتخابات را زیر نظر داشته؛ ولی تحمل می کند. برای نمونه: جنجال راست در باره کودتای راست در هندوراس پس از انتخابات 2009 و شاید رهبر منتخب عراق، ایاد علوی.

خیزش همگانی. این شکل اعتراض عمومی به ادامه حکومت از عهد باستان در شرق و غرب وجود داشت. برای نمونه: قیام مزدک در فلات ایران و اسپارتاکوس در رم. در سده 20 م هم، تا پیش از فروپاشی اردوگاه، قیام مردم به خون کشیده میشد. در اروپا تظاهرات وسیع مه 1968 در پاریس، مارشهای گسترده در آمریکا در 1963 ببعد. در خاور میانه راست خیزش همگانی را بخون می کشد. برای نمونه: قیام 30 تیر، 15 خرداد 42 و 22 خرداد 89 در ایران. 2018/09/12

راست

تاریخچه راست در غرب. در سده 18م در فرانسه راست سلطنت طلب در برابر چپ جمهوریخواه بود. در سده 20 در آلمان راست نژادپرست سکولار بود. در سده 21 در آمریکا راست در خدمت مجموعه های نظامی- صنعتی است.

در سده 20 اقتدارگرایی، قدرت مطلقه، خودکامه گی، مرکز گرایی، استبداد، ضد- سوسیالیسم، ضد-انقلاب نیز به 3 نوع بالا افزوده شدند. در آلمان، ایتالیا، اسپانیا در حول و حوش ج ج 2 نژاد پرستی، دولت قوی مرکزی، حمله به همسایگان، اقتدارگرایی در یک پیشوا، قلع و قمع مخالفان آنرا تکمیل کرد.

از دید تاریخ طرفداران رژیم عتیق دربار، اشرافیت و متولیان موقوفات مذهبی بودند. نظم موجود Status Quo دربرگیرنده نهادها و سنن، طبقه فوقانی، اصحاب مذهب بود. سپس محافظه کاران، ارتجاعیون، سلطنت طلبها، سرمایه داری بدون کنترل و ملی گرایان افراطی بآن افزوده شدند.

در عصر حاضر در خاور میانه راست طرفدار مدرنیزاسیون یا خرید ابزار مدرن از غرب است. با این کار امور جامعه را سریعتر و جدیدتر میکند. نیز از طریق حق کمیسیون و ارتشاء سیبیل خود را هم چرب کرده؛ پورسانت معتنابهی بجیب میزند. برای نمونه: عربستان سعودی و ایران دهه 50.

راست در غرب بخاطر قدر قدرتی طولانی طیف گسترده اش الگوهای فکری فراوان دارد: از نظرات نژادپرستانه آلمان هیتلری، میلوسویچ صربی، لوپن فرانسوی تا استعماری چرچیلی. نهادهای امنیتی و جاسوسی راست از خودمرکزی جیره خواران MI6 و سیا گرفته تا نویسندگان ریز و درشت رسانه ها بوده که خوشی فردی و بی اعتنایی به سرنوشت فقرا را تبلیغ می کنند. این نهادهای پرخرج نه تنها انقلاب ایران را پیش بینی نکرده؛ بلکه در خنثی کردن آن هم ناتوان بودند.

البته همین نهادها نسخه بیعت با مجاهدان بنیادگرا را بضد چپها و میانه ها در دهه های 60 - 70 م تجویز کردند. نتیجه را در پیدایش القاعده، طالبان، ولایت فقیه، افراطیون مذهبی اسراییل گرفتند. شاید انفجار بناهای 2قلو و پنتاگون کاتالیستی در خسرانهای مالی تریلیون دلاری راست جهانی چند سال بعد شد تا افول تنها ابرقدرت را تسریع کند. بهرجهت در تمام این حوادث، سازمانهای

عریض و طویل راست غربی مثل طفل یتیم سرگذر، بدون انجام کار مهمی، تکدی برای بودجه سالانه بیشتر می کنند.
ایده الوژی. انقلاب کبیر فرانسه نخستین تجلی تضاد ایده الوژیهای راست و چپ در تاریخ است. ایده الوژی ثابت نبوده بنا به پیشرفت جامعه رنگ عوض می کند. برای نمونه ایده الوژی راست در فرانسه سده 19 برای حفظ دربار و مذهب اکثریت بود. در حالیکه در آلمان سده 20 به نژادپرستی سکولار و انقیاد همسایگان تبدیل شد. اکنون در آمریکا ایده الوژی راست عمدتا دربرگیرنده نظامیگری جهانی است.

ایده الوژی راست از 2 سده پیش تا کنون در جهان استحاله پیدا کرده؛ نظریه پردازان گوناگون دارد. آنها روی مواضع محافظه گرایی سنتی، ملی گرایی، اقتصاد انحصاری، بسیج عوام، مذهب، ضد-سوسیالیسم می نویسند و عمل می کنند. محافظه گرایی برای حفظ رژیم عتیق Ancien Regime می باشد. در مقطع انقلاب کبیر فرانسه، ایده اولوگ/ نظریه پرداز آنها ژزف دمایستر DeMaistre نوشت: اقتدارگرایی در سلطنت و مذهب از آنارشی لیبرالی جلوگیری می کند. او پیرو هابز Hobbes فیلسوف انگلیسی 1588 -1679، مبلغ قدرت مطلقه برای طرد آشوب اجتماعی، بود؛ بضد "اراده عامه" روسو تبلیغ می کرد.

راست در غرب سده 21 دربرگیرنده محافظه کاران لیبرال، تجارت بدون نظارت، رقابت تجاری بدون دخالت دولت، سرمایه داران یعنی 1% جامعه است. اکنون راست لایه های 3گانه راست مرکز، راست افراطی، ضد-سوسیالیست را دربر می گیرد. ایده اولوگهای راست در مالکیت رسانه های جهانی چشمگیرند. روپرت مرداخ با 6 بیلیون دلار سرمایه بسیاری رسانه های چاپی، ماهواره ای، تصویری را در کنترل و مالکیت دارد.

مرداخ Murdoch متولد استرالیا در 1931، صاحب شرکت اخبار، سهامدار کلان در فیلم، اینترنت، تلویزیون ماهواره ای می باشد. او در جوانی عضو حزب کارگر انگلیس بود؛ ولی در پیری محافظه کار راست شده. در آمریکا راش لیمبا، متولد 1951 با برنامه جنجالی رادیویی و چند میلیون هوادار محافظه کار، نظرات راست را اشاعه می دهد.

میلتون فریدمن Friedman صاحب جایزه نوبل اقتصاد 1912- 2006 مروج اقتصاد آزاد بدون مداخله دولت بود که بر دولت ریگن در دهه 80م تاثیر بسیار داشت. کراتهمر Krauthammer متولد 1950 صاحب جایزه پولیتز 1987 روزنامه نگاری، مفسر سیاسی از دید راست، آثارش را در روزنامه واشنگتن پست نشر می کند.

نقش و انگیزه. راست در تمرکز سرمایه جهانی نقش کلیدی دارد. خیانت راست به بشریت در جهان سوای جنگها، اشاعه فقر مزمن و مرگ تدریجی یا اجل معلقی کودکان، زنان، پیران، مردان در سراسر جهان - نیز در خود کشورهای غربی- هم می باشد.

انگیزه های راست خاور میانه بقرار زیرند: نفع شخصی، تزاید ثروت، بهبود و به روز رسانی اقتصاد خصوصی، مقام پرستی، منزلت طلبی، وابسته به اجانب بخاطر سنت یا والور، زیرپاگذاشتن قانون یا قرارداد اجتماعی، ترویج بخشی از فرامین مذهبی عهد عتیق، انحصار طلبی، استثمار عریان، عدم رقابت سیاسی و اقتصادی، رانتخواری، وابستگی بغرب با پایگاههای نظامی، اقتدارگرایی، استبداد.

جناحهای راست در خاور میانه مذهبی، نظامی، سلطنتی اند. آنها حاکمیت مادام العمری و موروثی برای زک و زوکات خود بواسطه رابطه خونی میخواهند. برای نمونه: عربستان با 6-7 هزار شاهزاده، لیبی قبل از قتل قدافی، اردن با دودمان هاشمی.

در جهان 3م اپوزیسیون چپ و میانه حاکمیت ادواری می خواهند. لذا این 2 گروه نمی توانند با راست پلتفرم مشترک داشته باشند؛ البته در عملیات مشخصی می توانند با هم اتفاق عمل بضد جناح حاکم نشان دهند.

راست ضعیف کش است. رضاخان میتوانست با پسیان، کوچک خان، خیابانی، گروه 53 نفر، لاهوتی یک حکومت ائتلافی تشکیل دهد؛ با آنها شکیبا بوده، مدارا کند - تا دولتی مقتدر نه ترسناک بسازد که 20 سال بعد، از پس حمله انگلیس در خلیج فارس براید. همانگونه که الجزایر و ویتنام با استعمار فرانسه مبارزه کردند.

وابستگی راست در رابطه با غرب در پیشاز انقلاب 1357 ایران کامل بود تا جاییکه ایران ژاندارم خلیج و جزیره ثبات و آرامش لقب گرفت؛ معامله 11 بیلیون دلاری، بین کیسینجر و شاه، بزرگترین معامله اسلحه در تاریخ بود. آمریکا با 92 هزار مستشار نظامی، فنی، سیاسی، تجاری در ایران حق کاپیتولاسیون/ مصونیت قضایی- جنایی داشت. اکنون پایگاههای یانکی در کویت، عراق، قطر، افغانستان، عربستان، بحرین، ترکیه گاهی هدف خشم و گاهی جزیی از مراوده تجاری محسوب می شوند.

کسب قدرت. رسیدن به قدرت راست در غرب و جهان سوم 6 شکل دارد: انتخابات، وراثت، انقلاب، خیزش، کودتا. ولی شکل دلخواه راست در جهان 3م کودتاست. تا پیش از فروپاشی

اردوگاه در پايان دهه 80م سده گذشته، راست جهانى زير بار نتيجه انتخابات با گزينه چپى در جهان سوم نمى رفت. معمولا با كودتا حكومتهاى برآمده از خواست مردم مخالف منافع خود را ساقط مى كرد. نمونه كودتا بضد آلينده، منتخب محبوب مردم شيلى، قابل ذكر است.

انتخابات راست در آمريكا، ژاپن، استراليا، انگليس از طريق لابيهاى سرمايه هاى كلان در 2 جناح طبقه حاكمه دَوَران سيكلى دارد. راست در اين كشورها انعطاف در برابر خواسته هاى اكثريت نشان مى دهد. اكثريتى كه از نظر فرهنگى تحت تبليغات رسانه ها و لابيهاى راست است؛ ولى جوانان نوجو براى حقيقت و عدالت انتظاراتى دارند.

وراثت سنتى مذهبى يا سلطنتى بود كه جديدا دامن جمهورى را هم گرفته تا اولاد ذكور، حكومت را از پدر ارث ببرند. حكومتهاى راست در غرب سلطنت تشريفاتى و خرج تراش را تحمل مى كنند. براى نمونه: ژاپن، انگستان، كشورهاى اسكانديناوى.

انقلاب. انقلابهاى راست در قرن 18م در فرانسه و آمريكا اتفاق افتادند. در سده 19م هم در آمريكاى جنوبى جنبش بوليوار بضد استعمار اسپانيا را مى توان نام برد. اكنون راست از طريق انتخابات مانورهاى جناحى ميدهد. بايد توجه داشت كه اين انقلابها بضد استعمار راست جهانى و ارتجاع بومى وقت، لذا از جنبه اى چپ بودند؛ ولى رهبرى آنها در دست راست محلى بود.

در 2 دهه اخير خيزشهاى عمومى منجر به تعويض حكومت از يك جناح به جناح ديگر ممكن شده. براى نمونه: اوكراين، گرجستان، قرقيزستان. اين تعويض قدرت پس از چندى ناراضيان جديد پديد آورده كه باز به انتخابات با حضور ناظران سازمان ملل متحد مى انجامند. در بررسى تاريخ كشورها، شكوفانى سرمايه دارى با فاز ركود، بيكارى 10% و تورم بطور سريال ظاهر مى شوند. نمونه هاى كنونى شكوفانى-ركود اروپا: اسپانيا، پرتغال، ايرلند، يونان. اكنون ركود اقتصادى گلوى تنها ابرقدرت جهانى را گرفته است. ولى در سده 21م دولتهاى راست غربى به تعامل روى آورده؛ با استقراض از سرمايه مالى جهانى آنها را فربه تر كرده- اين گزينه نوين براى انسانهاى دول غربى و كشورهاى جهن سوم بهتر از جنگهاى جهانسوز امپرياليستى سده 20م مى باشد.

كودتا. شايد يكى از نخستين كودتاها در تاريخ مربوط به داريوش اول 486- 550 ق.م كه 64 سال زيست باشد. پادشاه وقت كامبيز از مصر فرمان مخفى قتل برادرش، برديا، را

میدهد. فرد دیگری بنام گئومات روز بعد بر تخت بجای برد یا می نشیند. داریوش با همدستان خود در سپتامبر 522 ق.م. گئومات را ترور کرده؛ خود بر تخت شاهی جلوس می کند. گئومات مانند مزدک در سده 7م عدالتخواه مصلح بود؛ البته داریوش و انوشیروان هم استعدادهای قهر و جهانداری ویژه داشتند. شاید اگر تصادف تاریخ این 2 شاه نبودند؛ جامعه نفسی راحتتر می کشید.

جولیوس سزار با ورود غیرقانونی نظامیان به روم خود را "دیکتاتور مادام العمر" در 49 ق.م. نامید. کودتای ناپلئون در 18 برومر 1799 ، 10 سال پس از انقلاب کبیر فرانسه، در کتاب ارزنده ای بهمین نام تحلیل شده. در 1893 ورود تفنگداران دریایی آمریکا به هاوایی و خلع سلطنت ملکه لی لی او اُکالانی کودتایی بود که نوع حکومت را هم به جمهوری عوض کرد.

نمونه های کودتای راست در 3 قاره آفریقا، آسیا، آمریکای لاتین زیاد اند: خونتای سرهنگان در یونان 1967 ، 1973 پینوشه در شیلی، اندونزی 1965، مارکوس 1965 فیلیپین، کنگو بضد لومومبا 1960. کودتاهای پیدرپی در پاکستان در 1979، 1999. پس از کودتای مشرف و خروج او از کشور- درگیری نظامی دولت با بنیادگرایان سنی و کمک آمریکا به معادله سیاسی افزوده شد. کودتاهای نظامی پیدرپی در ترکیه در 1960، 1971، 1980، 1997، 2007. کودتای نظامی 1954 سیا در گواتمالا، در تابستان 1991 در روسیه.

کودتاهای راست دیگر: محمدعلیشاه- روس 1909، رضاخان-انگلیس 1299، اشرف-سیا-انگلیس 1332، بضد ریس جمهور منتخب مردم در 20 خرداد 60، تقلب در پروسه انتخابات در 22 خرداد 89. توجه شود که یک پای 3 کودتای اول دول استعماری خارجی بودند. دو کودتای آخر مانور جناحی و عدم تعاملی بخشهای حاکمیت تمامخواه، تبری از قانون است.

قتل و سرقت در نظام سرمایه داری برای همیشه پیگرد قانونی داشته؛ مشمول مرور زمان نمی شوند. اگر قتل، سرقت، پولشویی از نظر برخی اغماض پذیر اند- دیگر تعداد و مقدار اهمیتی ندارد. جانیان و سارقان ج ج 2 پس از 65 سال به محاکمه کشیده میشوند. سرنوشت رهبری جانیان دهه 90م یوگسلاوی در دادگاه لاهه نمونه دیگریست.

نظامیگری حاکمیت 100 سال گذشته با قتل در زندانها و شهرها تمرین مدام می کرد. این تمرین خونین طوماری طولانی است: کشتار چند هزار زنجانی در 21 آذر، قتل وارطان و شوشتری در زندان پس از کودتای 28 مرداد، قتل 3 دانشجو در 16 آذر، کشتار چند هزار تهرانی و قمی در 15 خرداد،

دروی مردم بیدفاع در میدان ژاله در آستانه انقلاب جمهوری، سپس قتلهای زنجیره ای و اعدام زندانیان در تابستان 67.

برای راست در حاکمیت اگر کسی یک نفر را بقتل برساند پیگرد قانونی و جزا برای او می بُرد. ولی خود در روند کودتای جناحی، تصفیه های پیآمده، زندان، اعدام، 100 ها یا 10 ها هزار انسان را بقتل می رساند. جنایات و قرار دادهای ضد ملی بعدی را زیر سیبیلی رد می کند. بعداز احمد شاه قاجار، بودجه سالانه دربار و سپس رهبر سقفی نداشته است. در مورد قذافی و صدام هم همین بود. اصولا یکی از ضوابط جهانشمول دیکتاتوری حساب پس ندادن و بودجه اورت/ بیسقف راس هرم قدرت است. 2018/09/12

چپ

در سده 19م عقاید چپی برای ایجاد جامعه نوین عاری از ستم/ بهرهکشی در برابر وضع موجود، جامعه ی سرمایه داری نشر یافتند. شاید نشر کتاب مانیفستوی مارکس-انگلس در 1848 را بتوان نقطه عطف عامل ذهنی در جنبشهای رهایبخش و عدالتخواهانه دانست. البته جنبشهای شهری در سراسر اروپا در حال اعتلا بودند. لذا 2 خط عمده ایده الوژیک در اروپا یکی متکی بر وضع موجود سرمایه داری و دیگری بامنظر یوتپیای آینده نگر در برابر هم قرار گرفتند. نیز شرایط عینی و جنبشهای خودجوش هم بوسیله نیروهای راست قلع و قمع می شدند.

در سده 20م، تز لنینی سوسیالیزم در یک منطقه درتقابل با تز مارکس سوسیالیزم پس از رشد بیشینه نیروهای مولد در جهان، به بهبود وضع زحمتکشان در بخشهای وسیعی در کره زمین منجر شد. ولی خواسته اصلی اش در انهدام شیوه استثماری سرمایه داری شکست خورد؛ بعلاوه با تصفیه های خونین در حزب و جامعه نمونه های قدرت بهیمی در تاریخ بشر بجای گذاشت.

با باز شدن چین توده ای در دهه 70 برای سرمایه های غربی و فروپاشی اردوگاه شرق در پایان دهه 80 اکثر دولتهای چپی ساقط شدند. آنها برای خود القاب دهن پرکن "مشعل انقلاب پرولتری" در آلبانی و "جمهوری دمکراتیک" در آلمان شرقی تبلیغ می کردند. این دولتها شعارهای جهانی مساوات شهروندان، آموزش رایگان همگانی، برابری حقوق زنان، ارایه بیمه بهداشت همگانی، کار/ مسکن/ ورزش برای همه را طرح کرده؛ تاحدودی هم اجرا کردند.

ولی تاریخ نشان داد: 1- نمیتوان شعارهای نوین را با مجریان برآمده از فرهنگ پیشامدرن پیاده کرد. بویژه که مجریان انقلاب، خود با فرهنگ پسمانده قبلی لیاقت رهبری انقلاب را زود از دست می دهند. 2- نمیتوان خلاقیت فردی در امور تجاری، هنری، ادبی، انسانی را - بویژه پس از رشد تصاعدی نیروهای مولد در پی انقلابات چپی- مهار کرد. خلاقیت تجاری اختراعات و بدایع فردی را اجتماعی می کند؛ با غیرقانونی کردن خلاقیت تجاری تولید و بدعت محصول راکت و پوسیده می شود. 3- گرایش عدالت و حقیقت در برخی اذهان بشری از آغاز تاریخ تا جامعه بیطبقه آتی وجود داشته و خواهد داشت؛ نباید آنها را خفه کرد.

338

تاثیر چپ در جوامع امروز بسیار عمیق است زیرا نظرات چپی فقط نظریه ذهنی نبوده بلکه تجرید عینیت واقعی حرکت جامعه است. همانگونه که نظریه گالیله و کپلر در باره منظومه شمسی، تکامل داروین در باره حیات، احتمال مندل در باره ژنتیک ماکرو تجرید کلامی واقعیتهای مادی اند؛ پس طی پروسه ای برای پذیرش در اجتماع، این نظرات مدل واقعیت می شوند.

راست مذهبی اگرچه جوردانو را میکشد؛ نظرات مادی را حرام قلمداد می کند؛ گالیله را تواب میکند ولی این نظرات علمی در جهان رشد می یابند. نظرات چپ هم با قتل لیبکنشت، لوکزامبورگ، گوارا، ارانی، جزنی، سلطانپور ازبین نمیروند. لوکاچ مجار، کارل کورش آلمانی، گرامشی ایتالیایی، مارکوزه/ مکتب فرانکفورت، ماکس وبر، آلتوسر، سارتر، بسیاری دیگر این نظرات را ادامه دادند.

عناصر چپ کنشگر در جوانی بتیغ راست بزیر خاک می روند. اینرا بوضوح در افغانستان در دهه 70 میلادی میتوان دید. تا جایی که ببرک کارمل، رهبر، پس از شکست حزبش نوشت: "بزرگترین درسی که در زندگی گرفتم این بود که هیچ کشوری نمی تواند به اتکای نیروی خارجی به آزادی و استقلال و پیشرفت دست یابد. باید به اراده مردم احترام گذاشت و از استقلال کشور دفاع کرد. هر ملتی باید روی پای خود بایستد."

کارمل نکته تلویحی مهمی را در اینجا ابراز می کند: چپ و میانه مدلهای بهبود جامعه را هولهولکی با تجربه گرایی و بداهه گرایی فردی توام میکنند. این مدلها منطبق بر کل واقعیت جامعه نبوده؛ لذا در روال بعدی باشکست روبرو می شوند. این را بوضوح می توان با تز قبضه قدرت سیاسی بوسیله یک گروه زبده در 1917 روسیه؛ سپس با فروپاشی دولت در 1989 دید. هم شرایط ج چ 1 کمک به گرفتن قدرت سیاسی از طرف گروه زبده کرد؛ هم چ چ 2 بتداوم آن کمک کرد. شاید شرایط جنگی و تحریمی به بقای حاکمیت در کوبا و کره شمالی هم کمک می کنند.

البته توده های وسیعی در کشور بومی و روشنفکران فراوانی در کشورهای دیگر جهان تشنه عدالت و ترقی اند. از اینرو در ابتدای پیدایش هر قدرت انقلابی جوان آنها گفتار انقلابیون را عین حقیقت انگاشته؛ از آن استقبال می کنند. ولی پس از مدتی فرهنگ پیشامدرن انقلابیون با خشونت تمام بضد نیروهای غیرخودی و گاهی هم خودی بروز می کند.

کمکم این مبلغان خارجی و هواداران بومی سرد شده؛ از حاکمیت جوان فاصله می گیرند. این روال را در انقلاب

جمهوری ایران که با رسانه های دیجیتال ماهواره ای و اینترنتی ضبط شده بوضوح می توان دید. اگر گفتار و کردار هخامنشیان در سنگنبشته های فاتحان و مزامیر ربیان تبلیغ شدند؛ رویدادهای آخرین انقلاب سده 20م روزانه روی رسانه ها از دیدگاههای گوناگون غربی، بومی، همسایگان، جناحهای درونی، خویشان مقتولین و زندانیان ظاهر می شدند.

در 1975 پس از سقوط فاشیسم در پرتغال، پروسه انقلابی در 3 کشور آفریقایی آنگولا، موزامبیک، گینه بیسائو حدت گرفت. سال قبل از آن کودتای چپی در حبشه به جدایی طلبی انقلابی اریتره، استان شمالی آن، نیز دامن زد. چریکهای منطقه ظفار دهه 60 در یمن جنوبی یک نمونه شکست خورده است. البته انحطاط پروسه انقلاب رهایبخش پیروزمند در زیمبابوئه به دیکتاتوری موگابه نمونه دیگر است. تز گروه زبده مسلح برای قبضه قدرت سیاسی کشور و برای محو ستم در کوره تاریخ ناموفق از آب در آمد.

در تاریخ یک کشور در شرایط ویژه ای، امکان کودتا، مانند صدام بعثی یا قبضه قدرت با خیزش زبدهگان مانند زیمبابوئه وجود دارد. ولی تاریخ مچ نیروهای انقلابی که با شعارهای من درآوردی اقتدارگرایی و خودکامگی را توجیه می کنند افشاء می کند- البته با خسران زیاد به ملت.

بزرگترین سهم در نظریات اجتماعی جهان مدرن را چپها با عرضه نقد قدرت دارایند. انتقاد اسلحه چپ است. چپ برخاسته از مناسبات واقعی جامعه طبقاتی است؛ بستگی به فرد جان برکف ندارد. برای نمونه: قتل مزدک، مانی، بابک بوسیله حاکمیت نظرات آنها را هم در جامعه از بین برد؛ تنها در تاریخ نامی از آنها بجا ماند. ولی قتل ارانی، گوارا، جزنی هیچ اثری بر نظرات چپ ندارد. در آمریکای لاتین آلینده، چاوز، لولا، روسف، اورتگا، و در ایران رهروان فراوان داشته و دارد.

خط سیاسی مطلق بمعنی مادام العمری یک فرد معتقد به آن نبوده؛ فرد بنا به اوضاع اجتماعی یا فردی خط عوض می کند. گاهی در گفتار خط اول خود را داشته ولی در کردار خط جدید را اجرا می کند. روستا و قاسمی در دهه 30 و لاشایی و نیکخواه در دهه 50 نمونه های این تغییر خط سیاسی بودند.

انگیزه های چپ می تواند از عوامل زیر ناشی شوند: تناقضات درونی سرمایه داری بشکل عامل بیرون از فرد، عدالتخواهی، وجدان بیدار، رهبری طبقه کارگر/ زحمتکشان، قبضه قدرت، فرصت طلبی، دمدمی مزاجی، کنجکاوی، مقام پرستی، نفی قانون موجود برای قانون جدید، خواست تغییر،

ریشه کنی استثمار. چپ می تواند حتی با انتخابات هم پیروز شود. برای نمونه: آلینده در شیلی، چاوز در ونزوئلا، اورتگای ساندنیست در نیکاراگوئه، لولا بنیانگزار حزب کارگران در برزیل.

طیف سیاسی را می توان در 3 محور سیاست کشوری، جناح حزبی، نظر فردی تشریح کرد. نمونه وار چپ بمحض قبضه قدرت سیاسی پس از مدتی فرهنگ پیشامدرن بر شخصیت او مستولی شده؛ منحط می شود. برای نمونه: دیکتاتوری پرولتاریا در شوروی به کیش شخصیت و نابودی میلیونها انسان انجامید. در کامبوج با عقب بردن مدنیت شهری به دهات منجر به نابودی انسانها و سازه های مدرن شد.

چپ خواهان مدرنیته یا آزادی سیاسی دستجات، احزاب، سازمانها برای بهبود زندگی اکثریت جامعه است. این طیف سیاسی هنوز در خاور میانه حاکمیت را بدست نداشته؛ همیشه در اپوزیسیون بوده- بجز چند سال در افغانستان و یمن جنوبی. الگوهای فرهیختگان چپ مارکس، انگلس، گرامشی، لوکزامبورگ، لنین تا نظریه پردازان سده 20م مانند ایگلتون، کورنفورث، سارتر ند. فرهنگ سنتی گریبان چپ در قدرت را گرفته؛ آنها را به عقب کشانده؛ رفتارشان شبیه راست می شود.

البته بخش چپ مستقل از کمینترن شوروی از همان آغاز سده 20م هم وجود داشت. سلطانزاده، لادبن - برادر نیما در دهه 1320، دکتر اپریم صاحب "چه باید کرد"، خلیل ملکی، آل احمد و نیروی سوم تا پیش از انقلاب جمهوری؛ سپس احمدزاده، صفایی، شعاعیان، جزنی، پویان و بسیاری دیگر که در تبعیدند.

وقتی کسی به چپ نق می زند بدین معنی است که خود او چپ منتقد، میانه یا راست است. اگر بخشی از چپها، مثلا جناحی از رهبری حزب توده رابطه حرفی با بخش حزبی/ امنیتی شوروی داشت؛ در مقابل راستها در تاریخ سد ساله ایران رابطه قتل و غارتی برای اربابان غربی داشته اند.

راستها قراردادهای یکسویه بسود استعمار را می پذیرند: 2 معاهده ی نفت انگلیس- رضاخان 1933 برای ابقای قرار داد دارسی، گس- گلشاییان در 1328 و بالاخره قرارداد کنسرسیوم پس از کودتای 1953 بنام پیج- امینی. بر اساس این قرارداد سومی شرکت نفت ایران و انگلیس ۴۰ ٪، شرکتهای آمریکائی نیز ۴۰ ٪، شرکت شل ۱۴٪ و شرکت فرانسوی ۶٪ در منافع فروش نفت سهیم بودند. سهم ایران کو؟!

خسارات میلیارد دلاری به ایران ناشی از این قراردادهای استعماری با امضای راس حاکمیت وارد آمد. این قراردادهای استعماری بفرمان شاهان وقت امضاء شدند. لذا وابستگی بخشی از چپها به خارج اگر کلامی بوده؛ عبودیت راست در حاکمیت در جهت منافع مالی و سیاسی استعمار موجب قتل و غارت در کشور شد. برای نمونه: سفیر آمریکا در ایران در نیمه دهه 70م ریچارد هلمز، رییس سابق سیا و در ارتباط دایم با دربار، بود. رک: اسناد 32 ج لانه جاسوسی، تهران.

ایده الوژی چپ 3 اصل دارد: ماتریالیزم دیالکتیکی درک تاریخ، نقد سرمایه داری برای تقلیل/ رفع ارزش اضافی، نظریه تکامل تاریخی بیگانگی کارگر در تولید. این 3 اصل در دانشگاههای غربی در رشته های آموزش، اقتصاد، انسان شناسی، بررسی رسانه ها، تاریخ، جامعه شناسی، زیبایی شناسی، علوم سیاسی، عتیقه شناسی، فلسفه، نمایش، نقد ادبی، نقد روانشناسی تدریس می شوند.

توجه شود که عقاید چپ در دانشگاههای غربی تدریس می شوند ولی نشر این نظرات در خاورمیانه جرم است. دولت راست در خاور میانه با سانسور آثار چپ، عقب ماندگی را ساختاری می کند. شاید رویگردانی از کتاب بدلیل جرم در داشتن کتب چپی باشد. از این رو حاکمیت راست از چپهای تواب بمثابه ایده الوگ حفظ شرایط موجود استفاده می کنند. نیز در نبود تدریس نظرات و کتب چپی در دانشگاه، راست ابزار مقابله با بحران اقتصادی - سیاسی نداشته طرفه العین ساقط می شود. سرنگونی ظاهرشاه در افغانستان و پهلوی در ایران.

در خاورمیانه 3 اصل فوق اینچنین عینیت می یابند: ا- تجرید عینیات و تضادهای جامعه سرمایه داری در آثار متنی و هنری؛ 2-وجدان بیدار در دیدن ستم و آرزوی پایان دادن به حرمان بخش عظیمی از مردم. 3- تبدیل این نظرات به اعتقادات ثابت در ذهن که منجر به کنشگری اجتماعی می شود.

اشکال قبضه قدرت در خاورمیانه، قهرآلود یا مسالمت آمیز، 10 نوع است: ترور، وراثت، انتخابات، انقلاب، پیروزی در جنگ داخلی، حمله خارجی، استعفاء، برکناری، خیزش همگانی، کودتا. ترور قتل راس قوه مجریه یا حاکمیت است. ترور ناصرالدین شاه در 1899 منجر به شاهی مظفرالدین شد. با کشته شدن کندی - رییس جمهور آمریکا در 1963 جانسون باین مقام رسید. با ترور سادات در 1981 در مصر مبارک برای 30 سال رییس جمهور ماند. ترور گاندی در 1948 و ایندرا در 1984 در هند، ترور رابین در 1995 در اسراییل، ترور ملک فیصل در 1975 در عربستان چند نمونه دیگرند.

وراثت. در سده 20 خودکامگی خانوادگی به جمهوریها هم سرایت کرد. روسا با تقلب، دستکاری قانون، ارعاب نهادها هر کدام حکومت خود را مادام العمر و در خانواده خود موروثی کرده اند. برای نمونه: مصر، سوریه، کره، زیمبابوئه. یکی دیگر از خصایل استبداد عدم شفافیت بودجه سالانه راس هرم قدرت است.

انتخابات. تا پیش از فروپاشی اردوگاه در پایان دهه 80 سده گذشته، راست جهانی در جهان سوم زیر بار نتیجه انتخابات نمی رفت. معمولا با کودتا حکومتهای برآمده از خواست مردم مخالف منافع خود را ساقط می کرد. برای نمونه: کودتاهای 1953 در ایران، گواتمالا 1954، لبنان 1952، 1973 در شیلی. اکنون راست جهانی در 2 دهه گذشته انتخابات کشورهای جهان 3م با گزینه های چپی را با چشم غره می پاید. برای نمونه: چند کشور آمریکای جنوبی از جمله ونزوئلا، برزیل، نیکاراگوئه.

انقلاب پدیده عینی- جبری اجتماعی است که با قهر آغاز می شود؛ باقهر تداوم می یابد. ولی انقلاب در جهت تکوین تاریخ است؛ منجر به انکشاف جامعه و ورود سریع اقشار جدید در افق جامعه می شود. تکوین انقلاب از این قرار است: فعل انفعالات اجتماعی انتظارات طبقات و اقشار وسیعی را ارتقاء می دهد. حاکمیت توان پاسخ گویی را از دست میدهد. عامل ذهنی مردم را بسیج می کند تا حاکمیت سرنگون شود. برای نمونه: انقلابات اروپا، چین، ایران، کوبا، مکزیک، ویتنام. البته همین فرمول پس از انقلاب هم کاربرد دارد که انتظارات نیروهای جدید جامعه متراکم شده؛ منجر به فروپاشی حاکمیت می شود. نمونه: فروپاشی اردوگاه در دهه آخر سده 20م.

پیروزی در جنگ داخلی. تخاصم چند نیروی داخلی منجر به پیروزی یکی از آنها می شود. برای نمونه: افغانستان 1996 با ورود طالبان به کابل، پیروزی جبهه دمکراتیک انقلابی خلق در حبشه 1991، جدایی سودان جنوبی، تجزیه یوگسلاوی.

حمله خارجی با تهاجم یک کشور خارجی یا دول زیرفرمان سازمان متحد به تعویض حاکمیت یک کشور می انجامد. برای نمونه: عراق در 2003، کویت در 2001، حمله ویتنام به کامبوج در 1979، حمله نظامی پیمان ورشو به چکسلواکی در 1968، اتحادیه شمال با کمک نیروهای غربی در افغانستان 2001.

تغییر دولت. منظور نه از طریق انتخابات بلکه نوعی اجبار بدون خونریزی است. نمونه: استعفای ریس جمهور آذربایجان

در 1993 با جانشینی حیدر علی اف. استعفای آقای آقایف در قرقیزستان 2005، کنار گذاشتن رحمان نبی اف در تاجیکستان در 1992. تغییر دولت با برکناری 1951 ملک عبدالله اول در اردن، برکناری ریس جمهور بن جدید در الجزایر 1992.

خیزش همگانی با نمونه فیلیپین در 1986 که بفرار مارکوس دیکتاتور منجر شد. چپ در قدرت هم خیزش مردم را بخون می کشد. برای نمونه: 1956 مجارستان، 1967 پراگ، میدان تیانانمن پکن 4 ژوئن 1989 در پی ظهور گورباچف 1985-1991.

البته گزینه های قبضه قدرت هر کدام شرایط خودرا دارند. برای توده های عاصی و روشنفکران عملگرا و رمانتیک انقلاب سریع و خشن برای تقاص از حاکمیت کور و کر/ صم و بکم که فقط وراجی و تبلیغ می کند در مقابل اصلاحات از راه قانونگزاری جذبه خاصی دارد. از اینرو حتی در جهان اول با گروههای چریک شهری بدر- ماینهوف آلمان و ببرهای سیاه در آمریکا برخی جوانان پرشور از طریق انقلاب می خواستند به حاکمیت ضربه کاری بزنند.

یک نمونه در جهان سوم دهه 70 چریکهای ترکیه اند که در 1971 آغاز به فعالیت کردند. در پی کودتای نظامی بضد عدنان مندرس، دنیز گزمیش و رفقایش ارتش آزادیبخش خلق ترکیه را بضد پایگاههای آمریکا و ارتجاع بومی بنیانگزاری کردند. رک: وهاب انصاری- عشقم، بیا آر! http://www.akhbar-rooz.com/article.jsp?essayId=26973

کودتا قبضه قهری قدرت حاکمه بوسیله یک جناح مخالف در حاکمیت یک کشور است. کودتا 4 نوع است: موفق، ناموفق، در مرحله توطئه، ادعایی. روشن است که نوع اول به تعویض فوری قدرت از یک فرد به فرد دیگر می انجامد. جدیدا کودتای انتخاباتی با تقلب مهندسی شده هم بابابد افزود. نمونه: انتخابات آر پی آی برای 50 سال در مکزیک، جناحهای حاکم در مصر و ایران.

کودتا برای قبضه قدرت نه تنها شکل مورد دلخواه مبارزه سیاسی برای راست است بلکه چپ هم این شیوه رسیدن بقدرت را می پسندد. رزا لوکزامبورگ قبضه قدرت سیاسی بوسیله بلشویکها در 1917 روسیه را - بدرستی- کودتا نامید. کودتای چپی در بالتیک 1938 در استونیا، لاتویا، لیتوانیا. نمونه های دیگر: گرانادا 1983، پرتغال 1974، افغانستان 1979، حبشه برهبری ماریم و آندم در 1974. چاوز در 1993 و 2002 در ونزوئلا. شاید الجزایر پس از استقلال، موزامبیک، زیمبابوئه و آنگولا.

البته نمونه های تاریخی کودتای ناموفق که در وقوع بعدی موفق می شوند نیز فراوان اند.   برای نمونه: کودتای 25 مرداد 1332 تهران، 2 کودتای ناموفق چاوز در 1993 و 2002 با حبس کوتاه مدت در ونزوئلا که منجر به پیروزی او در انتخابات آتی شدند. شاید حمله نظامی فیدل در 1956 و حبس در پی آن هم نمونه دیگر باشد.

توضیح: این سری جستارها با انقلاب، روشنفکر، طیف سیاسی، روشنفکر سیاسی آغاز شد؛ با چپ، راست، میانه، و اردوگاه پایان یافت. 2018/09/12